论 语 心 要

南 怀 瑾 "别 裁" 参 译

上

怀师文化编委会 编

赵强 译注

漓江出版社

图书在版编目（CIP）数据

《论语》心要：南怀瑾"别裁"参译 . 上 / 怀师文化编委会编 . 赵强译注 . —桂林：漓江出版社，2017.8
ISBN 978-7-5407-8225-2

Ⅰ.①南… Ⅱ.①怀… ②赵… Ⅲ.①儒家②《论语》—注释③《论语》—译文 Ⅳ.① B222.2

中国版本图书馆 CIP 数据核字（2017）第 198961 号

《论语》心要——南怀瑾"别裁"参译 上

编　　者：怀师文化编委会
译　　注：赵　强
策划统筹：符红霞
责任编辑：杨　静
助理编辑：谷　磊
责任监印：周　萍

出 版 人：刘迪才
出版发行：漓江出版社
社　　址：广西桂林市南环路22号
邮　　编：541002
发行电话：010-85893190　　　0773-2583322
传　　真：010-85890870-614　0773-2582200
电子信箱：ljcbs@163.com
　　　　　http://www.Lijiangbook.com
印　　制：北京汇瑞嘉合文化发展有限公司
开　　本：710×960　1/16　　印　张：30　　字　数：400千字
版　　次：2017年11月第1版　　印　次：2017年11月第1次印刷
书　　号：ISBN 978-7-5407-8225-2
定　　价：72.00元

序　言

　　《论语》是中国古代儒家的一部重要经典，大约最后编定于战国初年。一般认为，是由孔子弟子及再传弟子记录、收集孔子及其门下学生的言行，整理编撰而成。自西汉以来，《论语》所表述的孔子学说迅速扩展，其影响遍及政治、教育、文化、思想、伦理道德等各个领域，成为中华传统文化的一大标识。有关《论语》的注疏也累代不绝，各有解说。

　　有人曾把《论语》誉为中国的第一书。《论语》早已被翻译成各国文字，传播到世界各地，对世界文化、政治等各方面的影响巨大。英国近代文学家威尔斯（H.G.Wells）曾把《论语》列为世界十大书之一。三百年前，日本学者伊藤仁斋在他所撰的《论语古义》的首页刻有"最上至极，宇宙第一"八个字。

　　"对于孔子学说与《论语》本书的价值，无论在任何时代、任何地区，对它的原文本意，只要不故加曲解，始终具有不可毁、不可赞的不朽价值。"南师从1962年起，曾经数次讲过《论语》，并于1976年正式定名出版《论语别裁》。在《论语别裁》前言中，南师曾特录宋儒陈同甫先生的精辟见解。如其告宋孝宗之说："今之儒者，自以为正心诚意之学者，皆风痹不知痛痒之人也。学一世安于君父之仇，而方低头拱手以谈性命，不知何者谓之性命。"而于《论语》，则说："《论语》一书，无非下学之事也。学者求其上达之说而不得，则取其言之若微妙者玩索之，意生见长，又从而为之辞：曰此精也，彼特其粗耳。此所以终身读之，卒堕于榛莽之中，而犹自谓其有得也。夫道之在天下，无本末，无内外。圣人之言，乌有举其一而遗其一者乎！举其一而遗其一，是圣人犹与道为二也。然则《论语》之书，若之何而读之，曰：用明于心，汲汲于下学，而求其心之所同然者，功深力到，则他日之上达，无非今日之下学也。于是而读《论语》之书，必知通体而好之矣。"

之所以把《论语别裁》定名为"别裁"，也正因为南师对《论语》的所有讲解，都自别裁与正宗儒者经学之外。南师对中华传统文化儒、释、道等各家经典的解读，融会贯通，正本清源，这对当今中国和世界的意义都非常重大，对中华民族文化和世界文化的价值无法估量。

在讲述《论语·雍也篇》时，南师在谈到有关时代的演变与文化的传承问题时，曾说："我曾和朋友们谈起，不要感叹，感叹是没有用的。历史无法拉回。我们死了，下一代照样活下去，照样又生下一代来。我们现在要尽到自己的任务，把我们所知道的，尽量交给后一代。他们去整理，他们去发扬，那是他们的事，不要担心。一定说'人心不古'、'今不如昔'、'世道衰微'也不见得。每个时代有每个时代的历史，每代历史有每代历史的精神。所以孔子说'觚不觚！觚哉！觚哉'，意思不单指这个酒杯。而是说变了，一切在变。就是这样一个感叹。"

就当前形势看，国家强调文化强国战略，大力推动中国传统文化建设。可以说，从文化、教育等各方面、各领域、各层次都有开始起动之势。但如何找到契合点，读懂南师著作，真正深入领会中国传统文化的精髓和精神本质，为"我"所用，至关重要。形势喜人！形势

逼人！应时势之需和广大读者的盼望，继南怀瑾"心要"《师道》和
《教育与人性》出版之后，我们又编译出版《〈论语〉心要——南怀
瑾"别裁"参译》一书，希望能对广大文化和教育领域的教师、工作
人员，以及家长和学生等社会各界有所助益。

　　此书虽以《〈论语〉心要——南怀瑾"别裁"参译》为名，实为
抛砖引玉，乐见有识之士的真知灼见，亦望更多学人深读南师原著，
从"南师的"巨著之中探瑰识宝，以利于社会各界对中华优秀传统文
化的继承、弘扬及其创造性转化。吾辈才疏学浅，对于南师所言"别
裁"大义，还只是隔山望海，祈望学界前辈、同仁不吝赐教指正，不
胜感激。

　　　　　　　　　　　　二零一七年丁酉初春赵强序于羊城

目录

学而第一

为
政
第
二

八佾第三

里仁第四

公冶长第五

雍也第六

述而第七

泰伯第八

学而第一

子曰："学而时习之，不亦说乎？有朋自远方来，不亦乐乎？人不知而不愠，不亦君子乎？"

【注释】

子：古代对男子的尊称，指有学问有道德的男子，相当于"先生"。《论语》中"子曰"的"子"都是指孔子。

时：时时，随时，适时，时常。

习：古书中"习"有演习、实习、体验、实践的意思。也有人把"习"解为"温习"。

说：通"悦"，喜悦，会心的微笑，有得于心，发自内心的喜悦。

朋：志同道合者，知己者。

乐：心里高兴，并且形之于色。心神契合者相遇的快乐。

愠：怨恨，不满。

君子：这里指道德修养高的人。

【译文】

孔子说："做学问，要随时随地实践、体验和反省，有了心得体会，不是很快乐的吗？无论何时何地，如能遇到志同道合的知己，不是很令人欣慰的吗？做学问的人，即使没有人了解，也不怨天尤人，这不就是有修养的君子吗？"

【别裁大义】

学而有何乐

《学而》这篇是讲个人做学问的内在修养，包括了孔门当年教学的目的、态度、宗旨、方法等。

这三句话连起来看，照字面讲，凡是中国人，无论老少，一定都知道。照古人的注解，孔子说："学习知识以后，在一定的时候温习它，不也是很快乐的嘛！有朋友从远处而来，不也是快乐的嘛！别人不理解我，我也不怨恨，不也是一位道德修养高的人嘛！"

这是字面的直译，等到真正了解了以后，就知道孔子讲的真正意义。

"学而时习之"，重点在时间的"时"，见习的"习"。首先要注意，孔子的全部著述讲过了，孔子的全部思想了解了，就知道什么叫作"学问"。一般的说法，"读书就是学问"，错了。学问在儒家的思想上，不是文学。这个解说在本篇里就有。学问不是文学，文章好是这个人的文学好；知识渊博，是这个人的知识渊博；至于学问，哪怕不认识一个字，也可能有学问——做人好，做事对，绝对的好，绝对的对，这就是学问。我们把整部《论语》研究完了，就知道孔子讲究做人做事，讲究如何做一个人。

真人和假人

讲到做人，我们就想到庄子也提到过这件事，《庄子》这本书把有道的人叫"真人"。唐宋以后，对神仙、得了道的人叫"真人"。譬如现在指南宫供奉的吕纯阳叫"吕真人"。如今的人听到"真人"这个名称，就好像带有宗教色彩，相当于西方的上帝，中国的仙、佛一样。实际上过去道家所谓的"真人"，是指学问道德到了家的人。与这名字对称的叫"假人"，假人还是人，不过没有达到做人道德的最高标准。发挥了"人"的最高成就，在道家就称之为"真人"，孔子认为这就是学，就是学而之人。于是一个"学"字，就把这么多观念包含在内了。

那么学问从哪里来呢？学问不是文字，也不是知识，学问是从人生经验上来，从做人做事上去体会的。这个修养不只是在书本上念，随时随地的生活都是我们的书本，都是我们的教育。所以孔子在后面说"观过而知仁"，我们看见人家犯了这个错误，自己便反省，我不要犯这个错误，这就是"学问"，"学问"就是这个道理：随时随地要有思想，随时随地要见习，随时随地要有体验，随时随地要能够反省，这就是学问。开始反省时也不容易，但慢慢有了进步，自有会心的兴趣，就会"不亦说乎"而高兴了。"说"，通"悦"，不是哈哈大笑。悦者，乃会心的微笑，谓有得于心也。

上面第一点所讲的是学问的宗旨，随时注重"时"和"习"，要随时随地学习，不是说读四书就叫作学问，不念四书就不叫作学问，这不是它的本意。

寂寞的享受

第二点接着下来，是说做学问的人要准备一件事，"君子有所为，有所不为"。该做的就做，不该做的杀头也不干，所谓"仁之所至，义所当然"的事，牺牲自己也做，为世为人就做了，为别的不来。因此为学问而学问，就要准备一生寂寞。我们看孔子就知道。孔子一生是很寂寞的，但是他却没有积极去求富贵。他看到，即使一个安定的社会，若文化教育没有完成，是不能解决其他问题的。基本上解决问题是要靠思想的纯正，亦即过去所谓之"德性"。因此他宁可一生穷苦，从事教育。所以做学问要不怕寂寞、不怕凄凉。要有这个精神、这个态度，才可以谈做学问。

虽然做学问可能一辈子都没有人了解，但是孔子说只要有学问，自然有知己。因此他接着说"有朋自远方来，不亦乐乎"。一个人在为天下国家，千秋后代思想着眼的时候，正是他寂寞凄凉的时候，有一个知己来了，那是非常高兴的事情。而这个"有朋自远方来"的"远"字，不一定是远方来的，《论语》不是这个意思，他这个"远"字是形容知己之难得。我们有句老话："人生得一知己，死而无憾。"任何一个人做了一辈子人，包括你的太太、儿女、父母在内，可不一定是你的知己，所以人能得一知己，可以死而无憾。一个人哪怕轰轰烈烈一辈子，不见得能得一知己，完全了解你，尤其做学问的人更是如此。所以第二句话跟着说："有朋自远方来，不亦乐乎？"——你不要怕没有人知道，慢慢就有人知道，这人在远方，这个远不一定是空间地区的远。孔子的学问，是五百年以后，到汉武帝的时候才兴起来，才大大地抬头。董仲舒弘扬孔学，司马迁撰《史记》，非常赞扬孔子，这个时间隔得有多远，这五百年来是多么寂寞，这样就懂得"有朋自远方来，不亦乐乎"的含义了。

谁来了解你

第三句"人不知而不愠，不亦君子乎"，就是说做学问的人，乃至一辈子没有人了解，也"不愠"。

"不愠"这个问题很重要了。"怨天尤人"这四个字我们都知道，任何人碰到艰难困苦，遭遇了打击，就骂别人对不起自己，不帮自己的忙，或者如何如何，这是一般人的心理。严重的连对天都怨，而"愠"就包括了"怨天尤人"。

人能够真正做到了为学问而学问，就会不怨天、不尤人，就会反问自己，为什么我站不起来？为什么我没有达到这个目的？反省到是自己的学问、修养、做法种种的问题。自己痛切反省，自己内心里并不蕴藏怨天尤人的念头。拿现在的观念说，这种心理是绝对健康的心理，这样才是君子。

再说，连贯这三句话的意义来说明读书做学问的修养，自始至终，无非要先能自得其乐，然后才能"后天下之乐而乐"。所以这三句话的重点，在于中间一句的"不亦乐乎"。我们现在不妨引用明代陈眉公的话作为参考："如何是独乐乐？曰：无事此静坐，一日是两日。如何是与人乐乐？曰：与君一席话，胜读十年书。如何是众乐乐？曰：此中空洞原无物，何止容卿数百人。"有此胸襟，有此气度，也自然可以做到"人不知而不愠"了。不然，知识愈多，地位愈高，既不能忘形得意，也不能忘形失意，那便成为"直到天门最高处，不能容物只容身"了。

【本经】

　　有子曰："其为人也孝弟，而好犯上者鲜矣；不好犯上而好作乱者，未之有也。君子务本，本立而道生；孝弟也者，其为人之本与！"

【注释】

　　有子：孔子的学生，姓有，名若。

　　孝弟："弟"通"悌"（tì）。"孝弟"是中国文化的精神，其中包含着父慈子孝、兄友弟恭等家庭成员间相处的基本伦理道德规范。"孝"，善事父母。"弟"，善事兄长。友爱兄弟、姐妹，一直到朋友，伸展到社会的友情叫作"弟"。中国古代聚族而居，"父子""兄弟"并非像今日小家庭的概念，因此，具有很强的社会性。故中国传统文化由"齐家"而推及"治国""平天下"。

　　犯：冒犯，抵触。

　　鲜（xiǎn）：少。

【译文】

　　有子说："如果一个人能真正做到孝顺父母、敬爱兄长，但却喜欢抵触尊长的，这种人是很少有的；不喜欢抵触尊长，却喜欢胡作非为的，这种人也是从来没有的。君子要致力于学问之道的根本，根本建立起来了，学问之道也就会自然而产生。孝悌就是培养人性光辉的爱，父慈子孝、兄友弟恭，这就是仁道修养的根本吧！"

【别裁大义】

爱与罪

首先就讲到孝悌，是人的根本，仁孝是孔子学问的基本。但是，"孝悌"就是孔家店要被人打倒的"罪状"之一。为什么孝悌会成为被打倒的"罪状"之一呢？这要先知道一件事，就是司马迁作《史记》是一件大事。他当时对汉武帝的有些做法是反感的，但又不能不服从；可服从呢，在良心上又不安，于是就作《史记》，将自己的思想容纳到《史记》中去。如记帝王的事称为"本纪"，而他将未做皇帝的项羽也列到"本纪"中去，就是暗示汉高祖与项羽，一个是成功的英雄，一个是失败的英雄。又如《史记》中"世家"本来是记载诸侯和大臣的事，而孔子不是诸侯，也列入"世家"，司马迁的意思，是孔子有千秋的事业，说孔子的言行思想，影响将及于千秋后世，所以将他列入"世家"。

孔子思想言行表现在书本上的有多处，而孔子最重要的著作为《春秋》，他著《春秋》后最重要的两句话是"知我者《春秋》，罪我者《春秋》"。千古以来，这两句话各有各的解释，都非常暧昧，到了我们这种时代便搞清楚了。为什么呢？自从民主时代以来，大家都骂孔子帮助专制皇帝，因为专制皇帝的思想和制度，用了孔子"尊君"这一部分思想精神，后来我们打倒他，也就认为他是这样的。现在再读《春秋》，再研究孔子思想，就不是这样一回事了，而是另有一番道理。

第二点我们讲到孝悌，这是中国文化的精神。

提倡中国文化的孝道，是千秋事业。中国人谈孝字，"父慈子孝"是相对的，父亲对儿子付出了慈爱，儿子回过头来爱父亲就是孝。"兄友弟恭"，哥哥对弟弟好，弟弟自然爱哥哥。我们后来讲孝道："你该孝，天下无不是的父母。"这说法有问题，天下的确有些"不是的父母"，怎么没有"不是的父母"呢？这不是孔孟的思想，是别人借用孔孟的帽子，孔家店被人打倒，这些冤枉罪受得大了。

孝道是这样一个东西

且看世界上的生物——人也是生物，中国道家过去叫人为"倮虫"——不带毛的光光的虫。人号称"万物之灵"，是人自己在吹，也许在猪、牛、狗、马看起来，人是万物中最坏的了，"专吃我们猪、牛、狗、马"，这是立场不同。拿生物学的思想，从另外一个观点来说，"倮虫"与其他生物一样，人之所以与其他生物不同，就是加上人文文化。由此可知文化的可贵。

为什么讲这个道理？世界上凡是动物，猪、牛、狗、马、鸡、鸭等，都是一样的，以母鸡保护小鸡的现象来看，可见世界上最伟大的是母性。等孩子带大了，走开了又各不相顾。各种动物都是一样，人原来何尝不是这样，但人现在为什么不会这样？于是谈到人文文化的教育来了。

中国文化讲孝。"孝"是什么呢？就是回过来还报的爱。就是说父母好比两个朋友，照顾了你二十年，如今他们老了，动不得了，你反过来照顾他们，这就是孝。孝道的精神就在这里，假使一个人连这点感情都没有，就不行。

什么叫作"弟"呢？"弟"就是兄弟姊妹的友爱。中国的五伦有君臣、父子、夫妇、兄弟、朋友。为什么加朋友这一伦？这就是中国文化的特点。朋友在五伦的思想上也占一席，为什么呢？有时候有许多话，许多心情和苦痛，不可以对父母、不可以对妻儿讲，只有找朋友讲，所以朋友为五伦之一。朋友是一种感情的结合，这是中国文化的特殊之处，这个"弟"就包括了对兄弟、姊妹，一直到朋友，伸展到社会的友情。

中国文化的"齐家"包含有社会思想。中国"齐家"的家，不是到教堂中一结婚就成了家的家，那是西方文化小家庭制度的家。过去的中国文化是大家庭制度，有宗族、有祠堂，所谓五世同堂，聚族而居。大家庭固然有许多小毛病，但也有它的好处，像宗族的发展，即由此而起，这是孝道的精神。因此，"齐家"的"家"就是社会。

又如江西人称"老表"，是最亲切、最好的称呼。其由来是古时候战乱，江西人很多移民到湖南，许多年后，年轻的后代，还回到江西扫墓，而留在江西的后代子孙，以为是祖宗坟墓被他人误祭或盗葬，次年预先守候，两方相见，论起家族上代渊源，认出是表亲关系来，而称"老表"。这个"老表"就说明了宗法社会对血统、家族的重视。

把这几个问题解决了，我们再来看这里的书就懂了。有子是谁呢？有子名有若，孔子的学生，字子有，少孔子四十三岁，孔子死后，学生们怀念孔子，因有子的学问好，曾请他上堂讲课。所以孔门弟子编这一篇书时，立即提出有若的话，因为当时他等于一个助教，先由他讲。他说一个人有没有学问，就看这个人能否对父母尽孝，对兄弟、姊妹、朋友是否友爱。

"而好犯上者鲜矣"，犯上就是捣乱——"孝弟"的人有深厚的感情，这种人是不好捣乱的。

谁能忘情

中国文化中的"感情力量"是巨大的，尤其是宗族的力量最大。所以由"友道"形成的这套结合为"特殊社会"，就是后世所讲的帮会。我国的帮会，从秦、汉以来，唐、宋、元、明、清，历代一直都有。曾经有人说，中国的农民与知识分子一结合，就会发生变乱。这说法不正确，中国过去的农民最乖了。他们只要能安居乐业，国泰民安，少被找麻烦，有口青菜豆腐饭吃就好了。中国怕的是半农民，不是真农民。中国知识分子与特殊社会一结合，社会就会乱。但是这种特殊社会非常讲仁义之道。这种特殊社会包括孔子、墨子、游侠三种思想的结合，在中国文化中根深蒂固，力量很大，但是他们凡事是诉诸情感的。所以我们要看清楚他们所打击的，就是我们固有的好东西。至于应该如何去发扬光大，这是另一个问题。

所以有子说，一个人能做到孝悌，有真性情，就不会犯上作乱，不好犯上而好作乱的，这是不可能的，因为这种人有分寸、有限度。

因此，大家要知道学问的根本是什么呢？"君子务本"。文学好，知识渊博，那是枝节的，学问之道在自己做人的根本上，即人生的建立，内心的修养。所以"本立而道生"，学问的根本，在培养这个孝悌，孝悌不是教条。换句话说，培养人性光辉的爱，"至爱""至情"的这一面，所谓"孝弟也者，其为人之本与"。他说这个是"人"的本。至于什么是"仁"，下面有一专篇，我们暂且不去讨论它。

这个"仁"，就是孔子做学问的最高目的。

【本经】

子曰："巧言令色鲜矣仁。"

【注释】

巧言：善于讲花言巧语，会吹牛。"巧"，技也。这里指虚浮不实，伪诈。

令色：假装做出的和善表情和态度。"令"，善，美好。

鲜（xiǎn）：少，不多。

【译文】

孔子说："善于说些花言巧语，好像很和善的样子，这些都不见得是真诚的态度，这样的人很少真能有仁的修养。"

【别裁大义】

花言巧语

什么是"巧言"？用现在的话来说是会吹、会盖。孔子说有些人很会盖，讲仁讲义比任何人讲得头头是道，但是却不脚踏实地。"令色"是态度上好像很仁义，但是假的，这些与学问都不相干。"鲜矣仁"——很少真能做到"仁"这个学问的境界，因为那是假的。我们从电视中就看得到，那个小丑表演的角色，动作一出来，就表示"巧言令色"。

做领导人的第一个修养是容忍。有的人不一定像小丑那样的"巧言令色"，但每个人都喜欢戴高帽子，人若能真正修养到戴高帽子感觉不舒服，而人家骂我，也和平常一样，这太不容易。所以知道了自己的缺点和大家的缺点，待人的时候，别只看到表面化的"巧言令色"。做过领导的，在经验中能体会到，当你在上面指挥时，觉得那种味道很好；但是这中间很陷人、很迷人，那就要警惕自己。你说素来不要名、不要钱，只讲学问，就有人来跟你谈学问。要注意，"上有好者，下必甚焉"，他那个学问是拿来做工具的，所以除了要懂"巧言令色鲜矣仁"这个道理以外，我们做学问还要踏实，不能"巧言令色"。

【本经】

曾子曰："吾日三省吾身：为人谋而不忠乎？与朋友交而不信乎？传不习乎？"

【译文】

曾子说："我每天用三件事情反省自己：我替人办事有没有尽心尽力？我对朋友，有没有做到诚信？老师教我如何做人做事的道理，我真正去践行了吗？"

【别裁大义】

三面镜子

曾子为孔子的学生，名参，少孔子四十六岁。由这一点我们看到，孔子回到鲁国讲学传道的时候，都是在培养年轻的一代，怕自己死了以后，这个命脉、这个根本失传了。对于年轻学生，拼命讲给他们听，好做一个交代。

曾子在当时孔子的学生中比较鲁，鲁就是拙一点，其实并不是笨，只是人比较老实，不太会说话，后来谪传孔门道统。他著《大学》，孔子的孙子子思著《中庸》，也是跟他学的，所以现在一般人拿《大学》《中庸》，代表了孔子思想，我们千万不要这样跟着搞错了。《大学》是曾子作的，原来是《礼记》里的一篇，后来到唐宋的时候，才把它拉出来，变成了"四书"之一。所以把《大学》《中庸》思想，就认为是孔子的思想，是不大妥当的，这仅是孔子思想的演变。孟子是子思的学生，孔子三传的弟子，这时已经到了战国时代。孟子的思想又与孔子的思想有些出入，孔子温文儒雅、修养极高；孟老夫子，有时好像卷起袖子伸出拳头，有点侠气，也有一谈就使气的味道，这和他们所处的时代有关。这也代表了时代和文化思想的演变。

曾子说，我这个人做学问很简单，每天只用三件事情考察自己。哪三件呢？"为人谋而不忠乎"，替人家做事，是不是忠实？什么是"忠"，古代与后世解释的"忠"稍有不同，古代所谓的"忠"是指对事对人无不尽心的态度——对任何一件事要尽心地做，这叫做"忠"。这个忠字在文字上看，是心在中间，有定见不转移。"为人谋而不忠乎"，是我答应的事如果忘了，就是不忠，对人也不好，误了人家的事。"与朋友交而不信乎"，与朋友交是不是言而有信？讲了话都兑现？都做得到？第三点是老师教我如何去做人做事，我真正去实践了没有？曾子说，我只有这三点。表面上看这三句话，官样文章很简单，但如果每一个人拿了这三点来做，我认为一辈子都很难做到，不过有时候振作一点而已。

曾子这几句话，为什么要摆在这里？严格地说，这些学问不是文学，要以做人做事体会出来，才知道它难，这就是学问。

这个学问讲到这里，都是个人的修养。但是学问只讲个人修养是不是可以？不是的，扩而充之就是社会问题、政治问题。所以上面是讲学问的内涵，下面就讲学问的外用了。

【本经】

子曰："道千乘之国，敬事而信，节用而爱人，使民以时。"

【译文】

孔子说："领导一个大的诸侯国，就要认真谨慎、尽职尽责地对待和处理每一件事，要建立文化思想的信念，对民众言而有信，使人信服；要关心百姓疾苦，经济政策的措施要节省财用；要体恤百姓生活，使用民力要恰到好处，不违农时。"

【别裁大义】

这 "道" 是领导的导，换句话就是孔子也教我们领导之德、领导的修养，以领导千乘之国。

讲到 "国" 字，研究中国文化便要注意，看到秦汉以前古书里的 "国" 字，很多学者都容易产生很大的误解。比如老子曾说 "小国寡民"，讲老子的思想，就讲小国的政治，在民国初年，又有人把无政府主义与老子思想拉在一起。要知道秦汉以上，到汉代初期的 "国" 字，不是现在的国家观念，那个时期的 "国" 字、"邦" 字都是地方政治单位的名称。所谓 "诸侯就国"，就是中央政府下一个命令，要这些地方官（诸侯）各自回自己的岗位（封地）去。那时地方单位有千乘之国、百乘之国。"乘"，古代是以战车、壮丁、田赋等合在一起计算的。换句话说，领导一个大国家，或者领导一个单位，乃至领导地方的政治，要 "敬事而信"，这是很难的。"敬事"，对一件事认真做即为 "敬事"，一项职务宁可不接受，既接受了就要认真去做。至于 "而信" 是使下面的人绝对信服。争取下面的 "信"，如何得到 "信"，就要敬其事，说了的话一定要兑现。如好的将领，身先士卒就是敬事，那么谁都会受感动而信赖他。所以要 "敬事而信"。"节用而爱人"，节用指经济政策的措施，对经济要能够节省，是经济原则。节用是为什么呢？不是为我，而是为"爱人"。

第三点"使民以时"，用人时应该把握时间。这个"时"很重要。在军事思想方面来讲，包括很大，所以孙子兵法讲时讲势，也有用势之道。对人在道德上要知道"时"，比如部下生重病，你不去慰问，反而责备他不来上班，这就是不"爱人"，"使民不以时"了。所以"使民以时"是用人要在时间上恰到好处。这样部属都听你指挥，乃至全国老百姓自然跟你走。这是道德的修养，也就是学问。

这些话不但是孔子教育门人做学问的道理，也是孔子当时针对社会人情的弊病而指点的。我们只要研究春秋战国时代的史料，为什么那个时代是那么的紊乱，便可了然于心了！

说到这里，我们已经了解了，所谓做学问，是要从人生的经验中去体会，并不是读死书。假使一个人文章写得好，只能说他文学好；一个人知识渊博，只能说他"见闻广博"，不一定能说他有学问。一个人即使没有读过书，可是他做人做事完全对了，就是有学问。何以见得呢？下面就是一个证明了，跟着讲学问的道理。

【本经】

子曰："弟子入则孝，出则弟，谨而信，泛爱众，而亲仁。行有余力，则以学文。"

【译文】

孔子说："弟子们在家要孝顺父母；出门在外要尊重兄长，对待朋友、同事和一般普通人都要做到友爱；做人要严谨，为人处世要讲原则、讲诚信；要有宽广的胸襟，爱众人、爱社会；要向有学问、有修养的仁者看齐。做好这些才是前提基础，之后剩余的时间和精力，就该用来学习六艺等各种文化知识了。"

【别裁大义】

师道的可贵

所谓弟子，古代称学生为"弟子"，中国古代老师对于学生，看成自己的儿子一样。中国的文化，师生之间有如父子，过去有"一日从师，终身若父"的情形，而老师对于学生，也负了一辈子的责任。一个学生纵然中了状元，官做得很大了，回到家乡，看见老师，而老师既没有功名，也没有地位，学生对他一样的要跪拜，和当年从师一样。学生对老师是如此，老师对学生，也是负了一辈子责任。

中国文化中有一种精神，那就是"师道精神"。谈到过去的道，在人文世界的道中，就有这三道：首先是"君道"，讲究如何领导，如何当家长，如何当国家的领袖，乃至如何当一个班长，这都是"君道"。其次是"臣道"，就是说我们怎样做一个忠实的部下，怎样帮助人完成一件事。最后是"师道"。中国过去文化中，这三道是合一的，所谓作之君、作之亲、作之师。换句话说，那时的教育、行政、司法和教化集于一身。那么师道的精神就形成了中国人尊师重道的观念，所以老师称学生为弟子，弟等于兄弟，有朋友之间的友情，又等于自己的孩子，所以学生称弟子，再传称门人，这个观念和习惯是这样来的。

吕端大事不糊涂

孔子告诉学生要"入则孝"，在家里是个孝子。"出则弟"，出门在外面与兄弟分开了，怎么弟呢？就是在外面，对朋友、对社会、对一般人能够友爱，扩而充之爱国家、爱天下都是这"弟"字的意义。"谨而信"，做人非常谨慎，但是谈到这"谨"字要注意，不要变成小器。谨慎与拘谨是两回事，有些人做人很拘谨，过分了就是小器。"谨慎"在历史上有个榜样，就是我们中国人最崇拜的人物之一的诸葛亮。所谓"诸葛一生唯谨慎，吕端大事不糊涂"，这是一副名联，也是很好的格言。吕端是宋朝一个名宰相，看起来他是笨笨的，其实并不笨，这是他的修养，在处理大事的时候，遇到重要的关键，他是绝不马虎的。而诸葛亮则一生的事功在于谨慎，要找谨慎的最好榜样，我们可多研究诸葛亮，这里暂且不提。

总之，所谓谨慎不可流于小器，这点修养要注意。一个人能谨慎处世而信——在人与人之间，人与社会之间，一切都言而有信；同时又"泛爱众"，有伟大的胸襟，能够爱人，有对同志的友爱，扩而充之，有对其他人的友爱。而广泛的爱人，那就是"君道""师道"的综合，爱天下人就如爱自己一样。孔子说，假使一个人对这些都做到了，"而亲仁"，再亲近有学问道德的人做朋友，"行有余力则以学文"，做到以后，还有剩余的精力，然后再"学文"，爱做文学家也可以，爱做科学家也可以，爱做艺术家也可以，爱做别的都可以，那是你的志向所在，兴趣问题，可以量力而行，各听自由。

【本经】

子夏曰："贤贤易色，事父母能竭其力，事君能致其身，与朋友交言而有信，虽曰未学，吾必谓之学矣。"

【注释】

贤贤易色："贤贤"，前"贤"字作动词用，尊重的意思；后"贤"字是指贤德的人。"易"，改变。"色"，这里指态度、形色。

【译文】

子夏说："看到有道德修养、有学问的人，就会肃然起敬，也自然要跟他学；在家里能尽心尽力地爱家庭，爱父母；为国家、社会乃至个人做事，要置身其中，放弃自我的私心，表里如一，尽责尽分；和朋友交往，要做到言而有信。如果这些都做到了，即使这个人没有读过一天书，我一定说这个人真有学问。"

【别裁大义】

饮食男女

这几句话，是接着证明了学问的目的，不是文学，不是知识，是做人做事。子夏比孔子少四十四岁，他的名字叫卜商。孔子死后，在战国开始的初期，他讲学西河，在战国时期一般对时代有影响的大学者，蒙受他的影响很大。所以这也是我们大家要注意的，领导历史、领导国家社会的，到底还是学问思想。

现在引用子夏的话，证明学问是什么。我们看原文"贤贤易色"，两个贤字，第一个贤字作动词用，因为中国文字有时候是假借的。第二个贤字是名词，指贤人——学问修养好的人。"易色"，古人如宋儒他们，是怎么解释的呢？他们对 "色"字解作"女色""女人""男女之色"了。（孔子被人叫打倒，就是这样受冤的。）"贤贤易色"就是看到贤人——有学问道德的人，马上跟他学了。"易色"，女色都不要了，太太都不要了，在恋爱中的，把女朋友都丢掉了。如是女方，男朋友也不要了。如果真如宋儒的说法，那孔夫子就不是圣人了。因为圣人，是不会违反人情的。孔子在《礼记》里讲"饮食男女，人之大欲存焉"，的确是孔子对于人生的看法——形而下的，不讲形而上的。凡是人的生命，不离两件大事：饮食、男女。一个性的问题，一个生活的问题。所谓饮食，等于民生问题，男女属于康乐问题，人生就离不开这两件事。有时候看到有关中国文化的文章说"食色性也"是孔子说的，错了，这句话不是孔子说的，是与孟子同时的告子说的。以后引用文章，不要将错就错，一错再错。

这个性的问题，究竟先天的性或后天的性呢？以后再讨论。但宋儒解释"贤贤易色"，为了做学问，都可以把自己的妻女或丈夫丢开，这是不通的。

这个"色"字，很简单，就是态度、形色，所谓"态色"就是态度。"贤贤易色"的意思是：我们看到一个人，学问好，修养好，本事很大，的确很行，看到他就肃然起敬，态度也自然随之而转。这是很明白、很平实的，是人的普遍心理，不管一个如何坏的人，看到一个好人，总会不自觉地对这好人比较友善，这是人之常情。

"事父母能竭其力"是讲孝道。这句话有一个问题产生了，子夏为什么提到"竭其力"呢？重点在这个"竭"字。

过去一般人讲到对父母的孝顺，是"非孝不可"。其实孝道也要量力而为，孝要竭其力，不要过分了。前一两年，有个年轻人基于天生的（不是教育的）孝心，为了孝养父母，去做了小偷，犯了法。对于这样行孝的人，在心理道德上，我们觉得这个人"非其罪"也，因为他为了孝顺，为了医母亲的病，结果偷了钱，犯了法，这是可以原谅的。但是在学问修养上看，对他的批评是"这个人没有受良好的教养"。在道理上来讲，这个青年是好心，但是好心要学识来培植它，使他知道要"竭其力"而不要做过分的事。中国古人有两句话综合起来的一副对联说："百善孝为先，原心不原迹，原迹贫家无孝子；万恶淫为首，论迹不论心，论心世上少完人。"其"原心不原迹"就指只看一个人的心孝不孝。比如一个人很穷，想买一罐奶粉给父母吃，但实在没有钱，买不起，因此心里很痛苦，只有希望慢慢积蓄点钱再去买。只要有这个心，只要他这份情感是真的，我们就不能说他不孝。"原迹贫家无孝子"，如果一定要在事实上有表现，那穷人家里就没得孝子了。我们用这个道理来解释，就是说明"事父母能竭其力"是尽自己的心力做到了就是孝。

"事君能致其身"这个"君"字，成为过去打倒孔家店的口实。他们认为这是专制思想，是捧帝王、捧独裁的古老教条。事实上不是这么回事，我们先要了解中国文化的"君"字是什么意思。从文字的字形上看，"君"字古写，头上"尹"字，"尹"字的古写是"乀"。我们的文字，是由图案演变而来的，手里拿一根拐杖，下面一个口，代表一个人，这个人年龄大了，学问道德很高，拿根拐杖，也等于指挥杖，所以凡是拿拐杖的、拿指挥杖的，都是君。后来才转借变成皇帝的专用。其实中国文化中的"君"也不是皇帝的专用词，比如我们过去写封信给平辈，不好称他先生，也不好意思称他老弟，即称他为"君"；乃至一位老师写给学生，这位老师谦虚一点就称学生"某某君"，如果说君是代表皇帝，就是 "某某皇帝" 了，通吗？没有这回事。日本人学我们中国文化，写信通常都是以君为尊称词。

"事君能致其身" 的意思是：不论朋友或同事，他跟你感情好，他了解你、认识你，认为非你帮忙不可，而你答应了，那他就是君，你既已答应帮忙朋友完成一件事，就规规矩矩一定尽心，答应了就言而有信。"能致其身"，说的就是竭尽自己身、心的力量。就好比结婚一样，要做到从一而终。否则当初不要答应，既然答应了，讲做人的道理，就要有信。至于替人家做事的道理就是忠，也就是尽自己的力。不可以表面上愿意帮忙，做出很恭敬的样子，背地里却一切不同意，反而捣乱扯腿。这就是做人的 "臣道" 不够，简单说就是不诚恳。

所以 "贤贤易色，事父母能竭其力，事君能致其身"，白话解释就是看到好的人能肃然起敬，在家能竭心尽力地爱家庭、爱父母。在社会上做事，对人、对国家，放弃自我的私心，所谓许身为国。还有 "与朋友交言而有信"，对朋友要言而有信。有时候对朋友答应了的事做不到，心里非常难过，为了自己道德的要求，想尽办法去做。所以子夏说，能够做到这样，"虽曰未学，吾必谓之学矣"。尽管这个人没有读过一天书，我一定说这人真有学问，这不是说明前文的 "学而时习之" 并不是说一定读死书吗？

因此，我们不要跟着宋儒一段一段地去解释，整篇连贯读下来，自己就搞清楚了。

【本经】

子曰："君子不重则不威，学则不固，主忠信，无友不如己者，过则勿惮改。"

【注释】

君子不重则不威："君子"，这里指要成为君子求学问的人。"重"，自重、自尊心。"威"，威严，威力，尊严。这句话的意思是，作为一个为学的君子之人，如果不自重，没树立起自尊心，不会形成自信心和自我信念，也就不会激发内在的潜能力量。

主忠信："主"，灯中的火炷，主意，主张。"忠"，从心，从中，找到内在的"自己"，尽心尽力。"信"，诚也，从人，从言，有了信念和智慧才能够真正做到自信、信他。这句话的意思是说，首先要尽心知性，找到"自己"，发现事物的本质，建立起自己内在的信念和人格，进而才能真正做到言而有信、自信、信他和威信。

【译文】

孔子说："为学的人如果不自重，没树立起自尊心，就不会形成自信心和自我信念，也就不会激发内在的力量，学问是不会稳固的。因此首要的是要认识并找到'自己'，有了真正的智慧，建立起自己人格的中心思想和信念，自信、信他，才能真正做到诚信。同时也要尊重每一个人的自尊心，不要认为你的朋友不如你，没有一个朋友是不如你的。求学的人要看到每一个人的长处，发现自己的缺点，就不要怕改过，这就是真学问。"

【别裁大义】

没有朋友的上帝

清朝末年，老一套的学者，大体上许多都是这样的，他们读了这句"君子不重则不威"的书，就照宋儒的解释学样起来，那样子，用现代的话来讲，对于年轻人真是"代沟"。那时老头子们在那里谈笑——你不要以为老头子们谈笑会有第二个方式，还不是一样谈饮食男女，人事是非。再不然就谈调皮话，不管他学问多高，都是人嘛！人很普通，都是一样。可是那些老头子明明正在谈笑不相干的事，看到年轻人一进去，那个眼镜搁在鼻尖上、手拿一根烟筒的老头子，立马鳖起嗓子道："嘿！你们来做什么？好好念书去！"一副道学面孔。他们认为对年轻后代要"重"，可是他们不知道"重"是怎么解释，以为把脸上的肉挂下来就是"重"，为什么呢？"君子不重则不威"，硬要重，"学则不固"，如果不重，学问就不稳固了呀。

接着"无友不如己者"，照他们的解释，交朋友不要交到不如我们的。这句话问题来了，他们怎么注解呢？"至少学问道德要比我们好的朋友。"那完了，司马迁、司马光这些大学问家，不知道该交谁了。照他这样——交朋友只能交比我们好的，那么大学校长只能与教育部长交朋友，部长只能跟院长做朋友，院长只能跟总统做朋友，当了总统只能跟上帝做朋友了？"无友不如己者"嘛！假如孔子是这样讲，那孔子也是势利小人。照宋儒的解释，那么后文的"过则勿惮改"又怎么说呢？又怎么上下文连接起来呢？中国文化就是这样被他们糟蹋了。

事实上是怎么说的？"君子不重则不威"的"重"是自重，是自尊心，也就是说每个人要自重。"君子不重则不威"，拿现代话来讲，也可以说是自己没有信心。

我们要知道，人都天生有傲慢的心理，但有时候，对事情的处理，一点自信都没有，这是心理的问题，也是大众的心理。比如交代一个任务给诸位中间任何一人，所谓"见危授命"，你有时候会丧失了这个信念，心理非常空虚，在这地方，就需要真正的学问，这个学问不是在书本上，这就是自重。所以一个人没有自信，也不自己重视自己，不自尊，"学则不固"，这个学问是不稳固的，这个知识对你没有用，因此我们必须建立起自己的人格、自己的信心来。

那么"无友不如己者"，是讲什么？是说不要看不起任何一个人，不要认为任何一个人不如自己。上一句是自重，下一句是尊重人家。我们既然要自尊，同时也要尊重每一个人的自尊心。"无友不如己者"，不要认为你的朋友不如你，没有一个朋友是不如你的，世界上的人，聪明智慧大约相差不多，反应快叫聪明，反应慢就叫笨。你骗了聪明的人，他马上会知道，你骗了笨人，尽管过了几十年之久，他到死终会清楚的。难得有人真正笨到被你骗死了都不知道的，这个道理要注意。

所以，不要看不起任何一个人，人与人相交，各有各的长处，他这一点不对，另一点会是对的。有两个重点要注意的："不因其人而废其言，不因其言而废其人。"世界上每个人都有他的长处，我们应该用其长而舍其短，所以"过则勿惮改"，因为看到了每一个人的长处，发现自己的缺点，那么不要怕改过，这就是真学问。

据心理学的研究，人对于自己的过错，很容易发现。每个人自己做错了事，说错了话，自己晓得不晓得呢？绝对晓得。但是人类有个毛病，尤其不是真有修养的人，对这个毛病改不过来。这毛病就是明明知道自己错了，第二秒钟就找出很多理由来，支持自己的错误完全是对的，越想自己越没有错，尤其是事业稍有成就的人，这个毛病一犯，是毫无办法的。所以过错一经发现后，就要勇于改过，才是真学问、真道德。

那么，如何来证明这个"无友不如己者"是这样解释呢？很自然的，还是根据《论语》。如果孔子把"无"字作动词，便不用这个"无"了。比如说，《论语》后文有的"毋意""毋我"等等，都用的是"毋"字。而且根据上下文，根据整个《论语》精神，这句话是非常清楚的，前面教你尊重自己，后面教你尊重别人。过去一千多年来的解释都变成交情当中的势利，这怎么通呢？所以说孔家店被人打倒，老板没有错，都是店员们搞错了的，这要特别修正。

【本经】

　　曾子曰："慎终追远，民德归厚矣。"

【注释】

　　慎终追远：要想有好的结果，就要追溯开始的初因。欲慎其终者，先追其远。

　　"慎"，谨慎，慎重，重视。

　　"终"，结果。

"追",追究,追溯。

"远",远因,初因,初心。

【译文】

曾子说:"要想有好的结果,就要先追溯开始的初因。如果人们知道了每件事的结果都是由远因初心而来的定律,开始就一定会慎重了,社会的道德风气,自然就会归向于严谨厚道了。"

【别裁大义】

种瓜者

古人对于这一句的解释是:"对死者的送终之礼能谨慎,如对生前;对死已久者能不断追思,怀念前贤。这样能使社会风俗道德日趋于笃厚。"

拿孝道来讲,过去讲中国文化的孝道,本来很重要,我们看历史上给皇帝的奏议,常有"圣朝以孝治天下"这句话。这等于是宪法的基础精神,过去我们没有"宪法"这个名称,但是有这个精神——宪法的哲学精神,以孝道为基础、作中心。所以过去的皇帝,权倾天下,一到内宫,见到母后,皇帝也要跪下来,皇太后对什么事讲一句不应该,皇帝就非改不可。但是出了内宫,母后则不能干政。固然,我们向来以孝治天下,但硬拉上了作解释,也是不对的,古人就解释"慎终追远"是孝道。所以过去人家大厅里的祖宗牌位上面,总是有"慎终追远"四个字,这就是因为古人解释"慎终追远"是对孝道而言的。他们解释:慎其终者,是说对过去了的,死了的先人,我们要怀念他。"民德归厚矣",他们解释,如果大家都能孝顺父母,孝于祖宗的话,社会风气就趋于厚道了。

这是有问题的,意思对,但牵强附会。为什么引用曾子的这一段话讲学问呢?

"慎终追远"是什么意义？"终"就是结果，"远"就是很远的远因，用现在观念的一句话来讲就解决了，"一个人要想好的结果，不如有好的开始"。欲慎其终者，先追其远，每件事的结果，都是由那远因来的，这里我们可以引用佛学里的一句话："菩萨畏因，凡夫畏果。"佛家的菩萨，大致相当于中国儒家的圣人，圣人们非常重视一件事情的动机。比如有一个朋友来约你做生意，这个动机，也就是这个初因，我们要注意，也许是善因，也许是恶因，如果是恶因，即使叫你做董事长，将来坐牢的也是你，那么这个因要注意了，所以菩萨是怕这个因。而"凡夫"——普通一般人畏果，像死刑犯到执行时才后悔，这个后果来了他才怕。真要注意学问的人，对每一件事，在有动机的时候就做好，也就是刚才说的，要有好的结果，不如有好的开始，也就是开始就要慎重。

　　所以"慎终追远"的意思，是说与其要好的结果，不如有好的开始。西方文化中有一句俗话"好的开始是成功的一半"也是这个道理。人们如果认识了这个道理，则"民德归厚矣"。社会道德的风气，自然都归于厚道严谨。这是"学问"的道理。

【本经】

　　子禽问于子贡曰："夫子至于是邦也，必闻其政，求之与？抑与之与？"子贡曰："夫子温、良、恭、俭、让以得之。夫子之求之也，其诸异乎人之求之与！"

【译文】

　　子禽问子贡说："老师每到一个国家，都要了解那个国家的文教政事，他是想做官，还是想提供给人家一点什么意见呢？"子贡说："我们的老师不是像你想的那样，我们老师温、良、恭、俭、让的修养学问是集中国传统文化之大成，是在救世救人，德济千秋后世，如果你一定要认为他对政治有野心、有要求的话，恐怕他所要求的，也绝不是我们一般人所能够了解的呀！"

【别裁大义】

孔子的素描

讲到这个地方，一直太严肃了，所以下面来个滑稽的事情。在这里，也可窥见孔门弟子写文章的笔法，并不呆板，是活泼生动的。

子禽名亢，又字子元，少孔子四十岁。孔子一生讲学，尤其是周游列国回来，专心培养后一代，教育后一代，所以学生都是年轻人。子贡是孔子弟子中最出色的一个人物。

这一段是说有一天子禽问子贡的话，如果把它改编作话剧，那一定是一场很滑稽、很有趣，令人莞尔的戏。好像是子禽悄悄地扯了子贡的袖子，把他拉到门边，避开了孔子的视线，然后压低嗓门轻轻地问道："喂！子贡！我问你，我们这位老师，到了每一个国家，都要打听人家的政治，他是想做官，还是想提供人家一点什么意见，使这些国家富强起来？"子贡答得很妙！他说："我们的老师是温、良、恭、俭、让以得之的。老弟，夫子不是像你们这一般思想，对于一件事情总把人家推开，自己抢过来干的。他是谦让给人家，实在推不开了，才勉强出来自己做的。假如你认为老师是为了求官做，也恐怕与一般人的求官、求职、求功名的路线两样吧？"可见他没有作正面的答复，只把反面的道理告诉子禽，等于对年轻后进同学的一种教育方法，这方法是启发式的，不作正面解答，要受教的人自己去思考判断。

温、良、恭、俭、让。现在先简单地解释这五个字的五种观念。

"温"是绝对温和的，平和的。"良"是善良的，道德的。"恭"是恭敬的，也就是严肃的。"俭"是不浪费的。"让"是一切都是谦让友好的、理性的，把自己放在最后的。上面这五个字，也可以说是五个条件，描写了孔子的风度、性格及他的修养。

这五个字包含了许多，也就是中国儒家教人为一个人，要在这五个字上作重大的研究，多下功夫。

五字串通五经

讲到温、良、恭、俭、让这五个字，就又牵涉到中国文化的全体根源。因此，我们首先就要研究一本书——《礼记》。它是中国文化的一个宝库。我们的"大同"思想，就是《礼记》中《礼运》篇里的一节。要了解"大同"思想的哲学基础，必须要把《礼运》这一篇全盘搞清楚。所以《礼记》是我们文化的宝库，也是过去几千年来宪法精神的所在，里面包括了现代的学问：政治、经济、哲学、教育、社会、科学，什么东西都有，乃至医药、卫生，以及中国人过去的科学观念，都有了。所以要了解中国文化的根本，《礼记》是不能不研究的。岂但是《礼记》，换句话说，要了解我们中国文化，了解孔孟思想，了解尧、舜、禹、汤、文、武、周公、孔子以及一直下来的根本渊源，还必须了解其他"五经"。

谈到"五经"，《礼记》中有一篇《经解》，对于"五经"作总评。以现在的观念来说，就是对"五经"扼要简单的介绍：对《诗》《书》《易》《礼》《乐》《春秋》以一两句话批评了。

《经解》篇说："孔子曰：入其国，其教可知也。"意思是，到一个地方，看社会风气，就可知道它的文教思想。

《经解》篇接着说："其为人也，温柔敦厚，诗教也。"所谓诗的教育，就是养成人的温柔敦厚。讲到"温、良、恭、俭、让"这个"温"字，就得注意孔子所说诗教的精神。

"疏通知远，书教也。"《书经》又叫《尚书》，是中国第一部历史，也不止讲历史，而是中国历史文献的第一部资料。现在西方人学历史，是钻到历史学的牛角尖里去了，是专门对历史这门学识的研究，有历史的方法，历史的注解，历史对于某一个时代的影响。现在我们研究历史的方法，多半是由西方的观念来的。中国过去的情形，学术家与文学家是不分的，学术家与哲学家也是不分的。中国人过去读历史的目的，是为了懂得人生，懂得政治，懂得过去而知道领导未来，所以它要我们 "疏通知远"。人读了历史，要我们通达，透彻了解世故人情，要知道远大。这个 "远大" 的道理，我讲个最近的故事来说明。有一位做外交官的朋友出国就任，我送他一副对联，是抄袭古人的句子："世事正须高著眼，宦情不厌少低头。" 一般人应当如此，外交官更要善于运用它。对于世局的变化，未来的发展，要有眼光，要看得远大。"宦情" 是做官的情态，要有人格，尤其外交官，代表了国格，代表全民的人格；要有骨头，站得起来，少低头，并不讨厌 "少低头"。不能将就人家，要怎样才做得到呢？就是懂得历史——疏通知远——这是《书经》的教育精神。

"广博易良，乐教也。" 乐包括了音乐、文艺、运动等。在我们的传统文化中，这些都包括在 "乐" 里，"易良" 就是由坏变好，平易而善良。

"絜静精微，易教也。"《易经》的思想，是老祖宗们遗留下来的文化结晶。我们先民在文字尚未发明时，用八卦画图开始记事以表达意思。什么叫絜静呢？就是哲学的、宗教的圣洁；"精微" 则属科学的。易经的思想是科学到哲学，融合了哲学、科学、宗教三种精神。所以说 "絜静精微，易教也"。

至于 "恭俭庄敬，礼教也"，是人格的修养，人品的熏陶。

"属辞比事，《春秋》教也。"《春秋》也是孔子作的，也是历史。什么是 "属辞比事" 呢？看懂了《春秋》这个历史，可提供给我们在外交、政治，乃至其他人生方面作为参考。因为人世上许多事情的原委、因果是没有两样的，因此常有人说历史是重演的。这是一个哲学问题，历史会重演吗？不可能。真的不可能吗？也许可能，因为古人是人，我们也是人，中国人是人，外国人还是人，人与人之间，形态不同，原则却变不到哪里去，所以说历史是重演的。但是，不管历史重演不重演，尤其中国文化有五千年的历史，对于做人处世，处处都有前辈的经验。虽然古代的社会形态与我们不同，原则却没有两样，所以读了《春秋》，"属辞比事"，就知识渊博，知道某一件事情发生过，古人也曾有这样一件事情，它的善恶、处理方法都知道，这个就叫 "比事" 了，是 "《春秋》教也"。

以上五经，在《经解》中，只用几个字，就将每一部书的精华思想予以表征。拿现在的白话文来讲，这每一句话的几个字，就可以拿到好几个博士学位。"小题大做" 嘛！尽管做，从西方文化自十六世纪的文艺复兴运动开始，到现在为止，一切都扯进来，扯到最后，说明了这一点，就可以完成一篇博士论文了。但是在古人，只几句话而已。

善知识与恶知识

下面还有："故《诗》之失，愚。"老是去搞文学的人，变成读书读酸了的书呆子，很讨厌，那就是笨蛋。任何学问，有正反两面，五经也如此。

接着提到"《书》之失，诬"。所以读历史要注意，尤其读中国史更要注意，因为宋朝的历史是元朝人编的，元朝的历史是明朝人编的，明朝的历史是清朝人编的，事情相隔了那么久，而且各人的主观、成见又不同，所以历史上记载的人名、地名、时间都是真的，但有时候事实不一样，也不见得完整。为了弥补这个缺陷，还要读历史的反面文章。反面文章看什么呢？看历朝的奏议，它相当于现代报纸的社论，在当时是大臣提出的建议和报告。为什么要提出建议报告？可见所提的事出了毛病，否则就没有建议了。宋朝王荆公——王安石就说过懒得读《春秋》，认为那是一本烂账簿，这也是认为"《书》之失，诬"的观念。这点是我们研读历史要注意的。

"《乐》之失，奢。"光是讲艺术等，又容易使社会风气变得太奢靡了。

"《易》之失，贼。"一个人如果上通天文，下通地理，手掐八卦，未卜先知，别人还没有动，他就知道了一切，这样好吗？坏得很！"察见渊鱼者不祥"，如果没有基本的道德修养，此人就鬼头鬼脑、花样层出了。所以学《易》能"上通天文，下通地理"固然很重要，但"做人"更重要，如果做人没有做好，坏人的知识愈多，做坏事的本领越大，于是就"《易》之失，贼"了。

"《礼》之失，烦。"礼很重要，过分讲礼就讨厌死了，等于说我们全照医学理论，两手就不敢摸面包。全听律师的话，连路都不敢走，动辄犯法。你要搞礼法，那烦透了。所以"礼"要恰到好处。

"《春秋》之失，乱。"懂了历史的春秋大义以后，固然是好，有时候读了历史又有问题，好像一个人不研究军事哲学，则这个人作为一个健全的国民不成问题，等到研究了军事哲学以后，相反地，他又容易闯乱。这跟不会武术的人，最后可以寿终正寝，会了武术，反而不得好死，是一样的道理。

《经解》对五经的批评，正面反面都讲了。下面一段，就是告诉我们，五经的修养，要做到温柔敦厚而不愚。这样的人，才能爱任何一个人，爱任何一个朋友。所谓敦厚，就是指对别人的缺点，容易包涵，容易原谅，对别人的过错，能慢慢地感化他，可是他并不是一个迂夫子，那么才是"深于诗者也"，这样才算是诗的教育。以下《书》《易》《礼》《乐》《春秋》，都是如此。现在我们再回到《论语》上来。

子贡所讲孔子的温、良、恭、俭、让，是讲孔子的修养，是集中国古代传统文化之大成，他有了这样高深的修养，所以他的目的，就是我国古代的"淑世主义"，他具有救世救人的思想，也就是我们前面所提到的他的千秋大业。千秋大业就是学问思想，千秋事业在当时是很寂寞的，例如孔子、老子、释迦牟尼、耶稣、穆罕默德等，在当时并未受人重视，可是德及万世，名震千古。孔子这种千秋事业是要集中国文化、思想、精神之大成，认清楚自己的任务，牺牲现实的荣华，才能够做到。所以子贡对子禽说，你问到老师究竟为什么来着？你看看老师是这样一个人，如果你一定要认为他对政治有野心，有要求的话，恐怕他所要求的，也不是一般人所能了解的。

【本经】

子曰："父在观其志，父没观其行，三年无改于父之道，可谓孝矣。"

【译文】

孔子说："当父母在面前的时候，要言行一致。就是父母不在面前，背着父母的时候，乃至于父母去世了，都要言行一致，诚恳踏实，表里如一。如果父母去世了，不管过多久，对父母的感情都不淡薄，做人的标准言行一致，这就可以说是孝子了。"

【别裁大义】

老鼠生儿的孝道

讲到这里，我们要向前辈的某些儒者、理学家、读书人告个罪了，他们的解释，又是错误的。他们说看一个人，他父母还在的时候看他的志向，父母死了的时候看他的行为，三年当中，没有改变他父母所走的路线，这个人就叫作孝子了。问题来了，假使父母行为不端，以窃盗为生，儿子不想当小偷，有反感，可是为了孝道，就不能不当三年小偷去。这样，问题不就来了？如果遇到坏人的话，明明知道错，可推说："孔子说的呀！圣人说的呀！为了做孝子，也只好做错三年呀！"这叫圣人吗？照这样讲，就应该叫它是老鼠生儿的孝道哲学。为什么呢？俗话说："龙生龙，凤生凤，老鼠生儿打地洞。"通吗？不通！这些问题，都出在过去的误解。当然，宋儒并不一定完全错，但像这种错的地方，我们要注意。所以古人说，读书要顶门上另有一只眼。中国宗教里有的神像，多一只眼睛，名为智慧眼。我们要用宗教家所谓的智慧之眼去看，就很容易了解了。

"父在观其志"的这个"志"，古人的文字"志"为"意志"之意，它包括了思想、态度。"父在观其志"这话，是说当父母在面前的时候，要言行一致。就是父母不在面前，背着父母的时候，乃至于父母死了，都要言行一致，诚诚恳恳，非常老实，说不接受就是不接受；如果做好人，就要做到底，父母死了，于三年之内，无改于父之道，说得到做得到，经过三年这么久的时间，感情没有淡薄，言行一致，一贯做法，这就是孝子。

【本经】

有子曰:"礼之用,和为贵,先王之道,斯为美,小大由之;有所不行,知和而和,不以礼节之,亦不可行也。"

【译文】

有子说:"礼的应用,贵在处理任何事物都能做到恰到好处、和谐有序。中国传统文化先王之道,礼是最了不起的,无论大事小事,都要以礼的精神来处理,失去了礼的精神就不行,一定会出毛病。礼有其外在的表现形式,但又不能过分拘泥于形式,过分了就容易出现偏差,超过了这个限度,又要重新调整它。所以要认识礼的基本精神,遵照礼的精神做事,做事要中和,按照事物的内在规律,依礼适时调节。凡事不用礼来节制,那是不行的。"

【别裁大义】

无所适从的礼俗

为什么讲学问讲到礼?这个礼,刚才提到了《礼记》。讲到礼,感慨良深!我们知道,中国人都自称"礼义之邦",现在很成问题。几十年前,遇到人打恭,后来慢慢改成鞠躬,后来再加上一点军事化的、将手举起掌近于眉,十五度的半鞠躬,以后改成两方面握手,又变成现在的点一个头,后来又变成翘一个下巴。现在我们中国人,见面施礼的动作,不知道是哪一套了。所以说,讲到文化,感慨良深。

文化表现在形态上,常有四样大类:"衣、冠、文、物。"这第一类的"衣",我们在日本都还看得到,日本人平常也穿西装,但是遇到皇室的重大典礼,还是穿自己制定的民族礼服。过去国民政府在抗战以前，拟过一个关于"衣、冠、文、物"的文件草案，对国民的衣服，都有了规定，可惜后来因抗战军兴，没有实行。

现在我们在礼仪方面，看见了人，刚说的五套礼貌都要来的，再加上在飞机场，还有抱一下、贴个脸的，真可谓集古今中外之大成。又看结婚礼仪，过去拜天地，拜父母，后来改成文明结婚，新娘穿白衣服，这是我们过去的孝服；还有男傧相，拉纱的花童，这叫"文明结婚"。再下来，法律问题，写一张婚约，盖两个章，还加上证人，大有为离婚作准备的味道。现在更简单了，跟外国人结婚的，外国人穿上那种日本式的木拖板，就去结婚了。到法院公证处看看，什么怪样子的都有。

丧事上更看出来了，军乐队、西乐队、锣鼓队、笙箫队、和尚、道士，集古今中外之大成，出殡行列，什么都有，不伦不类。所以讲这个礼仪，我们大家要注意，为自己的国家建立文化，是非常重要的事情。我们大家要起来做具体的研究。

此外，《论语》上的"礼"是社会秩序的礼，个人的礼。一般人看不起中国文化，不加以注意，会发生许多的问题。比如信不会写，礼貌不懂，不知道进退应对，不晓得席位尊卑。尽管现代人更多的是坐沙发，坐汽车，使用西方物质文明的产品，但西方人也还是有西方人的礼貌、西方人的规矩，尤其学外交的人不能不懂。而现在年轻人常弄错，所以我们自称"文章华国，诗礼传家"，反省起来，是很难过的，非常沉痛的；为了国家民族，这些地方是要注意的。

再讲到有子的话"礼之用，和为贵"，这等于礼的哲学。礼是干什么的？是起中和作用，说大一点就是为了和平。这也就是礼的思想。人与人之间会有偏差的，事与事之间彼此有矛盾，中和这个矛盾，调整这个偏差，就靠礼。那么法律也就是礼的作用，法律的原则之下，理国乃至办事的细则，就是礼的作用。假如没有礼，社会就没有秩序，这怎么行？所以人与人之间要礼，事与事之间要礼，而礼的作用，"和为贵"，就是调整均衡。

"先王之道，斯为美。小大由之。"中国文化中称先王，不是指哪一个皇帝是先王，"先王"这两个字，就是我们现在讲的"传统文化""中国文化"的意思。

所谓"王者望也""王者用也"这些注解以外，我们了解"先王"两字的精神，就代表列祖列宗。所以中国文化的先王之道"斯为美矣"是最了不起的，我们人文文化的建立比世界上任何民族、任何国家都更早。"小大由之"，无论大事小事，都要由礼的精神来处理，失去了礼的精神就不行，一定出毛病。

"有所不行，知和而和，不以礼节之，亦不可行也。"这是讲相当矛盾的道理。我们经常看到"矫枉过正"四个字，"枉"是歪了，看见事物歪了，必须要矫正它；矫正得过分了，又是歪了。换句话说，不是向这边歪，就是向那边歪。总之"过正"就是歪。礼也是这样，要中和，过分地调节也不好。一个青年一点不懂礼貌固然不对，但他一天到晚都讲礼貌，太多礼了，人家就要误会他拍马屁。所以"知和而和"，对一件事，了解了它的中和之道，而去中和、去调整它。但过分地调整就错了，"不以礼节之，亦不可行也"。所以礼义的基本精神，是调节一件事物，中和一件事物，但是有一定的限度，超过了这个限度，又要重新把它调整。

上帝的外婆是谁

要研究中国文化，孔子所编的《礼记》是不能不看的。它是我国传统文化初期包罗万象的著作。以现代学术来讲，包括了哲学、政治、军事、经济、卫生、医学等各方面的学问。当然，是原则，不像现在分得那么细。所以《礼记》这部书，并不是只讲礼貌，我们的礼节礼貌，只是礼的一种表现而已。

中国文化的"礼"字，拿西方文化来讲，就是哲学。哲学大致可分两个范围，以中国道理来讲，一个是形而上的，一个是形而下的。所谓形而下的，是宇宙万有一切学问，都包括在内；形而上的，在中国人叫作"道"，在儒家思想叫"天"，"天道"也就是"本体论"。形而下的，在西方哲学，就是"知识论"、"人生的价值论"。西方哲学大概是这样分类的。"形而上"这个名称，来自《易经》，日本人翻译希腊哲学时，借用了《易经》上孔子所说的这个名词——"形而上者谓之道"。

什么是"形而上"？就是宇宙来源的问题——先有鸡还是先有蛋？先有男

或是先有女？究竟这个宇宙万有是谁创造的？宗教家说是一位主宰创造的。哲学家就问这个主宰是哪里来的？创造主宰的又是谁？假使创造主宰的是主宰的妈妈，那么主宰的外婆又是谁？哲学家是一路追到底的。讨论这形而上的道，就是"本体论"。"形而下"是讲宇宙万有形成以后的各种现象和各种知识。西方"本体论"的探讨，最早发源于希腊，也已经两三千年了。当时大概又分作两派，一派是唯物思想，一派是唯心思想。这个唯心与中国固有文化所讲的唯心，又不相同。讲到哲学，这个基本上的思想来源问题，首先要认识清楚，以免混淆。

后来哲学家认为：人为什么会知道宇宙的来源？是靠知识来的，靠思想来的，那么，思想的本身是不是靠得住？就先要研究了。于是产生了知识论。假使思想的本身都靠不住，那么用思想所了解的"宇宙的本来"，也是不完整的。这就是哲学的范围了。一直经历了上下几千年的这一学术，中国人根据日本人的翻译，叫它为"哲学"。

另外一部分是"人生哲学"——研究人的价值问题。

在西方哲学家看来，中国人没有哲学，至少过去中国没有像西方人一样，追究宇宙的本体。像我们现在看到的，西方文化这个系统是很严谨的，他们的哲学思想最初是宗教，宗教只教人信，而且是专制强权，绝不容许你怀疑。你想知道上帝怎么来的，但是你不能问，只要"信"就得救。哲学家说，你要我信可以，不过你要把那个幕拉开给我看看，我看到了以后，绝对信！这是哲学精神。

后来，因为哲学的发展，又形成了科学，科学家更进一步说，光看一下还是不行，我要摸到以后，我才相信的确有这个东西。所以由宗教而哲学，而科学，是今日西方文化发展的步骤。

中国人真的没有哲学吗？有！所有哲学是"人生哲学"。只讲做人伦理的道德，讲做人应该怎样。西方人认为我们没有哲学，过去我国的一些学者也跟着人家这样讲，是不对的。事实上，中国哲学思想，都包括在《礼记》《易经》等书里面，而且最多了，不过需要大家努力整理。我国学者，在这几十年来，所整理出来的哲学思想还是不够的，太不够了！而且有所偏。这还要我们自己温故知新，多向这方面努力。

现在，我们讲的重点："礼"不光是礼貌、礼节，而且包括了形而上的哲学，和形而下人生上的一切运用。因此，下面就接到这一节了。

【本经】

有子曰："信近于义，言可复也；恭近于礼，远耻辱也；因不失其亲，亦可宗也。"

【译文】

有子说："答应人家的话、许下的信约符合了义，说过的话才能兑现；对待人、事、物恭敬认真合于礼，才能免遭耻辱；人最真挚的感情是源自于和父母的亲情，如果能把这种情感再发挥到助人的心行，由近而远，渐渐扩及他人和社会，像这样也就是务本了，也就是可以推崇敬仰的了。"

【别裁大义】

《三国演义》的幕后功劳

"信近于义，言可复也。"为什么中国文化提倡"仁、义、礼、智、信"？"信"有什么好处？为什么教人建立"信"？因"信近于义"，义者相宜也。这"义"字上表现了中西文化的不同。我们要注意"仁义"两字，"仁"字，凡是博爱、慈爱都叫"仁"，世界各国文化，都有"仁"的同义字；但中国的"义"字，英文、法文、德文，任何一国文字中都没有同义的字。只有中国文化中才有的。这个"义"字，有两个解释，儒家孔门的解释讲："义者宜也。"恰到好处谓之宜，就是礼的中和作用，如"时宜"就是这个意思。另外一个解释，就是墨子的精神——"侠义",所谓"路见不平,拔刀相助"。中国人有这个性格,为朋友可以卖命,我们中国人这种性格,有时候比儒家的影响还要大,为了朋友,认为这条命该送给你,没有关系,帮你的忙给了你,其他民族也有这种精神,可是没有这种定义。我们有这种文化,而且过去中下层社会普遍存在。这很重要,尤其一个国家在变乱的时候更明显,在抗战期间就看到,老百姓为国家民族牺牲的精神,非常伟大,就是中国文化的表现。有人说这是儒家孔孟思想影响的,并不尽然,其实是《三国演义》等几部小说教出来的。所以中华民族能够有忠义之气,这是我们民族的特性,特别的长处,所以我们负责教育的,要留意这类问题。

这里"信近于义"的"义",与墨子的"义"字,有相同之处。人为什么守信?答应的话,一定做到。所以我们历史上有著名的"季布一诺千金"的故事。《论语》中的子路也是这样的人。"言可复也",守信的人,不可讲空话,因为"言可复也",讲了话必须恢复。什么是"恢复"?就是讲了的话要"兑现"。

"恭近于礼,远耻辱也。"礼貌的当中要恭敬。所谓恭,就是内心对事情的庄重认真,并不是看见人敬礼就是恭;虽然不敬礼,当朋友有困难的时候,那种无限关心的神态,不说出来就知道。所以人恭敬不恭敬,表面态度虽然重要,更重要的是内心的事。因此恭敬就是礼。人与人为什么要恭敬?"远耻辱也",免得招来无谓的耻辱。"因不失其亲,亦可宗也"。因就是动机,中国文化:亲亲、仁民、爱物。"因不失其亲",意思是人绝对无私是做不到的。(这个问题,将来会讨论到,中国文化中有两个观念是由道家出来的,一个是大公无私,一个是绝对自私,两种极端思想,对我们而言都做不到的。而儒家则主张有限的自私。)举个例子,如果大家没有衣服穿,我弄到了一件,先给我的父亲穿,父亲穿了给我穿,等自己多一件时,再给别人穿。助人的心行,由近而远,渐渐扩及他人。"亦可宗",像这个样子,也可以宗仰。

【本经】

子曰："君子食无求饱，居无求安，敏于事而慎于言，就有道而正焉，可谓好学也已。"

【译文】

孔子说："一个真正求学问的人，生活上不过分贪求物质上的满足，居住上也不过分贪求安逸享受；对一切应该做的事，都能够勤勉力行，而且言语谨慎；能从古人的文化典籍中学习和修正自己做人处世的学问道理。如果真能做到这样就可以叫作好学了。"

【别裁大义】

说明学问的道理，并不是只读死书，而是注重现实人生中的做人处世。孔子说生活不要太奢侈，"食无求饱"，尤其在艰难困苦中，不要有过分的、甚至奢侈的要求。"居无求安"，住的地方，只要适当，能安贫乐道，不要贪求过分的安逸，贪求过分的享受。这两句话的意义，是不求物质生活的享受，而重视精神生命的升华。"敏于事而慎于言"，包括了一切责任、一切应该做的事，要敏捷——马上做。"慎于言"，不能乱说话。"就有道而正焉"，这个"道"就是指学问、修养。那么哪里叫"有道"呢？古人的书本，书本上就是"有道"，从书本上去修正做人做事的道理，这个样子就叫作好学。可见《学而》一篇，并不是说读书就是学问，前后好几处，都是这样证明的。

【本经】

子贡曰："贫而无谄，富而无骄，何如？"子曰："可也。未若贫而乐，富而好礼者也。"子贡曰："《诗》云：'如切如磋，如琢如磨。'其斯之谓与？"子曰："赐也，始可与言《诗》已矣！告诸往而知来者。"

【注释】

如切如磋，如琢如磨：出自《诗经·卫风·淇奥》。此处子贡意为做人要像用玉石做艺术品那样，切割、锉刻、雕琢、打磨。切、磋、琢、磨，就是譬喻做学问、受教育。一个人天生下来就要接受教育，要慢慢从人生的经验中，体会过来，学问越进步，功夫就越细。

【译文】

子贡说："一个人贫穷而不谄媚，富有而不骄傲，这种人怎么样呢？"孔子说："这也算可以了。但是还不如贫穷而能安于乐道，富有而能真正好礼的人。"子贡说："《诗经》上说：'如切如磋，如琢如磨。'做学问就要像玉一样地切磋琢磨，我懂了！"孔子说："赐呀，你现在可以开始读《诗》了，因为我刚提示了你一个道理，你自己就能够另外推演出别的道理来。告诉了过去的事情就知道未来的事情，这就是诗的精神。"

【别裁大义】

多才多艺的子贡

接下来讲子贡。我们特别留心这个人，上面也曾提到过，子贡在孔门弟子中，不但是学问家，也是外交家、政治家，以现代观念来讲，也是工商界的巨子。

读司马迁的《史记》，就可以看见一篇东西——《货殖列传》，《史记》这部书，在中国历史文化上有了不起的价值。《货殖列传》就是讲商业家，讲社会工商经济发展的情形。中国文化在过去始终是轻商的，所谓士、农、工、商，商人的阶级，列在四民之末，为社会所轻视，而司马迁特别提出商来，写了这篇创作。以后中国的历史，才有《货殖列传》的精神，顺便也记载一般经商者的事。司马迁当时写《货殖列传》的动机，是认为工商社会的发展，是关系国家政治的命脉，不能不注意，可是当时不能如此明显提倡，所以他写了《货殖列传》。其中还包涵许多褒贬的微词。

司马迁有很多东西是创作，像他又写了《游侠列传》。在过去，人们认为游侠这一批人，作奸犯科——"老子拳头大"，就是那么回事。司马迁却特别写了《游侠列传》，他认为这些人在社会落伍、动乱的时候，道德、道理、人情、法律都没有办法的时候，只有"老子拳头大"——一伸胳膊则没有事了，才可解决问题，所以他觉得这种精神，非常可取，就写了《游侠列传》。

《史记》这部书，研究起来很有趣，中国文化的许多精神，司马迁都在《史记》上点出来了。

我们讲子贡，牵涉到《史记》，司马迁在《货殖列传》中，特别提到子贡这个人，非常了不起，乃至强调地说，孔子的学说思想，后来能够流传下来，端赖他的出力。

现在讲到学问的修养，提到子贡一段非常重要的话。子贡说，老师，人穷了，倒霉了，还是不谄媚，不拍马屁，不低头；发财了，得意了，还能够对人不骄傲，何如？这个"何如"，若演起戏来，导演一定教演员作得意状。子贡这个时候，似乎认为自己学问修养做到这个地步已经很不错，很有心得了，心里在想一定可以得到老师的欣赏，给一个一百分，或者至少九十分，所以他这"何如"用白话来说是："老师！你看看我怎么样？"那种自肯的味道，完全在这"何如"两个字上表现出来了。

我们都常听说"得意忘形"，但是，据我个人几十年的人生经验，还要再加上一句话——"失意忘形"。有人本来蛮好的，当他发财、得意的时候，事情都处理得很得当，见人也彬彬有礼；但是一旦失意之后，就连人也不愿见，一副讨厌相，自卑感，种种的烦恼都来了，人完全变了——失意忘形。所以我就体会到孟子讲的："富贵不能淫，贫贱不能移，威武不能屈。"一个人做学问，只要做到"贫贱不能移"一句话——能够受得了寂寞，受得了平淡，所谓"唯大英雄能本色"，无论怎么样得意也是那个样子，失意也是那个样子，到没有衣服穿、饿肚子仍是那个样子，这是最高修养，达到这步修养太难了。所以子贡讲的"贫而无谄，富而无骄"的确是不容易，很难得。可是孔子并没有给他九十分，只是"可也"而已。下面还有一个"但是"，但是什么？"未若贫而乐，富而好礼者也"。也就是你做到穷了，失意了不向人低头，不拍马屁，认为自己就是那么大，看不起人，其实满肚子的不够；或者你觉得某人好，自己差了，这样还是有一种与人比较的心理，敌视心理，所以修养还是不够的。同样的道理，你到了富而不骄，待人以礼，因为你觉得自己有钱有地位，非得以这种态度待人不可，这也不对，仍旧有优越感。所以要做到真正的平凡，在任何位置上，在任何环境中，就是那么平实，那么平凡，才是对的。所以孔子告诉子贡，像你所说的那样，只是及格而已，还应该进一步，做到"贫而乐，富而好礼"。也就是安贫乐道。安贫就非常难，孔子在下面就有"君子，素富贵，行乎富贵；素贫贱，行乎贫贱"的话。一个人是应该清高的，但有人是苟求清高，或者为了标榜自己清高，因此只好忍痛牺牲。那就大可不必，这就不平凡，不平凡不是真涵养的精神。因此孔子告诉子贡，要安贫乐道，要平实，他说仅是做到不骄傲不算好，还要进一步做到好礼，尊重别人和爱人。

富而好礼的方面，假如一个真正富有的人，能够不断追求学问，不断讲究做人做事的道理，实在了不起。有的人事业成功了以后，往往亲朋间脱离了关系，这是遗憾的事。

讲到这里，知道子贡是服了老师，孔子是了不起的，所以子贡提出了一句话来说：《诗》云：'如切如磋，如琢如磨。'其斯之谓与？""如切如磋，如琢如磨"，这八个字是引用《诗经》里的原句。是讲做玉石的方法，如花莲的玉石，最初是桌面大的一块石头，买来以后，先将它剖开，里面也许能有几百个戒指面，也许只有十个八个也说不定。做玉器的第一步，用锯子弄开石头叫剖，也就是切；找到了玉，又用锉子把石头的部分锉去，就是第二步手术叫磋；玉磋出来了以后，再慢慢地把它雕琢，琢成戒指型、鸡心型、手镯型等一定的型式、器物，就是琢；然后又加上磨光，使这玉发出美丽夺目的光彩来，就是磨。切、磋、琢、磨，这就是譬喻教育。一个人生下来，要接受教育，要慢慢从人生的经验中，体会过来，学问进一步，功夫就越细，越到了后来，学问就越难，所以"如切如磋，如琢如磨，其斯之谓与"这句话大有推崇孔子的意思，好像说："做学问还要像做玉一样地切磋琢磨，我懂了。"那么孔子答复他了，子曰："赐也，始可与言《诗》已矣！告诸往而知来者。"赐是子贡的名字，孔子说你懂得这个道理，现在可以开始读书了，也可以开始读《诗》了，因为我刚刚提示了你一个道理，你自己就能够另外推演出别的道理来。这表示了一个人的天分高，拿现在的教育来说，是教了一个原则，其他就可以自己类推了。

诗的人生

不过这句话研究起来有一个问题，是诗的问题。我们知道中国文化，在文学的境界上，有一个演变发展的程序，大体的情形，是所谓汉文、唐诗、宋词、元曲、明小说，到了清朝，是对联，尤其像中兴名将曾国藩、左宗棠这班人把对联发展到了最高点。我们中国几千年文学形态的演变，大概是如此。

至于诗，过去我们读书，没有人不是在小学（不是现代的小学）就开始学诗的。每一个人都会作诗，不过是不是一个诗人，是另一个问题。有人问为什么我们对诗的教育这样重视，这是个大问题。下面第二篇《为政》里就有一个要点，说明这个道理。一般人通常认为，作诗就是无病呻吟，变成诗匠。从前也有人打趣这种诗，所谓"关门闭户掩柴扉"，关门就是闭户，闭户也是关门，掩柴扉还是关门。平仄很对，韵脚也对，但是把它凑拢来，一点道理都没有。这就是无病呻吟，这样的文学，实在有问题，都变成"关门闭户掩柴扉"了。过去还有一个笑话，在几十年前，有一种所谓"厕所文学"。在江南一带，像茶馆等公共场所的墙上，乱七八糟的字句，写得很多。这些字句，无以名之，有人就称它为"厕所文学"。有人看了这些文字，实在看不下去了，也写了一首诗，这首诗也代表了中国文化中文学的末流。原句是："从来未识诗人面，今识诗人丈八长，不是诗人长丈八，如何放屁在高墙？"这是当时批评"厕所文学"的滑稽之作，像这类衰败的情形，我们现在看来很平常，但当时却很严重。所以当年孙中山先生不得不提倡革命。那时文学、文化的问题，是非常严重。那些无病呻吟的诗，衰败的东西太多了！像这一类含义的笑话，实在太多。所以后来"五四运动"的时候，要打倒旧文化，固然打错了，可是这个错误的实在，也不能完全由当时动手打的人担负起来。这个错误是在那个时代，历史的包袱给他们的压力而造成的。

这里孔子对子贡说的话，点出了"诗"的道理是什么，作诗学诗的人，并不光是想当一个诗人，否则当诗人就要被骂"如何放屁在高墙"。所以诗的目的，并不是专搞文学，其中所含的道理非常重要。关于诗的文化，孔子在下一篇说了，在这里他告诉子贡，读了诗，并不是教你变成一个酸溜溜的书呆子，一定要"告诸往而知来者"。岂但作诗，我们读历史也是一样，我们为什么读历史？现在大学里的历史系、历史研究所的研读历史，虽然拿到好成绩，但对做人做事，一点用处都没有。我们中国人过去读历史，主张要学以致用，它的精神就是"告诸往而知来者"，懂了过去就要知道未来，这也就是诗的精神。

到了最后，是这一篇的结论了。大家可以很容易地看出来，《论语》第一篇《学而》篇的开始："学而时习之，不亦说乎？有朋自远方来，不亦乐乎？人不知而不愠，不亦君子乎？"你看这一篇文章又是怎么作结论？恰恰好头尾相顾。最后一句怎么说呢？

【本经】

子曰："不患人之不己知，患不知人也。"

【译文】

孔子说："一个人不怕别人不了解你，最怕你自己不了解别人。"

【别裁大义】

　　这是《学而》这一篇的精神所系。他说一个人不怕人家不了解你，最怕你自己不了解别人。这就归结了那句 "人不知而不愠，不亦君子乎"。大概人们都有的一个通病，就是总觉得自己了不起，往往我们说错一句话，脸红了；但三秒钟以后，脸不红了，自己马上在心里头找出很多的理由来支持自己的错误，认为自己完全对，再过个把钟头，越看自己越对。人，就是这样，所以人总怪人家不了解自己，而对于自己是不是了解别人这个问题，就不去考虑了。所以《学而》这一篇的宗旨，最后的一点，以本篇第一节的 "人不知而不愠，不亦君子乎" 为重点。这个结论的重点就是你为什么在心中怨恨？不要怕人家不了解你，最重要的是你是否了解别人。于是这一篇做学问的目的，到这里始得到了结论。

为政第二

　　子曰："为政以德，譬如北辰，居其所，而众星共之。"

【注释】

　　德：德者得也。过去"德"是表示好行为的成果和作用。

　　北辰：北极星。《观象玩占》："北极星在紫微宫中，一曰北辰，天之最尊星也。其纽星天之枢也。天运无穷，三光迭耀，而极星不移。"故曰："居其所而众星共之。"

　　所：处所，位置，本位。

　　共（gǒng）：同"拱"，围绕、环绕。"众星共之"：指天上群星围绕北极星旋转、运行。

【译文】

　　孔子说："为政的人要有内在的中心思想和对'道'的坚定信念，天下为公、经世济民；以其高尚的人格魅力、强大的精神力量和道德的感化力凝聚人心、影响社会。就像北极星那样，众星拱卫，光辉闪耀，斗转星移，为人们指明方向。"

【别裁大义】

大政治家的风范

提到为政，有一点要注意：我们常发现在一些著作中，许多人认为《为政》是孔子的 "政治思想"，或者用现代的语汇来说，称之为 "政治哲学"。这个说法是不对的。孔子很少提到完整观念的 "政治"，孔子只说 "为政"，这点我们要特别注意。站在学术的立场，态度要非常严谨。我们常说一句话："在法律面前，人人平等，要服真理。"作学问的立场，就是 "在学术面前，态度要非常严谨，服从真理。"孔子只讲 "为政"，不谈政治；"政治" 如孙中山先生所说，是 "管理众人的事"。孔子所提的 "为政" 是教化，教化是中国文化的名词，不能看成是教育。教是教育，化是感化，但过去又不叫作感化，而叫作风化。为政的意义包括了教化。这个重点我们必须把握住。因此第二篇《为政》，也是谈到学问外用的道理。

"共" 即 "拱"。这几句话，表面上看来非常容易懂。孔子提出来，为政最重要的是 "德"。说到这里，我们要注意，春秋战国时代，"道德" 两个字，是很少连起来用的，那个时候，道是道，德是德；魏晋南北朝以后，到唐宋之间，才把这两个字连起来，变成一个名词为 "道德"。秦汉以前，德是德；而 "道" 与 "天"，在当时可说是最麻烦、最难于界说的两个字，同样的有无穷意义。有时候 "道" 字，是形而上的那个本体的代表；有时候是道路之道，有时候是原则或法则，像《孙子兵法》所云："兵者诡道也。"这个道就是法则的意思；有时候又是道德的代表。"天" 字也是这样，包含有四五个意义之多。在同一本书，甚至在同一句里，前后的道字，所代表的意义也有可能不同。这个好像是中国文化的毛病，其实也是长处，尤其在古代印刷术还没有发明，一个观念用一个字来代表，用刀刻到竹简上，在当时就足以完全表达。

再说到这个 "德" 字的意义，过去 "德" 是表示好行为的成果和作用。古时人解释 "德者得也"。因此我们了解孔子讲的 "为政以德"，是好行为的成果，也和后世讲的 "道德" 意义差不多。如果不作深入研究，一般在学校里，就告诉学生，这里的"德"就是"道德"，因为学生不到相当的程度，老师也无法多搬古董来为他们作详细解说。孔子为什么提出这个"德"字，这是第一个问题。

星辰知多少

第二个问题说到"北辰"。我们中国文化发达得最早的是天文。过去我们把天体分成二十八宿和三垣（yuán）——紫微、少微、太微，类似于我们现在讲天文的经纬度。经纬度是西方的划分法。我们为什么不讲自己的中原时间，把经纬度再划过呢？而事实上，我们过去是划分过的。天体的分度为三垣、二十八宿，就是把天体星座的范围，划分二十八个部分。为什么叫"宿"呢？这是指每天太阳从西方落下去的时候，东方天上是哪一个星座出来，这星座就是"宿"。这出来的星座，每个月不同，每半个月不同，每七天不同，所以分作二十八宿，又分为十二辰，作为时间与天体的关系。过去发现了北斗七星，就是现在西方人所指大小熊星座之际。在夏天我们可以看到一条银河，在银河的北面，那七颗最亮的星就是北斗星，这七颗星连起来，像舀水的瓢，古时叫"斗"。现在的天文学，也没有离开我们老祖宗那个原则。整个天体那许多星星，都是以北极星作为中枢，众星拱卫着它，每到晚上，北斗七星的斗柄前方，一定有两颗最亮的星，名"招摇二星"，它的光最为闪烁，很容易看见。春天北斗星一定指着东方的寅宫。过去做大将的，要上通天文，下通地理，中通人事，无所不通，才能带兵。因为天文在军事上非常重要，就拿行军来说，如夜间迷了路，即观星斗，不借助仪器，就可辨别出方向来。我国过去这一套文化是很普遍的，现在对于固有的"天文学"，我们反而一点认识都没有了。对于老祖宗传下来的这些东西，我们不能不注意，一定要把它捡回来。

一年四季，天体星座的移动，好像听北斗星的指挥，跟着它，绕着它转动。不但一年四季，每个月北斗星所指的方向都不同，整个天体随时在运转。每天十二个时辰，北斗星的方向也在变动，而且这是几千万亿年固定的一种变动，不能错乱，事实上它也绝不会错乱。

对于"北辰"我们了解了，那么孔子这句话是什么意思呢？就是说"为政以德",内心有道,表现在外的行为就无懈可击。譬如北辰,有中心的思想、中心的作风,以道德的感化,你在那里本身不要动,只要发号施令,下面的人就像满天无数的星座,都会跟着你的方向动。

万众一心

在军事思想上,大家都知道"万众一心"以及"运用之妙,存乎一心"这两句。大家对它的解释也各有不同的见解。有的人解释成"千万雄师千万心",那就不太好了,最好的主帅在这情形下也没有办法,这就是思想问题,思想一定要集中。"运用之妙,存乎一心",是岳飞所提出的。我们研究起来,岳飞这句"存乎一心"的"一心",就是"万众一心"的意思比较恰当。那么"居其所而众星共之"就是这个道理。

另外,儒道两家的思想,在秦汉以前并不分家。大家都知道,老庄道家的思想讲"无为而治",有些讲道家"无为而治"思想的人,都解释为在上面领导的人,什么都不管,就是"无为而治"。这完全搞错了,道家没有这个说法,是"无为无不为"。所谓"无为而治"是制其机先,看起来是没有事。譬如说,一个领导的人,一个主持的人,对任何一个方法,一开始你就要先透析它的流弊,毛病出在哪里,先找到病源,把它疏通了,再不会出毛病,然后才能无为而无所不为。

我们在政治学上、军事学上的思想中,都看得出来,所谓"为大将者无赫赫之功",这句话在军事思想上的意义,是所谓"不战而屈人之兵"。只要大将在那里,敌人就怕了,不敢动了,仗就打不起来了。这当然是了不起的。假如是一个普通人有赫赫之功,又是另外一件事了。所谓无为的道理,大致的要点也在此,孔子讲道德的政治,就是这一个道理。

为什么孔子老是提到这一类的东西呢?古人对中国历史研究的方法,有一句话叫"经史合参"。什么叫经呢?就是常道,就是永恒不变的大原则,在任何时代、任何地区,这个原则是不会变动的。但不是我们能规定它不准变动,而是它本身必然如此,所以称为"经"。而"史"是记载这个原则之下的时代的变动、社会的变迁。我们要懂得经,必须要懂得史。拿历史每个时代、每个社会来配合。这样研究经史，才有意义。譬如孔子说的"为政以德"，表面上看起来，好像是一则刻板的教条，其实不是的。我们读历史就知道，孔子出生的那个时代，我们后世称它为"春秋时代"，就是西周与东周之间的时代，孔子写了一本书叫作《春秋》，后来"春秋"成了历史的代名词。在孔子前后，有人写了历史，都称春秋。中国文化中为什么把历史称为"春秋"而不称为"冬夏"呢？照理冷就是冷，热就是热，称冬夏也无不可。有人说因为春秋第一句话"春王正月"——后世把"春王正月"读成一句话，是读错了。所以我们再三讲，读古书要注意的，因为那时候还没有纸笔，文字要用刀刻在竹简上，很艰难，所以往往一个字就代表了一个复杂的意义。这个"春"是春季；"王"是中央政府，是周朝；"正月"是周朝所行月令的正月；而成为"春王正月"——以此来解释历史所以称作春秋的原因，这是不对的。

刚才提到，中国文化发展得最早的是科学，而科学中最先发展的是天文，讲世界科学史，乃至讲科学，一定先研究天文。要讲天文，则中国的天文，在三千年以前就发达了。在全世界而言，是一马当先的。讲天文又必须讲数学，而中国的数学，六千年以前，也很发达。这方面等将来有机会谈到《易经》的时候，再讨论它。

中国的文化是自天文来的——我们知道一年四季的气候是不平均的，冬天太冷，夏天太热。讲昼夜，白昼在冬天太短，在夏天太长，都不平均。只有春天二月间和秋天八月间，"春分""秋分"两个节气，就是在经纬度上，太阳刚刚走到赤道中间的时刻，白昼黑夜一样长，气候不冷不热很温和，所以称历史为春秋。这就是中国的历史学家，认为在这一个时代当中，社会、政治的好或不好，放在这个像春分秋分一样平衡的天气上来批判。拿现在的观念来说，称一下你够不够分量，你当了多少年皇帝，对得起国家吗？你做了多少年官，对得起老百姓吗？都替你称一称。把历史叫作"春秋"就是这个道理。

从台风了解人生

我们看了《春秋》，看了春秋战国时候的历史，孔子在《易经》的《系传》

上说:"臣弑其君,子弑其父,非一朝一夕之故,其所由来者,渐矣。"当孔子写《易经·系传》的时候,正是春秋时期动乱的时候。但是孔子认为"非一朝一夕之故"——不是一天所形成的。道家的庄子说"飓风起于萍末",飓风就是现在广东话、福建话所讲的台风,现在西方人用中国语音译过去,也叫台风。我们看到台风的力量这么猛烈,但它在水面上初起的时候,只见到水面上的一叶浮萍,稍稍动一下,紧接着水面上一股气流冒上来,慢慢大了,变成台风。道家这句话是说,个人也好,家庭也好,社会、国家、天下事都是一样,如果小事不在乎,则大问题都出在小事上。"飓风起于萍末",大风暴是从一个小风波来的。所以孔子在《易经》中说的上面那一段话,说明天下事的形成不是偶然的,几乎没有偶然。平常听人说"这个机会很偶然",实际上没有偶然的事情。

以中国文化《易经》的道理来说,天地间的事都有原因。譬如有人捡到一块钱,"这多么偶然!"但仔细分析,一点不偶然,它的前因是什么?因为他走出门来了,如果没有走出门这个前因,就不会有捡到一块钱的后果。或者说,坐在家里就掉下一块钱来了,这该是偶然了吧?但是因为他坐在家里,这块钱掉下来他才捡得到呀!假如他出门不坐在家里,掉下来的钱,也不会是他的了,所以坐在家里不出去,也是得到这一块钱的前因。因此这些都是因素,"其所由来者,渐矣",都是慢慢转变来的。《易经》告诉我们,天下的事,没有突变的,只有我们智慧不及的时候,才会看到某件事是突变的,其实早有一个前因潜伏在那里。我们懂了《易经》这几句话,孔子著《春秋》,正是赶上那个时代,他所以那么偏重教化,正是在那三四百年当中,社会风气乱得不得了。我们不妨引用下面几个人的话,就可以知道春秋时代乱到什么程度。

司马光说:"今晋大夫暴蔑其君,剖分晋国(指赵、魏、韩三家分晋),天子既不能讨,又宠秩之,使列于诸侯,是区区之名分复不能守而并弃之也,先王之礼,于斯尽矣!"

又说:"天下以智力相雄长,遂使圣贤之后为诸侯者,社稷无不泯灭,生民之类,糜灭几尽,其不哀哉。"

顾亭林说:"春秋时犹严祭祀、重聘享,而七国则无其事矣!春秋时犹论宗姓氏族，而七国则无一言及之矣！……邦无定交，士无定主，此皆变于一百三十三年之间，史之阙文，而后人可以意推者也，不待始皇之并天下，而文武之道尽矣！"

从上面的记载，说明了春秋战国当时社会之乱，变乱是不得了的。当时，大家重视权力的斗争，社会秩序很乱，文化衰败，孔子面对这个动乱，非常担忧，因此他说为政，权力是没有用的，唯"德"而已。

圣人也势利吗？

讲到"德"，第三个观念来了，我们看中国历史，儒家思想为什么对于尧、舜、禹、汤、文、武、周公这样推崇？第一，有道德思想，没有德业的成果，只能说他有道，不见得有德。有道德的思想，又有德业的成果，道与德配合，才叫"道德"。

历史上，道家、儒家都提到尧、舜、禹、汤、文、武、周公，是因为那时谈到"为政"，讲究"德"字，到秦汉以后，只讲事功，所谓"三王之治在道德，五霸之志在事功"。王、霸之不同在于此，等而下之，连霸业都谈不上，连事功都没有，光是拿偷鸡摸狗的手段窃国而已。

这几句话虽然简单，解释起来，却有一大堆的意思，我们把它整个了解了，就晓得它的价值了。

【本经】

子曰："《诗》三百，一言以蔽之，曰：'思无邪。'"

【译文】

孔子说："《诗经》三百篇，可以用一句话来概括它，就是'思想纯正'。"

【别裁大义】

悠美的情歌

所以有人说《论语》要重新编排，他们看《论语》看到这里就说："讲为政讲得好好的，为什么又突然讲到文学上去，而讲起诗来了呢？还不是编错了，编乱了吗？应该把它拿出来，照现在西方办法，逻辑地整理一番。"其实不然，《论语》已经编得非常完整了。

为什么在《为政》里谈这个问题？

"诗三百"，是指中国文学中的《诗经》，是集中了周朝以来数百年间，各个国家（各个地方单位）的劳人思妇的作品。所谓劳人就是成年不在家，为社会、国家在外奔波，一生劳劳碌碌的人。男女恋爱中，思想感情无法表达、蕴藏在心中的妇女，就是思妇。劳人思妇必有所感慨。各地方、各国家、各时代，每个人内心的思想感情，有时候是不可对人说，而用文字记下来，后来又慢慢地流传开了。因为它代表了人的思想，可以从中知道社会的趋势到了什么程度，为什么人们要发牢骚？"其所由来者渐矣"，总有个原因的。这个原因要找也不简单，相传《诗经》由孔子编订，他把诗集中起来，其中有的可以流传，有的不能流传，必须删掉，所以叫作删诗书，定礼乐。他把中国文化集中其大成，作一个编辑的工作。对于诗的部分，上下几百年，地区包括那么广，集中了以后，删除了一部分，精选编出来代表作品三百零五篇，就是现在流传下来的《诗经》。

读《诗经》的第一篇，大家都知道的，"关关雎鸠，在河之洲，窈窕淑女，君子好逑"。拿现在青年的口语来讲，"追！"是一首追女人的诗。或者说，孔子为什么这样无聊，把台北市西门町追女人那样的诗都拿出来，就像现在流行的恋爱歌"给我一杯爱的咖啡"什么的，这"一杯咖啡"实在不如"关关雎鸠，在河之洲"来得曲折、含蓄。由此我们看到孔子的思想，不是我们想象中的迂夫子。《礼记》里面讲"饮食男女，人之大欲存焉"，人一定要吃饭，一定会有男女追求，不过不能乱，要有限度，要有礼制。所以他认为正规的男女之爱，并不妨害风化，这也叫"为政"，正规的。那么他把文王——周朝所领导的帝王国度中，男女相爱的诗《关雎》列作第一篇，为什么呢？人生，饮食男女。形而下的开始，就是这个样子。人一生下来就是要吃，长大了男人要女人，女人要男人，除了这个以外，几乎没有大事。所以西方文化某些性心理学的观念，强调世界进步，乃至整部人类历史，都是性心理推动的。

《诗经》归纳起来，有两种分类——"风、雅、颂"，"赋、比、兴"。什么叫"风"？就是地方性的，譬如说法国的文学是法国的文风，法国文风代表法国人的思想、情感，所以《诗经》有《郑风》《鲁风》《齐风》等。"雅"以现代用词来讲，是合于音乐、文学的标准，文学化的、艺术化的，但有时候也不一定文学化、艺术化。"颂"就是社会、政府公事化的文学叫"颂"。

作品另三种形态，一种是"赋"，就是直接的述说。其次是"比"，如看见下大雪，想起北国的家乡来，像李太白的诗："举头望明月，低头思故乡。"因这个感触联想到那个，就叫"比"。"兴"是情绪，高兴的事自己自由发挥，悲哀的事也自由发挥。最有名的，像大家熟悉的文天祥《过零丁洋》七律诗："辛苦遭逢起一经，干戈寥落四周星。山河破碎风飘絮，身世浮沉雨打萍。惶恐滩头说惶恐，零丁洋里叹零丁。人生自古谁无死？留取丹心照汗青。"这也就是"兴"。他在挽救自己的国家，挽救那个时代，而遭遇敌人痛苦打击的时候，无限的情感，无限的感慨。这也就是真的牢骚，心里郁闷的发泄，就是"兴"。

诗的伟大

孔子说我整理诗三百篇的宗旨在什么地方？"一言以蔽之"——一句话，"思无邪"。人不能没有思想，只要是思想不走歪曲的路，引导走上正路就好，譬如男女之爱。如果作学问的人，男女之爱都不能要，世界上没有这种人。人活着就有思想，凡是思想就一定有问题，没有问题就不会有思想，孔子的"思无邪"就是对此而言。人的思想一定有问题，不经过文化的教育，不经过严正的教育，不会走上正道，所以他说整理诗三百篇的宗旨，就为了"思无邪"。

那么为什么把这个讲文学境界的话，要放到《为政》篇来呢？这不是次序乱了吗？一点都不乱，这就是"点题"了，就是把题目的中心抓住，先拿出来。

第一个点题：以现在的话来说，一切政治问题、社会问题只是思想问题。只要使得思想纯正，什么问题都解决了。我们知道，现在整个世界的动乱，是思想问题。所以世界上今天需要真正的思想，要融汇古今中外，真正产生一个思想。可是，这是个思想贫乏的时代，不止中国，所以我们必须发挥自己的文化。

第二个点题：牵涉到人的问题。

中国史上，凡是一个大政治家，都是大诗人、大文学家。过去人家说我们中国没有哲学，现在知道中国当然有哲学，只是几乎没有人有资格去研究。因为我们是文哲不分，中国的文学家就是哲学家，哲学家就是文学家，要了解中国哲学思想，必须把中国五千年所有的书都读遍了。西方的学问是专门的，心理学就是心理学，生理学就是生理学，过去中国人作学问要样样懂一点，中国书包括的内容这样多，哪一本没有哲学？哪一样不是哲学？尤其文学更要懂了，甚至样样要懂，才能谈哲学，中国哲学是如此难学。譬如唐初有首诗，题名《春江花月夜》，中有几句说："江上何人初见月？江月何年初照人？"与西方人的先有鸡还是先有蛋的意思一样，但到了中国人的手里就高明了，在文字上有多美！所以你不在文学里找，就好像中国没有哲学，在中国文学作品中一看，哲学多得很，譬如苏东坡的词："明月几时有？把酒问青天，不知天上宫阙，今夕是何年？"不是哲学问题吗？宇宙哪里来的？上帝今天晚上吃西餐还是吃中餐？"不知天上宫阙，今夕是何年？"他问的这个问题，不是哲学问题吗？所以中国是文哲不分的。此其一。

文史不分：中国历史学家，都是大文学家，都是哲学家，所以司马迁著的《史记》里面的八书等，到处是哲学，是集中国哲理之大成。此其二。

文政不分：大政治家都是大文豪，唐代的诗为什么那么好？因为唐太宗的诗太好了，他提倡的。明代的对联为什么开始发展起来？朱元璋的对联作得很不错，他尽管不读书，却喜欢作对联。唐太宗诗好，大臣都是大文学家，如房玄龄、虞世南、魏征每位的诗都很好。为什么他们没有文名？因为在历史上，他们的功业盖过了文学上的成就。如果他们穷酸一辈子，就变文人了，文人总带一点酒酿味，那些有功业的变成酿酒的了。另外，像宋代的王安石，他的诗很好，但文名被他的功业盖过了。所以中国文史不分、文哲不分、文政不分，大的政治家都是大文学家。我们来一个大老粗皇帝汉高祖，他也会来一个"大风起兮云飞扬，威加海内兮归故乡"。别人还作不出来呢！不到那个位置，说不定作成："台风来了吹掉瓦，雨漏下来我的妈！"所以大政治家一定要具备诗人的真挚情感。换句话说，如西方人所说，一个真正做事的人，要具备出世的精神——宗教家的精神。此其三。

第三个点题：中国人为什么提倡诗和礼？儒家何以对诗的教育看得这么重要？因为人生就有痛苦，尤其是搞政治、搞社会工作的人，经常人与人之间有接触、有痛苦、有烦恼。尤其中国人，拼命讲究道德修养，修养不到家，痛苦就更深了。这是我们中国文化的传统精神，希望每个人能完成圣贤的责任，才能成为伟大的政治家。从事政治碰到人生的烦恼，西方人就付诸宗教；中国过去不专谈宗教，人人有诗的修养，诗的情感就是宗教的情感，不管有什么无法化解的烦恼，自己作两句诗，就发泄了，把情感发挥了。同时诗的修养就是艺术的修养，一个为政的人，必须具备诗人的情感、诗人的修养。我们看历史就知道，过去的大臣，不管文官武将，退朝以后回到家中，拿起笔，字一写，书一读，诗一诵，就把胸中所有的烦闷都解决了。不像现在的人上桌子打麻将或跳舞去了。这种修养和以前的修养不同了，也差远了。

由此我们已了解，孔子说《为政》的"诗三百，一言以蔽之，曰'思无邪'"，就是告诉我们为政的人，除了领导思想不走邪路以外，对于自己的修养，更要有诗人的情操，才能温柔敦厚，才能轻松愉快地为政。

【本经】

子曰："道之以政，齐之以刑，民免而无耻；道之以德，齐之以礼，有耻且格。"

【注释】

道：同 "导"，领导、引导。

有耻且格："格"，纠正、至、标准。《释诂》曰："格，至也。" 此句的意思是，人们有了道德的涵养和羞耻心，知道了因果的道理，就会自觉反省和纠正自己的过错，不敢做有违道德的事情，民风会变得纯良敦厚，这样也就可以达到政治的目的了。

【译文】

孔子说："一个国家社会，如果只靠政治制度来领导，只靠法制来治理，那么，为了逃避法律处罚和责任，渐渐地人们就会想办法钻法律的漏洞，并以此自鸣得意而失去羞耻之心。假如以道德来教化引导民众，以礼义来约束和规范人们的行为，人们有了道德的涵养和羞耻心，知道了因果的道理，就会自觉反省和纠正自己的过错，不敢做有违道德的事情，民风会变得纯良敦厚，这样也就可以达到政治的目的了。"

【别裁大义】

穷哉法治

这个 "道" 是领导的导。刚才我们提出来，说孔子讲的为政，不是谈政治，以现在观念勉强说来，他讲的是政治哲学，或说是政治的原理。他说领导一个国家，一个社会，如果以政治体制来领导，再用法制来管理，"齐之以刑"，使大家不犯法，犯法就罚他。但是用法制来管理人民，这样一来"民免"，一般人会逃避，钻法律的漏洞，而且他逃避了责任、法律及处罚，他还会自鸣得意，认为你奈何他不了，毫无羞耻心。这和道家老子讲的"法令滋彰，盗贼多有"的道理一样，法令越多，犯法的人越多。

因此孔子又说："道之以德，齐之以礼，有耻且格。"假如以道德来领导，每个人都有道德的涵养，"齐之以礼"，以礼教化。这就谈到礼义精神了，大家能自动自发，如果做错了，有那惭愧的心情，这样做到人人有耻，不敢做不道德的事，不要等到法律制裁，自己才很难过，这就是有耻。到了这种情形，则"且格"，就达到了政治的目的。所以他是主张用道德的政治、道德的感化，这就是儒家与法家的精神之不同了。不过，中国的政治，向来是道家、儒家、法家合用的。

【本经】

　　子曰："吾十有五而志于学，三十而立，四十而不惑，五十而知天命，六十而耳顺，七十而从心所欲，不逾矩。"

【注释】

　　耳顺：就是好话坏话尽管人家去说，自己都听得进去而毫不动心，心里平静。

【译文】

　　孔子说："我十五岁的时候，立志做学问，就开始学习做人处世了；三十岁人生立身处世的道理和目标就确定不变了；四十岁能做到不被外物影响和动摇，对人生学问不疑惑了；五十岁知道了天命是什么；六十岁什么话都能听得进去了；

七十岁能随心所欲地自如行事，而不逾越规矩法度。"

【别裁大义】

孔子的自剖

这是孔子的自我报告，为什么孔子在谈到为政时，要作自我报告呢？孔子是七十二岁死的。他用简单几句话，报告了自己一生的经历，艰苦奋斗的精神。他的身世很可怜，父亲去世的时候，他还有一个半残废的哥哥和一个姐姐，对家庭，他要挑起这担子来，责任很重。他说十五岁的时候，自己就立志做学问，经过十五年，根据他丰富的经验，以及人生的磨练，到了三十岁而"立"。立就是不动，做人做事处世的道理不变了，确定了，这个人生非走这个路子不可。但是这时候还有怀疑，还有摇摆的现象，"四十而不惑"，到了四十岁，才不怀疑，但这是对形而下的学问人生而言。还要再加十年，到了五十岁，才"五十而知天命"。天命是哲学的宇宙来源，这是形而上的思想本体范围。到了"六十而耳顺"，"耳顺"的道理就是说，自十五岁开始做人处世，学问修养，到了六十岁，好话坏话尽管人家去说，自己都听得进去而毫不动心，不生气，你骂我，我也听得进去，心里平静。注意！心里平静不是死气沉沉，是很活泼，很明确是非善恶，对好的人觉得可爱，对坏的人，更觉得要帮助其改成好人，要这样平静，这个学问是很难的。然后再加十年，才"从心所欲"。西方的文化就是自由，但下面有一句很重要的话："不逾矩。"要"不逾矩"，人与人之间要有一个范围。"从心所欲"——自由而不能超过这个范围，所以"不逾矩"，同时这句话也通于形而上的道理。

讲到这里，我们要研究孔子为什么把几十年所经历做人、做事、做学问的经验，要放在《为政》篇里。这经验太重要了，本来为政就是需要人生的经验。

在世界上有两个东西是没有办法实验的，就是政治和军事。这两个东西，包罗万象，变动不居。从历史上看，古今中外的政治，专制、君主、民主、集体，究竟哪样好？谁能下得了这个结论？尤其是现代的中国，几十年来，西方的什么思想文化，都搬到中国这个舞台上来玩过，结果如何呢？所以为政的人是要了解人生，要有经验，要多去体会。因此孔子将自己的经验讲出来，编到《为政》这一篇，就是暗示一般从政者，本身的修养以及做人做事的艰难，并不简单，要效法他这个精神，在工作上去体会、了解它，才把这一段编到《为政》中来。

从上面几段，我们得到一个结论：不管是为政或做事，是要靠人生经验的累积。而人生经验累积成什么东西呢？简单的四个字——"人情世故"。

讲到人情世故，人们现在往往把这个名词用反了，认为这是很坏的事，这完全是误解。中国文化一直在讲人情，所谓"人情"，不是过年过节的时候，提着一只火腿，前街送到后巷，左邻送到右舍，在外面送来送去地转了个把月，说不定又转回来物归原主了。这只是情礼的象征，中国文化所讲的"人情"是指人与人之间的性情。人情这两个字，现在解释起来，包括了社会学、政治学、心理学、行为科学等学问都在内，也就是人与人之间融洽相处的感情。

"世故"就是透彻了解事物，懂得过去、现在、未来。"故"就是事情，"世故"就是世界上这些事情，要懂得人，要懂得事，就叫作人情世故。但现在反用了以后，所谓这家伙太"世故"，就是"滑头"的别名；"人情"则变成拍马屁的代用词了。就这样把中国文化完全搞错了。

为政以"德"为本，再以学来培育"诗"的温柔敦厚精神，是不是就具备了为政的条件了？不然！所以《论语》行文的气势，轻轻一转，把孔子的简略自传编进来了。也就是告诉我们，为政的道理就是要真正能多懂得人情世故。

世界上所有的政治思想归纳起来，最简单扼要的，不外中国的四个字——"安居乐业"。所有政治的理想、理论，都没超过这四个字的范围；都不外是使人如何能安居，如何能乐业。同时我们在乡下也到处可以看到"风调雨顺，国泰民安"这八个字，现代一般人看来，是非常陈旧的老古董。可是古今中外历史上，如果能够真正达到这八个字的境界，对任何国家、任何民族、任何时代来说，无论是什么政治理想都达到了。而这些老古董，就是透彻了人情世故所产生的政治哲学思想。

【本经】

　　孟懿子问孝。子曰:"无违。"

　　樊迟御,子告之曰:"孟孙问孝于我,我对曰:'无违。'"樊迟曰:"何谓也?"子曰:"生,事之以礼;死,葬之以礼,祭之以礼。"

【译文】

　　孟懿子问什么是孝,孔子回答说:"不要违背。"

　　有一天,樊迟给孔子驾车,孔子告诉他说:"孟懿子向我请教什么是孝,我答复他说:'不要违背!'"樊迟说:"老师,您这句话是什么意思呢?"孔子说:"父母在世时,做儿子的要依礼孝敬侍奉他们;父母去世了,做儿子的要依礼安葬他们,依礼祭奠他们。从政的人应该依礼的精神,不违民心,就像孝敬父母一样,大孝于天下。"

【别裁大义】

车上的一课

　　接下来,根据我们全篇连贯起来的观念,似乎有了问题了。

　　如此一节,我们不要看宋儒这样的一圈,就把它圈断了;这是后人圈的,是不对的,上加一圈,下加一圈,结果就变成了教条。其实它是连贯的,也就是前面 "为政以德" 的引伸发挥,把中国文化里面的孝道精神,扩充到待人处世上面,中国自古以来,大政治家的出入不苟的胸襟,就是根据这一点培养出来的。

　　现在我们先对文字作一了解,孟懿子不一定是孔子的学生,而是介于学生与朋友之间的关系，他是鲁国的大夫。当时的"大夫"，当然不是现代的医生，而是一个相当高的官位。勉强比，有如现在的内阁官员之流，通称作"大夫"。"大夫"是官阶，不是官职。中国这些官阶职务，历代都有变动的。我们要了解中国历代政治形态的变迁，必须读"十通"或"三通"——通志、通献、通考。

既然孟懿子是这样一位人物，以当时孔子的立场来讲，孔子当时在诸侯间的地位也很特殊，是一位突出人物。所以孟懿子来问他什么是孝，孔子只告诉他"不要违背"。不要违背什么呢？没有下文，这是一个很奇怪的答话。

"樊迟御"——樊迟是孔子的学生，名叫樊须，字子迟，小于孔子三十六岁，是年轻的一辈。"御"是驾车。孟懿子刚刚来拜访孔子，并请教什么是孝道这个问题，孔子说"不要违背"，就只有这么一句话。等一会儿孔子出门了，由樊迟来驾车子。在途中，孔子坐在车厢中和学生谈起话来了。从这一点也可以看到孔子的教育，是随时随地都在对学生施教的。

"子告之曰"是描写孔子在车上特别告诉樊迟一件事："孟孙问孝于我，我对曰：无违。"孔子说，孟懿子问我什么叫作孝，我答复他"无违"，不要违背。樊迟曰："何谓也？"从这一句话，我们看到那个画面上，学生正在前面驾车，静静地，没有开腔，而老师好像在自言自语地告诉他，刚才答复孟懿子问孝的经过，樊迟一听，回过头来说，老师，你这句话是什么意思呢？跟我们现在的疑问一样。"无违"，不要违背，这是什么意思？

于是孔子说，"生，事之以礼。"这个"事"字是古人以下对上而说的。孔子说，当父母活着的时候，我们要孝敬他——"事之以礼"。怎么叫以"礼"事之呢？很难说了，这个礼不是说见到父母行个礼就叫孝。礼是包括生活上的照应、爱护。又说："死，葬之以礼。"所以礼是中国文化中很重要的一个基本概念，看到这个礼字，绝不能作狭义的礼貌解释。去世以后则"祭之以礼"。我们研究这一段，好像没有什么了不起，可是又把这一段问答记到《论语》里，到底有什么意义呢？对为政又有什么关系呢？

我们把这些问题先放在一边，再看下一段，然后综合起来作研究。下面跟着记载的，是孟武伯问孝。

【本经】

孟武伯问孝。子曰："父母唯其疾之忧。"

【译文】

孟武伯问孔子怎样才是孝道，孔子回答说："对父母的孝心，就应该像父母担心孩子生病时，那种忧愁的心情。你要去体会这种心境！从政的人就应该用这样的心情体察民间疾苦，关心爱护百姓。"

【别裁大义】

孟武伯是何许人也？就是刚才所讲的孟懿子的儿子，他是"世家公子"。这又牵涉到什么是"世家"，古代的制度，和现代两样，尤其在春秋时代，与印度、欧洲古代又不相同。所谓"世家"就是做官的，子子孙孙都有这个官做，不过是长子继承这个官位，即所谓的封建时代。但是与欧洲的封建不同，不是永久的，谁家不好，就被除掉。在中国这样传下来的家庭叫"世家"，长子有继承权，第二以及第三、四、五个孩子都是另外在一边了。孟武伯是孟懿子的儿子，是正统的世家公子。父亲刚刚问了孝道，（当然不是同一天的事，不过编书的人——孔子的学生们，硬要把它编在一起。）儿子孟武伯也来问孝，孔子的答复，和答复他父亲的是两样的。

孔子说："父母唯其疾之忧。"这句话就是说父母看到孩子生病了，那种忧愁、担心，多么深刻，你要去体会这种心境。

孔子这个答复有多妙！这句话，我们要这样说，这个问题只有自己做了父母的人才真能体会出来。这种情形是，自己要上班，家里钱又不够，小孩病了，坐在办公室里，又着急，又出汗，又不敢走开，可是心里记挂着。这种心境就是"父母唯其疾之忧"。孔子对孟武伯就是说，对父母能付出当自己孩子生病的时候那种程度的关心，才是孝道。

以孝治天下

这两段话都是大问题，现在我们转回来谈第一点。我们知道中国文化经常讲孝道，尤其儒家更讲孝道。把"四书五经"编辑起来，加上《孝经》《尔雅》等，汇成一系列的总书叫"十三经"。《孝经》是孔子学生曾子著的，我们要研究孝道，就必须看孔子思想系统下的这部《孝经》，《孝经》中说什么样子才是孝呢？不单是对父母要孝，还要扩而充之大孝于天下，爱天下人，谓之大孝。为政的人以孝子之心来为政，也就是我们所讲公务员是人民公仆的道理一样的，所以后来发展下来，唐宋以后的论调则为："求忠臣必于孝子之门。"一个人真能爱父母、爱家庭、爱社会，也一定是忠臣。因为忠臣是一种情爱的发挥。假使没有基本的爱心，你说他还会对国家民族尽忠吗？这大有问题。关于忠字有一点，是古人讲的："慷慨捐身易，从容就义难。"慷慨赴死是比较容易的，等于西门町太保打架，打起来，不是你死就是我死，脾气来了，真是勇敢，视死如归；假如给他五分钟时间去想想看该不该死，这就要考虑了，"从容"——慢慢地来，看他愿不愿意死，这就很难说了。所以说忠臣必出于孝子之门，要有真感情、真认识的人，才能够尽忠。

因此，孔子答复孟懿子的话不同，孟懿子是从政的人，孔子相当尊敬他，答话就比较含蓄，只说"不要违背"。不要违背什么呢？不违背天下人的意思，必须大孝于天下，就是这个道理。他知道这样的答复孟懿子也不一定懂，这种说法，土话名之为"歇后语""隐语"，像"外甥打灯笼——照旧（舅）"，"瞎子吃汤圆——肚里有数"。讲了半天，后面的意思要人猜的。他为什么这样答复？意思是说，你孟懿子的身份不同，既然是从政的人，对天下人要负公道的责任，视天下人如父母，那才是真孝，这是大臣的风度。所以"无违"，就是不可违反人心。

他也知道孟懿子未必懂，所以与樊迟的一段师生对白是"大丫头骂小姐"的用意，知道樊迟也一定不懂，不懂让他不懂，慢慢去传话，作间接的教育，所以等学生驾车时有这段对白。这种间接的教育，比直接的教育更有效。个人的孝道，能做到对樊迟所讲的，是了不起的孝子；对国家大事，能够做到"无违"就是了不起的大臣。

但是他对孟武伯这位世家公子的问孝，答复就大不同了，他说孝道很简单，你只要想到当你病的时候，你的父母那种着急的程度，你就懂得孝了。以个人而言——所谓孝是对父母爱心的回报，你只要记得自己出了事情，父母那么着急，而以同样的心情对父母，就是孝；换句话说，你孟武伯是世家公子，将来一定会当政的。我们读历史晓得一句话，就是最怕世家公子当政"不知民间之疾苦"。所以为政的道理，要知道民间疾苦，晓得中、下层社会老百姓的苦痛在哪里。所以爱天下人，就要知道天下人的疾苦，如父母了解子女一样，你将来从政，必须记住这个道理。这两段穿插在《为政》篇中，用得很妙。

当然，世家公子不知民间之疾苦，往往是失败的，我们看到晋惠帝当天下大荒年的时候，太监对他讲大家没有饭吃，他说："何不食肉糜？"他就不知道连饭都吃不上，哪里吃得到比饭更不容易的肉糜。这就是不知道民间之疾苦。我们也可以从历史上得到一个结论，凡是创业的帝王，都了不起，两三代以后的皇帝"长于深宫寺人女子之手"，连米从哪棵"树"上长出来都不知道的这一类皇帝，我代他创造了一个名称，叫他们为"职业皇帝"，他天生的一定当皇帝。这些"职业皇帝"往往犯一个心理毛病——自卑感，他们非常自卑。所以历史上"职业皇帝"非常糟糕，对于文臣，反感他学问比自己好，对于武将，他也要反感，觉得武功不如人，所以"职业皇帝"往往会做出杀戮重臣、罢黜能臣等莫名其妙的事，注定了他的失败。

同样地，除了帝王政治以外，我们做任何一个主管，对于大小事情都应该知道，尤其对于下层的事务，更是不能马虎。

然后，我们要讨论到一个孝道的大问题。中国文化，对于家庭教育来讲，素来就有以"忠孝传家"相标榜的，可见中国文化把孝道看得很重，这个我们就要先懂得中国整个的历史文化了。中国这个民族、这个国家，与欧美各国都不同。研究西方文化，不要只以美国为对象，美国立国还不到两百年，谈不上什么，要从整个欧洲去看；而研究欧洲文化，必须研究希腊文化，从雅典、斯巴达两千多年以前开始。同时要知道西方文化与我们有基本的不同，中国这个国家，因为地理环境影响，能够"以农立国"，欧洲做不到，尤其是希腊做不到，他们要生存，必须发展商业。过去欧洲的历史，在海上的所谓商业，看得见就是做生意，看不见时就做海盗，所以十六世纪以前，西方缺乏财富，穷得一塌糊涂。十六世纪以后，抢印度、骗中国，黄金才流到西方去，所谓西方文化、经济发展等，原先都是这样来的。

我们了解西方文化以后，再回头来看中国，中国以农立国，有一个文化精神与西方根本不同，那就是中国的宗法社会。三代以后，由宗法社会，才产生了周代的封建。一般讲的封建，是西方型的封建，不是中国的封建，把中国封建的形态，与西方文化封建的奴隶制度摆在一起，对比一下，就看出来完全是两回事，完全搞错了。中国的封建，是由宗法形成的。因为宗法的社会，孝道的精神，在周以前就建立了，秦汉以后，又由宗法的社会变成家族的社会，也是宗法社会的一个形态，那么家族的孝道，把范围缩小了，但精神是一贯的。这个孝字，也是我们刚刚提到的，是人情世故的扩充，把中国这个孝字，在政治上提倡实行而蔚为风气，是什么时候开始的呢？是在西汉以后，魏晋时代正式提倡以孝道治天下。我们看到二十四孝中有名的"王祥卧冰"，王祥就是晋朝的大臣。晋朝以后，南北朝、唐、宋、元、明、清一直下来，都是"以孝治天下"。我们看历朝大臣，凡是为国家大问题，或是为爱护老百姓的问题，所提供的奏议，很多都有"圣朝以孝治天下"的话，先拿这个大帽子给皇帝头上一戴，然后该"如何如何"提出建议，这是我们看到中国文化提倡孝的好处、优点。

实在讲，孝道的精神绝对是对的，要说它对的理由，很多很多。由个人的孝父母，扩而充之爱天下人，就是孝的精神。这个精神的更深处，我们再看一下《孝经》，就了解了。

【本经】

子游问孝。子曰："今之孝者，是谓能养。至于犬马，皆能有养。不敬，何以别乎？"

【译文】

子游问什么是孝，孔子说："如今所谓的孝，只是说能够赡养父母便足够了。然而，即使是犬马都能够得到饲养。如果不心存孝敬之情，那么赡养父母与饲养犬马又有什么区别呢？"

【别裁大义】

晚娘面孔难为人

子游是孔子的弟子，姓言，名偃，子游是字，少孔子四十五岁。他问孝，孔子讲解很明白，他说现在的人不懂孝，以为只要能够养活爸爸妈妈，有饭给他们吃，像现在一样，每个月寄五十或一百元美金给父母享受享受，就是孝了。还有许多年轻人连五十元也不寄来的，寄来了的，老太太老先生虽然在家里孤孤独独，"流泪眼观流泪眼，断肠人对断肠人"，但看到五十元还是欢欢喜喜。所以现在的人，以为养了父母就算孝，但是"犬马皆能有养"，饲养一只狗、一匹马也都要给它吃饱，有的人养狗还要买猪肝给它吃，所以光是养而没有爱的心情，就不是真孝。孝不是形式，不等于养狗养马一样。

这里我们看出来了，孔子对学生讲孝道与答复从政的人什么是孝道完全两样，所以足以证明孔子前两段话是歇后语，用隐语的。

【本经】

　　子夏问孝。子曰："色难。有事，弟子服其劳；有酒食，先生馔。曾是以为孝乎？"

【注释】

　　色难："色"，脸色、态度。《说文》："难，贵也。"意即态度是最重要的，这里是说对待长辈要有诚敬温和的态度。

【译文】

　　子夏问什么是孝，孔子说："态度是最重要的！有事情，晚辈替长辈做；有好吃好喝的，让长辈享用。难道只做到这样就可以算是孝了吗？"

【别裁大义】

　　子夏来问孝，孔子说色难。什么叫色难呢？态度问题，上面讲不敬何以为孝，就是态度很难，他说："有事，弟子服其劳。"有事的时候，像我们做后辈儿女的，看见父母扫地，接过扫把来自己做。"有酒食，先生馔。"（先生是现代的一般称呼，古代对前一辈的人都尊称为先生。）有好吃的，就拿给父母长辈吃。"曾是以为孝乎？"（"曾是"是假定的意思）你以为这样就是孝吗？替长辈做了事，请长辈吃了好的，不一定就是孝了，为什么呢？"色难"。态度很重要，好像我们下班回家，感到累得要命，而爸爸躺在床上，吩咐倒杯茶给他喝。做儿女的茶是倒了，但端过去时，沉着脸，把茶杯在床前几上重重地一搁，用冷硬的语调说："喝嘛！"在儿女这样的态度下，为父母的心理，比死都难过，这是绝不可以的。所以孝道第一个要敬，这是属于内心的；第二个则是外形的色难，态度上的。

　　为什么这两节放在这里呢？这就包括了君道、臣道。一种是做人长官，领导人的；一种是做人部下，配合别人的。所以我们谈为政之道，也是"色难"，也是"不敬，何以别乎"。我们爱护部下，态度很难。领导别人的，或者做部下的，都"色难"——态度不容易作好，内心上更难。

　　"敬"——真爱人，不容易做好。所以把这两句孝道的话摆在"为政"篇中，也就是从政的修养与态度，这是真学问。你说你对部下是最爱护的，可是你对他开口就骂，把脾气都发在他的身上，发了脾气以后，对他再好也没有用了。

　　接下来讲孔子与颜回的谈话，包括了上面子游与子夏问孝道的，连起来放在《为政》篇里，是臣道与君道的道理。

【本经】

　　子曰："吾与回言终日，不违，如愚。退而省其私，亦足以发。回也不愚！"

【译文】

　　孔子说："我和颜回谈话，有时谈了一整天，可他对我的意见从来不提出什么异议，像是很笨笨的样子。但是等他退下后，却能在自己的生活实践中得到反省，不但领会了我所讲的意思，而且能做到进一步的发挥，由此看来颜回并不笨。"

【别裁大义】

　　我们知道，孔子最得意的学生就是颜回，又叫颜渊，无论在道德或学问上，他都是孔门中首屈一指的人物，所以孔子经常提到颜回。

　　这一段话，提到颜回。孔子说，我和颜回谈话，有时谈了一整天，他从来没有反对过我的意思，看起来笨笨的，但当他离开我而单独生活，不在我面前时，做人做事都会自己检讨自己，结果不但是懂了我的意思，还能更进一步发挥我的意思，由此看来颜回并不笨。

现在问题在于，为什么又把这样一段话编在这里呢？《为政》这一篇，上面两段的问孝，第一个是"敬"，第二个是"色难"，和臣道、君道都有关。现在以颜回的态度来讲臣道，上级对你讲话都答"是"，都是只有接受、服从。可是，光接受、服从，有时候反而有问题，不一定是对的；所以有了接受、服从的修养，还要"退而省其私，亦足以发"，再加以发挥，能够扩而充之，这才是做事业的好干部、为政的人才。所以把颜回的个人修养放在《为政》篇的这一段。

【本经】

子曰："视其所以，观其所由，察其所安。人焉廋哉？人焉廋哉？"

【注释】

廋：sōu，隐藏，藏匿。

【译文】

孔子说："要了解一个人，看他做事的动机和目的，看他的来源和经历，看他的心安于什么。那么，这个人怎么能逃避得了呢？这个人怎么能逃避得了呢？"

【别裁大义】

孔子也会看相

到了这里，文章就转了，正式谈为政的道理。这是孔子观察人的道理。

　　讲到观察人的道理，我们都知道看相算命，尤其现在很流行。这两种事，在中国有几千年历史，就是世界各国，也有所谓意大利相法、日本相法等。由此可见，任何国家民族都很流行。讲中国人看相的历史，那很早了。在春秋战国时就多得很，一般而言，中国人的看相，自有一套，包括现在市面上流行的，麻衣、柳庄、铁关刀，乃至现代意大利、日本人研究出来的手相学、掌纹学，许多新的东西都加上，也逃不出中国相法的范围。但中国人还有另外一套看相的方法，叫"神相"或"心相"，这就深奥难懂了。"神相"，不是根据"形态"看，而是看"神态"的；还有一种"心相"，是以中国文化的基本立场，绝对唯心（非西洋唯心的哲学）。所以有几句名言："有心无相，相由心生。有相无心，相随心灭。"一个人思想转变了，形态就转变。譬如我们说一个人快发脾气了，是怎么知道的呢？因为从他相上看出来了，他心里发脾气，神经就紧张，样子就变了。所以，看相是科学。有人说，印堂很窄的人度量一定小，印堂——两个眉尖中间的距离——很宽就是度量大，这是什么道理？有人天生的性格，稍遇不如意事就皱眉头，慢慢地印堂的肌肉就紧缩了，这是当然的道理。还有人说露门牙的人往往短命，因为他露牙齿，睡觉的时候嘴巴闭不拢，呼吸时脏的东西进到体内，当然健康要出问题。还有很多这一类的道理，都是这样的。但是古人看相，很多人是知其然，不知其所以然。问他什么原因，他说："是书上说的。"实际上，这些东西是从经验中来的。有人说，清代中兴名臣曾国藩有十三套学问，流传下来的只有一套——曾国藩家书，其他的没有了，其实传下来的有两套，另一套是曾国藩看相的学问——《冰鉴》这一部书。它所包涵的看相的理论，不同其他的相书。他说："功名看器宇。"讲器宇，又麻烦了。这又讲到中国哲学了，这是与文学连起来的，这"器"怎么解释呢？就是东西。"宇"是代表天体。什么叫"器宇"？就是天体构造的形态。勉强可以如此解释。中国的事物，就是这样讨厌，像中国人说的"这个人风度不坏"，吹过来的是"风"，衡量多宽多长就是"度"。至于一个人的"风度"是讲不出来的，这是一个抽象的形容词，但是也很科学，譬如大庭广众之中，而其中有一人，很吸引大家的注意，这个人并不一定长得漂亮，表面上也无特别之处，但他使人心里的感觉与其他人就不同，这就叫"风度"。

"功名看器宇"，就是讲这个人有没有功名，要看他的风度。"事业看精神"，这个当然，一个人精神不好，做一点事就累了，还会有什么事业前途呢？"穷通看指甲"，一个人有没有前途看指甲，指甲又与人的前途有什么关系呢？绝对有关系。根据生理学，指甲是以钙质为主要成分，钙质不够，就是体力差，体力差就没有精神竞争。有些人指甲不像瓦型的而是扁扁的，就知道这种人体质非常弱，多病。"寿夭看脚踵"，命长不长，看他走路时的脚踵。走路时脚跟不点地，这种人第一是短命，第二是聪明浮躁，所以交代他的事，他做得很快，但不踏实。"如要看条理，只在言语中"，一个人思想如何，就看他说话是否有条理，这种看法是很科学的。中国这套学问也叫"形名之学"，在魏晋时就流行了。有一部书——《人物志》，大家不妨多读读它，会有用处的，是魏代刘劭著的，南北朝时西凉刘昞所注，是专门谈论人的，换句话说就是"人"的科学。最近流行的人事管理，职业分类的科学，这些是从外国来的。而我们的《人物志》却更好，是真正的"人事管理""职业分类"，指出哪些人归哪一类。有些人是事业型的，有些人绝对不是事业型的，不要安排错了。有的人有学问，不一定有才能，有些人有才能不一定有品德，有学问又有才能又有品德的人，是第一流的人，这种人才不多。

有人说："上等人，有本事没有脾气；中等人，有本事也有脾气；末等人，没有本事而脾气却大。"可以说这是句名言，是从人生经验中得来的。所以一个人立身处世，就要知道，有的人有学问，往往会有脾气，就要对他容忍，用他的长处——学问，不计较他的短处——脾气。他发脾气不是对你有恶意，而是他自己的毛病，本来也就是他的短处，与你何关？你要讲孝道，在君道上你要爱护他，尊重他。

第二部应该研究的书是什么呢？就是黄石公传给张良的《素书》，这一部书很难说确是伪书，但它也的确是中国文化的结晶。对于为人处世及认识人物的道理，有很深的哲学见解，也可以说是看相的书，它并不是说眉毛长得如何，鼻子长得怎样，它没有这一套，是真正的相法。眉毛、鼻子、眼睛都不看的，大概都看这个人处世的态度和条理。孟子也喜欢看相，不过他没有挂牌，他是注意人家的眼神，光明正大的人眼神一定很端正；喜欢向上看的人一定很傲慢；

喜欢下看的人会动心思；喜欢斜视的人，至少他的心理上有问题。这是看相当中的眼神，是孟子看相的一科，也可说是看相当中的"眼科"吧！

孔子观察人谈原则。"视其所以"——看他的目的是什么？"观其所由"——知道他的来源、动机。以法理的观点来说，就是看他的犯意，刑法上某些案子是要有了犯意才算犯罪。过去中国人不大打官司，喜欢打官司的叫作讼棍。曾经有这样一个故事，有人被控用刀杀人，这是有罪的，要偿命的。有讼棍要被告一千两银子，包可无罪。被告为了保命，就是上当受骗，也只好出这一千两银子了。而那个讼棍得了银子，将送出去的公文抽回来，将"用刀杀人"的"用"字，轻轻加了一笔，变成"甩"字，于是"甩"刀杀人，没有犯意，是无罪的。

还有清朝时候，祭孔大典，凡是参加的人，是不得在祭典中东张西望，或转头回身说话的，否则就犯了"大不敬"，重则杀头，轻则坐牢，至少是免职永不录用。有一次，一位督抚率领部属祭孔，在部属中同僚有隙，某甲到皇帝面前，告某乙在祭典中回头说话，于是皇帝下令命督抚查明这件事。督抚一接到圣旨，惶恐得不得了，最后从部属中，找来了平日最讨厌的讼棍，被敲了八千两银子，一千两银子买一个字，讼棍还说白送了一个字，共有九个字："臣位列前茅，不敢反顾。"这样答复上去，不但没有事，那个原告，也不敢顶上去了。因为追究下去，你自己如果规规矩矩不转头，又怎么知道被告转了头呢？有罪大家有罪嘛！一件要杀大官们脑袋的大案，就这样由讼棍用九个字，轻轻地平息下去了。

李陵答苏武书中所谓"刀笔之吏，弄其文墨"，从政的人，都要了解这一点，公事办久了，从政久了，法律熟了，专门在笔杆上做功夫，害死人杀死人，比刀都厉害。

所以讲到这里，要"视其所以"，看他的动机、目的。"观其所由"，看他的来源，整个行动的经过。"察其所安"，再看看他平常做人是安于什么？能不能安于现实？

孔子以这三点观察人，所以他说"人焉廋哉！人焉廋哉！"这个廋是有所逃避的意思。以"视其所以，观其所由，察其所安"这三个要点来观察人，就没什么可逃避的了。看任何一个人做人处世，他的目的何在？他的做法怎样？（前者属思想方面，后面属行为方面。）另外，再看他平常的涵养，他安于什么？有的安于逸乐，有的安于贫困，有的安于平淡。学问最难是平淡，安于平淡的人，什么事业都可以做，因为他不会被事业所困扰。这个话怎么说呢？安于平淡的人，今天发了财，他不会觉得自己钱多了而弄得睡不着觉；如果穷了，也不会觉得穷，不会感到钱对他的威胁。所以安心是最难。以这三点观人，放在《为政》篇中，就是知人励品的重点所在。

【本经】

　　子曰："温故而知新，可以为师矣。"

【译文】

　　孔子说："为政的人，要熟习历史，就能知道未来。回顾和反省过去的历史，以史为师，以史为鉴，就能判断和促进未来社会的发展。"

【别裁大义】

　　从文字上去解释，大家都知道，意思就是温习过去，知道现在的，便可以做人家的老师了。照表面文字上的解释，只此而已，实际上我们要更深一步体会。"温故"——说过去的我们要知道，譬如讲中国历史，上下五千年，二十五部大史，真不容易，倘使读历史的，目的并不在拿学位，那么为了什么呢？为了"温故知新"，认识了过去，就知道未来，这样，"可以为师矣"，过去就是你的老师。"前事不忘，后事之师也"，温故而知新就是这个意思。这是什么道理呢？因为前面的成功与失败，个人也好，国家也好，是如何成功的，又是如何失败的，历史上就很明显地告诉了我们很多。现在这一代青年做学问很难，不但要知道自己中国文化传统的根——过去，也要知道现在社会的新学问，不但是国内的事，国外的事也要清楚，古今中外都要了解。所以为政的人，更要注意这事，为政到底是要有学问的，所以"温故而知新，可以为师矣"，这样才真能师法过去的历史，判断未来新的事物的发展。

【本经】

　　子曰："君子不器。"

【译文】

　　孔子说："作为一个从政的人，不要像定型的器具那样，只具有某种单一固定的功能作用，而应该博学多闻，掌握历史人文等各方面的知识学问和精神，成为真正的通才。"

【别裁大义】

是什么东西

　　如照字面翻成白话就很好笑了——孔子说："君子不是东西。"我们中国人实在了不起，各个懂得哲学，尤其骂人的时候更是如此。譬如说："你是什么东西？"拿哲学来讲，我真不知道我是什么东西，因为人的生命究竟怎么回事，还搞不清楚嘛！所以真不知道我是什么东西。

　　但孔子这句话到底是什么意思呢？因为"为政"要通才，通才就要样样懂。"不器"就是并不成为某一个定型的人，一个为政的人，就要上下古今中外无所不通。从表面上看，一个很好的大政治家，好像一个很好的演员，演什么角色，就是什么角色。当演工友的时候，就是规规矩矩扫地倒茶，当演大官的时候，温温和和就是做官，干哪一行就是哪一行。"君子不器"这个学问，就是成功了真正的通才，否则只有变成专才、专家。所以"君子不器"放在《为政》篇，就是说明为政在这方面的道理，换句话"允文允武"，也便是"君子不器"的说明。

【本经】

　　子贡问君子。子曰："先行其言，而后从之。"

【译文】

　　子贡问怎样做才算是君子。孔子说："作为君子，就要少说空话，多做实事。事情先做到了，大家就自然会信服你，跟从你。"

【别裁大义】

　　儒家孔孟思想，经常提到君子，什么是君子？将来我们还要讨论到的，这是另外一个问题，在这里不发挥。我们这里只讲子贡问"君子"，孔子是怎么答复他的？孔子说，把实际的行动摆在言论的前面，不要光吹牛而不做。先做，用不着你说，做完了，大家都会跟从你，顺从你。古今中外，人类的心理都是一样的，多半爱吹牛，很少见诸于事实；理想非常的高，要在行动上做出来就很难。所以，孔子说，真正的君子，是要少说空话，多做实在的事情。

　　接着下来，对于君子的含义，又有一说。

【本经】

　　子曰："君子周而不比，小人比而不周。"

【译文】

　　孔子说："君子存心为公，团结爱人，而不是结党营私；小人结党营私，而不是团结爱人。"

【别裁大义】

　　君子与小人的分别是什么呢？周是包罗万象，就是一个圆满的圆圈，各处都到的。孔子说一个君子的做人处世，对每一个人都是一样，不是说对张三好，对李四则不好，这就不对了，这就叫比而不周了。你拿张三跟自己比较，合适一点，就对他好，不大同意李四这个人，就对他不好，就是"比"。一个大政治家是和宗教家一样，爱人是不能分彼此的，我们对于人，好的固然好，爱他；但对不好的更要爱他，因为他不好，所以必须去爱他，使他好。这样一个真正的大政治家，也就是宗教家，也就是教育家的态度，这就是"周而不比"，要周全，不能比附一方。"比"是什么呢？我们知道中国字，古写的篆文比字，是这样写的——象形两个人相同，同向一个方向；而古文北字——就是相背，各走极端的象形字，所以"比"就是说要人完全跟自己一样，那就容易流于偏私了。因此君子周而不比，小人呢？相反，是比而不周，只做到跟自己要好的人做朋友，什么事都以"我"为中心、为标准，这样就不能够普遍。

　　讲到这里，君子的道理还没有讲完。

【本经】

　　子曰："学而不思则罔，思而不学则殆。"

【译文】

　　孔子说："一个人，如果只有才学，而没有文化的中心思想，他就会迷惘不知方向，而容易为所欲为；一个人，如果只有空洞的思想，而没有脚踏实地、符合客观实际的学问，那他就很容易盲动自用，从而面临失败的危险。"

【别裁大义】

这是我们前面讲到的，过去的历史，对于人才，有三个基本的原则，便是才、德、学。有些人的品德是天生的——品德往往大半出于天性——但没有才能。我们知道有品德的人，可以守成，教这种人到大后方坐镇，好得很；教他设法打开一个局面，冲出去，那他办不到，他没有这个才，他只有守成之才，没有开创之才。所以守成之才，偏重品德。而才德两个字很难兼全的，但有一个东西可以补救，那就是学，用学问来培养那所缺的一面。有些人虽然天生有才有德，但还是须要学问来培养的。

讲到学问，就须两件事，一是要学，二是要问。多向人家请教，多向人家学习，接受前人的经验，加以自己从经验中得来的，便是学问。但"学而不思则罔"，有些人有学问，可是没有智慧的思想，那么就是迂阔疏远，变成了不切实际的"罔"了，没有用处。如此可以做学者，像我们一样——教书，吹吹牛，不但学术界如此，别的圈子也是一样，有学识，但没有真思想，这就是不切实际的"罔"了。

相反地，有些人"思而不学则殆"。他们有思想、有天才，但没有经过学问的踏实锻炼，那也是非常危险的。许多人往往倚仗天才而胡作非为，自己误以为那便是创作，结果陷于自害害人之境。

尤其是目前的中国青年，身受古今中外思潮的交流、撞击，思想的彷徨与矛盾，情绪的郁闷与烦躁，充分显示出时代性的紊乱和不安，因此形成了青少年们的病态心理。而代表上一代的老辈子人物，悲叹穷庐，伤感"世风日下""人心不古"，大有日暮途穷、不可一日的忧虑；其实童稚无知，怀着一颗赤子之心来到人间，宛如一张白纸，染之朱则赤，染之墨则黑，结果因为父母的主观观念——"望子成龙，望女成凤"，涂涂抹抹，使他们成了五光十色，烂污一片，不是把他们逼成了书呆子，就是把他们逼成太保，还不是真的太保。真太保是创造历史的人才。所以老一辈人的思想，无论是做父母的，当教师的，或者做领导人的，都应该先要有一番自我教育才行。尤其是搞教育、领导文化思想的，更不能不清楚这个问题。

　　所以青少年教育的问题，首先要注意他们的幻想，因为幻想就是学问的基础。据我的研究，无论古今中外，每一个人学问、事业的基础，都是建立在少年时期的这一段，从少年时期的这一段，从少年的个性就可以看到中年老年的成果。一个人的一生，也只是把少年时期的理想加上学问的培养而已，到了中年的事业就是少年理想的发挥，晚年就回忆自己中少年那一段的成果。所以说历史文化，无论中外永远年轻，永远只有三十岁，没有五千年，为什么呢？人的聪明智慧都在四十岁以前发挥，就是从科学方面也可以看到，四十岁以后，就难得有新的发明，每个人的成就都在十几岁到二三十岁这个阶段，人类在这一段时间的成果，累积起来，就变成文化历史。人类的脑子长到完全成熟的时候，正在五六十岁，可是他大半像苹果一样，就此落地了。所以人类智慧永远在这三四十岁的阶段作接力赛，永远以二三十年的经验接下去，结果上下五千年历史，只有二三十年的经验而已。所以人类基本问题没有解决：先有鸡还是先有蛋？宇宙从哪里来的？人生究竟如何？还是没有绝对的答案。因此，有了思想，还要力学。上面所说，有了学问而没有思想则"罔"，没有用处；相反地，有了思想就要学问来培养，如青少年们，天才奔放，但不力学，就像美国有些青少年一样，由吸毒而裸奔，以后还不知道玩出什么花样。所以思想没有学问去培养，则"殆"，危险。

【本经】

　　子曰："攻乎异端，斯害也已。"

【注释】

　　攻：钻研，一心致力于某事上。

　　乎：相当于"于"，在。

　　斯：这。

【译文】

孔子说："如果脱离根本，不走中道，而致力于标新立异，喜欢走极端偏向路线，这样做是非常有害的。"

【别裁大义】

异端与偏激

这是一个问题了。我们知道，"异"就是特别的，"端"也就是另外一头。但在宋儒以后，"异端"两字，就用来专指佛、道两家，宋以前则没有这种肯定的说法。

讲到这里，顺便提到一个问题：现在世界上流行一个名词——汉学。欧美各国讲中国学问，都称之为"汉学"，这是世界通称，成了习惯，已经没办法更正了。事实上，这个观念是错误的。在我们中国文化中所称的汉学，是指汉儒的做学问，注重于训诂。所谓"训诂"，就是对于文字的考据，研究一个字作什么解说，为什么这样写。不过汉学很讨厌，他们有时候为了一个字，可以写十多万字的文章，所以我们研究这一方面的书，也是令人头大的。但是古人所谓博士学位——我们现在的博士也是这样——往往凭借这些专深的研究，可以作一百多万字的文章，这就是训诂之学。后来发展为考据，就是对于书本上的某一句话，研究它是真的或是假的。这些学问，为了一个题目，或某一观念，也可写百多万字。总之，汉儒就是训诂考据之学；在中国文化上叫"汉学"，意思是汉儒做的学问。汉学自汉武帝开始，就有"五经博士"，就是四书五经等书中，通了一经的就是"博士"，所以中国有博士这个尊称，也是从汉朝开始的。所谓博士，就是专家。如《诗经》博士，就是《诗经》的专家。到了唐代以后，就慢慢注重文学了，因为几百年训诂考据下来，也整理得差不多了。

到了宋代，当时有所谓五大儒者，包括了朱熹等五个人，他们提倡新的观念，自认为孔孟以后继承无人，儒家的学问断了，到他们手里才接上去。这中间相隔差不多一千多年，不知道他们在哪里碰到孔子和孟子，就一下子得了秘传一样，把学说接上去了，这是宋儒很奇怪的观念。然后他们就批评各家都不对，创了所谓理学。不过有一点要注意，我们现在的思想界中，理学仍然非常流行，有一派自称新理学，讲儒学的学问。但很遗憾，他们还不成体系，仍旧不伦不类的。至于宋儒的理学家，专门讲心性之学，他们所讲的孔孟心性之学，实际上是从哪里来的呢？一半是佛家来的，一半是拿道家的东西，换汤不换药地转到儒家来的。宋儒们借了佛、道两家的学问，来解释儒家的心性之学，一方面又批驳佛道。其结果不止如此而已，从宋儒一直下来，历代的这一派理学，弄到后来使孔孟学说被人打倒，受人批评，宋儒真要负百分之百的责任。以后经过宋、元、明、清四朝，都在宋儒的理学范围中转圈圈，是不是阐扬孔子的真义，很难下一定论。有一本《四朝学案》，是讲宋、元、明、清几百年来儒家心性之学的。尤其到了明朝末年，理学非常盛行，所以清朝入关的时候，很多人对明儒的理学非常愤慨，认为明儒提倡理学的结果是："平时静坐谈心性，临危一死报君王。"指责理学对国家天下一点都没有用。平常讲道德、讲学问，正襟危坐谈心性，到了国家有大难的时候——"临危一死报君王"，一死了之，如此而已。不过话说回来，能够做到"临危一死报君王"已经很不容易了，但对于真正儒家的为政之道而言，未免太离谱了。因此，清初一般学者，对于此高谈心性、无补时艰的理学相当反感。最著名的如顾亭林、李二曲、王船山、傅青主这一些人，也决不投降清，而致力反清复明的工作。后来中国社会帮会中的洪帮，现在又叫洪门，就是他们当时的地下组织，是士大夫没有办法了，才转到地下去的，洪门首先是在中国台湾由郑成功他们组织，一直影响到陕西，都是他们的活动范围，所谓天地会等，都由洪门后来的分衍而来。

　　清初顾亭林这些人，不同意宋明儒者的空谈，于是回过头来做学问，再走考据的路子，叫作"朴学"，因此也有称之为汉学的。我们身为中国人，必须要了解"汉学"这个名称是这样来的。外国人研究中国的学问也称汉学，是指中国学问。古书上所指的汉学，是偏重于考证的学问，这是顺便介绍的。

　　我们为什么引出了这个问题呢？就是为了孔子这句话："攻乎异端，斯害也已。"自宋朝以后，八百年来，一提到异端，一般人都认为专指佛道两家。这句话不要搞错了，在孔子当时，没有佛家，也没有道家，在当时儒、道是不分家的。以儒、佛、道三家的文化，作为中国文化的中心，是唐代以后的事，所以认为《论语》中异端两个字，是专指佛道而言，则是错误的观念。

现在我们回转来研究，什么叫"异端"呢？这在文字上解释非常简单。"端"就是两头，尖端，两边的头，或多边的头谓之"端"。"异端"是走极端偏向的路线，不走中道的。不但不走中道，而且还标新立异，特别从事怪异的思想。关于这一点我们如果用现代的思想问题和心理学来研究，也可以说一般的人，大都是喜欢异端的，每个人都有爱好标新立异的天性。

由养士到考试

大家有机会可以读一篇文章，对于处世大有助益，这篇文章简称《论养士》，苏东坡作的。这篇文章在中国的政治思想——政治哲学领域中，占据了重要的地位，尤其是研究政治与社会的人不能不看。这篇文章很有意义，它提出了一个原则，讲得非常有道理。

"养士"这个名称，出在战国时代，当时书籍不如现在普及，也没有考试制度，一般平民有了知识，就依靠权贵人家求出路，到他们家里做宾客。过去叫宾客，现在的名称等于"随员"；从唐代到清代叫"幕府"。像曾国藩，不少有本领的人都在他的幕府里——等于现在的研究室、参谋团、秘书室。现在也有称作幕僚的。"六国的养士"就是这样的情形。

那时养士，养些什么人呢？苏轼指出的分类是智、辩、勇、力四种人；实际上也可说只是两种人，一种用头脑，一种用体力。讨论这四种人，如果以现代职位分类的科学来作博士论文，起码可以写两百万字不成问题。但是我国古代文化喜欢简单，所以几百字的文章就解决了。

苏轼在这篇文章中说，社会上天生有智、辩、勇、力这四种人，他认为这一类的人好役人——坐着吃人家的——无法役于人。如果我们用社会学来研究，社会上有许多人是这样的：用头脑非常能干，叫他用劳力就不行；有些人叫他用头脑就像要他的命，要他做劳力就蛮好。但有些人有力去打架，力气好得很，要他做工，做三个小时就做不下去了。所以研究社会、研究政治，要多观察人，然后再读有关的书，才有道理。又像许多人有智，这个智是聪明才智；有许多人有辩术，专门用手段，不走正道，走异端，打鬼主意第一流，正当方法想不出来。但是不要忘了，他也是一个人才，就看老板怎么用他，这就是所谓会不会用人了。所以智与辩看起来是一样的，聪明的人做事一定有方法，但是正反两面的方法不能相违。勇与力看起来似乎也是一样，但是勇敢的人不一定有力气，而个子高大孔武有力的人，叫他去前方打仗、为国牺牲，他怕死了不干，这是有力没有勇。因此苏东坡说智、辩、勇、力四种人，往往需要人家养他，不能自立。不过依恃人家，攀龙附凤，也可以立大功，成大业，叫他一个人干，就没有办法。

所以到秦始皇统一中国以后，焚书坑儒，不养士了，这些人就走向民间去，结果怎样呢？反了！后来到了汉朝的时候，对这种士怎么办呢？到汉武帝时代，就是中国选举制度的开始，那个时代的选举，当然不像现代的由人民去投票——这是西方式的选举。中国式古老时代的选举，是由地方官参考舆论，把地方上公认是贤、良、方、正的人选出来（以现代名词而言，是人才的分类，贤是贤，良是良，方是方，正是正，不要混为一谈，这是四个范围），称为"孝廉"。中国文化以孝治天下，所以称孝廉。到清朝时，考取了举人，还是用孝廉公这个名称，那是沿用汉朝的。汉朝实行这样的选举制度，就取代了战国时养士的制度，所以汉朝四百年天下，就可以定下来，到隋朝又开创以文章取士的考试办法。到唐太宗统一天下以后，正式以汉朝地方选举的精神，采用了隋朝考试取士的方法，综合起来产生了唐朝考选进士的制度。所谓进士，就是将民间有才具的知识分子，提拔出来，进为国士的意思。那时候考的秀才不是清代的秀才，清代的秀才是考试阶级的一个名称，秀才再考举人，举人再考进士，进士第一名是状元。唐代的秀才，也便是进士的通称，凡是学问好的、优秀的，都称秀才。

天下英雄入彀中

唐太宗创办了考试制度，录取了天下才人名士以后，站在最高的台上，接受第一次录取者朝见之后，忍不住得意地微笑道："天下英雄尽入吾彀中矣！"
他的意思是说，你看我这一玩，天下的英雄都自动来钻进我的掌握中，再不会
去造反了。有功名给你，有官给你做，只要你有本事，尽管来嘛！这是唐太宗
的得意之处。苏轼也说，建立了考试制度以后，就等于六国时候的"养士了"，
所以他认为养士是很重要的事。以现在的观点来说，就是智、辩、勇、力分子
没有安排很好的出路，没有很好的归宿，就是社会的大问题，也是政治的大问
题。但是如何使他们得其养，又是个问题。起用也是养，退休也是养。讲到养，
我们要想到前面所讲的，犬马也有所养呀！不是说有饭吃就得养了，仅仅这样
是养不了的。智、辩、勇、力之士，有时候并不一定为了吃饭。天生爱捣乱的
人，如果没有机会给他捣乱，他好像活不下去，若不要他捣乱，就得把他引入
正途，这就是为政教化的道理。

解释了半天，"异端"就是走特殊思想，不走正路的，走偏道，而偏道中
还想出特别花样。但是，异端有没有用处？还是有用处的。举个例子来说，汉
朝平定天下，汉高祖说，我不过得到几个人而已。他是指张良、萧何、陈平等，
尤其是陈平这个人，在历史上也是有名的六出奇计，他只为汉高祖提过六个建
议，还是秘密的建议，后世从历史上知道内容的也只有五次，另外一次到底是
什么花样，直到现在仍无法确定。所谓奇计者，就是古怪的、特殊的计谋。我
们读了历史也就知道，异端不能乱用，还要以德业为基础，异端多半走入术的
路子，术就是方法、权术。权术没有德业为基础，就要不得。所以我们再看历
史，《史记》记载得很清楚，陈平六出奇计，帮助汉高祖统一天下，但是陈平说
了一个预言，他的后代不会太好。人家问他什么原因，他说他喜欢用阴谋，他
说："阴谋者，道家之所忌也。"为天道所忌。果然汉高祖封给他的国，到他孙
子手里就亡了，他也早知难逃自取灭亡之道。

这个道理，是说明孔子所说的"异端"，并不是宋儒所指佛、道两家而言的
异端，而是走偏道，喜欢走特殊路子钻牛角尖的异端。所以孔子说："攻乎异端，
斯害也已。"

跟着下来，什么不是异端呢？什么是做人做事应该的道理？

【本经】

子曰:"由! 诲,女知之乎? 知之为知之,不知为不知,是知也。"

【译文】

孔子说:"由,我教给你的,你都知道了吗? 知道就是知道,不知道就是不知道,这就是真正的智慧!"

【别裁大义】

由是名字,子路的名字叫仲由。"诲"字下应该有一个小标点,诲是说教育、教诲。"女知之乎?"你知道吗? "知之为知之,不知为不知,是知也。"一个人要平实,尤其是当主管领导人要注意,懂得就是懂得,不懂就是不懂,这就是最高的智慧。换句话说,不懂的事,不要硬充自己懂,否则就真是愚蠢。

这个时代,很容易犯这个毛病。很多学问,明明不懂的,硬冒充自己懂,这是很严重的错误,尤其是出去做主管的人要注意。我们看历史上伟大的成功人物,遇事常说:"我不懂,所以要请教你,由你负责去办,大原则告诉我就行了。"说这话的人就成功了。如果硬充懂就不行,结果终将一无所成。历史上,古今中外莫不如此。政治的道理也一样,懂就懂,不懂的就是"对不起……我不懂"。这是最高的智慧,也是最高的礼貌。所以对出国的学生们来说,有一个最高的原则,也是走遍天下的国际礼貌,那便是你走到任何国家说:"对不起,我是中国来的,对这件事我不懂,请问应该怎么办?"万万不要认为这样说是丢人,这是最大的礼貌,不会吃亏,尤其做国民外交更用得着,最怕冒充懂,就会失礼。

到这里是为政的大原则,下面文章的气势为之一转,而转到另外一个人。

【本经】

　　子张学干禄。子曰:"多闻阙疑,慎言其余,则寡尤;多见阙殆,慎行其余,则寡悔。言寡尤,行寡悔,禄在其中矣!"

【注释】

　　子张:姓颛(zhuān)孙,名师,字子张,孔子的学生。

　　干禄:"干"(gān),求取。"禄",就是禄位,是永久的有食物配给。

　　尤:过错。

　　悔:悔恨。

　　阙:空,即放置、保留。

　　寡:少。

　　殆:危险或令人不安的事。

【译文】

　　子张要向孔子学习如何做官取得禄位。孔子说:"多听、多看,对于有怀疑不懂的地方要记录保留,就是那些不怀疑的地方,讲话也要慎重,不要讲过分的话,这样就可以少犯过失;多观察人家的行事,把令人不安的地方要记录保留,就是那些熟知有把握的事,行动也要小心谨慎,这样处世就可以少后悔。言语方面少犯过错,行为方面避免后悔,禄位的道理就在其中了。"

【别裁大义】

千里求官只为财

　　子张是孔子的学生,他姓颛孙,名叫师,少孔子四十八岁,是位年轻学生。

他到孔子这里来是要学干禄的。什么叫"干禄"呢？就是怎样去谋生。古代俸和禄是两回事。"俸"等于现在的月薪，"禄"有食物配给。禄位是永远的，所以过去重在禄。"干"就是干进、干求、干禄，就是如何拿到禄位，换句话说，孔子希望弟子们学仁学义，子张这位学生来的时候，大概填志愿表与众不同，直截了当，干脆两个字——干禄；要找饭吃，怎样找公务员当。但是孔老夫子没有气得把他撵出去，反而传授他一套办法说，想做一个好"干部"，做一个良好的"公务员"，要知识渊博，宜多听、多看、多长经验，有怀疑不懂的地方则保留。阙就是保留，等着请教人家，讲话要谨慎，不要讲过分的话。本来不懂的事，不要吹上一大堆，好像自己全通，最后根本不通，这就丢人了。如不讲过分的话，不吹牛，就很少过错；多去看，多去体验，对有疑难问题多采取保留的态度。第二句就是多见阙殆的意思，这个时候要特别小心处理，不要有过分的行动，这样处世就少后悔。一个人做到讲话很少过错，处世很少后悔，当然行为上就不会有差错的地方。这样去谋生，随便干哪一行都可以，禄位的道理就在其中了。

　　从这一段书中，我们看到孔子的教育态度，实在了不起，这个学生是来学吃饭的本领，要如何马上找到职业。孔子教了，教他做人的正统道理，也就是求职业的基本条件，我们为人做任何事业，基本条件很要紧，孔子说的这个基本条件已经够了。

　　到这一节为止，上面都是讲为政中关于做人处世的部分，下面高峰突起，就正式讲到政治问题。

【本经】

哀公问曰："何为则民服？"孔子对曰："举直错诸枉，则民服。举枉错诸直，则民不服。"

【注释】

举：选拔。

直：正直无私。

错：同"措"，放置。

枉：邪恶不正。

【译文】

鲁哀公问道："怎样做才能使老百姓服从？"孔子回答说："提拔正直之人。把邪曲之人置于一旁，这样老百姓自然就心服。相反地，把邪曲之人提拔起来，而把正直之人打击下去，老百姓自然就不会心服。"

【别裁大义】

哀公是鲁国的国君，孔子自己祖国的君侯，孔子忠君爱国之心是很强的，自己国家的领袖问他怎样使老百姓心服。要注意这个"服"字，含义可说是服从，也可以说绝对服了，不敢反抗，这是重点。在中国政治的道理，所谓服与不服，在德不在力，权力的使人服是霸术、霸道；道德的使人自然顺服，才是王道。鲁哀公拿这个问题问孔子，孔子怎么办？他很婉转地说明这个道理，他说："举直错诸枉，则民服。"这个"举"就是提拔，这是针对鲁哀公当时的政治毛病而来。举直，就是提拔直心直道而行的人，包括圣贤、忠诚、有才能的人。"错诸枉"的"错"等于"措"，就是把他摆下去，放下去，把狂妄的人安置下去，这样老百姓自然就服了。相反地，"举枉错诸直"，把狂妄的人提拔起来，或只用自己喜欢的人，而把好人打击下去，老百姓自然就不服了。这是谁都懂的道理，而孔子拿这人人都懂的话去告诉他，就好像说当诸侯、君王的人都不懂，未免太笨了。

但人生经验告诉我们，一个人到了那个权位的情况，就很难讲了。譬如我们平时常会说，假如我做了某一位置的事，一定公正，但是真的到了那一天，就做不到绝对公正。人总会受人情的包围，例如，人家送高帽子，明知是高帽子，仍然觉得蛮舒服的，这就是要命的心理了。所以一个人能够做到公正廉明，真是一种最高的修养。像唐朝的历史中记载，武则天问武三思，朝中谁是忠臣？武三思说，跟我好的都是忠臣。武则天说，你这是什么话？武三思说，我不认识的，怎么知道他好不好？同样的道理，看戏容易做戏难，所以我们批评历史容易，身为当局者时，就真不容易了。因此我们知道孔子答复鲁哀公的话，虽然非常平淡，但最平淡的道理是最难做到的。

下面接着是季康子的问话，我们曾经提到过，季家是鲁国的权臣，后来鲁国就是亡在他们手里，季康子问什么呢？

【本经】

季康子问："使民敬、忠以劝，如之何？" 子曰："临之以庄，则敬；孝慈，则忠；举善而教不能，则劝。"

【译文】

季康子问孔子："使用百姓并让他们恭敬、尽忠，怎样教导百姓呢？" 孔子说："如果你对待百姓内心庄严诚敬，百姓自然就会对你恭敬了；如果你对待百姓就像孝敬父母和慈爱儿女那样有真正爱心，百姓自然就会对你尽忠；选拔和表彰善的，诚恳地帮助和教那些能力差的人，百姓自然就会被感化。"

【别裁大义】

使民，就是怎样使用群众的意思，在为政的道德上而言，这个动机就有问题，要想使用别人就已经是问题了，他还用了一个当时蛮流行的口头语，敬啊！忠啊！这些都是老子当时所骂的假仁假义（其实老子并不反对仁义，只是当时社会普遍流行谈的仁义，变成了虚假无实的名词，所以老子反对）。他提到敬与忠两个字，是大问题。敬是尊敬人，忠是忠于事，劝是教导的意思，等于现在所说的"教育"。孔子对于季康子所提的这几个大问题，没有批评不对，认为都对。但是孔子告诉他，不要只是空洞地宣传，口头话没有用，天下人的聪明相等，口头骗得了一时，骗不了永久。所以他告诉季康子，接近老百姓，内心要有真正的庄严情操，百姓对你自然就恭敬了。如对人敬礼，只是表面的动作，而内心却是不诚，则敬礼的姿势都不对的，这样的敬礼有什么意义？要内心真正地庄严，尤其对部下、对群众，有发自内心的庄严情操，部下对你自然就恭敬了。"孝慈则忠"，真正爱人，人对你自然尽忠，一个人对部下与群众，付出爱儿女一样的心肠，付出了真情，则没有不收到忠的反应的。如果没有这种慈孝，光是劝导教育是没有用的。"举善而教不能则劝"，对善的奖励提倡，不作官样文章，诚恳地举善。"教不能"，部下不懂的，并不讨厌他，教他，因为你要做之君，做之师，等于他的长辈，既然做长辈，就是做老师，尽量教他，他自然受感化。

由这里看到答复国君的问话与答复权臣的问话不同之处，都在《为政》篇中，连起来文章又转了一个味道了，所以连贯起来看《论语》文章的编排非常妙。尤其古代文章，几句话在不同时间，不同地点说的，把它连贯起来，而仍能成为一篇曲折有致、蛮讲究结构的文章，它的文学价值，也实在不简单。

【本经】

　　或谓孔子曰："子奚不为政？" 子曰："《书》云：'孝乎！唯孝，友于兄弟。'施于有政，是亦为政，奚其为为政？"

【译文】

　　有人问孔子说："你怎么不出来从政呢？" 孔子说：《书经》上说：'孝！就是在家里能够孝敬父母、友爱兄弟和家人。'把这种精神延及到社会，这也就是为政了。何必一定要出来做官，才叫作为政呢？"

【别裁大义】

治国难！齐家更难！

　　这时候有人说话了。对孔子说，你吹了半天牛，说了许多为政的大道理，头头是道，你自己怎么不出来为政呢？你自己来干嘛！讲到这里，我要特别提醒诸位，以前我们说过《为政》这一篇，被大家解释成是孔子的政治哲学思想，是不大对的，因为孔子不讲政治，只讲为政。拿现代政治哲学来讲，是大原则，并不是政治的一种方法。所以孔子对于这个问题的答复，他引用了《尚书》里的话解释说：《尚书》里不是讲过孝道吗？一个人在家里能够孝敬父母，友爱兄弟、家人、朋友（社会关系），这也就是政治了。有朋友说自己不得志，我说你有什么不得志？不是员，就是长，他说没有什么长在身，我说你至少是家长呀！这个资格还真不容易，这件事情也真不容易做好。孔子说的也就是这个意思，所以他说，何必一定要出来从事政治工作，才叫作政治呢？

【本经】

子曰:"人而无信,不知其可也。大车无輗,小车无軏,其何以行之哉?"

【注释】

輗(ní)、軏(yuè):古代用牛力的车叫大车,用马力的车叫小车。两条纵向的车辕前有一道横木,大车的横木叫鬲,小车的横木叫衡,是驾牲口的地方。鬲与衡的两头都有连接车辕的关键(活销、销钉),輗就是鬲的关键,軏就是衡的关键。车子若无輗軏,车辕与驾牲口的横木是脱离的,自然无法套住牲口,当然也就不可能行走了。

【译文】

孔子说:"做人从政如果没有信念,言而无信,不讲信誉,不知还能做什么。就像牛车没有輗,马车没有軏,车没了枢纽装置,那怎么能行驶呢?"

【别裁大义】

这节很重要。为政的道理——言而有信,是非常重要的。我们读中国历史,对于从政的人,始终要注意一个道理,所谓"百年大计"。一件事情、一个政策下来,要眼光远大,至少需看到百年或几十年以后的变化与发展,这是古人政治的道理。

天下没有一个完整无缺的法律或完整无缺的办法,天下事一定会变。譬如这张桌子今天是新的,十年以后就不新了。不新了该怎么办?今天就要预作最好的、最切合十年后应变的方案。我们看小说,诸葛亮给人补救的方法,都是"锦囊妙计"先放在那里。对为政来讲,这个"锦囊妙计"就是百年大计。不可只顾目前，如只顾目前，事情因时间的发展改变而情况不同，就变成言而无信，结果就是朝令夕改。早上下的命令，晚上认为不对，去赶快改过来，究竟哪个对？老百姓搞不清楚，这就是大问题。所以孔子说做人、处世、对朋友，"信"是很重要的，无"信"是绝对不可以的。尤其一些当主管的人，处理事情不多想想，骤下决定，以致随时改变，使部下无所适从，所以孔子说："人而无信，不知其可也。"

"大车无輗，小车无軏。"輗和軏两个字，是古代车子上的车杆子。大车是牛车，輗就是牛车上一根用来套在牛肩上的中间的大梁子；小车是马车，軏就是马车上挂钩的地方，这都是车子上的关键所在。他说做人也好，处世也好，为政也好，言而有信，是关键所在，而且是很重要的关键。有如大车的横杆，小车的挂钩，如果没有了它们，车子是绝对走不动的。

讲到这里，本篇快近尾声了。子张，就是刚才说到那个来问谋生办法的子张，下面提出一个大问题。

【本经】

子张问："十世可知也？"子曰："殷因于夏礼，所损益可知也。周因于殷礼，所损益可知也。其或继周者，虽百世可知也。"

【注释】

十世：中国文化过去讲的世，以三十年为一世，这是一个时间的代表单位。后来用以作抽象的代表单位，把一代叫作一世，"十世"表示久远。

殷：即商代。

因：因袭，沿袭，继承。

【译文】

　　子张问孔子说："未来时代的演变，今后十代的事情可以知道吗？"孔子说："殷商的文化是由夏朝的文化演变而来，有减损也有增益，是根据历史的迹象必须变才变的，其内容是可以知道的；周朝的文化又是从殷商的文化演变而来，所废除和增加的内容也是可以知道的。依据上述法则，未来的时代，就是千百万年以后会变成什么样子，也是可以预知的。"

【别裁大义】

　　现在说十世的问题。先说世，什么是世？西方的观念，一百年为一世纪，西方文化以耶稣诞生那一年（约在我国汉朝的时候）开始为纪元——第一年。我们现在也用这个西元，站在中国文化的立场上，是相当令人痛心的事，我们不应该把自己的历史抹煞，这实在痛心。现代西方文化以一百年为一世纪，而中国文化过去的世，小的单位以三十年为一世，这是一个时间的代表单位，后来用以作抽象的代表单位了。这是把一代叫作一世。所以每说到"世"的问题，常以"十世"表示久远。唐代以后，佛学进了中国，又有"三世"之说，什么叫"三世"呢？过去、现在、未来，就叫"三世"。几千万年前是过去，前一秒钟也是过去的；现在就是现在；未来，此后的一秒钟是未来，以后的千百万年也是未来。这就叫"三世"——是佛学的名称；儒学则称之为"十世"。这里《论语》上的十世，等于说千秋以后将来的世代。

　　子张问孔子是不是可以先知，预言将来怎么演变，孔子在这里讲到夏、商、周三世，只是引用过去以代表将来。子张问孔子将来时代的演变知不知道？孔子说知道。怎么会知道呢？孔子说殷商的文化是哪里来的，是由夏朝的文化演变而来的。不过由于时代的变迁，夏朝原有的文化，有的减损了，有的增益了。但增益也好，减损也好，总由前面的历史迹象而来，必须要变才变。殷商以后是周朝，所以周朝文化，又是从殷商渐变而来的。我们现在说传统文化，所谓传统，就是这样在一个系统中渐变传下来的，并不是顽固得一定永远保留原来的样子，才叫传统。所以周朝就因为殷礼——殷商的文化，演变成周朝的文化。那么从周朝的文化，也可以看到前朝，殷商文化的对与不对，而有所改变。"其或继周者"，孔子是东周时代的人，这意思就是说，周代的文化也是要变的，而将来的历史演变，不必说下一代会变成什么样子，就是千百万年以后会变成什么样子，也可以知道。孔子并不是有宗教性的神通，也不是先知，换句话说，是他要人凭借智慧，多读历史，就知道过去。既然用上述的法则，循历史的轨迹就可以知道过去，用同一法则，也就能知道未来。以前提到过，温故而知新，也是这个道理。历史的演变，不会突然的，都是渐变而来的。所以将来的历史，未来的时代，明天怎么样？几乎很清楚地可以了解。

下一段把为政的道理讲完了，每篇都有一个结论，但是本篇的这个结论，非常有意思。

【本经】

子曰："非其鬼而祭之，谄也。见义不为，无勇也。"

【注释】

鬼：指祖宗的灵魂。

谄（chǎn）：谄媚，巴结。

【译文】

孔子说："自己的祖宗不拜，而去拜人家的祖宗，这就是谄媚；见到符合道义应该做的事情，却不去做，这就是怯懦没有勇气。为政就应该尽忠义，要具有见义勇为的精神。"

【别裁大义】

高明之家鬼瞰其室

为什么把这两句话作为《为政》篇的结论？而且为什么提到鬼呢？中国文化讲孝道，敬祖宗，就要拜鬼了。所以鬼在这里，不是一般人讲的魔鬼，而是祖宗的灵魂。要拜鬼，要拜自己的鬼，还是拜别人的鬼呢？这句话的意思很妙、很幽默，也很深远，拜人家的祖宗就是拍马屁（谄媚），不知从何说起才对。

因为夏朝的文化尚忠，殷朝的文化尚质。但是殷也尚鬼，那时社会的风气，每个人都诚恳老实，迷信的成分也多；周则尚文，才注重人文文化。孔子所崇拜的是人文文化，这是上古历史文化演变有名的转捩（liè）点，所以孔子在这里提到鬼以后，第二句就说："见义不为，无勇也。"看到应该做的事情，不敢去做，没有勇气。没有智、仁、勇就无法从政，换句话说，也不应该从政。

历史上有许多人是见义不为，对许多事情，明明知道应该做，多半推说没有办法而不敢做。我们做人也是这样，"看得破，忍不过。想得到，做不来"。譬如抽香烟，明明知道这个嗜好的一切害处，是不应该抽，这是"看得破"，但口袋里总是放一包香烟——"忍不过"。对于许多事，理论上认为都对，做起来就认为体力不行了，这就是"想得到，做不来"。对个人的前途这样，对天下事也是这样。这是一个重要问题，所以为政就是一种牺牲，要智、仁、勇齐备，看到该做的就去做，打算把这条命都付出去了。尽忠义，要见义勇为。所以把这句话加在《为政》篇的最后，这是为政的基本精神——要有见义而为的大勇；要有"人溺己溺，人饥己饥"的胸怀。

八佾第三

【本经】

　　孔子谓季氏："八佾舞于庭，是可忍也，孰不可忍也？"

【译文】

　　孔子谈到季氏："季氏在自家的庙庭上竟然用天子规格的八佾舞举行典礼，像这样的事情他们都忍心做了，还有什么事情他们不敢做呢？"

【别裁大义】

礼乐衣冠

　　首先，我们对本篇篇名作个简单的解释：八佾——"佾"与"仪"同音，如今在孔庙中拿羽毛，在祭孔典礼中所舞蹈的叫八佾之舞。用现代的名称，可说它是"文化舞"，代表古代文化的一种舞蹈。当时中央政府是周天子，天子举行国家大典，代表国家的精神，用作余兴的舞蹈，典礼开始的礼乐。八佾是八个人一排，共有八排，即六十四人；诸侯之邦，六人一排叫六佾。诸侯之下的大夫——大臣之家，用四人一排，共四排，叫四佾。这是固定的形式，周朝的礼乐、衣冠、文物等，都有周详规定。

　　那么，孔子为什么在这一篇里谈起跳舞来了呢？不是的。这篇书的全部重心，以现代用语说，是代表了文化精神。他的内容讲"礼"。礼的根本，也就是孔子一生做学问之所在。只是因为当时写文章的习惯，而用了《八佾》这个名称作篇名。

　　"礼"是中国文化中最重要的一环，所以我们要了解中国文化，五经中《礼》这部书是不能不研究的，尤其因为它偏向于中国哲学思想的根本，同时包括形而上宗教哲学的问题。但本篇是以过去的观念而言，我们现在讲的"文化"这个名词，与过去的观念不同。过去的观念，文化偏重于人文——人伦的道理，即是伦理的道德、政治的伦理与社会的伦理。现在"文化"这个名词的含义，包括了政治、经济、军事、社会、教育、哲学、宗教等，归纳起来，成为文化的总体。因此，对于"文化"这一名词，古今定义有所不同，为了讲书的方便，应该先有一个认识。我们说《八佾》这一篇全篇的精神在于文化，是切合古代所谓"文化"的定义而言的。

　　第一篇《学而》，是个人求学的宗旨；第二篇《为政》，也就是为学的外用；第三篇是把个人的内圣为学，乃至于外用的为政，综合起来的文化精神，放在《八佾》篇中，并且是从一个故事开始的。

　　季氏即季家。孔子时代，鲁国有三家权臣，即所谓权门，而且不是普通的权门，是可以动摇政权的权门。这三大家是孟孙、叔孙、季孙，国君都拿他们没办法，整个政权都操在他们手上，鲁国当时的国君就那么可怜。

　　季氏这位权臣，有一天高兴起来，在家里开家庭舞会，结果，玩出天子的味道来了。照规定他只能欣赏四人一排的舞蹈，他居然摆出八人一排的舞，完全天子的味道，要与中央抗衡，已经不把朝廷放在眼里。有人把这事告诉了孔子，孔子就说"是可忍也，孰不可忍也"。照后世学者们的解释，好像孔老夫子听了这件事，大发脾气，握着拳头，敲响了桌子，厉声斥责道：假如这件事我们都能忍耐下去，容许他去干，那么还有什么事情不能容忍他季某去做呢？事实上，并不是后儒们所解释的这样，假如真是如后儒所解释的一样，那么《学而》篇当中，以"温、良、恭、俭、让"形容孔子的五个字里的"温"字，就要用红笔打 × 了，孔子的修养就不行了。

　　其实，孔子早已看出季氏的动向，所以有人告诉他季氏八佾舞于庭，在家里摆天子的排场时，孔子就说，这要注意！季家的野心不小，像这样的事情，季家都忍心做了，还有什么事情他不忍心去做呢？叛变、造反，他都会干的。

孔子就以这件事断定，季氏竟然忍心做这些事，将来什么事都做得出来，所以"是可忍也，孰不可忍也"。并不是孔子在那里发脾气骂人，这些很明显的文字，不必要故意转个弯来把它乱解释。

【本经】

　　三家者，以《雍》彻。子曰："'相维辟公，天子穆穆'，奚取于三家之堂？"

【注释】

　　三家：孟孙氏、叔孙氏、季孙氏，鲁国的三个大夫，他们当时掌握鲁国的政权。

　　《雍》：指《诗经·周颂·雍》篇，是周天子祭祀宗庙，祭祀完毕后撤去祭品时唱的诗篇。

　　彻：同"撤"，撤祭、撤席。

　　相维辟公，天子穆穆：这是《雍》诗中的两句，意思是四方诸侯助祭，天子庄严肃穆主祭。"相"（xiàng），傧相，来助祭者。"辟公"，通指诸侯。"天子"，指主祭的周天子。"穆穆"，态度庄严肃穆。

【译文】

　　季孙他们三家权臣大夫举行家祭，撤祭时奏唱《雍》诗。孔子说："'相维辟公，天子穆穆'，这种礼仪怎么能用在三家大夫家祭的仪式上呢？"

【别裁大义】

　　哪三家呢？就是这季氏三家权臣，他们不但眼里没有顶头上司鲁君，连中央的周天子，他们也不放在眼里，结果不但在家里开舞会，摆出八佾之舞，还在家里宴客完了撤席时，奏起天子所用的国乐来。"彻"就是撤宴撤席，"雍"就是天子所用的国乐。他们三家权门，竟在家里奏天子所用的音乐于宴席之中。所以孔子引用古代的诗说："相维辟公，天子穆穆。"他的意思是说，在中央政府天子奏"雍"这支国乐的时候，天子站在中央，辟公（即当时的诸侯）站在两边拥护着天子，然后天子从中间走过。因为天子本身代表国家的精神，所以态度也非常庄严，绝不会左右乱看。而现在这三家权臣，拿了中央天子用的这种庄严的国乐到家里开舞会，真不知道他们用意何在？换句话说，一个时代的社会风气开始变坏，是由有权势的人所引导的。所以孔子非常感伤，接着感叹起来。

【本经】

　　子曰："人而不仁，如礼何？人而不仁，如乐何？"

【注释】

　　仁：这句的两个"仁"，强调的是"仁"的中心思想和情感作用。

　　此句可以看出，孔子认为习礼乐要重在落实、达成"仁"的思想精神。礼要敬，乐要和，如果只有礼而没有乐则会使人拘谨，只有乐而没有礼又会使人疏荡，二者兼融才是最佳。此处孔子提出"仁"是礼乐的根本，如果不仁，礼乐都将失去其意义。由此还可看出孔子极其重视内容和形式的统一。

【译文】

　　孔子说："一个人如果没有'仁'的中心思想，礼仪文化对他有什么用？一个人如果没有'仁'的情感，艺术对他又有什么用呢？"

【别裁大义】

　　仁是孔子学问的中心，下面第四篇就专讲仁，这里暂时不去讨论。上面几句话的意思说，一个人没有中心思想，"如礼何？"文化对他有什么用？文化是靠每一个人自觉自发、自省自悟的；文化不是法律，不能由他人来管的。所以"人而不仁，如礼何？人而不仁，如乐何，"一个人如果自己不省悟，文化与艺术对他有什么用呢？这是孔子的感叹。

【本经】

　　林放问礼之本。子曰："大哉问！礼，与其奢也，宁俭；丧，与其易也，宁戚。"

【译文】

　　林放问孔子，礼的根本是什么。孔子说："这个问题太大了！就礼仪的精神而言，与其过分铺张，宁愿要节俭朴实；就办丧事的意义而言，与其简单草率，宁愿能悲戚地表达出内在真诚的情感。"

【别裁大义】

　　林放这个人问孔子，礼的根本是什么？这个问题太大了，我们讲过的，中国文化这个"礼"字，如果谈到根本，是哲学最高的问题，也是宗教哲学最高的问题。宇宙万物怎样来的？哪一天开始的？这个本体论，也就是礼的根本所在。所以林放问礼的根本是什么，孔子说，他这个问题太大了。孔子不跟他谈哲学，不谈文化的精神，只答复他关于礼仪的问题。孔子说礼仪的过分铺张就不合理，宁可简单隆重。办丧事太轻率了也不好，宁可取悲戚的态度。拿我们现在的情形来看，假如孔子现在还活着，处在我们这个社会中，他不知要感慨到什么程度。现在我们的礼恰恰与孔子讲的相反，礼不从简而从奢，越奢侈越有排场；丧事不从悲而从易，家人逝世了，送殡仪馆，火葬过后三天，又在家开舞会了。孔子当时对文化衰败非常感叹，因此他有下面的结论。

【本经】

　　子曰："夷狄之有君，不如诸夏之亡也。"

【注释】

　　夷狄：古代中原华夏民族对周边文化落后的少数民族的称呼。"夷"，指住在东方的少数民族。"狄"，指住在北方的少数民族。

　　不如：不及。

　　诸夏：即华夏族，华夏族是黄河流域的最早居民，华夏也称"夏""诸夏"。古代居住于中原地区的汉民族的先人以区别四夷（东夷、南蛮、西戎、北狄）又称中夏。华与夏曾相互通用，"中夏"又称"中华"。现在，中华民族是对生活在中华大地上所有的民族及海外华人的统称。

　　亡：同"无"。

【译文】

　　孔子说："那些蛮族落后地区即使有酋长，但光有政权形态而没有文化，还不如夏朝、殷商。虽然夏朝和商朝的国家亡了，但是中华民族历史上那光辉灿烂的文化思想和精神却能万古长青。"

【别裁大义】

　　过去所谓夷狄，就是文化落后的边疆地区，孔子的思想是以文化为中心，凡没有文化的，称为夷狄，因为东夷、西戎、南蛮、北狄这四族在当时是没有文化的，非常野蛮。中国则称中夏、中原是有文化的。孔子说那些蛮族落后地区的人，也有头子，有君主、酋长。但光有形态，没有文化，没什么用，不如夏朝、殷商，虽然国家亡了，但历史上的精神，永垂万古，因为它有文化。

所以我们知道了一个很严重的问题：国家不怕亡国，亡了国还有办法复国，如果文化亡了，则从此永不翻身。试看古今中外的历史，文化亡了的民族而能翻身的，史无前例。所以对于文化重建的工作，我们这一代的责任太重大了，绝不能让它在我们这一代的手中断送掉。这是很重要的，像孔子在这里说："夷狄之有君，不如诸夏之亡也。"夏朝虽然亡了，成了历史的名词，但夏朝的文化却一直流传下来，现在我们也还接受。譬如过年，我们喜欢过阳历年还是阴历年呢？平心而论，还是喜欢过阴历年。对阳历年，那是不得不过的。阴历年就是夏历，是夏朝留下来的文化。很多很多我们现在的文化，还是夏朝的文化。所以孔子这句话的意思，就是说，有政权的存在而没有文化的精神，那有什么用呢？因此文化精神一定要建立。

【本经】

季氏旅于泰山。子谓冉有曰："女弗能救与？"对曰："不能。"子曰："呜呼！曾谓泰山不如林放乎？"

【注释】

旅：祭祀山川称旅。当时按规定只有天子才有资格去祭名山大川，诸侯只能祭自己境内的山，而其余人是没有资格祭山的。季氏是鲁国的大夫，祭泰山不仅僭越了鲁君，而且也僭越了周天子。

救：挽救，此处有劝阻之意。

【译文】

　　季氏将要祭祀泰山。孔子对冉有说："你不能挽救他们季家吗？"冉有回答说："不能！"孔子说："哎呀！难道说泰山之神还不如林放懂礼！它能接受这种不符合礼的祭祀吗？"

【别裁大义】

泰山之旅

　　这段事情，记载得这么简单，但妙不可言。

　　冉有是孔子的学生，后来成了文人而带兵的统帅。孔子穷是自己穷，他所教的学生，后来很多都很得志，他培养这批年轻人，在教育上大有成就。冉有这时在季家为相，等于总管。

　　季氏旅于泰山，"旅"依现在解释，就是旅行。我们现代看来，是蛮好的事情，发展观光事业，有什么不好？孔子为什么要反对呢？我们读书要注意时空关系，要注意当时的时代和事件发生的地区，这样就会更了解真相了。泰山是当时文化精神的集中点，也是因为中国古代相信天道，国家政治太平了，上泰山去祭告天地，这叫"封禅"，像后来秦始皇去泰山封禅，立了碑，回来在路上病死了。古代对"封禅"这件事，迷信得不得了，皇帝是不敢随便封禅的，封禅以后几乎都倒霉。古代的观念，认为泰山有神，所以要国家的领袖，才能到泰山去祭告天地。告就是祷告，而季家旅于泰山，带些部队说要去泰山打猎，但这是假的，实际上他是想造反，到泰山去祈祷神的保佑，这个政治内幕，孔子根据观察，当然知道。所以把他的学生冉有叫来，对他说："女弗能救与？"——你不能救他们季家吗？他们这样一定失败的，一失败全家性命丧亡。他怎么可以做这样狂妄的事？冉有的答复是不能救，因为冉有讲的话，他们也不听，所以冉有做不到。孔子到这时候叹口气说："呜呼！曾谓泰山不如林放乎?"他说难道泰山就不如林放吗?这句话是什么意思呢?因为上面讲了,林放问礼之本,表示林放这个人,还知道讲究礼的根本。又为什么说泰山不如林放呢?因古代认为泰山有神,所谓"东岳之神",季氏想去祭东岳之神,等于现在的拜拜①。我们看见拜拜的情形:三支香、五块钱香蕉、十块钱饼、磕了几个头,然后要求发财,公公要活到八十岁,儿子要考上大学,功名富贵,前途无量。一切都求完了,五块钱香蕉还要带回去。这样小的代价,求那么高的报酬。神如果有灵,这种神叫我做,我就不愿干。两家人有了仇恨,也去拜拜菩萨,求上天要整倒对方,双方都同样要求,到底要整倒哪一方,我也不知道,所以神也难当。

季家也和一般人一样,他想造反,到泰山去拜神。所以如果有神的话,难道还不如林放吗?林放是个普通的人,他都知道问礼,一个神——中国人讲神是怎样做的呢?"聪明正直,死而为神。"这八个字是神的资格,任何一个人,凡是聪明正直的人,都可以修到死而为神。既然东岳之神是聪明正直的,季家去拜他,拍拍马屁,他怎会帮忙季家呢?难道那个泰山之神,还不如林放这个人吗?以上这一节就是这个道理。

有许多人把权力、把前途诉诸迷信,寄托在狭义的宗教上。我们以人文文化为基础,不管上帝也好,菩萨也好,神也好,如果因为肯拜拜他,他就会保佑;不信他,就不管——果真是如此,我们就不应该信他。因为他太偏私,又太意气用事了,反不如一个普通人。如果不分善恶,有求必应,尽管做坏事,天天去拜他,或做了坏事再去忏悔就可以了,这岂是神的意旨?

志在春秋

季氏旅于泰山这一段,是表示春秋时代社会风气之乱。乱在什么地方?乱在春秋时代整个都是在讲究"权"与"术",后来大家把这两个字连起来用了。所谓"权"就是政治上讲的统治,也就是霸道。春秋末期王道衰微,霸道因此起来了。"术",也就是一般人所谓的用手段。不讲传统文化的道德和理性,就

---

① 中国台湾地区风俗逢佳节或祭神日宴请宾朋,称之为拜拜。

是用手段。以手段而取天下，就是"权术"。因此，我们要了解当时的政治变乱，一定先要了解一本书——《春秋》。

《春秋》是孔子著的，像是现代报纸上国内外大事的重点记载。这个大标题，也是孔子对一件事下的定义，他的定义是怎样下法呢？重点在"微言大义"。所谓"微言"是在表面上看起来不太相干的字，不太要紧的话，如果以文学的眼光来看，可以增删；但在《春秋》的精神上看，则一个字都不能易动，因为它每个字中都有大义，有很深奥的意义包含在里面。所以后人说"孔子著《春秋》，乱臣贼子惧"。为什么害怕呢？历史上会留下一个坏名。微言中有大义，这也是《春秋》难读的原因。

孔子著的《春秋》，是一些标题、一些纲要。那么纲要里面是些什么内容呢？要看什么书才能看懂呢？就要看三传——《左传》《公羊传》《谷梁传》。这是三个人对《春秋》的演绎，其中《左传》是左丘明写的，左丘明和孔子是介于师友之间的关系。他把孔子所著《春秋》中的历史事实予以更详细的申述，名为《左传》。因为当时他已双目失明，所以是由他口述，经学生记录的。

《公羊传》《谷梁传》又各成一家。我们研究《春秋》的精神，有"三世"的说法。尤其到了清末以后，我们中国革命思想起来，对于《春秋》《公羊传》之学，相当流行。如康有为、梁启超这一派学者，大捧《公羊传》的思想，其中便提到《春秋》的"三世"。所谓《春秋》三世，就是对于世界政治文化的三个分类。一为"衰世"，也就是乱世，人类历史是衰世多。研究中国史，在二三十年以内没有变乱与战争的时间，几乎找不到，只有大战与小战的差别而已，小战争随时随地都有。所以人类历史，以政治学来讲，"未来的世界"究竟如何？这是一个非常大的问题。学政治哲学的人，应该研究这类问题。

如西方柏拉图的政治思想——所谓"理想国"。我们知道，西方许多政治思想，都是根据柏拉图的"理想国"而来。在中国有没有类似的理想？当然有，第一个：《礼记》中《礼运·大同篇》的大同思想就是。我们平日所看到的大同思想，只是《礼运》中的一段，所以我们要了解大同思想，应该研究《礼运》的全篇。其次是道家的思想"华胥国"，所谓黄帝的"华胥梦"，也是一个理想国，与柏拉图的思想比较，可以说我们中国文化有过之而无不及。但从另一面看，整个人类是不是会真正达到那个思想的时代？这是政治学上的大问题，很难有绝对圆满的答案。因此我们回转来看《春秋》的"三世"，它告诉我们，人类历史衰世很多，把衰世进步到不变乱，就叫"升平"之世。最高的是进步到"太平"，就是我们中国人讲的"太平盛世"。根据中国文化的历史观察来说，真正的太平盛世，等于是个"理想国"，几乎很难实现。

我们《礼运》的大同思想，就是太平盛世的思想，也就是理想国的思想，真正最高的人文政治目的。历史上一般所谓的太平盛世，在"春秋三世"的观念中，只是一种升平之世，在中国来说，如汉、唐两代最了不起的时候，也只能勉强称为升平之世。历史上所标榜的太平盛世，只能说是标榜，既是标榜，那就让他去标榜好了。如以《春秋》大义而论，只能够得上升平，不能说是太平。再等而下之，就是衰世了。世界大同也就是《春秋》大义的理想。

秉笔直书　罪罪恶恶

又怎样从《左传》看得出《春秋》的"微言大义"呢？如果读懂了《左传》上第一篇的《郑伯克段于鄢》，就大概可知《春秋》的笔法。

郑伯是一个诸侯。春秋时，王道衰微，五霸崛起。郑庄公是第一个称霸的，接下来有齐桓公、晋文公、秦穆公、宋襄公等。在本篇中，孔子的"微言"在哪一个字呢？那就是这个"克"字。"段"是郑庄公的亲兄弟——共叔段。对兄弟是不能当敌人看待的，"克"字有敌对的含义在内，打败了敌人就是克敌，结果他对待兄弟用对待敌人的办法——事先不肯教化，不止恶于其先，而且还故意培养罪行，最后又故作仁义。因此春秋的笔法，就在这一个"克"字的微言上，定了他千秋的罪状。

左丘明写这段历史是怎么说的呢？大家也许都读过了，我们也不妨温习一下。

郑伯——郑庄公是老大，他母亲姜氏生他的时候是寤生——迷迷糊糊在昏迷中生的，做母亲的受了惊，害怕了，于是心理学问题来了，姜氏因为这次受惊，从此对庄公没有好感，始终心里不高兴。由此可知，现代研究青少年思想问题的人要注意，有许多青少年的思想，主要都是在小的时候受到环境影响而形成的，环境中的每一件事，对他们的心理影响很大。譬如从小贫穷的人，尤其是孤儿，他们大多容易产生偏激心理。穷苦出身、孤儿出身的人，最后只走两条路，没有第三条路：一种是他将来成功了，对于社会非常同情，他有办法时，同情别人、同情社会，因为他觉得自己是从苦难中出来的，就非常同情苦难的人。另一种人成功了，对社会非常反感，对于社会上的任何事、任何人都怀疑、都仇恨。他认为自己当年有谁同情？社会？社会上哪有公平？他心里始终反感。这两种相反的心理，同样是受环境影响而产生的，至于为什么同样的原因却产生相反的结果，这又牵涉到遗传本质及教育等问题了，如参照上文"学而不思……"这段，便可思过半矣。所以有许多从事社会工作的人员办孤儿院，办得无论怎么好，孩子还是有反感。对自己的孩子骂了以后，孩子虽然生气，但过了一会儿就忘了。假如孤儿和那些有心理问题的孩子挨了骂，他不会生气，可是他永远不会忘记，因为他天生有反感。所以研究社会、研究政治，这些方面的学识，一定要注意。

讲到这里，就知道郑庄公的母亲姜氏有了心理偏见，而孩子在这种环境之下长大以后，就产生不正常的心理了。后来姜氏又生了一个孩子段——次子。在中国古代，长子是继承官位的，将来继承诸侯的当然是郑伯。中国有句老话："皇帝爱长子，百姓爱幺儿。"就因为长子是继承人，而老百姓则往往喜欢年老时生的孩子。可是姜氏生了第二个孩子后，告诉丈夫，希望将来由次子继承王位，但基于传统习惯这是不可以的，所以后来还是由郑庄公继位做了诸侯。姜氏就要郑庄公让弟弟段到"制"这个最好的地方去做首长。而郑庄公对妈妈说，"制"这个地方并不好，是艰苦之地，没有发展的价值，既没有经济价值，又不是政治重心，把弟弟派到这样一个地方去不太好，还是换一个地方好，叫妈妈另外选一个地方，结果把弟弟封到"鄢"这个地方去。实际上"制"在当时的郑国，是军事、政治上的重镇，他不敢养痈贻患，因此，郑庄公用了权术，说了一段假仁假义的话，骗了母亲。孔子写这一段，这是说郑庄公没有用道德，而是用了权术。

后来，母亲姜氏和弟弟"段"要起来造反，招兵买马，积草囤粮，已经有了反叛的明显迹象，左右大臣都向郑庄公报告，郑庄公明明清楚了，却说没有问题，姑且等等看吧！意思是说，他的狐狸尾巴还没有露出来，要培养他把狐狸尾巴露出来，再处理他。这就是政治上古代奸雄权术中的一套，道德的政治，绝对不可这样。两者的差别也就在这里。尤其对亲兄弟，应该感化他，把这件事情坦然地告诉母亲来处理，不应该像姑息敌人的罪行那样姑息他，最后母亲与弟弟共同造反，郑庄公出兵灭了这个弟弟。所以历史上有人说，曹操培养了刘备和孙权，以便挟天子以令诸侯，这个手段是效法郑庄公的，因此便指历史上第一个奸雄是郑庄公。

孔子著《春秋》为什么用这件事开始呢？这就是说明社会的变乱，并不是普通人能够引导的，都是权臣、有地位的人变坏了风气，所谓乱自上生，所以上面讲到季氏旅于泰山的故事，孔子说的 "曾谓泰山不如林放乎"，也就是这个意思。

【本经】

子曰："君子无所争，必也射乎。揖让而升，下而饮，其争也君子。"

【译文】

孔子说："真正求学问的君子，是无所争的。如果一定说君子有争的话，那就好比是在射礼上的射箭比赛吧！双方先相互致敬礼让，然后登堂比赛，比赛完了又相互礼让下堂，胜不骄败不馁，举杯对饮，相互尊重勉励。他们这样的争，也就是君子之争。"

【别裁大义】

承让　领教

这是讲人类文化基本问题，孔子用"举一隅"的教育方式来讲。中国文化的所谓"君子"，是与"小人"对立的名称，等于是个符号，怎么叫君子？怎么叫小人？很难下定义，等于说好人、坏人很难下定义一样。尤其站在哲学的观点来看，更是如此。好人对某一件事情好，有时在好里会变坏；坏人一切都坏，但有时在某一点上会变好。所以好人与坏人很难下定义。可是在社会、政治的立场，不能以哲学观点来讨论，好与坏是对事功而言。现在孔子所讲的君子，是站在哲学的立场上讲，是一个抽象的代名词。

中国文化所讲的君子是无所争的，不但于人无争，于事也无所争，一切是讲礼让而得。无所争就是窝囊吗？不是的，孔子以当时射箭比赛的情形，说明君子立身处世的风度。射是六艺——礼、乐、射、御、书、数——之一，这个射代表军事训练。他说，当射箭比赛开始的时候，对立行礼，表示对不起——礼让。然后开始比赛。比赛完了，不论谁输谁赢，彼此对饮一杯酒，赢了的人说："承让！"输了的人说："领教！"都有礼貌，即使在争，始终保持人文的礼貌。人之所以不同于生物世界中其他的动物，就是因为这一点人类文化的精神。其实人类有什么了不起？其之所以为人，因为有思想，还加上文化的精神。孔子讲这一件小事，也就是说人应不应该争？不论于人于事，都应该争，但是要争得合理，所以"揖让而升，下而饮，其争也君子"。就是在争，也始终保持君子的风度。以现代而言，类似于希腊的所谓民主思想。中国人过去也讲民主，这个问题在《论语》中将来另有专题再去讨论它。而中华文化的民主精神，一个人立身、处世，乃至一切，都要民主。我们民主的精神基于礼让；而西方民主的精神基于法治。礼让与法治有基本上的不同，法治有加以管理的意义，礼让是个人内在自动自发的道德精神。

【本经】

子夏问曰:"'巧笑倩兮,美目盼兮,素以为绚兮。'何谓也?"子曰:"绘事后素。"曰:"礼后乎?"子曰:"起予者商也,始可与言诗已矣。"

【注释】

巧笑倩兮,美目盼兮,素以为绚兮:这三句引自《诗经》,可译为:迷人的笑脸妩媚动人啊,美丽的眼睛顾盼有神啊,洁白的底子上画了漂亮的图案啊。"倩",笑容美丽的样子。

起:启发。

商:子夏名商。

【译文】

子夏问道:"'巧笑倩兮,美目盼兮,素以为绚兮',这几句诗到底说些什么呢?"孔子说:"绘画完成以后更显出素色的可贵呀!"子夏说:"难道礼仪的后面还有一个'礼'的精神吗?"孔子说:"商启发了我呀!现在可以与你谈论诗了。"

【别裁大义】

淡泊以明志

这里,进一步讲到中国文化的精神。

子夏引用到古人的诗来讨论,他们并不是做文学的研究。本来中国人作诗填词,也不是无病呻吟的,诗包括了人的思想与感情,所以他们是讨论这首诗中的意义。

诗中的"兮"字，古音是否如现在兮音的读法，并不一定，因为音韵及语言，相隔数十年就会有变动的，这个字有如今日歌曲中的"啊"一样，没有实质的意义。再说"巧笑"，笑就是笑，为什么要来个"巧笑"呢？我们知道有所谓苦笑、大笑等许多笑态。"巧笑"就好比广告上女孩子的那个笑，似笑非笑，不是笑吗？还真是笑，笑得很迷人的就是巧笑，巧笑已经很难描述了，还要"倩兮"，"倩"是什么呢？好像电影中女演员的表演，笑得那么俏皮，还带点诱惑性的，就是"巧笑倩兮"。"美目盼兮"，漂亮的眼睛已经够厉害了，还要盼兮，眼神中流露着"道是无情却有情"的意味。"素以为绚兮"，素就是一张白纸那样，"为绚兮"，是说在白底子上画了很漂亮的图案，如果用现在的文学手法来处理这三句话，可以写好几本很好的小说。

子夏问孔子，这三句话到底说些什么——"何谓也"。当然子夏并不是不懂，他的意思是这三句话形容得过分了，所以问孔子这是什么意思。孔子告诉他"绘事后素"，说绘画完成以后才显出素色的可贵。这句话的意思，以现在人生哲学的观念来说，就是一个人由绚烂归于平淡。就艺术的观点来说，好比一幅画，整个画面填得满满的，多半没有艺术的价值；又如布置一间房子，一定要留适当的空间，也就是这个道理。这是孔子的启发教育，以子夏的聪明，一听就懂，于是提出了心得报告："礼后乎？"难道礼仪的后面还有一个"礼"的精神吗？也就是说，礼的内涵比表之于外的礼仪更重要吗？说到这里，难怪孟夫子有"得天下英才而教育之，一乐也"的感怀，而后世当老师的，也应该学习孔子对学生鼓励的方式，他说："起予者商也。"认为子夏不但讲得对，而且更启发了他自己。当一个主管的，更要效法孔子的这种精神，遇到部下有好的意见，就说："对！你完全对。"这样的主管，才是成功的领导者。孔子继续称赞子夏"始可与言诗已矣"，真正懂得诗了。

诗教并不是教人做一个诗人，酸溜溜地"关门闭户掩柴扉"有什么意思？要懂诗，透过诗的感情以培育立身处世的胸襟，而真正了解诗背后的人生、宇宙的境界，这才是懂得诗的道理。换句话说，人更要注意这个"素"字，素就是平淡。所以孔子在后面提到"素富贵行乎富贵，素贫贱行乎贫贱"。这也是后来中国文化里讲人生的道理："唯大英雄能本色，是真名士自风流。"所谓大英

雄，就是本色、平淡，世界上最了不起的人就是最平凡的，最平凡的也是最了
不起的。换句话说：一个绝顶聪明的人，看起来是笨笨的，事实上也是最笨的，
笨到了极点，真是绝顶聪明。这是哲学上一个基本的问题。人没有谁算聪明，
谁又算笨，笨与聪明只是时间上的差别。所谓聪明人，一秒钟反应就懂了，笨
的人想了五十年也懂了，这五十年与一秒钟，只是那么一点差别而已，所以了
不起就是平凡。唯大英雄能本色——平淡。上台是这样，下台也是这样。所以
曾国藩用人，主张始终要带一点乡气——就是土气。什么是土气？我是来自民
间乡下，乡下人是那个样子，就始终是乡下人那个样子，没有什么了不起。所
以彭玉麟、左宗棠这一班人，始终保持他们乡下人的本色，不管自己如何有权
势，在政治功业上如何了不起，但我依然是我，保持平凡本色是大英雄。另一
句"是真名士自风流"，同一意义，不再重复了。

　　这一段说明了"绘事后素"，是指一个人不要迷于绚烂，不要过分了，也就
是一般人所谓的不必"锦上添花"，要平淡。这以后，又引用孔子的话，说明中
国文化传统的立场。

【本经】

　　子曰："夏礼，吾能言之，杞不足征也。殷礼，吾能言之，宋不足
征也。文献不足故也。足，则吾能征之矣。"

【译文】

　　孔子说："不管到什么时候，文化都是由历史传统而来的。夏朝的文化，我
可以研究讨论它，但是作为夏朝后代杞国，保留的并不准确，更不完整；作为殷
商后代的宋国，所保留的文献资料也是不够的。任何一个民族的后代，如果不重
视自己的文化历史，就是自己把自己毁灭了，后代就无法考证。假如他们自己不
毁灭自己的文化，保存了祖宗的文物、资料，我就可以引来做证并整理它了。"

【别裁大义】

穷源溯本

孔子说中国传统文化，是根据历史来的，而历史与文化是不可分开的。

我们讲的传统，由来远矣。人类文化历史，从上一个冰河时期，就流传下来了。如宗教思想、哲学思想，是在上一个冰河时期，人类毁灭的时候，极少数没有死的人传下来的，并不是这一个冰河时期所新兴起来的。我们中国文化，向来就是这样说的，所以要中国人讲自己传统的历史，看看古时的人所记载的，有一百二十万年，至少也说十二万年，我们现在讲五千年文化，那是客气话。不过很可怜，现在还不敢吹五千年，只说三千年文化，因为从西方文化讲，动辄只提两千多年，我们说得太多了，好像不大对似的。在中国古代历史，动辄讲一百多万年。现在孔子在这里说，不管多少年，文化是历史传统来的，所以夏朝的文化，我可以研究讨论，不过"杞不足征也"。杞是周朝封的一个国家，是夏朝的后代，封到杞国。我们晓得"杞人忧天"这句话，就是这个国家的典故。

这里孔子说如果拿杞国的文化，来看夏代的文化，并不准确，更不完整，但殷商以后的宋国，所保留的文献资料也是不够的，这两个诸侯之国所保留的祖宗文化都没有了——这里要特别注意，任何一个民族的后代，如果不重视自己的文化历史，就是自己把自己毁灭，后代就无法考证。孔子说，假如他们自己不毁灭自己，保存了祖宗的文化资料，我就有办法整理。

这里放进了孔子的话，就是说明保存文化的重要，因此继续在下面讲到文化与礼的关系。

【本经】

子曰："禘自既灌而往者，吾不欲观之矣。"

【注释】

禘：是最高规格的祭祀，即古代天子祭天地祖宗之礼，每五年举行一次。

灌：禘礼的第一道仪式。用盛酒的礼器装入香酒祭奠，斟酒洒地以追请祖先的灵魂。香酒用香草和黍（即黄米）酿成。

【译文】

孔子说："禘礼是天子代表全民祭祀天地祖宗的大典，像这样的禘礼开始以后，当主祭者端上一爵奉献神禘的酒以后，心里就想赶快结束走了，内心没有真正的诚意，只是在走过场，这种情形我实在不想看下去了！"

【别裁大义】

讲到这里，又是一个问题了，是由中国文化中的"礼"而来。所谓"禘"，是中国古代的一种礼。中国文化和西方一样，有狭义的宗教。"禘"象征宗教的精神，祭天地祖宗之礼。讲到这里，就要认识"禘"字的来源了，至少要拿《康熙字典》来研究。过去读书，五六岁以后，先研究"小学"，就是研究做人的道德行为，等于现在学校的公民课程——洒扫应对。"洒扫"从文字上看很简单，洒洒水、扫扫地而已；"应对"可就麻烦了，对老前辈行什么礼、到了客厅坐什么位置、送一封信给叔叔伯伯、讲话的态度该怎样等，做人处世都包括在应对当中。除此之外，研究"小学"之学，就是后来所谓的说文、训诂等的文字学，研讨文字的来源。中国的文字不同于西方文字的由拼音而成，中国文字有所谓六书——象形、指事、会意、形声、转注、假借的法则。

心香一瓣　诚则灵

我们知道中国字的部首是从"一"字开始的。"一"就画分了上下，所谓一画分天地；再在上面加一画"﹦"（上），就是上，下面加一画就成"﹦"（下），是为下。宇宙本来是圆的，无法分别，现在分了以后，"人"在"﹦"的下面，即成为"夭"，这个字就代表了天。我们看到了"示"这个字，就是表示上天垂下来许多象征，显示给人们看，太阳、月亮、风云、雷雨都是上天的垂示，所以这个字，就代表了与上天的关系。圆圈中间加个十字，就代表了土地的"田"字，这土地上面出了一点苗芽便是"由"，再向下伸展成为上下通的便为"申"，在申旁再加上"示"，表示由天上来的，而上下左右都能通达，便谓之神。只能下行旁通而上面长了一根象征性的毛毛的"鬼"就是鬼。那帝的篆文"帝"也是表示上天垂示下来的征象，代表形而上的，不可知、不可说，也无法形容它，有这样一个力量，这样一个东西在，就叫作帝，再加上示，就成了一个宗教性的哲学观念。中国古礼称祭天地的礼为"禘"。至于形而上，到底有没有？又是怎么样一个东西？暂时不谈，到此为止，如再向上讨论，就牵涉到哲学与科学的问题了。

禘，古代国家举办禘礼，仪式非常隆重。皇帝在此时期期内，不回内宫，必须清心寡欲，反省自己。在中国古文中所谓的斋戒沐浴，便是如此。"斋"是内心的反省（后来中国人对佛教的吃素也叫吃斋，那是有不同的意义，由佛教戒律中一种"八关斋戒"而来）。斋是中国文化中心里的净化，用现代话来讲，就是清理思想、排除人欲，真正地做到肃庄叫作斋戒。沐浴也不止是洗澡，而是有孔子在《易经·系辞》上所讲"洗心退藏于密"的意义。所以古代禘礼，是国家的大典，全民的大典，领导者皇帝斋戒沐浴七天或三天以后，才代表全民出来主祭，要全副精神，诚心诚意，很郑重的，等于是一个宗教家的大祈祷，绝对不可马虎。在这里，孔子指出当时文化的衰败，大家参加禘礼，都只是在真戏假做而已。这等于现代有许多人吊亲友乃至长辈的丧事匆匆忙忙，叫一辆计程车，赶到市立殡仪馆，签一个名，行三鞠躬礼，好像去缴一百元什么税似的，缴完了，赶紧就跑，没有一点肃庄悲戚之感。今日社会这种风气，也是文化精神方面的一个重大问题。

孔子对春秋时代的情形怎样说的呢？

子曰："禘，自既灌而往者。"就是说禘礼开始以后，主祭者端上一爵奉献神禘的酒以后，心里就想赶快走了，接着祈祷等隆重的祭礼，都在那里应付了事。孔子看到这种情形感叹地说："吾不欲观之矣！"我实在不想看下去了，为什么不想看？就是认为何必勉强做假，而丧失了这件事的实际精神呢！

孔子这几句话，有很多意义。譬如现在社会上举办许多事情，内心没有真正的诚意。无论是宗教仪式或任何社会的宣誓仪式，只要举起手来表示一下，心里完全没有肃庄恭敬的诚意。在冷眼旁观者看来，不得不油然而兴"禘自既灌而往者，吾不欲观之矣"的感慨。中国文化告诉我们，事事要发自内心地诚恳，而不完全流于形式，一切形式，都必须配合内心的诚恳，才有意义。

【本经】

或问禘之说。子曰："不知也。知其说者之于天下也，其如示诸斯乎？"指其掌。

【译文】

有人向孔子请教关于禘祭的道理，孔子说："不知道啊，真正懂得禘祭这个文化精神的人，看天下国家事物的道理，就好像是呈现在他的手掌心上一样，这么清楚明白！"他一面说一面指着自己的掌心。

【别裁大义】

有人问孔子，关于"禘"这个礼仪的说法和这一套学术思想的理论，它的基本精神又在哪里？孔子怎么答复呢？他说："不知也。"——我不知道。孔子真的不知道吗？当然，这是他幽默的话，换句话说，是一种"反教育"，用现代语言来说，是"反激式的教育"。他的意思是说，这一种基本的文化精神，大家应该是知道的。既然大家都不知道，那么我也不知道了。且看他说了不知道以后又怎么说下去，就可明白他真的知道不知道了，"……'知其说者之于天下也，譬如示诸斯乎？'指其掌。"孔子指着自己的手掌说，真正懂得禘这个文化精神的人，看天下国家事事物物的道理，就好像是呈现在这掌心上一样，这么清楚明白了。他指着他的掌心，用动作来表示天下的事理，就像指顾之间，如在目前那样的容易。由此你说他懂不懂禘之礼？当然懂。

为什么要拜天地呢？这就代表了中国文化的基本精神所在之处。我们以前过年，正月初一早上起来，家长带领全家的人，先要祭天地、拜祖宗，虽然仪式简单，但却很严肃、很慎重。春秋二季要祭祖，也就是实行"祖宗虽远，祭祀不可不诚"的尊敬传统的精神。现代一般家庭，就从来不祭祖，连跪拜的礼都不会行，这就是教育的问题，值得重新研究、重新修整。保持这一点传统、这一点习惯，使后代知道源远流长的民族传统，这也是我们的责任。

刚才讲到禘礼与中国文化精神的关系，跟着便提到孔子几句有名的话，后世都流行而变为了成语。

【本经】

祭如在，祭神如神在。子曰："吾不与祭，如不祭。"

【注释】

与（yù）：在这里有两层意思，一层意思是参与；另一层意思是肃穆、庄重。

【译文】

祭祀祖先就如同祖先就在面前一样，祭祀神就如同神就在面前一样，肃斋庄敬，表里如一。孔子说："如果自己不亲自参加祭祀而由别人代祭，或祭祀草率不庄重，那就如同不祭祀一样。"

【别裁大义】

这是孔子所说祭祀祖宗和祈祷时心仪的原则，当我们祭祖宗的时候要以"如在"目前相对的诚心，犹如祖宗尚在面前一样地诚敬。假使是祭神，神就在此。要表里如一，才是肃斋庄敬的道理。所以他又说："吾不与祭，如不祭。"假使说我因为没有时间，没有亲自参与这个祭典，只是象征性地由别人去代表一番，这样就等于不祭，又何必故作排场呢？这种精神，不但告诉我们对于任何祭典要如此，同时也间接地告诉我们做人的道理，无论对生者还是死者，由明里到暗里，都要始终如一。

我们现在讲民族精神。热爱国家民族的人，为什么到了国外，看到自己的国旗便肃然起敬？我们在国外看到国旗的那种心情，与在国内看到国旗的心情绝对不同。在某一个时候甚至会为之掉下眼泪。其中道理，就是这种精神的流露。所以一个人的修养，对人对事，都要有这种"祭神如神在"的心理。否则，表面上非常恭敬，内心里又是另一回事，那是没有用的。所以由于孔子的这番话，了解了祭礼，依此来讲做人的道理，也就可以触类旁通了。

【本经】

王孙贾问曰："与其媚于奥，宁媚于灶。何谓也？"子曰："不然。获罪于天，无所祷也。"

【注释】

与其媚于奥，宁媚与灶：与其献媚讨好屋子西南角的奥神，不如献媚讨好灶神。"奥"，奥神。古代居室内的西南角叫奥，古人认为此处有神，在此设神位以祭祀，此处引申为主人。"灶"，灶神。因人每日必做饭以食，故此处引申为实权的管事人。此句意思是说，与其巴结地位高的人，不如巴结地位虽低却有实权的人，这样更现实。

【译文】

　　王孙贾问道："俗话说'与其媚于奥，宁媚与灶'，这句话是什么意思呢？"孔子说："不是的。如果一个人做了坏事，违背道义得罪了上天，向谁祈祷都是没有用的。"

【别裁大义】

拍灶君的马屁

　　王孙贾是卫国的大夫，孔子在卫国很多年，卫灵公对他非常好，但卫灵公又偏宠有名的美人——南子。卫灵公实在很想起用孔子，卫国的权臣王孙贾有一天就对孔子说出"与其媚于奥，宁媚于灶"的问题。这也是中国古代宗教思想中很有趣的历史性问题。凡是中年以上的人，都见过我们在家庭中供奉的灶神。每到夏历十二月二十三的晚上，家家户户都要送灶，小孩子们非常高兴，口袋里就可以装糖果了。现在用电炉、瓦斯炉，没有灶了，当然也就没有灶神了。为什么要祭灶神呢？以宗教思想来说，中国人信仰的是多神教，什么神都信。

　　外国人说我们中国人没有宗教信仰，这种说法是不正确的。首先，我们中国绝对是有宗教信仰的。第一个是礼，第二个是诗。不像西方人将宗教错解成为"信我得救，不信我不得救"的狭义观念。这一点的误解，绝对不能让人信服，因为他非常自私嘛！对他好才救，对他不好便不救。成吗？一个教主，应该是信我的要救，不信我的更要救。这才是宗教的精神，也就是中国文化的精神。其次，谈到中国"诗的精神"，所谓诗的文学境界，就是宗教的境界。所以懂了诗的人，纵使有一肚子的难过，有时候哼呀哈呀地念一首诗，或者作一首诗，便可自我安慰，心灵得到平安，那真是像给上帝来个见证。最后，中国信多神教，这代表了中国的大度宽容。出了一个老子，还是由东汉、北魏到唐代才被后人捧出来当上个教主——老子自己绝对没有想当教主的瘾。孔学后来被称为孔教，是明朝以后才捧的，孔子也不想当教主。总之，世界上的教主，自己开始都不想当教主，如果说为了想当教主而当上教主的话，这个教主就有点问题了，实在难以叫人心服。因为宗教的热忱是无所求，所以他伟大，所以他当了教主。我们中国，除了老子成为教主以外，孔子的儒家该不该把他称为宗教，还是一个问题。但是中国人的宗教，多是外来的，佛教是印度过来的，天主教、基督教也是外来的。我们中国人自古至今对于任何宗教都不反对，这也只有中华民族才如此的雍容大度。为什么呢？有如待客，只要来的是好人，都"请上坐，泡好茶"，一律以礼相待，诚恳地欢迎。所以我们的宗教信仰，能叫出"五教合一"的口号，而且这种风气，目前已经传到美国去了。现在纽约已经有教堂，仿照我们中国人的办法，耶稣、孔子、释迦牟尼、老子、穆罕默德，都"请上坐，泡好茶"。外国人说我们没有宗教信仰，那是因为他们没有研究深入而已。

现在我们再讲"奥"与"灶"。为什么他们拜灶神？如果以政治哲学的思想来讲，"民以食为天"，这是管子讲的名言。因为饮食最值得重视、值得注意，所以拜灶神。尤其在过去，教育不普及，讲礼治的时代，家里有灶神、财神和祖宗等神祇的牌位。中国古代的建筑，大都有这一套设计，进门一定是大厅，大厅上供祖宗牌位，有的上面写着："天地君亲师之位。"民国初年，牌位上的君字改成国字，看这五个字，中国人究竟信哪一个教呢？任何一教都不信，而任何一教又都信。还有财神供在卧房里，灶神供在厨房里。"奥"是古代的家神，我们中国古代的神——宗教很妙，代表中国政治组织的理想。家里有家长，就有家神。还有灶神，连吃饭都要管。据说灶神一年到头，不但对家里人的行为要管，连在心里起了好念头，或动过歪脑筋，他都会记录下来，到一年终了，上天报告好坏。所以乡下人送灶，弄块糖给他吃，送一个红包给他，以便"上天言好事，下地报吉祥"。请他上天报告时，多替家里讲讲好话，回来的时候多赐些福祉。所以在腊月二十三以后，一直等到第二年正月初四之间，他在天上还未回来以前，不在家里的时候，偶尔背后轰他一下，暗地里幽默他几句。

中国民间这些神话故事，现代也可以归到"民俗学"。要了解这些，起码要看《荆楚岁时记》这本书，尤其是南方——长江南北过年过节的风俗，这本书大概都有了。在人世间的社会上有里长、乡长、区长，在看不见的一面，便有土地、城隍等神。城隍归谁管？归阎王管。阎王归玉皇大帝管，玉皇大帝归谁管？玉皇大帝的妈妈——瑶池圣母。由此看来世界上的宗教，最高都是女神。天主教来个圣母，佛教有观音菩萨，中国有瑶池圣母，所以女性还是最伟大。同时也可知人们讲了半天的宗教，尽管教理和教条如何如何的，但他们最后还是崇拜女性的，因为母性的慈爱毕竟是最伟大的。像这样一个宗教组织，无所不包，代表了中国人的政治哲学思想，所以天与人是一贯的。

王孙贾问孔子这个奥与灶的问题，是非常幽默的，他的意思，是告诉孔子说，你老是跟诸侯往来，我们这些士大夫如不在君王面前替你讲几句好话，是没有用的呀！你拜访了诸侯，还是该来向我们烧烧香呀。孔子却做正面的答法："不然。获罪于天，无所祷也。"这是中国人宗教思想的精神。他说一个人真的做坏人、做坏事，怎样祷告都没有用，任何菩萨都不能保佑你。所谓自助天助，神是建立在自己的心中。换句话说，人有人格，尤其需要心理上建立起人格，不靠外来的庇护。如果进教堂，上帝就保佑，那么上帝首先就犯了接受贿赂的罪。同时也等于孔子答复王孙贾说，这些手法我全知道，只是不屑于如此而已。

从上面的话也可知道，由周代开始的文化和孔子的教化，始终走人文文化的路线。

【本经】

子曰："周监于二代，郁郁乎文哉！吾从周。"

【注释】

监：同"鉴"，借鉴。
二代：指夏、商二代。

【译文】

孔子说："周朝集上古文化之大成，建立了丰富繁盛、伟大光辉的人文文化。我是依从周的文化思想，发扬周代的文化精神，走人文文化路线。"

【别裁大义】

这就是前面提到过的，中国夏、商、周三个朝代文化的演变：夏尚忠，殷尚质（鬼），周尚文。尚的意思就是崇尚、偏重的意思。夏的文化偏重于忠诚、朴实。殷商的文化仍是重质朴，但是宗教观念很强。周代文化呢？我们今天讲孔孟思想中的中国文化，就是周代文化，重在人文文化。"周监于二代"，是说周朝所建立的文化是集上古之大成。我们今天的中国文化，是以周代文化作代表。"郁郁乎文哉"，郁郁是形容词，意思是非常茂盛、伟大与光辉的人文文化。孔子在此自称他的文化思想是承先启后、发扬周代的文化精神。这是连接到上面所讲的宗教文化之后。孔子认为只有人文文化这个路线是完全正确的。

【本经】

　　子入太庙，每事问。或曰："孰谓鄹人之子知礼乎？入太庙，每事问。"子闻之，曰："是礼也。"

【译文】

　　孔子进入太庙，对每一件有关太庙祭典的事都要向人请教。有人说："谁说鄹人的儿子懂得礼？他进入太庙，每件事都要向别人请教。"孔子听到这话，便说："这就是礼啊！"

【别裁大义】

量力而为　谦虚好学

　　鄹是孔子出生的地方，即邹。鄹人之子即指孔子。这一段所讲的应该是正当孔子做鲁国司寇的时候——司法行政部长兼行政院副院长（古代官制，无法与现代比类，为了便于了解，姑且作此近似的比拟），参与了代表国家、代表王室的宗庙大典。他进去以后，对于每件事都要问问清楚，向人请教。走哪里？坐哪里？每事都问人。于是有人笑他说，一般人乱捧，都说孔子这个人了不起，处处懂礼，可是这个"鄹地佬"进了太庙，什么都不懂，事事都向人请教。这话被孔子知道了，他说："这就是礼啊！"假如出国到了别人的国度，风俗习惯不同，对人家的事，不懂的应该多问。到人家家里也是一样，求学问也是一样，做事也是一样，诚恳地向人请教，就是礼的精神，也是做人的道理。

【本经】

　　子曰:"射不主皮,为力不同科,古之道也。"

【注释】

　　皮:用兽皮做成的箭靶子。
　　科:等级。

【译文】

　　孔子说:"射箭比赛上,评判胜负的标准不在于是否射穿箭靶子,而在于是否射中了靶子,因为各人的气力大小不一样,这是古来的规矩。"

【别裁大义】

　　射是古代传统的武功——射箭,那时的武功还没有发展到少林寺、武当派(这些是唐、宋以后的事)。周代的军事武功是车战的时代,最重要的武器还是拉弓射箭。武功高低的标准,就看射箭高明到什么程度,相当于现代打靶、射箭的标准。在于射中了红心没有,而不问箭能否透过牛皮,每支箭射中了标的,就绝对够标准,箭能不能透过牛皮,则不作考虑。因为每个人天生的臂力不同,有些人臂力很强壮,他的箭不但可穿牛皮,甚而可穿过墙;有些人的箭射出去不能穿透牛皮,但他每箭都中红心,也就够标准了。

　　这一段是说明做人做事,够不够道德的标准,只问合不合正道,并不苛求他对事功成就的程度。因为没有机会给他表现,环境不对,时代不对,他也就无从表现,这有什么办法? 由此触类旁通,对人对事就可减掉些苛求了。

【本经】

子贡欲去告朔之饩羊。子曰："赐也！尔爱其羊，我爱其礼。"

【注释】

告朔："朔"，夏历每月初一。每年秋冬之时，周天子以历书的形式向诸侯颁布第二年每月的初一是哪天，诸侯接受历书，将之藏于祖庙。每月初一，主政者要代表国家，向天地祖宗禀告所作所为，这种制度称告朔。

饩（xì）羊：祭祀用的活羊。

尔爱其羊，我爱其礼：据《春秋》载，鲁文公时有四次不告朔，不亲临祖庙，只杀一只活羊了事。子贡主张此形式化的程序不做也罢，连那头羊也可以省下了；孔子则感慨和痛惜当时国家社会礼崩乐坏的程度。所以孔子对子贡说："赐呀！你爱惜那只羊，而我则爱惜这个礼仪和它的精神啊！"

爱：爱惜的意思。

【译文】

子贡提出要把告朔用的饩羊省掉了。孔子说："赐呀！你爱惜那只羊，而我则爱惜这个礼仪和它的精神啊！"

【别裁大义】

这一则提到了古代非常慎重的祭典之一——告朔。每个月的初一为朔，十五为望，月暗为晦。过去没有订出现在这些假日，"朔望"就是休息的时候，不过不像现在这样重视。每月的初一，主政者要代表国家，向天地祖宗禀告所作所为，这就是所谓的"告朔"。用现在观念来说，就是说在那时发表政见。对谁发表呢？对天地鬼神。现在对大众发表政见，讲了不兑现的也有。当时对天地鬼神讲的话，如不兑现自己就害怕了，有一个看不见的力量在监视管制。所以告朔这件事也很郑重。

从前告朔时一定要杀羊。到春秋战国时代，社会风气已开始衰败，这些礼仪的精神，也慢慢跟着衰落变化了，所以子贡当时准备去掉告朔时候用的饩羊。饩羊是蒸过了的，等于现在拜拜，杀了猪羊，还没有炊熟就放在祭桌上，稍稍蒸一下，免得腐臭，这就是饩羊。子贡当时想，拜拜就拜拜，这只羊可以省下来。所以孔子告诉子贡说，你的主张也对，为了经济上的节省而不用羊也好，为了表示诚恳而不必用羊也好，不过我不主张去掉，不是为了这只羊要不要省，而是因为它代表了一种精神。固然不用象征性的东西，只要内心诚恳就可以，但现在的人，真正诚恳的心意发不起来了，就必须要一件象征性的东西才能维系得住，所以你子贡爱这只羊，而我更重视这礼仪和它的精神内涵。

由这件事我们就懂得，在社会上，或在政治上，有时绝对空洞的精神，并不足以维系一件事物，而必须配合某些实质的东西才能生效。如口惠而实不至，有时候就要失败了。这里又引用孔子另外一段话，颇为感慨。

【本经】

子曰："事君尽礼，人以为谄也。"

【译文】

孔子说："一个人为了国家和社会，依礼尽忠职守辅助国君，也许有的人会以为这是在谄媚。"

【别裁大义】

这段话，连起上一段来说，是说做人处世的艰难。一个人想做个忠臣，有时候也很难。对主管、对领导人尽礼，处处尽忠合礼，而旁边的人会认为是拍马屁。所以孔子非常通人情世故。凡是当过长官也当过人部下的，都有这种经验。如果自己毅力不坚定，见解不周到，受环境影响，只好变了。那么该怎么办呢？还是以礼为准，也是上面的话"尔爱其羊，我爱其礼"的体现。人格还是建立在自己身上。别人尽管不了解，只看自己内心真正地诚与不诚。诚正的建立，久后自知。自己的见解与人格的精神，等待时间来考验，等待时间来证明，并不是他人说的那么一回事，也就心安理得了。

儒冠错换八卦袍的诸葛亮

平常一般人谈到修养的问题，很喜欢引用一句话——"宁静致远，淡泊明志"。这是诸葛亮告诫他儿子如何做学问的一封信里说的，现在先介绍原文：

> "夫君子之行：静以修身，俭以养德。非淡泊无以明志，非宁静无以致远。夫学须静也，才须学也。非学无以广才，非志无以成学。慆慢则不能励精，险躁则不能冶性。年与时驰，意与日去，遂成枯落，多不接世。悲守穷庐，将复何及！"
>
> ——诸葛亮《诫子书》

有人说文人都喜欢留名，其实，岂只文人喜欢把自己的著作留给后人。好名好利，是人心的根本病根，贤者难免。先不谈古人，就拿现在来说，几十年来，不知出版了多少的著作，但其中能被我们放在书架上要保留它到二三十年的，又有几本书？尤其现在流行的白话文章，看完了就丢，只有三分钟的寿命，因为它缺乏流传的价值。一本著作，能够使人舍不得丢掉，放在书架上，才有流传的可能。所以留名是很难的。清代诗人吴梅村说的："饱食终何用，难全不朽名。"一点不错。

所以古人又有一句名言说："但在流传不在多。"比如诸葛亮的一生，并不以文章名世，当然是他的功业盖过了他的文章。而他的文章——只有两篇《出师表》，不为文学而文学的写作，却成为千古名著，不但前无古人，也可说是后无来者，可以永远流传下去。他的文学修养这么高，并没有想成为一个文学家。从这一点我们也可以看到，一个事业成功的人，往往才具很高，如用之于文学，一定也会成为一个成功的文学家。文章、道德、事功，本难兼备，责人不必太苛。

诸葛亮除《出师表》外，留下来的都是短简，文体内容简练得很，一如他处世的简单谨慎，几句话，问题就解决了。看他的传记里，孙权送他东西，他回信不过五六句话，把意思表达得非常清楚，就这么解决了。

这一篇《诫子书》，也充分表达了诸葛亮儒家思想的修养。所以后人讲养性修身的道理，老实说都没有跳出诸葛亮的手掌心。后人把诸葛亮这封信上的思想，换上一件衣服，变成儒家的。所以这封信是非常有名的著作。他以这种文字说理，文学的境界非常高，组织非常美妙，都是对仗工整的句子。作诗的时候，春花对秋月，大陆对长空，很容易对，最怕是学术性、思想性的东西，对起来是很难的。结果，诸葛亮把这种思想文学化了。后来八股文也是这样，先把题目标好，所谓破题，就是把主题的思想内涵的重心先表达出来。他教儿子以"静"来做学问，以"俭"修身，俭不只是节省用钱；自己的身体、精神也要保养，简单明了，一切干净利落，就是这个"俭"字。"非淡泊无以明志"，就是养德方面；"非宁静无以致远"，就是修身治学方面；"夫学须静也，才须学也。"是求学的道理；心境要宁静才能求学，才能要靠学问培养出来，有天才而没有学问修养，我们在孔子思想里也说过的，"学而不思，思而不学"的论点，和"才须学也"的道理是一样的。"非学无以广才"，纵然是天才，如没有学问，也不是伟大的天才。所以有天才，还要有广博的学问。学问哪里来的？求学来的，"非志无以成学"。连贯的层次，连续性的对仗句子。"慆慢则不能励精"，慆慢的意思等同于"骄傲"的这个"骄"字。讲到这个"骄"字很有意思，我们中国人的修养，力戒骄傲，一点不敢骄傲。而且骄傲两个字是分开用的：没有内容而自以为了不起是骄，有内容而看不起人为傲，后来连起来用以"骄傲"。而中国文化的修养，不管有多大学问、多大权威，一骄傲就失败。所以孔子在《论语》中也提到过"如有周公之才之美，使骄且吝，其余不足观也已"。一个人即使有周公的才学，有周公的成就，假如他犯了骄傲和很吝啬不爱人的毛病，这个人就免谈了。

我们中国人，力戒骄傲，现在外国文化一来，"我有了他真值得骄傲"这类的话，就非常流行，视骄傲为好事情，这是根据外国文字翻译错了，把骄傲当成好事。照中国文化规规矩矩翻译，应该是"欣慰"就对了。这是几十年来翻译过来的东西，将错就错，积非成是，一下子没办法改的地方。但是，为了将来维护我们中国文化的传统精神，是要想办法的。有许多错误的东西，都要慢慢改，转移这个社会风气才是对的。这是说到惰慢所引出来的。

再回到本文"惰慢则不能励精"，惰就是自满，慢就是自以为对。主观太强，那么求学问就不能励精。"险躁则不能冶性"，为什么用"险躁"？人做事情，都喜欢占便宜走捷径，走捷径的事就会行险侥幸，这是最容易犯的毛病。尤其是年轻人，暴躁、急性子，就不能陶冶性情。"年与时驰，意与日去"，这个地方，有些本子是"志"字，而不是"意"字，大概"意"字才对，还是把它改过来。——年龄跟着时间过去了，三十一岁就不是三十岁的讲法，三十二岁也不同于三十一岁了。人的思想又跟着年龄在变。"遂成枯落，多不接世。悲守穷庐，将复何及！"少年不努力，等到中年后悔，已经没有法子了。

看诸葛亮这篇《诫子书》，同他做人的风格一样，什么东西都简单明了。这道理用之于为政，就是孔子所说的"简"；用以持身，就是本文所说的"俭"。但是文学的修养，只是学问的一种附庸，这是做学问要特别注意的。由历史文化谈到诸葛亮的学养，到此告一段落，现在再继续原文。

【本经】

　　定公问："君使臣，臣事君，如之何？"孔子对曰："君使臣以礼，臣事君以忠。"

【译文】

　　鲁定公问孔子："国君该怎样去使令臣民？臣民又该如何侍奉国君呢？"孔子回答说："国君对待臣民，就像父母爱护子女那样，真心以礼相待；臣民对待国君，自然就会诚敬爱戴、忠心耿耿。"

【别裁大义】

孔子的换心术

　　这个问题，以现代的观念来说，就牵涉到政治思想，也可以说是政治的做法，简明一点就叫政治领导术。鲁定公所问的，是领导术或领导的方法，而孔子答复他的，是领导的道德，撇开了鲁定公所问的方法。换言之，乃是在驳鲁定公。认为用方法——手段——是错误的，所谓领导应该是以"德"领导人。从什么地方可看出孔子这种意思来呢？就在这"君使臣，臣事君"两句话中的"使"字。我们知道鲁定公是个诸侯，以一个"王者"（这是随便借用一个头衔来形容的）之尊问孔子，孔子当然也尊重他。鲁定公问，假使一个帝王领导人，该怎样去指挥下面的干部？相对地，一个忠贞的干部，对于领导人，又应该用什么方法理事及自处？鲁定公当然问得很客气、很婉转。而孔子则用两句话，解答了鲁定公这两个对立的问题——"君使臣以礼，臣事君以忠"。我们中国文化讲孝道，但孝道也是相对的，"父慈子孝，兄友弟恭"，父母付出了爱心的教养，才有子女孝道的反哺，两者是对立的。忠也是一样，就如孔子的话，上面对下面以礼，礼敬——也是爱的一种形态，等于父母爱子女的爱心。这种礼义德业的流行，道德的风行，则下面对上面自然就敬而忠了。所以这种君臣的上下关系是建立在道德上，不是建立在手段上，两句话就答复了鲁定公的问题。

老子说："六亲不和有孝慈，国家昏乱有忠臣。"有些人看了老子的这两句话，认为对于忠孝的观念，老子和孔子是持相反意见的。其实不然，只是表达的方法不同而已。在表面上看老子的这两句话，好像老子是反对孝、反对忠的。其实不是这个意思。他是说一个不和的问题家庭中，有几个孩子，其中一个最乖的，于是人们便说这个儿子才是孝子，拼命地标榜他，而忘记了基本上"家庭不和"这个问题。一个家庭如果不出问题，个个都是孝子，何必特别标榜一个孝子？所以要六亲不和的时候，才看得出孩子的孝或父母的慈。至于"国家昏乱有忠臣"也是同样的道理。比如文天祥，宋朝亡国了，才表现出他的忠贞，假使宋代不到亡国的时候，就看不出文天祥对国家如此尽忠，虽然文天祥仍是忠心耿耿，但是没有那种成仁的表现机会。因此我们对历史、对国家，并不希望常常有文天祥那样的情形出现，而希望国家能长治久安。所以用白话来说老子这两句话，加上一个"才"字，成为"六亲不和才有孝子，国家昏乱才有忠臣"，那么就可以知道老子并不是反对忠、孝了。假如在一个团体中，我们说某某人是好人，那么其他人就都是坏人了吗？希望全体都是好人，无所谓谁好谁坏，这就最好。

孔子答复鲁定公的话中，意思是说，你不要谈领导术，一个领导人要求部下能尽忠，首先从自己衷心体谅部下的礼敬做起。礼包括很多，如仁慈、爱护等，这也就是说上面对下面如果尽心，那么下面对上面也自然忠心。俗语说人心都是肉做的，一交换，这忠心就换出来了。

现在要研究《论语》，为什么把这段话放在这里？这就是我们上面说过的，此乃《春秋》笔法的"微言大义"，在春秋战国的时候，整个社会上下一片混乱，乱到持德者寡，用术者多，所以孔子提倡仁、提倡孝、提倡道德，因为大家都用手段。譬如现代人们流行的一句话，常说"你少用手段"，谁要玩几套手段，别人没有不知道的。只有老实人最可爱，讲道德的人才是最可爱的，最后的成功还是属于真诚的人，这是千古不移的道理。我们从现实生活中，也可体会得出来。孔子答复鲁定公这几句话的时候，就是针对着当时的风气。一个风气之来，就像台风一样，不但下层、中层社会受影响，上层也是一样。鲁定公是领导阶级的上层，结果还是犯了这个毛病，孔子就针对他的毛病，开了这个药方。

【本经】

子曰："《关雎》，乐而不淫，哀而不伤。"

【注释】

《关雎（jū）》：是《诗经·国风》之篇首。

乐而不淫，哀而不伤："淫"，过分，过量。"伤"，损伤，悲伤，痛苦。这句话的意思是，欢乐时要注意不要太过分，哀思时要注意不要陷于悲伤。引申意为，不要为得到自己想要的东西而过分高兴，也不要因没有得到自己想要的东西而陷入痛苦。

【译文】

孔子说："《关雎》这首诗表达了男女间人性中最基本的情感，人的情感思想要发于情而止于礼。要注意，欢乐时不要太过分，哀思时也不要陷于悲伤。"

【别裁大义】

追的哲学

孔子又在讨论《诗》的文学了。刚才谈政治，现在又谈《诗》；上面和鲁定公谈的是政治风气，也包括了社会风气，那么政治的风气、社会的风气哪里来的？如果站在文化的——礼的立场来讲，它是由文化而来的；谈到文化，就提到孔子所重视的《诗经》。我们知道《诗经》是代表各地社会风气的自然演变，《诗经》的第一篇，就是男女相爱。讲到《诗经》的男女相爱，有一句话是要注意的，孔子在《礼记》中提到人生的研究："饮食男女，人之大欲存焉。"上面也曾提到，孔子知道人生的最高境界，但是却往往避而不谈，偏偏谈到最起码的、最平实的这两件人生大事。我们曾经说过，一般人引用的"食色性也"这句话不是孔子说的，是与孟子同时代的告子说的，两人的话相近，但观念完全不同。男女饮食不是"性"也，不是人先天形而上的本性，是人后天的基本欲望。一个人需要吃饭，自婴儿生下来开始要吃奶，长大了就需要两性的关系，不但人如此，生物界动物、植物都是如此，因此人类文化就从这里出发。

说到这里，我们就联想到，影响这个时代观念的两种思想，一个是马克思的资本论，影响了这个时代；另一个也是近代西方文化的重心，弗洛伊德的性心理观，认为人类一切心理活动，都由男女性欲的冲动而来，这一思想对现代文化影响也很大。弗洛伊德原来是个医生，后来成为一个大心理学家。比如西方的存在主义，也是几个医生闹出来的，有人依据弗洛伊德的性心理观点（这个性不是我们所说人类本性的性，是男女性行为的性）来看历史文化，认为历史上的英雄创业，就是一种性冲动，乃至说希特勒是性变态心理。我们现代思想界受这说法影响的也很多，乃至把旧的历史写成的小说，多半都加上这种观念。甚至许多戏剧、电影故事，总要插上一些性——医学上的性；而文学上改用一个好听的名词——爱，等于一个人穿上外衣、结上领带，好看一点，也礼貌一点而已。在中国古老的文化中，我们懂不懂这方面的道理呢？孔子也早已提出了，所以《诗经》第一篇选了《关雎》，根据"饮食男女"的基本要求，指出人生的伦理是由男女相爱而成为夫妇开始的，所谓君臣、父子、兄弟、朋友，所有社会一切的发展，都由性的问题开始。

世界上的宗教家，都认为性是罪恶的。中国文化中，过去的思想认为"万恶淫为首"；西方的基督教思想，亚当和夏娃不吃那个苹果，一点事都没有，上了魔鬼的当去吃苹果，他们也认为性是罪恶的。

西方与东方宗教家都认为性是罪恶的，哲学家则逃避这个问题。而中国的孔子认为"关关雎鸠"男女之间的爱，老实讲也有"性非罪"的意思在其中。性的本身不是罪恶，性本身的冲动是天然的，理智虽然叫性不要冲动，结果生命有这个动力冲动了。不过性的行为如果不做理智的处理，这个行为就构成了罪恶。大家试着研究一下，这个道理对不对？性的本质并不是罪恶，"饮食男女，人之大欲存焉。"只要生命存在，就一定有这个大欲。但处理它的行为如果不对，就是罪恶。孔子就是这个观念，告诉我们说，《关雎》乐而不淫。大家要注意这个"淫"字，现代都看成狭义的，仅指性行为才叫淫，在古文中的"淫"字，有时候是广义的解释：淫者，过也，就是过度了。譬如说我们原定讲两小时的话，结果讲了两个半小时，把人家累死了，在古文中就可以写道"淫也"；又如雨下得太多了，就是"淫雨"。所以《关雎》乐而不淫，就是不过分。中国人素来对于性、情及爱的处理，有一个原则的，就是所谓"发乎情，止乎礼"。以现在观念来说，就是心理的、生理的感情冲动，要在行为上止于礼。只要合理，就不会成为罪恶，所以孔子说《关雎》乐而不淫。

但《关雎》这篇诗中，也有哀怨，我们看这一篇诗，很好玩的。虽然只有几个字，假使用现代文学来描写，就够露骨的了。它最后说："求之不得，辗转反侧。"这个求，就是现在白话文的追呀！追呀！追不到的时候睡不着呀！睡不着还在床上翻来覆去打滚哩！但古文用"辗转反侧"四个字都形容尽了。可见这中间还有哀怨，尽管哀怨，并不到伤感、悲观的程度。这个道理就是说一个人情感的处理适中，合乎中道。

譬如我对音乐是外行，但在许多地方，听到播放日本音乐，只要他一开口，听起来就使人有不胜哀戚之感。隐隐象征了这个海岛民族的命运，也可以说是日本民族性的表现。不管它怎么变，一听就知道是日本音乐，哀怨中有悲怆，悲怆中有哀怨。

现在我们的音乐等一切文化，能不能做到"乐而不淫，哀而不伤"呢？恐怕还没有做到。我们读了孔子这一段话以后，对于目前社会上的文化思想，必须深切地反省。所以孔子在答复鲁定公问政之后，随即谈到诗的问题，就是表示修身要具备"诗"的感情，从政更要把握"诗"的情操。

【本经】

　　哀公问社于宰我。宰我对曰："夏后氏以松，殷人以柏，周人以栗，曰，使民战栗。"子闻之曰："成事不说，遂事不谏，既往不咎。"

【注释】

　　宰我：姓宰，名予，字子我。孔子的学生。

【译文】

　　鲁哀公问宰予有关社稷坛的事情。宰予回答说："夏朝社稷坛上栽的是松树，殷朝栽的是柏树，周朝栽的是栗树，只不过是，栗树让人看了战战兢兢的，使人害怕。"孔子听到这件事后，对宰予说："已经做成的事就不用再说了，已经实行的事就不用再劝谏了，已经过去了的事就不要再追究了。"

【别裁大义】

传统历史上的精神堡垒

　　鲁哀公问社。什么叫社呢？这里的社就是社稷的简称，有形的社稷坛，过去国家的首都建有社稷坛，就是代表国家和天人之间的象征。假定我们去国外做国民外交，或者担负了国家外交任务出去，这一点要特别注意。到别的国家，就要随他们的礼俗，到他们所尊奉的地方行礼。这是古今中外不移的礼貌，也是现代国际上外交的礼貌。像当年西方英雄拿破仑，当他到每一个地方，即如信奉伊斯兰教的国家，他也要到伊斯兰教教堂行礼。这点他实在很聪明。同时我们再看到一点，从十七世纪末叶开始，印度由英国的东印度公司统治，英国派了总督驻在印度统治。英国人也深懂这套手法。所以有人说英国人专门研究老子，因为老子的政治手法很高明。英国总督出门，看到印度的婆罗门教（印度在宋以后没有佛教了，那时起佛教已经完全移送到中国来，印度人保留了只是穿白衣的婆罗门教），总督立即停车，下来站在路边合十，让婆罗门教士先过去。这就是说尊敬一个地方的民间信仰，对于他的工作很有帮助。这是由社讲到社稷的精神而牵涉到的附带问题。

现在回到本文，哀公问宰予，社稷坛与历史文化演变有什么关系呢？宰予告诉他夏朝社稷坛上栽的是松树，殷朝栽的是柏树，周朝栽的是栗树（有如现在的国花，是国家的标志）。不过他说栗树栽得不好，栗树使人看了会害怕，战战兢兢。宰予后来回到孔子这里，报告见哀公的问答，孔子听了以后就感叹了。就周朝而言，孔子觉得文王、武王在各方面都没有错，只在这件事上处理还不大妥当，但对前辈的圣人，不好意思多加批评，所以他说已经既成事实，再说也没有用。对人与人之间相处来说，既成事实，劝也劝不转来了，过去了何必追究呢？

孔子这番话，虽然看起来是对历史的一个宽恕，实际上透过这个宽恕，表明了孔子认为周朝的这件事是有问题的。这是怎么说的呢？因为社稷坛种的树，就像是一个民族文化、国家精神的标志。如日本人以樱花为国花，虽然很烂漫，但总是开得不长久；其他各民族、国家也都有标志。宗教方面也不例外。基督教的十字架，佛教的莲花。再看欧洲人的标志用猛兽，有虎、有狮；印度人用的是飞禽；美国人用老鹰，也不太好；中国文化则用龙，龙是水、陆、空三栖的东西。对于文化的标志，我们要特别注意选择决定，但有时有人漫不经心就定了。这一些事，和《易经》的谶讳之学也有关系的。许多看起来不相干的事，有时候关系很大，尤其研究国家的历史文化，不能不注意，孔子对于这件事情也是很注意。不过他也只好说"成事不说，遂事不谏，既往不咎"了。所以我们将来在处世的时候，必须注意这些事情，这也是学问。

【本经】

子曰："管仲之器小哉！"

或曰："管仲俭乎？"曰："管氏有三归，官事不摄，焉得俭？"

"然则管仲知礼乎？"曰："邦君树塞门，管氏亦树塞门。邦君为两君之好有反坫，管氏亦有反坫。管氏而知礼，孰不知礼？"

【注释】

管仲：春秋时齐国人，姓管，名夷吾，为齐国的宰相，助齐桓公称霸诸侯。

三归：指三归堂，建筑物的名称，就是管仲的宰相府。

摄：兼任，兼管。

然则：（既然，这样）那么。

邦君：诸侯国的国君。

树塞门："树"，立。"塞门"，类似于照壁、屏风，在古代一般为天子诸侯所用。

两君之好："好"，会。两国的君主会见，以示友善。

反坫（diàn）：古时用土做成的置放器物的台子。古礼君主招待别国国君，献过酒之后，把空酒杯放在反坫上，称反爵。

而：连词，假设，假若。

【译文】

孔子说："管仲的器局小啊！"有人问："管仲俭吗？"孔子说："管仲有相当讲究漂亮的三归之堂，设置了太多的部门，制度烦琐因人设官，不扼要统筹，又无兼职，这哪里谈得上俭呢？"

又问："既然这样，那么管仲知礼吗？"

孔子说："国君在大门外建有塞门，可是管仲的宰相府也建立塞门；国君有反坫之坛，管仲的家里也有反坫。就凭这两点，如果说管仲也懂礼的话，那还有哪一个不懂礼呢？"

【 别裁大义 】

责备贤者

管仲的时代比孔子早一点，在下面我们可以看到孔子对管仲佩服得很，他曾经赞叹过，如果没有管仲助齐桓公称霸的一段历史，我们几乎变野蛮人了。在这里他说管仲的器局太小，这话也是对的。管仲不过帮助齐桓公完成霸业而已，但未能走入王道，这样的器局就嫌小了。这是他评论历史的感叹。但是有人就问，管仲是讲究节俭的吧？他的政治思想、经济思想，都够得上俭的。这里的"俭"字，正如诸葛亮《诫子书》中所说"俭以养德"的那个俭字一样，包括了许多东西。我们提到俭字，再看看老子的思想，老子说他有三宝："曰慈，曰俭，曰不敢为天下先。"老子再三提到俭，孔子也再三提到俭，下面有关俭字的话也蛮多的。历史上称有成就的人"沉默寡言"，就是一个人"俭"德的描写。成大事的人很少说话，讲出来一两句话，扼要简单，解决了一切问题。既不沉着，话又多的人，那就免谈成什么大事了。

孔子说了管仲的器局小，别人并不和他争论这个问题，而提出来问管仲是不是够得上"俭"德的修养。可是孔子的答复，从个人来说，以管仲有三归之堂，可以说他在经济生活上非常浪费。三归堂是建筑物的名称，就是说他的宰相府，还是相当讲究漂亮的，可见他还不够俭朴。我们可以在历史上看到汉文帝的俭朴、节省，是皇帝中有名的，一件袍子，穿了一二十年还补起来穿。后来景帝、武帝时代的经济繁荣，就是他打下的基础，因为他本身就非常俭朴。所以管仲的生活，诚如孔子说的并不俭朴。另外在公事上，孔子又说他"官事不摄"。在公家的政治制度上，又不能做到扼要统筹。只知因人设官，重重叠叠设置了太多的部门，其实可简化而他没有简化，这是在行政上的不俭，那他怎么算得"俭"呢？

我们从这一点可以看到，要真正处理好公事，制度与编制的紧缩很重要，法令也不可烦琐，这是孔子对管仲两方面的批评，也是我们后人应该警惕的地方。

在管仲的俭德上，孔子有所批驳之后，此人又提出管仲是不是懂礼的问题来。中国文化以礼义为中心，懂礼是很重要的，但孔子认为管仲在这方面的修养还不够。虽然管仲是个大政治家，但他还不能担负领导历史文化的重任。这是什么道理呢？邦君齐桓公在大门外建立屏风——塞门（讲到这里，我们顺便讲到现在很难看得到的，古代衙门前的大屏风，上面都写有"尔俸尔禄，民脂民膏。下民易虐，上天难欺"这四句话，已经流传下来一千多年了。后来到清末腐败的时候，大概是我们革命前辈老党员骂清朝的杰作，改为"尔俸尔禄民，脂民膏下民；易虐上天难，欺欺欺欺欺"的笑话）。依中国的古礼，只有领导人、诸侯才可以有塞门，可是管仲的宰相府也摆起这样东西来，这就是不懂礼。其次国君为了外交的关系，有反坫之坛，这是两国元首见面时用的。结果管仲的家里也有反坫。就凭这两点，如果说管仲也懂礼的话，还有哪一个不懂礼？如以管仲作懂礼的标准，人人都懂礼了，这是孔子对管仲批评的话。下面就谈到中国文化与"礼"并称的"乐"了。

【本经】

　　子语鲁大师乐，曰："乐其可知也。始作，翕如也；从之，纯如也，皦如也，绎如也，以成。"

【译文】

　　孔子和鲁国的大师乐讨论音乐的原理。他说："音乐的原理是可以了解的。像一首曲子，音乐开始的时候，好像含苞待放的花蕾，轻轻地舒展，慢慢地发声。跟着下来，由小而大，但是很纯正。后来到了高潮，清晰明亮，激昂慷慨，最后这个乐曲奏完了，但还是余音缭绕，意犹未尽，这样就成功了。"

【别裁大义】

敲响了活礼乐

这是孔子讲音乐的原理及作用。大师乐是古代专门掌理乐教的官名，他的职掌重在以乐配合政教，当然也包括了当时的一般音乐。讲到这里，也是中国文化很可惜的事，因为我国原有的古乐早已没有了。现在我们能够听到的，只是明清以来的遗音。据朋友们说，目前在韩国，还可以隐约窥见唐太宗统一天下以后的大乐章——《秦王破阵舞》，以及《霓裳羽衣曲》的古琴曲调，还可欣赏到中国的古乐和古乐器的流风遗韵，同时把诗、词谱在中国的古乐器上弹出来。除了韩国，在日本也还找得到一点影子。所以说中国文化的衰落，不完全是我们这一代的责任。相反地，故作自我解嘲地说，这也是我们中国人的伟大之处，人家外国人说我们不珍惜自己的文化，但是我们也可以说我们的好东西太多，满不在乎地丢，外国人听了也没有话说。

孔子和鲁国的大师乐讨论音乐的原理。他非常谦虚地说，音乐的原理大概可以了解——其实孔子对音乐是很内行的。接着他就谈论一首代表国家民族精神的曲子。音响开始的时候，好像含苞待放的花蕾，轻轻地舒展，慢慢地发声。跟着下来，由小而大，但是很纯正。后来到了高潮，激昂慷慨，或非常庄严肃穆，最后这个乐曲奏完了，但还是余音缭绕，后面好像还有幽幽未尽之意。这便是成功的音乐。这些是孔子的客气话，请教的态度，也证明了他深通音乐的修养。今日我们看到自己国内的音乐，的确是问题很大，中不中、西不西；轻薄有余，温柔敦厚不足，实在可叹。不过一切文化，今日都处在古、今、中、外的巨流涌变之间，始终未定。旧的已经打倒，新的如何建立，还要靠我们这一代人继续努力了。

【本经】

　　仪封人请见，曰："君子之至于斯也，吾未尝不得见也。"从者见之。出曰："二三子何患于丧乎？天下之无道也久矣，天将以夫子为木铎。"

【译文】

　　仪这个地方的长官请求拜见孔子，说："凡有品德高尚之人到这里，我还从来没有不去拜见的。"随行孔子的学生把他引见给孔子。他出来后说："你们何必要担忧文化将会丧落了呢！天下已经乱得很久了，上天是要让你们的老师来传道于天下的。"

【别裁大义】

　　仪是一个地名。古时的这个"封"字，是指的封疆。所谓"封人"，是管诸侯国界的人。勉强拿现在的职务来讲，是管土地、管地政的人。他来请见孔子之时，从字里行间看来，他似乎有被挡驾的样子。但封人有封人的理由，他说，有道德、有学问的人，到了我们这个地方，每个人我都见过。他的意思好像是说，你们的老师孔子尽管伟大，像我这样的人，你们的老师也应该接见一番。他说了这番话以后，跟随孔子的那些人无话可说，就安排了一个机会，让他去见孔子。但是孔子和他谈了些什么话就不知道了。他出来以后，就告诉孔子的弟子们说：你们诸位不必担心文化的衰落，我们中国文化有救了。天下乱了这么久，文化已将凋零，上天降生了孔子，孔子的学问道德将影响你们和世人。上天要以孔子作为警惕世界的木铎的，你们不要担忧了。古代木做的铎，是用来敲响作警惕用的，好像庙堂里的敲钟打磬一样。

　　这是对孔子从事人文文化教育的赞叹，所以也放在讲文化精神的《八佾》篇中。画龙点睛，别有用意。

【本经】

子谓《韶》:"尽美矣,又尽善也。"谓《武》:"尽美矣,未尽善也。"

【注释】

《韶》:舜时的乐曲名。

美:指乐舞的艺术形式完美。

善:指蕴含人文的思想精神和意义完善。《韶》是歌颂舜的乐曲,舜的帝位是由尧"禅让"来的,所以孔子说"尽善"。

《武》:周武王时乐曲名。《武》是歌颂周武王的乐曲,周武王的帝位是用武力讨伐商纣夺来的,所以孔子说"未尽善"。

【译文】

孔子谈到《韶》乐时,说:"《韶》乐的艺术非常完美,蕴含人文的思想精神和意义也非常完善,达到了尽善尽美的成度,没有一点缺陷。"谈到《武》乐时,孔子说:"《武》乐的艺术非常完美,不过蕴含人文的思想精神和意义还没有达到至善的程度。"

【别裁大义】

这是孔子对礼乐文化的批评。韶是舜乐,代表那个时代国家、民族历史文化的精神,他说很好、很美,也很善。以现在西方观念来说,真、善、美的价值都具备了。但武王时代的音乐,代表那时代的历史精神,好是好,美是真美,可不能说它是至善。等于对社稷坛标志的批评一样,都有点遗憾的味道。

【本经】

子曰："居上不宽，为礼不敬，临丧不哀，吾何以观之哉？"

【注释】

何以观之：意思是说，上级管理者如果不能做到宽厚仁慈、恭敬有礼、诚恳真挚，还有哪些方面可取呢？

【译文】

孔子说："处于高位的人，对待下面的人不能宽厚仁慈，在执行礼制时又不够严肃恭敬，只做表面形式，遇到丧事也没有真诚的哀戚之情，我还能再看他哪些方面呢？"

【别裁大义】

衰世的通病

这句是这一篇的结论，所以我说《论语》是整篇连贯起来的，是完整的。《八佾》讲历史时代文化的精神。那么，这篇最后引用孔子对于当时那个时代的批评做结语，就特别有韵味了。

他在这里提出了一个原则，一个时代到了衰落的时候，最怕在上面的领导人以及各级单位主管，待部下和他人并不宽厚，这是很严重的偏差。讲到这里，我们看中国历史上，记载了许多做人或做官的过分尖刻或凉薄的事例。什么是刻？所谓"察察之明"，为人太过精明，做部下的就不容易发挥他的才能。因此，中国古人在政治领导上，都采用道家老子的道理。也就是像郭子仪的故事：

唐明皇因安禄山之乱由京城逃走，一直逃到了四川成都，终于靠郭子仪打败了安禄山，收复两京，迎唐明皇还都。郭子仪也因功封王。以后唐代宗把公主下嫁给郭子仪的儿子。有一次小夫妻吵架吵得很厉害，郭子仪的儿子说，公主有什么稀罕，你父亲的天下，若不是我父亲替你们打回来，还有你公主当吗？这句话的确讲得太严重了。公主生气了，马上回宫去报告唐代宗。郭子仪听了儿子的报告，也吓坏了，知道这件事可不得了，马上把儿子绑起来送到宫中去。唐代宗自然先听到了公主的报告，说郭子仪他们意图造反，唐代宗安慰了女儿一番，要她先在宫里休息。见亲家把女婿绑进宫来，不但不生气追究，反而问老亲家好好地把儿子绑进宫来是为了什么？郭子仪报告并论罪一番。唐代宗真是个好皇帝！他对郭子仪说，他们小两口吵架是年轻人的常事，你去管他干吗呢？"不痴不聋，不做阿姑阿翁。"这个故事后来也编成了评剧及其他地方戏。故事本身也说明了如果一个当主管的有"察察之明"，下面部下就难为了。

历来做法曹的最怕"深文刻法"。这句话就是说当公务员的也要注意。什么叫"深文刻法"？就是根据条文，一个字一个字地去推敲，在鸡蛋里去挑骨头，真是要了命。虽然法律的条文，完全合于逻辑，但有时是不合道理、不合情理的，完全用逻辑是用不通的。搞法律的人，就怕深文刻法，都讲逻辑，则天下是非辨不清了。因此中国人有一句名言，告诉做公务人员的朋友说："公门里面好修行。"否则的话，人们便把公务员的过错、怨气统统都累积到政府头上。自己如果多动动脑筋，别人就省了气力，同时也消弭了怨气，这就是道德。所以"居上要宽"，要求别人过严，别人没这个本事；天下无全才，不必求之太严。如果要求过严，希望别人都是圣人、全才，在道德上人人如孔子，而防他又如防土匪，用他又随便用得像机器，这是不可以的。切记居上要宽。

为礼要敬，并不是只限于下级对上级行礼要恭敬，上面对下面的爱护，也包括在礼的范围之内。而且都要敬，就是都要做到诚恳、真挚，不真诚没有用。天天行个礼很方便，搞惯了成机械式很容易，但中间没有诚意就没有用。同样地，做长官的对部下的爱护关怀，也要有诚敬之心，假的关怀没有用。

临丧不哀，以前讲过，我们到殡仪馆吊丧，没有一点哀戚之意，毫不相关，何必去呢？但这个丧也是狭义的，广义的是对于某一件沉重的大事，假如没有沉痛的心情，也是属于"临丧不哀"的一种情况。

孔子提出来这三点，有感于当时春秋时候的社会风气那么坏，孔子讲这些话，都是开药方。当时有这种坏风气，他就开出医治的方法。所以他说像这个样子的社会，就没有什么可看了，这是感叹当时文化思想的衰落。实际上我们看历史，每到衰乱的时候，都有这种情形，岂止春秋战国而已呢！《八佾》这一篇，把前后对照起来，很明显地可以看出来，他完全是在阐扬中国文化的思想精神。

里仁第四

【本经】

子曰:"里仁为美,择不处仁,焉得知?"

【注释】

里:有两解。一为古时居民聚居的地方;一为居,就是"自处"。"里仁"的意思就是一个人随时要把修养、精神放在仁的境界。处世,处人,尤其是自处,都要有"自处之道"。

择:选择,区别,判断。

处:止息,处所,处于。

知(zhì):同"智"。

【译文】

孔子说:"真正的学问,就是随时要以仁为标准,达到仁的境界,这才是最美的。如果我们的学问、修养不依于仁道的路线、达到仁的境界,怎么能算是得到了智慧的成就呢?"

【别裁大义】

那"仁"却在灯火阑珊处

现在我们讲到《论语》第四篇,是最重要的一篇,这篇的问题很大。

首先谈第四篇的题目《里仁》。过去对"里仁"的一般解释，里就是乡里之里，也就是住的地方；照过去的传统，一般三家村学究们解释"里仁"的意思，就说孔子的意思是如果买房子，或租房子，应选择"仁里"。换句话说，要住到好人堆里去。如果真是这个意思，那么坏人堆里没人住了吗？而且哪一个地方才是好人堆？哪个地方是坏人堆呢？台北市有"仁爱"路！那么除了仁爱路，就没地方可住了？所以三家村学究们的解释是大有问题的。

　　这个"里"字应该作为动词看，当然也指居住的地方，但是居住的地方，有处的意思。"居、住、处"在古文中，有时是表示站或坐在那里，是动词。我们读春秋战国时代著的书，经常看到"居"单独一个字。我国古代没方桌子，没有椅子。日本人的榻榻米，是我们中国去的，由秦、汉到魏，都还是席地而坐。魏晋以后才从西域传进椅子来。唐代以前我们还看到一句话——"据胡床而坐"，胡床就是椅子的初形，从西域过来的。我们中国文化，许多名词有一胡字，如胡椒，一看就知道这样东西是外来的；不是"胡"就是"番"，番茄就是外国来的。后来又加上"洋"，如脚踏车是外国来的，四川人叫"洋马儿"，甚至如病名"洋梅疮"也是外国传来的。在明代以前，我国的医学书籍上，没有看过这种病，可见这是从外国传进来的，而且开始由广东方面上岸的，所以又称作"广疮"。

　　我们知道了这些道理，就了解了居、里的意义就是"自处"，"里仁"的意思也就是一个人如何处在仁的境界。处世，处人，尤其是自处，都要有"自处之道"。再明白点讲，什么叫"里仁"呢？就是我们随时要把修养、精神放在仁的境界。现在讨论"仁"。说到仁字，孔子学问的中心来了，头大的问题来了。上面三篇中，第一篇学而时习之，学的是什么？学的是仁。"仁"是什么？两千年以来，莫衷一是，这真是一个大问题。

　　我们现在讨论到这里，全部《论语》的中心谈"仁"，"仁"是什么？过去有几种解释法。最有名的是"博爱之谓仁"，许多人谈到仁的意义，都会这样答复，而且以肯定的语气说，这是孔子的意思。其实错了，这句话不是孔子说的，也不是孟子说的。孔家店的两大股东——孔、孟都没说过，这是孔家店的伙计——唐朝的韩愈讲的。在唐代大家也讨论什么是"仁"的问题，而韩愈下的定义是：博爱叫作仁。后世以讹传讹，就认为这是儒家思想了。这也是有问题的。韩愈为什么会下这个定义？虽然称他"文起八代之衰"，他的定义不一定也是起八代之衰的。真理是不能够用名气压住人的，韩愈的思想，并不都是孔、孟思想。他是研究墨子的专家，墨子的思想就有"兼爱"，大家现在忘记了韩愈是研究墨子思想的专家，所以他把墨子的思想融会到儒家思想中去，把"兼爱"换一个字改为"博爱"，等于把长袍脱掉穿上西装而已。后世不明真相，就以为博爱之谓仁是儒家思想的解释。我们并不一定说韩愈这个定义下得不对。我们的态度要客观，真理只有一个。我们拿哲学观点来说，宇宙万物的那个最原始的东西，哲学家说它是本体，西方的宗教家叫他作上帝，印度人叫"佛"，叫"如来"，中国人叫"道"。名称不同而所指的是同一东西。等于馒头与面包，名称不同，一样是用面做成的，可以吃饱的东西。所以我们不要被某一名词捆住，各个表现的方式不同而已。

另外，汉代以来一直到唐代，对仁的解释，漫无限制。古代书上不管说什么，都"仁呀！仁呀！"地大谈仁义之道。孔子讲仁，孟子讲义，最后连起来就是仁义；仁义即孔孟，孔孟即仁义。如果我们作八股文就这样大做文章了："仁义者，孔孟之说也，孔孟之说者，仁义之道也……"这篇文章通了。实际说了半天，如果以逻辑来批评，只有八个字："陈言颠倒，不知所云。"等于清代乾隆年间才子纪晓岚批评文章的一个故事，有一个学生拿一篇文章请他看，他引用了两句古诗来评点："两个黄鹂鸣翠柳，一行白鹭上青天。"说这个学生的文章"不知所云，越说越远"了。所以汉唐以来，一般学者讲孔子之仁的，都可借用纪晓岚这个批评，也是"不知所云，越说越远"了。那时的学者，讨论这个仁字的文章，有多达一百万字的，这样一个字会扯得那么多，孔子何尝有这个本意！老子写了五千言，后世解释老子的文章，古今中外累积起来，有几千万字，到目前为止，《老子》外文翻译有好几十种之多，如果老子知道了，会把大牙都笑掉。大家讲了半天，是不是老子原来的意思呢？张先生讲的张老子，刘先生讲的刘老子，谁的老子才是老子？

到了宋代的理学家，自认为继孔孟之心传。孔子传心法与曾子，作了《大学》这篇书，曾子传心法与子思，子思写了《中庸》。子思传心法与孟子，孟子以后失传了。宋代理学家自认为又得了这个心传秘诀。中间事隔千把年，不知道宋代理学家们在哪里拿到这个秘诀的。其实他们把佛家、道家的东西挖了来，然后还要骂佛家、道家，所以宋代理学家的学问态度很有点不对劲，这种做法实在不大高明。另外，他们拿心性——哲学的道理解释"仁"说："仁者核之心也。"如核桃的仁、杏仁。同时他们又加上佛家的思想，认为万物的果实，都是阴阳两瓣，中间空心的，所以仁便是道体的心空境界。

宋儒另一个解释，他们说医书上麻木就叫不仁，可见仁是讲心的知觉性的，他们这样一来，暴露了身份了，这完全是佛家的话，不过硬将光头的和尚，拉来戴上孔子的帽子。在唐代以后讲孔孟的心法，而传承孔孟之心法者，就是这些宋儒——理学家。

汉唐之学讲仁，到底讲什么？我们勉强可以说他们讲用。宋儒讲的仁，则扯到哲学里面讲体。我们讲了他们的缺点，也该说他们的好处，宋代及汉唐的儒家，各有所长，汉唐以来的儒家，了解孔子心法"仁"的用，宋儒借用佛道两家之学，了解孔子心法"仁"的体。他们都有划时代的创见，但每家都是不同的孔子。

讲到体用，我们要顺便提一下，拿中国唐代以后佛学原理来说，万物只有三个理则——体、相、用。如这茶杯，玻璃为"体"，"相"就是它的形状，"用"就是它的功用，即是可以盛液体的东西。抽象的思想，也是一样。譬如我们现在讲的，以孔子的《论语》思想为"体"，"相"就是二十篇《论语》，我们来研究、解释。"用"是了解孔子以后，该怎样去弘扬中国文化，其"用"就在此。

汉唐儒者对于仁都讲用，而孔子当时讲仁，也多半是针对那个时代讲用。宋儒扯到哲学里讲仁的体，从现象来探究体，不能说在见解上没有一点进步，但可惜的也只是各执一端，闭户称王而已。

了解这些资料以后，再回转看这个"仁"。"仁"是什么？中国古代"仁"字就是这样写：人两足走路旁加个二，为什么不就旁加个"一"？"二人"是两个人，就是人与人之间，有我就有你，有你我就有他。有你、我、他，就有社会。一个人没有问题，有两个人就发生了怎样相处、怎样相爱、怎样互助的问题，就是仁。仁就是人与人之间的事，这是文字上的解释。

现在归纳起来。

第一，题目的里仁。自处于仁，里仁象征了学问的中心在如何自处。自心是"体"，处于人之间就是"相"和"用"了。相就是人的行为，用则是发挥的作用。所谓自处就是自立，所谓处人就是立人。佛家的所谓"菩萨"之道，自立立人就是菩萨，这是梵文"菩提萨埵"的译音，译成中文简称菩萨，等于中文的圣贤，名称不同而已。自处处人，就是仁的体用。

第二，本篇孔子就讲到"吾道一以贯之"，换句话说，就是体用一贯，有体有用。所以说仁只是行为，只讲用不讲体，不讲内心修养，也错了。如果像另一派的宋儒所说，仁就是在那里静坐，养性谈心为仁，不讲究用，不能救世救人，不能立己立人，也错了，应该体用一贯。

第三，在第七篇《述而》里有"子曰：志于道，据于德，依于仁，游于艺"，这四点是孔子讲学问的中心纲要。这也是他"一贯"的道理。但在《颜渊》篇中却提到"一日克己复礼，天下归仁"的彻底语。这些资料，我们要先了解，以后再研究这篇的本身，最后把结论沟通起来，大家就可以豁然贯通了。

月是故乡明

照三家村学究的解释就是："孔子说，我们所住的乡里，要择仁人的乡里，四周邻居，都是仁人君子，就够美了。"真不知道世界上哪来这许多仁人君子，对"择不处仁，焉得知"，他们解释说："我们选择一个居住的地方，假使不住在仁里的当中，这个人就不算有智慧的聪明人。"如果真是如此，那么，我们大家都是笨蛋！对于这种解释，刚才批评过了，这是三家村的学究们的解释。

"里仁为美"意思是我们真正学问安顿的处所，要以仁为标准，达到仁的境界，也就是学问到了真善美的境界。"择不处仁"的意思是我们学问、修养，没有达到处在仁的境界，不算是智慧的成就，这是第一原则。

【本经】

　　子曰："不仁者，不可以久处约，不可以长处乐。仁者安仁，知者利仁。"

【译文】

　　孔子说："一个不仁的人，不能长久地处在简朴的环境中，也不能长久地处于乐境中。一个真正仁德的人，他的心安于仁；一个真正有智慧的人，他的修养利于仁。"

【别裁大义】

　　孔子说假使没有达到仁的境界，不仁的人，不可以久处约，约不是订一个契约，约的意思和俭一样。就是说没有达到仁的境界的人，不能长处在简朴的环境中。所以人的学问修养，到了仁的境界，才能像孔子最得意的学生颜回一样：一箪食，一瓢饮，可以不改其乐，不失其节。换句话说，不能安处困境，也不能长处于乐境。没有真正修养的人，不但失意忘形，得意也会忘形。到了功名富贵快乐的时候忘形了，这就是没有仁，没有中心思想。假如到了贫穷困苦的环境就忘了形，也是没有真正达到仁的境界。安贫乐道与富贵不淫都是很不容易的事，所以说："知者利仁。"如真有智慧，修养到达仁的境界，无论处于贫富之际、得意失意之间，都会乐天知命、安之若素的。

照临万类的仁道

　　所谓"仁者安仁"相当于仁的体，"知者利仁"相当于仁的用。我们研究孔子学说，他的主要精神是"仁"。对于仁的道理，我们最好不要拿自己的意见来作注解，要把有体有用的道理把握住。前面提到唐代韩愈拿自己的意见作了注解，说"博爱之谓仁"。我们现在不用自己的意见作注解，拿接近孔子的，或拿孔子本身的意见作注解。孔子对于仁的注解全部都在《里仁》这一篇中，本篇里都是谈"仁"；谈它的用，比谈它的体来得多，正如孔子在《易·系辞上传》中所说的："显诸仁，藏诸用。鼓万物而不与圣人同忧，盛德大业至矣哉！"

我们可以从《孟子》的资料中找到一些有关仁的界说，现在我们看《孟子》最后一篇《尽心》章的上章里所提到："君子所性，虽大行不加焉，虽穷居不损焉，分定故也。君子所性，仁义礼智根于心。其生色也睟然，见于面，盎于背，施于四体，四体不言而喻。"这几句话，上面讲到"根于心"是讲体，以下是讲用，这是很明显的。所以我们做学问的办法，最好以经注经，以他本身的学说，或者本人的思想来注解经典，是比较可靠的事。然后，把古人的学说消化以后，再吐出来，就是你自己的学问。有些人做学问，对古人的东西没有吃进去，即使吃进去，也消化不了，然后东拉西扯，拼凑一番，这方法是不能采用的。我们要真的吃下去，经过一番消化，再吐出来，才是真学问。正如雪峰禅师所谓："语语从胸襟中流出，盖天盖地。"

【本经】

　　子曰："唯仁者能好人，能恶人。"

【译文】

　　孔子说："只有真正的仁者，才能做到'爱'人，才能做到'恶'人。"

【别裁大义】

　　这是仁的体用并讲。孔子说真正有"仁"的修养的人，真能喜爱别人，也真能够讨厌别人。"好"就是爱好的"好"。"恶"字读去声，照现在的国语读法是读作第四声，就是厌恶的意思。我们读历史，有"善善恶恶"的话，上面的"恶"是厌恶，可恶的恶；下面是恶的本字，很坏的意思。过去的古文以及许多奏议中，有"善善而不能用，恶恶而不能去"的话，等于说喜欢这个有才干的部下，但又不能提拔他、奖励他；讨厌那个坏的部下，而又不能去掉他。

这里孔子说有"仁"的修养的人，是真能够爱人，也真能够讨厌人。但孔子的话，假如说到这里停住了，像宋儒一样把它圈断了，那么我们研究起来，对孔子思想的"仁"还是无法有清晰的认识。

【本经】

　子曰："苟志于仁矣，无恶也。"

【译文】

　孔子说："如果一个人真诚立志行仁德，他就不会特别讨厌任何人了。"

【别裁大义】

　与上面的话连接起来就懂了。他这句话的意思是说，一个人真有了仁的修养，就不会特别讨厌别人了，好比一个大宗教的教主，对好人固然要去爱他，对坏人也要设法改变他、感化他，最好也使他进天堂，这样才算对。所以说一个真正有忠于仁的人，看天下没有一个人是可恶的，对好的爱护他，对坏的也要怜悯他、慈悲他、感化他。

【本经】

子曰:"富与贵,是人之所欲也,不以其道得之,不处也。贫与贱,是人之所恶也,不以其道得之,不去也。君子去仁,恶乎成名?君子无终食之间违仁,造次必于是,颠沛必于是。"

【译文】

孔子说:"富贵功名,这是人人都向往的,如果不是凭正当的方式获得,是不应该要的。贫穷卑贱,这是人人都厌恶的,如果不是凭正当的方式去摆脱,就不应该靠这种方式来摆脱贫贱。君子如果没有仁的修养,没有中心思想,又怎么称作君子呢?君子即使是一顿饭的时间也不会违背仁德,任何人、任何事业的成功要靠仁的修养,遇到了困顿挫折也要靠仁的修养,这样才能安然处之。"

【别裁大义】

孔子说,富与贵,每个人都喜欢,都希望有富贵功名,有前途,做事得意,有好的职位,但如果不是正规得来则不要。相反地,贫与贱,是人人讨厌的,即使一个有仁道修养的人,对贫贱仍旧是不喜欢的。可是要以正规的方法上进,慢慢脱离贫贱,而不应该走歪路。接着他讲:"君子去仁,恶乎成名?"他说一个人去了"仁"字,就没有了中心思想。即使其他方面有成就,如文学高的,不过是一个才子风流而已,知识渊博的不过是一个才人而已。所以君子没有"仁"这个境界,就没有中心思想,既没有中心思想,又靠什么成名呢?所以做学问的人,"无终食之间违仁",就是说没有在一顿饭那样短的时间违背了仁的境界。"造次必于是,颠沛必于是",造就是创造、作为,次就是这个情况。这句话是说任何事业的成功都靠仁;倒霉的时候不颓丧,不感觉到环境的压迫,也靠这"仁"的修养而安然处之。换句话说,得意的时候,要依仗"仁"而成功;失败了,也要依靠"仁"而安稳。

【本经】

　　子曰："我未见好仁者，恶不仁者。好仁者，无以尚之；恶不仁者，其为仁矣，不使不仁者加乎其身。有能一日用其力于仁矣乎？我未见力不足者。盖有之矣，我未之见也！"

【译文】

　　孔子说："我没有看过一个真正喜好仁的人讨厌不仁的人。一个真正行仁道的人，他的修养是无可超越的。讨厌不仁的人这种事情，作为一个具有仁德修养的人，是不会在他的身上发生的。在一天当中，能尽心尽力为人处事完全达到仁的境界，有这样的人吗？我没有见过因为力量不足而做不到的。或许有这样力量不足的人，但我从来没有看到过。"

【别裁大义】

兼收并蓄见仁心

　　孔子说，我没有看过一个真正喜欢仁的人，讨厌那个不仁的人，看不起那个不仁的人。拿我们现在的观念来看，他是说我没有看到一个真正爱好道德的人，讨厌一个不道德的人。为什么呢？一个爱好"仁"道而有道德的人，当然他的修养几乎无人可以比拟，实在很难得；可是，他如果讨厌不仁的人，看不起不仁的人，那么他还不能说是个仁者。但有些人的看法，就不一样了，宋儒的解释，认为爱好道德的人，讨厌、看不起不道德的人，就是仁的境界。这样一来，宋代以后的儒家，意见纷争，越来越多。我们看《论语》的原文，并不是这样解释。因为接着下面就说"不使不仁者加乎其身"，意思是说，一个仁者，看到一个不仁者，应该是同情他、怜悯他，想办法怎样把他改变过来，这是真正仁者的用心。我们讲道德，别人不讲道德，我们就非常讨厌他，那么我们是同样以 "不仁" 的心理对待人家，我们这个仁还是不彻底。所以孔子说："不使不仁者加乎其身。" 这是孔子讲的忠恕之道，推己及人的写照。我觉得冷了，想到别人也怕冷，要别人快去加衣服；想到自己，就联想到别人。假如我自己仁，看到别人不仁就讨厌，那我也是不仁。

下面跟着是讲 "仁" 的用："有能一日用其力于仁矣乎？" 这是他假设的话。他是说，仁是很难的修养，人本来有爱人之心。我们观察一个幼儿，同情人家的时候特别多，后来渐渐长大了，心里的厌恶也越大，仁心就不能够发挥。所以他说仁是人人可以做到的，但几乎没有人能在一天当中，用心、处世，完全合于仁道。假使有，他仁的修养必然很高超。只要立志，没有说因力量小而达不到仁的境界。但是他又补充一句，也许有力量不足而达不到的，但我从来没有看到过这种情形。

这篇从开头的一节，到这里为止，都是讲仁的体与用。所谓体是内心的修养，如何做到仁、爱人；仁的用，是指有推己及人的精神，心胸宽大，包容万象，能够感化他人，这是仁的用。

讲了仁的体用之后，下面引申讲仁的修养方法。

【本经】

子曰："人之过也，各于其党。观过，斯知仁矣。"

【注释】

党：古代地方组织，五百家为党。乡党，此指社会关系。亲族，集团，同伙，类。

【译文】

　　孔子说："一个人会有过错，往往都是由于社会关系的因果影响。看到了别人的过错，自己就要反省，有则改之，无则加勉，这就可以引发仁的修养了。"

【别裁大义】

　　孔子说人的毛病，各于其党。这个"党"不要以现代的观念来解释为政党之"党"。古人所讲的党是乡党，包括了朋友在内。儒家思想，时常用到这个乡党的观念。古代宗法社会的乡党，就是现代社会的人际关系。交朋友等社会人际的关系对一个人影响很大。孔子说一个人会有过错，往往都是社会关系的因果。我们在社会关系中看到一个人的过错，譬如某人做人的态度非常坏，而我们看得清楚，那么自己就要反省，自己是不是有同样的过错。假如有，就改过来；假如没有，就更加勉励自己。所以看看人家的过错，可以引发仁的修养。

【本经】

　　子曰："朝闻道，夕死可矣！"

【译文】

　　孔子说："一个人如果真正得了道，纵然早晨得了道，晚上死去也是值得的，也算是不枉活了。"

【别裁大义】

了知生死不相关

这个"道"就有两个研究了。前面曾提到过，在《述而》里头，孔子真正的学问精神是讲"仁"，他的根基则在于"道"。所谓："志于道，据于德，依于仁，游于艺。"这是孔门学问的四大原则。那么这个"道"是什么道？这是很难讲得清楚的问题。现在这个问题来了，我们前面稍微提过，研究上古时代的"道"字与"天"字，都有几个意思。同样是个道字，用处不同，有时"道"是代表形而上的所谓本体，就是先有鸡、先有蛋的问题；也是指人生宇宙万有最初的那个本体。老子说："道可道，非常道。"第一个道是指那个本体。"可道"说可以用一个方法，一个原则把它假设说明。"非常道"，但毕竟不是平常的假设可以表达得出。就在这两句话中，三个同样的道字，意义都不同。中国文字有假借用的。碰到这些问题就很讨厌。例如"道"有时表示形而上的本体，有时候表示形而下的法则、原则、守则。如治道，又如《孙子兵法》说："兵者，诡道也。"因为军事思想是活动的，用兵是不厌其诈的，一切为了打胜仗，这个"道"与老子的"道可道，非常道"，又完全是两回事。还有时候是道路的道，一条路叫作道。有时候又是指心性而言，是心性的本体，也就是理性、理念的最高境界叫作道。

那么孔子在这里讲的"朝闻道，夕死可矣"的道，究竟是形而上的那个道，还是形而下的那个心性的法则呢？无法定论，这个问题很大。在本篇里，后面有孔子对曾子传道的话，到那时再来研究，可以连贯起来解释的。如果在本篇来讲：道是仁之体，仁是道之用。所以他说，一个人如果真正得了道，早晨得了道，晚上死了都合算，人生就是怕不闻道。

【本经】

　　子曰："士志于道，而耻恶衣恶食者，未足与议也！"

【注释】

　　耻：以……为耻辱，作动词。

　　恶衣恶食：粗略的衣食。形容生活俭朴或清贫。

【译文】

　　孔子说："一个读书人，如果想立志于修道济世，但是又以吃得不好、穿得不好为羞耻，那就没什么可谈的了！"

【别裁大义】

富贵不淫贫贱乐

　　一个人如果真正立志于修道，这个"道"不是出家当和尚、当神仙的道，而是儒家那个"道"，也就是说以出世离尘的精神做入世救人的事业。一个人如果志于这个道，而讨厌物质环境艰苦的话，怕自己穿坏衣服，怕自己没有好的吃，换句话说，立志于修道的人而贪图享受，就没有什么可谈的了！因为他的心志已经被物质的欲望分占了。孔子这句话是说，一个人的意志，会被物质环境引诱、转移的话，无法和他谈学问、谈道。

【本经】

子曰："君子之于天下也，无适也，无莫也，义之与比。"

【译文】

孔子说："一个君子对于天下的人和事，没有自己固执的成见，不是说非要赞成什么，也不是非要反对什么。一切事情只问应不应该做，为道义应该做的就做了，不应该做的就不做。"

【别裁大义】

讲到仁的用世，一个大政治家处理国家的事情，没有自己固执的成见。"无适也"是说并不希望自己一定要发多大的财，做多大的官。虽然这样没有成见，也不是样样都可以。"无莫也"就是有所为，有所不为。那么应该走哪一条路呢？"义之与比"，义就是仁的用，只问应不应该做，为道德应该做的就做了，不应该做就不做，以义作比对。推之个人的立身处世，也是一样的道理，这是讲仁的修养条件。

【本经】

子曰："君子怀德，小人怀土。君子怀刑，小人怀惠。"

【译文】

孔子说："君子心存道德，小人心存物质享受。君子做事，心里总想着这件事是否合乎礼法，小人做事，心里只想着这件事对自身是否有实惠。"

【别裁大义】

　　孔子在这里讲君子与小人在仁上的分野。他说君子的思想中心在道德，违反道德的事不干，小人则不管道德不道德，只要有土地就干了。古时的土地，相当于现代的财富。有钱就是好的，小人想念的都是财富、利益。"君子怀刑"，君子最怕的事，首先是自己违反德性，其次怕做犯法的事情。法律和门锁一样，防君子不防小人，小偷真正要偷，锁是没有办法的。法律也是一样，真要犯法的人，很多是精通法律的，不精通法律的不敢犯法。所以要有道德作基础，才能补救法律之不足，因此君子是怀畏刑法，小人只是怀思福惠——处处讲利害，只要有好处就干了。中国过去商场上有句话"杀头的生意有人做，蚀本的生意没有人做"就是这个道理。这里孔子是说明仁义之道。但说起来很容易，真正的修养却很难做到，因此下面补充一句。

【本经】

　　子曰："放于利而行，多怨。"

【译文】

　　孔子说："基于个人利益行事，最终会招致很多的怨恨。"

【别裁大义】

　　这个放，就是开展、放任。一个人基于利害而做人做事，最后招来的是怨怼；对于朋友，若是以利害相交，要当心，这种利害的结合，不会有好结果，最后还是怨恨以终。

【本经】

子曰:"能以礼让为国乎,何有? 不能以礼让为国,如礼何? "

【译文】

孔子说:"如果能发扬礼让的精神治理国家,那还有什么困难呢? 如果不能发扬礼让的精神治理国家,那礼制还会起什么作用呢? "

【别裁大义】

敝屣功名遵道义

这里讲到仁人对社会做大事业的原则。

古代的诸侯立国的大原则,是要谦让就位,最后又功成不居,所以老子就说:"功成,名遂,身退,天之道也。"这是上古文化的传统思想,后来儒道两家都奉为圭臬。而中国几千年来历史的事实,每当拨乱反正的时候,都是道家的人物,用道家的思想来完成大业的。等到天下太平了,才由儒家的人物出来大讲治平之道。道家的功成身退,而又退得不大好的有俩人,一个张良,一个诸葛亮。好退得比较可以打八十分的是姜太公,诸葛亮大概可以打六十五分到七十分,因为欲罢不能,只好鞠躬尽瘁了。

道家的人不求名不求利,隐显无常,所以更觉亲切可爱。这与西方文化的观念大相异趣。我们看历史上道家的人物,要去考证他们可真要命,他们学问再高、功劳再大,最后还是隐掉了,修道去了。修道以后连自己的名字都不要了,最多报个代号叫什么子、什么老的就算了,有时还装疯装癫,如神龙见首不见尾。近世的西方文化可不然,一个人如果成功了,就要拿什么什么奖金，名要大、利要多，越大越多越好。由此看来，中西文化的确在基本上有所不同。中国文化真诚谦虚的精神，是孔子非常赞成的事，他大加赞扬身退之道。尤其他对吴泰伯、伯夷、叔齐等不肯当帝王，最后逃走了的这些人，赞扬得不得了。这并不是他鼓励人不要当皇帝，不要搞政治，而是说你有才干的话，就好好干一番，成功了就退隐而不居功。所以孔子在这里感叹，能以礼让为国的人哪里有呢？不以礼让为国，用争夺来的，或用手段骗来的，那么文化的精神就不要谈了。司马迁就根据这个道理，写了一部《史记》，大谈其历史哲学的观点。

《伯夷叔齐列传》真难懂，司马迁的全部思想的纲要都摆进去了。在《史记》中，帝王的传记叫"本纪"；诸侯、宰相等，有功业成就的人的传记叫"世家"；再其次为"列传"，为某人的传记。讲列传，大体上应该和我们现代的传记一样，某人，某地人，家世如何，出身什么等。可是《伯夷叔齐列传》中，叙述伯夷、叔齐的话没有几句，初看起来，还真似"两个黄鹂鸣翠柳，一行白鹭上青天"，不知他说些什么，越说越远。文章一开头是："夫学者载籍极博，尤考信于六艺……"一路下来，乱七八糟，东一句，西一句，伯夷、叔齐的事情，倒是没说几句。可是他把历史哲学全部的观点，都放在这一篇里。他同时讲到，上古中国文化，以礼让为国，但告诉我们，尧让位于舜，舜让位于禹，都不是那么简单的。并不是说句"你还不错，由你来做"这样简单，尧让位给舜，舜让位给禹，都经过"典职数十年"，叫他跟着做事做了几十年，做部长，又做行政院长，都做了。考察他，认为他实在行了，然后才让位给他。"传天下若斯之难也"，中国文化公天下个个让位的过程，是这样不容易——德业的建立，需要经过这样长久的考察。他说从此以后没有了，不是你拉过来，就是他抢过去。他说得很明白，因此他说从此以后就有问题了。武王统一天下，"伯夷、叔齐叩马而谏"，把武王的马拉住，告诉武王："你不能这样做。"原因如何如何。武王以后，礼让为国的精神就更没有了。不过说得没有这么明显而已，必须你自己去体会。所以有人说《史记》是汉代的谤书。实际不止是汉代的谤书，是对中国历史严厉批评的一部谤书。但是司马迁有一个把握，他说要把这部书"藏之名山，传之其人"。这个牛可吹大了，换句话说，他把当时的学者骂尽了。他等于说："你们还能看懂我的书吗？只有把它藏起来，将来会有人看得懂我的书。"

由此再回转去看孔子所说的"礼让为国"的精神，在春秋之世已经没有了，于是接着说下去为什么要礼让为国的政治哲学。

【本经】

子曰："不患无位，患所以立。不患莫己知，求为可知也。"

【译文】

孔子说："一个人不要怕自己没有地位，最怕自己没有什么东西站得起来。不要怕没有人了解自己，只要能够充实自己，有所作为，别人自然就能了解你了。"

【别裁大义】

一个人不怕没有地位，最怕自己没有什么东西站得起来。根本要建立。如何建立？拿道家的话来说：立德、立功、立言——古人认为三不朽的事业，这是很难的成就。上古之人首在立德，后世则重在立功——到周秦以下，就只讲功业了。再其次就重立言，如退隐的老子，后世儒家尊奉为"素王"的孔子。这个"立"，是自己真实的本领，自己站得起来的立。不怕没有禄位，也可以说是不求人爵的位子，只管天爵的修养。同时也不要怕没有知己，不要怕没有人了解，只要能够充实自己，别人自然能知道你。同《学而》篇最后的结论是一样的道理。

【本经】

　　子曰："参乎！吾道一以贯之。"曾子曰："唯。"子出，门人问曰："何谓也？"曾子曰："夫子之道，忠恕而已矣！"

【译文】

　　孔子说："曾参啊！我所传的道'一以贯之'。"曾子说："是，我知道了。"孔子出去之后，别的学生过来问曾子说："老师说的是什么呢？"曾子说："老师所传的道，就是做人做事忠恕罢了。"

【别裁大义】

孔子四字禅

　　讲到这里，刚才提到过的一个问题又来了，上文孔子曾说："朝闻道，夕死可矣。"这是个大问题。现在呢？

　　曾是曾参。孔子对曾参说，为什么不对别人说？这就是人的问题了，怎么是人的问题？这个问题解释起来很讨厌。我们现在姑且把它剧本化来说。有一天孔子坐在教室里，曾参经过他的前面，于是孔子便叫住他："参！"曾参听到老师叫，回过头来，于是孔子便告诉他说："吾道一以贯之。"就是说，我传给你一个东西，一以贯之。这一以贯之的是什么呢？如果说是钱，把它贯串起来还可以，这"道"又不是钱，怎么一以贯之呢？但曾子听了这句话以后，打了个拱说："是，我知道了。"孔子讲了这句话，自己又默然不语了。同学们奇怪了，等孔子一离开，就围着曾参，问他跟老师打什么哑谜呢？夫子又传了些什么道给曾参呢？曾子没有办法告诉这些程度不够的同学，只有对他们说，老师的道，只有忠恕而已矣。做人做事，尽心尽力，对人尽量宽恕、包容，就此便可以入道了。曾参讲的对不对呢？有问题！那不叫 "一以贯之"，该 "二" 以贯之了，因为一个忠，一个恕，岂不是二贯？明明孔子告诉他 "一以贯之"，为什么他变出两个——忠恕来？这是一个大问题。所以说我们研究孔子的心法，这是一个讨厌的问题，因此只有借用别家的东西，讲几个故事给大家听，作为本题的参考。

禅宗有一个故事，在文学上也很有名的，就是 "拈花微笑" 的故事，是说佛教的教主释迦牟尼（释迦牟尼是梵文的译音，释迦是姓，中文的意思是 "能仁"，牟尼译成中文是 "寂默"。晚年住在灵山——也叫灵鹫山。释迦是二十九岁丢开了王位出家，三十五岁成道弘法，一直到八十岁才过世，有四十五年从事于教育）有一天上课，在禅学里叫 "上堂"。下面有很多学生等他，都不知道他这天要讲什么，结果他上去，半天没有说话，他在面前的花盆中，拿了一朵花，对着大家转一圈，好像暗示大家看一看这朵花的样子，一句话也没有讲，下面的学生，谁也不懂老师这一个动作是什么意思。所以这叫作 "拈花"，就是释迦拈花。释迦拈花后，他有一个大弟子迦叶尊者（叶，根据旧的梵文译音，音协。尊者，就是年高德劭的意思），释迦牟尼的弟子，大部分与孔子的相反，孔子所教的都是年轻一辈，释迦牟尼所教的弟子，大部分比他年纪大。佛经上记载，迦叶尊者在释迦拈花后 "破颜微笑"。什么叫作破颜呢？因为宗教的教育，上来都规规矩矩、鸦雀无声，大家神态都很严肃。可是在这严肃的气氛中，迦叶尊者忍不住了，于是 "扑哧" 一笑，这就叫作破颜，打破了那个严肃的容颜，但是不敢大笑，因为宗教性团体的戒律，等于说管理制度，非常严肃。他破颜以后，没有大笑，只是微笑。那么两人的动作联合起来，就叫作 "拈花微笑"。此时释迦牟尼讲话了，这几句话是禅学的专门用语，等于孔子对曾参讲的 "一以贯之" 是一个道理。解释起来是很麻烦的事情，这几句话译成中文是："吾有正法眼藏，涅盘妙心，实相无相，微妙法门，不立文字，教外别传，付嘱摩诃（音玛哈，意为大，大成的意思）迦叶。" 就是说我有很好的方法，直接可以悟道的，现在已交给了这位大弟子迦叶。这就是禅宗的开始。所以又称禅宗为 "教外别传，不立文字" 的法门。说它不须要透过文字言语，而能传达这个道的意思。现在我们不是讲禅学，暂时不要去研究它。只是引证这样一件事，比拟于"子曰：参乎！吾道一以贯之。"类似相同。孔子讲的一贯是什么？而佛家又为什么一个拈花，一个微笑？等于我们有两个人，一个举起一支粉笔，另一个说："懂了！"除非这两个人有"黑道"术语、暗号，才知道彼此讲的是什么。对吗？

现在我们再引第二个故事加以说明。达摩祖师是在隋唐以前，梁武帝这个阶段，从印度把禅宗带到了中国。后来流传下来，到唐代传至禅宗的六祖——广东的惠能，就是中国的第六代禅宗祖师，他没读过书，却成为了不起的人物。在中国文化史里，这一段相当于是佛教的革命，推翻了依文解义的经典研究，产生了中国文化中一股佛教的新精神。六祖下来，后来有一个和尚"俱胝禅师"，我国禅宗"一指禅"故事就是由他而来。怎么叫"一指禅"？禅宗是不限于借用言语文字传道的。六祖以后的这位大禅师，有人问他什么是"道"？他回答得很简单，每次都是举起一根食指示人，说道，"就是这个！"这个是什么？谁也不知道，可是问他的人却懂了，悟了道。

有一天老和尚出门了，不在家，一个跟了他很多年的小沙弥在守庙。这天有个人来找老和尚问道，小沙弥说师父不在，你要问道问我好了。问道的人便请小沙弥告诉他什么是道，小沙弥学师父的模样，举起一根食指向那问道的人说："这个！"那个问道的人很高兴，跪下来了，因为问道的人真懂了，悟了道。这个小沙弥可真不懂。等师父回来了，小沙弥把这件事，原原本本告诉了师父。师父听了报告进去了，一会儿背着手出来，要小沙弥再说他怎样向人传道，小沙弥再比画着伸出一根食指说，"这个！"师父放在背后的手一挥，手上拿了一把利刀，把小沙弥的那根食指砍断了。小沙弥手指被砍，大叫一声："唉哟！"小沙弥也因此悟了道。

禅宗像这类的故事很多，我们不管禅宗的道。这里所提到的几个故事，跟孔子说的"参乎！吾道一以贯之。"不是一样吗？这是由禅学回头来看《论语》，发现孔子也和一指禅一样，他说的"一以贯之"这个"一"字是什么东西？曾子听了，也等于迦叶的微笑一样，说："是！我懂了。"曾参懂了以后，孔子出去，门人们围着曾子，问老师说了什么？可见孔子对曾参说这段话蛮不简单的，所以同学们才问他到底什么意思，曾子于是回说："夫子之道，忠恕而已矣！"实际上，意思是说，你们不要问，你们的程度还没有到哩！

前面说过曾子的"吾日三省吾身"，这个人用功，很注重培养自己内心的宁静，德行的修养到了相当的程度，孔子看到他进来——一个人道德素养到了宁静安详的境界，走路的神态和平常不同；忧郁时，走路的态度又变得与高兴时不同。他的学问、道德修养到了这个境界，在孔子面前一走过来，这位至圣先师就看出了火候。所以孔子把他叫过来："参乎！吾道一以贯之。"——其他学问讲了半天，都是空的。等于释迦牟尼说的不立文字，真理就在你自己内心里，内心随时随地都能宁静、安详、平淡，这个境界就差不多了。你永远保持修养上的这个境界，久而久之即可随心所欲而不逾矩了。但是一般同学们没有修养到这个程度，此中道理，并不是即讲即知，必须要有内涵的真正修养。曾子也知道一般同学没有到达这个程度，因此就轻轻一推，推到行为上去，告诫他们先要留心做人做事的忠恕之道。

孔子的学问，的确有一段内在修养、真实功夫，并不是完全谈空洞的理论而已。这一段我们暂时讲到这里为止，言难尽意。

【本经】

子曰："君子喻于义，小人喻于利。"

【注释】

喻：知晓。

【译文】

孔子说："与君子谈事情，他们只问道义上该不该做；跟小人谈事情，他只是想着是否有利可图。"

【别裁大义】

仁义值千金

这一段记载，涉及孔门的仁学，也就是心学。这个"心"包括了现在所谓的思想等的心理之学，但却不限于目前心理学的心，而是指"吾道一以贯之"的心性之心。

什么叫"喻"？这个字要注意。现代人喜欢讲逻辑，逻辑是西方文化，十六世纪以后逻辑之道大行，它是根据希腊的原始逻辑发展而来的。逻辑是一种思考的方法。我们曾经介绍哲学，哲学要问宇宙是怎样开始的？先有鸡还是先有蛋？先有男或者先有女？对此哲学家有两派见解：一种是唯物思想，他说宇宙开始先有水，由水变成火，而后冷却逐渐形成现在的大千世界。印度也有一派讲地、水、火、风的四大是天地开始的根源，相当于中国金、木、水、火、土的五行道理。这些理论慢慢演变成后世的唯物思想。另一派是讲唯心的，认为宇宙有一个超越物质的精神主宰，物质是由他所创造产生的。这牵涉到哲学问题，解说很多。到了后世，提出了问题，问及哲学家怎么知道宇宙从何而来的？哲学家说是靠学问思想来的，那么先行研究你哲学家那个思想（工具）的判断准确不准确。因此产生了逻辑学——对思路法则的研究。这种思路的法则学，在印度的佛学中，早在希腊之先就有了。

对于这问题，世界学者也有两派说法：一派是西方人的立场，认为印度的思考方法是从希腊来的；一派是东方人——包括了我们中国传统文化的说法，认为希腊的逻辑，是从印度方法来的。印度这套方法，我们翻译过来叫"因明学"，比西方的逻辑还要完备、还要严密。西方文化中妇孺皆知的黑格尔辩证法——"正、反、合"是举世闻名的。所以有许多人谈到《易经》时，说我们的《易经》真了不起，和黑格尔的辩证法"正、反、合"完全一样。这是中国人的悲哀！我们《易经》是五千年以前的产物，黑格尔几时才发明辩证法？为什么把我们老祖宗的东西，拿来与西洋人比，还说同他一样？这等于在街上看到祖父拉着孙子走，说祖父长得像孙子，而不说孙子长得像祖父。

怎么说因明的方法比逻辑高明？因明有几个步骤，简单地讲："宗、因、喻、合。""宗"就是前提，说话必有宗，引申"宗"的理由为"因"。有时候有宗有因还讲不清楚的事情，只有用比喻来说明，这就是"喻"，在《庄子》中叫作"寓言"。每个宗教里的寓言都很多，像西方文化中基督教的《圣经》，就有很多寓言，每个大教主都很会讲譬喻，其中还包括了隐语和幽默话。宗、因都讲通了，那么就是结论的"合"了。因为讲到《论语》中的喻，所以引出这些闲话来。

"君子喻于义，小人喻于利"的意思是：与君子谈事情，他们只问道德上该不该做；跟小人谈事情，他只是想到有没有利可图。如果拿孔子这个观点来看今天的世界就惨了，今天世界的一切都是喻于利，处处要把利欲摆在前面才行得通。不过，满天下都是小人，也就单纯了，麻烦的是，始终还有小人与君子的分野存在，这就很难办了。

那么，要如何才能做到仁呢？

【本经】

　子曰："见贤思齐焉，见不贤而内自省也。"

【译文】

孔子说："看见有道德、学问的贤者，就想向他看齐，用心学他；如果看到不贤的人、坏的人，就当作自己的借鉴，借此自我反省。"

【别裁大义】

上面曾经讲到过，真正"仁"道的人，一定能爱人，不会讨厌人。即使讨厌，也是要把讨厌的人改变过来，使他同样地能达到"仁"的境界。在这里又补充这个道理说，我们看见一个道德、学问有修养的贤者，就想达到他那个境界，跟他在造诣上有同等的成就；如果看到不贤的人、坏的人，最好当作自己的借镜，借以自我反省。上面一句话就是说明上文"仁者爱人，不能恶人"的道理；下面一句话，就是解释上文"人之过也，各于其党"的道理。

【本经】

　　子曰："事父母几谏，见志不从，又敬不违，劳而不怨。"

【注释】

　　几：轻微、婉转。
　　劳：忧愁、忧劳。

【译文】

　　孔子说："父母做的事也不一定都对，作为一个孝子，孝敬父母的道理是，如果父母确实有做得不对的地方，我们就要适时温和婉约地劝谏。如果父母不听，态度上还是要不失恭敬之心，但不放弃劝谏的意愿；虽然内心会感到忧劳，但是对父母却不要怨恨。"

【别裁大义】

孝子仁人不二门

　　现在又讲到孝道中仁的范围，他说对于父母的过错必须"几谏"。什么叫"几谏"呢？我们好几次提到孔家店被打倒，都是由孔家店的店员搞错了观念而出的毛病。宋儒以后论道学，便有"天下无不是之父母"的名训出现。因此"五四运动"要打倒孔家店时，这些也成为罪状的重点。

其实孔子思想并不是这样的，天下也有不是的父母，父母不一定完全对。作为一个孝子，对于父母不对的地方，就要尽力地劝阻。"见志不从"就是说父母不听劝导的话，那么就"又敬不违，劳而不怨"，只好跟在后面大叫、大哭、大闹，因为你是我父母，你要犯法，我也没有办法，但是我要告诉你，这是不对的。你是我的父母，我明知道跟去了这条命可能送掉，因为我是你的儿子，只好为你送命，不过我还是要告诉你，这样是不对的。这种孝道的精神，也并不是说父母一定会不对，只是说如有不对的地方，要温和地劝导，即使反抗也要有个限度。总之，父母有不对的地方，应该把道理明白地告诉他，可是自己是父母所生的、所养育的，必要时只好为父母牺牲，就是这个原则。

【本经】

子曰："父母在，不远游，游必有方。"

【译文】

孔子说："父母还健在时，做儿女的不要长时间在外远游。如果因为做事或学习等原因不得已要远游，也应该想办法先把父母安顿好。"

【别裁大义】

古人讲父母老了，怕没人照应，而不远游，即使要远游，也一定要有个方向。有哪一个人出门会没有一定方向乱走的呢？"游必有方"的方是指方法的方，父母老了没人照应，子女远游时必须有个安顿的方法，这是孝子之道。"方"者应是方法，不是方向。

【本经】

子曰："三年无改于父之道，可谓孝矣。"

【译文】

孔子说："（当父母在面前的时候，要言行一致。就是父母不在面前，背着父母的时候，乃至于父母去世了，都要言行一致，诚恳踏实，表里如一。）如果父母去世了，不管过多久，对父母的感情不淡薄，做人的标准言行一致，这就是孝子。"

【别裁大义】

略，详见"学而第一"第十一章。

这个问题已经讨论过，但本篇到这里，为什么又单独地提出来呢？这是接到上面一句"游必有方"所引起。

【本经】

子曰："父母之年，不可不知也。一则以喜，一则以惧。"

【译文】

孔子说："父母的年岁，不能不记在心上，一方面为他们健康长寿而高兴，另一方面又要为他们的身心日益衰老而忧惧。"

【别裁大义】

孔子说，我们做子女的人，对父母的年龄不能不知道。为什么呢？两种心理，一种因为知道父母的年龄多了一岁，寿又添了一岁而高兴；但同时又害怕，因为父母年岁越高，距离人生的终站越近，为儿女与父母相处行孝的时间也越短，所以就有这两种矛盾的心理了。

以上是由仁讲到孝，现在要由孝重返于仁的道理。

【本经】

子曰："古者言之不出，耻躬之不逮也。"

【译文】

孔子说："古代的人不轻易乱讲话，怕自己说了却无法做到而感觉羞耻。"

【别裁大义】

仁者之言

这是讲到用仁之重要。孔子说古代的人不肯乱讲话，更不说空话，为什么不随便说话呢？因为怕自己的行为做不到。所以行仁的人，有信义的人，往往不轻易答应，不轻易发言。我们历史上有句话——"重然诺"，这就是说不肯轻易地答应一句话，答应了一定要做得到。我们又在历史上看到"轻诺则寡信"的相反词，这是说随便答应一件事的人，往往不能兑现守信，所以孔子指出了这个道理。

【本经】

　　子曰:"以约失之者，鲜矣。"

【注释】

　　以:做到，凭。
　　约:约束、俭约、谨慎、节制、不放纵。
　　鲜:少也。

【译文】

　　孔子说:"能够真正做到节制和约束自己而失误的人，是少有的。"

【别裁大义】

　　因此个人的修养也好，处理大事也好，小事也好，最好注意"以约失之者，鲜矣"。
　　约就是约束、检束、小心、谨慎，意思是要常常约束自己。谨慎的人，过失比较少;放荡的人，容易犯错;讲话随便的人就容易失信。所以个人行为道德能自我约束、自我管理，失败的事情就少了。

【本经】

子曰:"君子欲讷于言,而敏于行。"

【译文】

孔子说:"君子不愿多说空话,而是多做实事,敏于践行。"

【别裁大义】

最后又讲到仁的言行之重要。"讷",是嘴巴好像笨笨的;利嘴除了教书、吹牛、唱歌以外,没什么用。真正的仁者,不大会说空话,做起事情,行为上却很敏捷。换句话说,先做后说,不要光吹而不做。

【本经】

子曰:"德不孤,必有邻。"

【译文】

孔子说:"一个真有道德涵养的人,绝不会孤独寂寞。有了道德涵养,自然就会影响身边的人,也一定会有志同道合的伙伴。"

【别裁大义】

《论语》中每篇里面的章句是连贯而不能拆开的,二十篇前后次序也是连贯不能拆开的。这篇《里仁》,并不是教你去找一个仁爱路去住。古人的解释,即是选一个住处要找一个仁里，世界上哪来这许多仁里？到哪里去找？孔子自己的家乡，当年也不一定是仁里。哪里是仁里？假如我们的故乡是不仁统治的世界，我们就不管它了吗？我们正要把它恢复回来，把罪恶打垮。这才是人性的仁道呀！其实那个"里"字，就是"自处其中"的意思，脚跟站得稳的地方就叫"里"。"里仁"，是我们做人的立足点处于仁道。所以"德不孤，必有邻"是说自己有道德的涵养，能体用兼备，自然会影响近身的人。《大学》里的修、齐、治、平也是这个道理。一般人往往以现前利益的眼光，批判道德为无用之修养。为道德而活着，有时候你会感到寂寞、冷清。所以我认为如果寂寞能当成一种享受，那就可以讲道德了。如果你视寂寞为痛苦而不是享受，就难讲真学问真道德了。但是在此，孔子告诉我们，如果真为道德而活，绝对不会孤苦伶仃，一定有与你同行的人，有你的朋友。

　　讲到这里是一个结论了，上面全篇几乎都是孔子的话，最后这两句则用子游的话。

【本经】

　　子游曰："事君数，斯辱矣。朋友数，斯疏矣。"

【译文】

　　子游说："侍奉君主，如果进谏得太频繁急切，反而会招来羞辱；与朋友相交，如果劝谏得太频繁急切，反而情谊会疏远。（凡事，还需要了解人性，讲求方法和艺术，这也是行仁道啊！）"

【别裁大义】

　　我们看《论语》，好像《庄子》一样，最后往往吊两句好像毫不相干的话。这里最妙的不用孔子的，而用他学生子游的话。子游这话的意思是说，要讲仁爱之"行",也要懂得方法,不能乱干。对君王尽忠,也不容易。君王有了不对,每次见了劝他,次数多了,硬要做忠臣,就自己跟自己过不去,有时命都丢了。对朋友也是一样,朋友不对,你劝他劝多了以后,他不听你的,就会变成冤家了。

子游的话为什么放在这里?这是人性的另一面。虽然行仁之道,义所当然,但是要讲究方法。譬如大家喜欢看《贞观政要》这本书。魏征的忠贞和他的道德学问,使唐太宗很敬畏,而且信任他。唐太宗喜欢一只小鹞子,一天正在玩鸟,魏征来了,唐太宗怕他讲话,赶快把小鸟藏到怀里,魏征假装没看到,故意留下来和他谈国家大事,唐太宗心里虽为鸟着急,也拿他没办法。等魏征走了,唐太宗拿出怀里心爱的小鸟一看,早已魂归奈何天了。于是伤心地回到后宫,大发雷霆说:"我非杀掉这个田舍翁(乡巴佬,指魏征)不可!"长孙皇后问明了原委,立刻穿了大礼服向唐太宗行礼道贺,唐太宗说有什么可贺的?皇后说,唐朝有魏征这样的好臣子,又有你这样的好皇帝,这是有史以来没有过的好现象,国家的兴盛是可期的,这还不可贺吗?于是唐太宗息怒不谈了。以唐太宗这样气量宽宏的人,对魏征的意见,样样接受,到最后唐太宗还气得要杀他,若不是唐太宗的皇后暗中救魏征一把,这个老头儿的头也是要保不住的啊!后来魏征死了,唐太宗终于信了谗言,还是把他的墓碑给推倒了。一直到唐太宗征高丽失败后,才又想起魏征若在,必不会有此失,因此又竖立起他的墓碑。

这里把子游这几句话,放在讲仁道这一篇的最后,是含有深意的感慨。但是如果随时随地把这两句话记牢,做人家的部下也好、朋友也好,就变成滑头,不负责任了,那又不是仁道。所以我们研究了孔孟学说,懂得了人性,才知道做人真不容易,的确需要多体会历史、多体会人性。然后才能做到"造次必于是,颠沛必于是",随时随地里居于仁道之境了。

公冶长第五

　　子谓公冶长："可妻也，虽在缧绁之中，非其罪也。"以其子妻之。

【注释】

　　公冶长：姓公冶 名长，齐国人，孔子的学生。

　　妻（qì）：把女子嫁给某人，这里当动词用。

　　缧绁："缧（léi）"，黑色大索。"绁（xiè）"，牵系义。古狱中捆绑犯人用的绳索，这里借指牢狱。

　　子：古时儿子、女儿均称子，这里指孔子的女儿。

【译文】

　　孔子谈到公冶长："这个人是值得人家把女儿嫁给他的。他虽然被关在牢狱里，但这并不是他的罪过呀。"孔子把自己的女儿嫁给了他。

【别裁大义】

孔子选女婿

　　这一篇以公冶长为篇名，他是孔子的学生，在《史记》孔门弟子传，乃至《孔子家语》中，对公冶长的资料都有限。不过散见其他杂学中的记载，公冶长是懂鸟语的。几十年前听到这种事还会哈哈大笑，现在并不稀奇了。因为现代研究生物科学的人，对于动物的语言和动作所表达的意思都懂了。所以科学发达以后，对古代人懂鸟语这种知识，反而并不觉得是笑话。所以我们的俗话有："近水知鱼性，在山识鸟音。"这是很普通的事，也可以说是生活习惯上体验得来的。在现代来讲，因为古人不大有研究科学的精神，所以对于公冶长识鸟语，简直不相信。过去的儒家因此也就不敢说这个话，认为这是个笑话。但到现在由我们研究起来，它不会是笑话。

"以其子妻之"的"子"就是女儿。古时候"子"字是男女通用的，所谓女子、男子，都用"子"。因此古代中国文化对自己女儿可以称子；而兄弟姊妹之间，妹妹可以称女弟；到后世反不大习惯用，也可说在另一方面看，中国过去是男女平等的。现在就孔子所讲公冶长的资料，只知道他坐过牢，为什么坐牢不知道，在历史上查不出来。在另外的杂书上，有一则关于他的故事说，公冶长因为懂鸟说话，有一次对鸟失了信用，鸟就害他，所以他坐了牢。为什么呢？传说的故事是这样的：有一次鸟对他说："公冶长！公冶长！南山有头羊，你吃肉，我吃肠。"结果公冶长忘记了，把整只羊连肚里东西都吃掉了，鸟没东西可吃，就想害他。后来又对公冶长说南山有只羊，公冶长跑去，羊没看到，而看到一个被害死的人，有口难辩，结果坐了牢。当然这仅是传说而已。究竟公冶长为什么被关在牢里，就不知道了。但是孔子认为公冶长坐牢，不是罪有应得，因此孔子把自己的女儿嫁给他。

由这件事看来，我们可以知道孔子的为人，绝对不是要选一个有财、有势或有学位的人，才把女儿嫁给他。而且最妙的是，他把女儿嫁给坐过牢的公冶长，又把侄女儿嫁给南容——南宫适。为什么呢？我们看下面的理由。

【本经】

　　子谓南容："邦有道，不废；邦无道，免于刑戮。"以其兄之子妻之。

【译文】

　　孔子说南容，"国家如果上了正轨，政治清明，他不会被埋没，一定会出头；国家如果到了混乱的时代，政治黑暗，他会谨言慎行，可以免于刑戮之灾。"孔子把他哥哥的女儿嫁给了南容。

【别裁大义】

　　我们先要了解一个要点，孔子的出身很苦，他的生母是继室，孔子的前娘留下来一个残废的哥哥，家里很贫穷。孔子十一二岁间，就负担起了家庭生活，一切艰难困苦他都尝过，他是从艰苦中站起来的一个人。他以道德、学问、文章被后世尊称为圣人，这圣者不是偶然的。他对哥哥留下来的这个女儿，也是尽心地照应，最后将这个侄女嫁给南容。

　　《论语》中好几处提到过南容，下面还说到南容"三复白圭"，孔子才把侄女嫁给他。白圭是什么东西呢？是白玉，"圭"就是做官的人上朝时手上拿的手板，秦汉以后又经改变形式为"竹简"；所谓"朝笏（hù）"便是它。这是干什么用的呢？第一是礼仪的规定，第二作为大事的记载。现在可以用日记本抄一下，古代没有日记本，遇到朝政大事，像对皇帝报告，如果忘记了怎么办？就把重要事写在朝笏上，这是它的第二个用处。所以我们看上古图画中的帝王，手里也都拿一块长形的手板。

　　古人之所以重玉，是有其意义的，并不像现代人爱好宝石的心理，说它是稀世奇珍。古人重玉，是因为"玉洁冰清"，人品要做到像玉一样洁白，拿玉来比自己人格学问的修养，所以重玉。后世相传，才戴玉的戒指、手镯。至于腰带挂玉佩，这又是什么意思呢？据说人跌倒了如会受伤，则所佩的玉会先代人受伤。玉碎了，人就可以免于损伤。这种迷信的传说，是否真有其事？在力学上可能有这样一个作用，并不是玉有什么神灵。

我们知道，白圭就是一块玉。上古有篇《白圭》，是专门赞叹玉的诗。赞叹玉，并不是因为它价值高，可值多少美金，而是赞叹它的"玉洁冰清"。玉的洁白，不能够有一点瑕疵、污点。南容读到这篇诗的时候，非常欣赏，再三地朗诵。孔子听到他再三朗诵这首诗，就把侄女嫁给他。如果说这里记载的内容就只这样简单，那么我们年轻人看到哪家小姐漂亮，去她家门口唱几支歌试试看，不把你赶出去才怪呢？孔子就那么爱听歌吗？那为什么孔子听南容吟了三次诗就把侄女嫁给他呢？是因为孔子平日考察，南容非常注重品德的修养，因此他读到这篇诗的时候，有特别的感慨，被孔子听见，这时就决定了把侄女嫁给他。到底孔子对南容学问、人品等修养的考察有何观感？一个时代——社会上了轨道的太平时代——就需要像南容这样的人才。他不会被埋没，一定会出头。南容的才具由此可见。但是，凡有才具的人，多半锋芒凌厉，到不得势的时候，一定受不了，满腹牢骚，好像当今天下，舍我其谁？如果我出来，起码可比诸葛亮。有才具的人，往往会有这个毛病，非常严重！南容的智慧、才具是不会被遗弃的，太平治世自然少不了他；一旦到了混乱的时代，才能越高的人，艰难险阻也越多，甚至生命也越危险。但南容不会，因为当社会乱的时候，也有善于自处、清以自守之道，他绝不会遭遇杀身之祸，可以免于刑戮。换句话说，他擅于用世。不但有用世的才具，也擅于自处之道。因此孔子把自己的亲侄女嫁给他。

我们把这两节合起来研究，就可见孔子处事有一定的原则。南容虽然善于自处，但公冶长在学问修养上，有更深的功夫，所以遭遇困逆还能够不怨不尤，涵养得平平淡淡。事实上比起来，他认为公冶长比南容更了不起。但是假如孔子把侄女嫁给公冶长，很可能遭到社会的批评，说他没存好心，把侄女嫁给坐过牢的公冶长，而把自己女儿嫁给世家公子的南容。可是他的做法，恰恰相反。在这些地方，我们虽有作吹毛求疵研究之嫌，但它是一个事实。重点在于"邦有道不废，邦无道免于刑戮"，这两句话是孔子处世的原则。一个人如何做到治平之世，才具不被埋没；混乱之际，不会遭遇生命危险，实在颇为不易。

【本经】

　　子谓子贱："君子哉若人！鲁无君子者，斯焉取斯？"

【译文】

　　孔子评论子贱，说："子贱这个人就是个君子啊！假使有人认为鲁国没有君子，那么子贱这个人不就是君子嘛！如果说他不是君子，还有什么人可以说是君子呢？"

【别裁大义】

　　第三个评论的学生为子贱。子贱姓宓，名不齐，子贱是他的字。这是一个年轻人，《史记》上记载他比孔子小三十岁，《家语》记载他比孔子小四十多岁，到底小多少岁，在这里不是主题，反正这是孔子晚年所收的学生，以全部精神培植的年轻人之一。

　　孔子大概在这里对学生们有所感叹。他说，子贱真了不起，是一个君子。"鲁无君子者，斯焉取斯？"周公之后封于鲁，鲁国保存的文化风规，是周代文化的代表。从春秋战国直到秦、汉之间，都是如此，也是中国文化中心的所在。但是从这一节上，我们也可以看到，当时的人，对鲁国文化也有感叹，指出文化要没落了，至少一些人物已经没有了。孔子特别提出子贱对同学们说，你们看，不论内在的修养品德，或者发挥于外的才能，宓子贱都可称得上是一个君子；假使现在有人认为鲁国没有一个君子，那么子贱这个人不就是君子吗？如果说这人不是君子，还有什么人可以说是君子呢？在此隐约透露出：第一，文化精神教育的目的，是在于培养承先启后的继起人才。第二，注意奖励后起之秀，导之使他发扬光大。

　　以上是孔子对学生学问、德行的评论。讲过了三个人，下面是文章中的一个插曲，也等于一个转折点。由此更显得《论语》文章的活泼。

【本经】

　　子贡问曰："赐也何如？"子曰："女器也。"曰："何器也？"曰："瑚琏也。"

【译文】

　　子贡问孔子说："老师！您看我怎么样？"孔子说："你好比是一件器物。"子贡说："是什么器物呢？"孔子说："宗庙里盛祭品的瑚琏。"

【别裁大义】

高高山顶立

　　子贡看见老师评论了三个同学，自己忍不住了，突然起来发问，老师！你看我怎么样？孔子对他说，你是个东西。我们曾经提到过，中国人骂人的习惯，往往会说你是什么"东西"？人要构成一个东西，可也真不容易，等于说你有什么名堂。可是在这里孔子等于说子贡，你已经成了一个典型了。子贡又再问，那我到底是个什么东西呢？孔子说，你是个瑚琏。"瑚琏"是古代的玉器，这个玉器，还不是民间普通老百姓可用的。是古代用来供于庙堂之上的，相当于中央政府、皇宫的布置，摆在上面，非常精洁庄严。为什么呢？它是"高"、"贵"、"清"的象征。子贡形成这种精神的典型，未免有点太高、太贵、太清了。古代要在国家有大典的时候，才请出瑚琏来亮一下相。平常的时候，只好锁在柜子里藏起来、保护起来。

　　子贡就是这样一个被存起来、保护起来的人物。历史上，我们可以看到，后来孔子自己的父母之国——鲁国——有难，孔子想要自己出马解决，同学们劝孔子，您老人家不要去，让我们出去替国家办外交。孔子说，自己国家的事，不能不管了，还是要去。后来子贡来了说，老师！我去。孔子立刻答应由子贡去。子贡是政治、经济、外交、工商样样皆通的大通才。国际上走一趟，游说诸侯，就把鲁国稳定下来了。我们知道吴越之战等大战争，最后的决战，是子贡挑起来的。子贡为什么要把战争挑起来？因为齐国要打鲁国，他就吴齐之战开始，一路挑下来，把越、晋也挑动了，这么一来，鲁国就泰然无事。他才具之高，本事之大，于此可见。但是后面还会讲到子贡"赐不受命，而货殖焉，亿则屡中"。后来他官不想当，什么都不想做，专门去做生意，而且做生意总发财，孔子晚年的生活好像都是靠他照应的。子贡这个人就是豪迈慷慨，什么都不能拘束他，但是他绝不骄傲。所以孔子说他形成了高、贵、清的风格。对低下的事情不屑去做，就成了这"瑚琏"的典型了。

【本经】

　　或曰："雍也，仁而不佞。"子曰："焉用佞？御人以口给，屡憎于人。不知其仁，焉用佞？"

【注释】

　　佞（nìng）：能言善辩，有口才。

　　口给：言语便捷，嘴快话多。

【译文】

　　有人说："冉雍这个人虽有仁德，但却没有口才。"孔子说："何必要什么口才呢？靠伶牙利齿和人辩论，常常会招致别人的讨厌。假如一个人没有仁德的修养，光靠口才又有什么用呢？"

【别裁大义】

深深海底行

这里是说一个孔子的学生冉雍，字仲弓，比孔子小二十九岁，是平民出身，但是孔子认为这个学生有帝王之才。颜回固然是道德学问都好，可以传道，但并不一定能成帝王之才，或者做惊人的事业。

或，是不定词。不知道谁看到孔子对冉雍太好，有点不服气，就对孔子说，你经常说冉雍非常好，他人是蛮好，仁慈、爱人、宽宏、厚道，优点不少，就是有一点，说起话来不大动听，态度上也不随和。——"不佞"，这个佞字的意义，以现代话来解释，就是既会吹牛又会拍马。不佞就是口才不好，态度也不很随和的样子。孔子听了这个人的话后，对他说："焉用佞?"——一个人为什么要耍嘴皮子呢? "御人以口给，屡憎于人，不知其仁，焉用佞?"他说耍嘴皮子是最可怕的，会讲话的人，常犯一个毛病，喜欢用嘴巴得罪别人或刻薄别人。说话刻薄别人的人，常常被别人讨厌，有时言语给人的伤害，比杀人一刀还痛苦。所以"御人以口给"，用嘴巴和人家对抗的人，常被人讨厌。于是他进一步说："不知其仁，焉用佞?"假如一个人没有做到仁的修养，光是利嘴有什么用么? 这一节首先讲明人格修养的标准，其次说明了孔子再三强调以冉雍为榜样的道理。

【本经】

　　子使漆雕开仕。对曰："吾斯之未能信。"子说。

【注释】

　　漆雕开：姓漆雕，名开，字子若，孔子的学生。

斯：此。紧承上'仕'字。

说（yuè）：通"悦"，高兴，欣慰。

【译文】

　　孔子叫漆雕开去做官。漆雕开回答说："我的学问不够，还不敢自信出来做官。"孔子听了很欣慰。

【别裁大义】

立己易　立人难

　　漆雕开是孔子学生中专门研究历史的，从《史记》上知道，他曾随孔子学习《尚书》。《尚书》就是现在说的《书经》，是孔子所整理中国上古的历史资料。他年纪比较大一点，只小孔子十一岁。漆雕是姓，名开，字子若。

　　这里提到，孔子有一天对漆雕开说，你的学养已经可以为社会服务了，出去做官吧。可是漆雕开说，老师，谢了！对这件事，我没有自信。这句话蕴含的修养很高，他是说你让我出去做事，我真能够替国家、为社会做得了什么事吗？我的学问够吗？你吩咐我做什么都可以，但是出来为别人担当大事这一点，我没有自信，我不想出去做官。孔子听到他这样的话，高兴极了，因为在他的学生中，也有许多是急功好利的。

　　孔子周游列国。自己尽管穷，尽管倒霉，但每个诸侯对于他的推荐，还是要买账的。同时，孔子的学生在外面了不起的也很多，当军事统帅的也有，当行政首长的也有，权位很高的也有。只是每一个诸侯都不敢用他，因为他的学生太多了，在当时那样少的人口——大约几百万人口，他就有三千弟子。以今日人口比例来说，他该有多少学生？而且学生们对他都很忠实，他只要动一下，任何一个诸侯之国都可能会动摇，谁敢用他？但是他的学生一个个出来都吃香，因此有些孔门弟子，很可能也想走他们老师的路线。由少正卯的聚徒讲学，拉走了孔子许多学生的例证，便可推想而知。但是漆雕开，听到孔子叫他出来，他反而说对做官这件事没有自信，由此可见他为学之诚，行道之笃。所以孔子听了非常高兴。

【本经】

子曰："道不行，乘桴浮于海。从我者，其由与？"子路闻之喜。子曰："由也，好勇过我，无所取材。"

【译文】

孔子说："道在这里行不通，我打算乘小船到海外去了。能够跟随我的大概只有仲由了吧！"子路听到这话很高兴。孔子说："仲由的勇敢精神胜过我，暴躁性格也超过我，遇事太过激进，不懂得裁断呀。"

【别裁大义】

孔子要出国

孔子晚年感觉到，文化衰颓的振兴以及社会风气的挽回，有如海上仙山，可望而不可即。所以他感叹地说，今日文教、德育的路是走不通了；世界变了，大家都现实，对于文化没人讲究了，还是出国吧！——这个出国，不比现在是好事，那时出国是很痛苦的，海外都还没有开发，完全是原始状态，那是去受罪。现在出国还了得，如果孔子要想为功名富贵而出国，就不是圣人，跟大家一样了。他当时还不是坐船出国，而是乘桴。

古代交通不发达，把一根大木头中间挖空，就成为"桴"了。当时江南一带是用木筏、竹筏，在北方多半用桴。他感叹地说，万一自己在中国无法传道，无所作为，那只好做个独木舟，到海外野蛮的地方归隐，默默无闻以终此生。到那时候，大概子路还会跟我一块儿走吧？子路在旁边听了老师这句话非常高兴，好像孔子马上就准备出发的样子。所以孔子说，子路的武功、勇气都超过我，但是他的暴躁也超过我，对于事情，不知道仲裁，（无所取材的"取材"就是中肯的判断。）不明断，太过偏激了。

【本经】

孟武伯问："子路仁乎？"子曰："不知也。"又问。子曰："由也，千乘之国，可使治其赋也，不知其仁也。"

"求也何如？"子曰："求也，千室之邑，百乘之家，可使为之宰也，不知其仁也。"

"赤也何如？"子曰："赤也，束带立于朝，可使与宾客言也，不知其仁也。"

【译文】

孟武伯问："子路的学问有没有达到仁的境界？"孔子说："不知道。"孟武伯又向孔子追问一遍。孔子于是说："仲由这个人，如果有一个具备千乘兵车的诸侯大国，可以让他执掌军务。至于是否已达到仁的境界，我就不知道了。"

"冉求这个人怎么样？"孔子说："冉求嘛，在一个有千户规模的大邑，或一个拥有兵车百辆的大县，可以让他做地方官。至于是否达到仁的境界，我就不知道了。"

"公西华怎么样？"孔子说："赤这个人，可以让他穿着礼服站在朝堂上，接待宾客负责外交。至于是否达到仁的境界，我就不知道了。"

【别裁大义】

孔门弟子画像

讲到这里，来一串总评。同时可看出孔子说话的艺术。

孟武伯这个人，是鲁国的一位大夫，当时的当政者，向孔子征询人才——要他介绍学生。因为孔子学问的最高境界是仁。所以他先就孔子学生中最出名的几人问起，问他们有没有学养到"仁"的最高境界。

首先他问子路的学问有没有达到仁的境界，也就是说是否达到以仁道入世的程度。孔子说："不知也。"这个"不知也"的意思，古人常解释说，孔子答复孟武伯，子路不知道仁。其实，孔子说的是一句幽默的答辞，不肯定的话；等于有人来问我们说，你认为你的学生某某的能力，能不能当省主席？我们也许答复他，这个我不晓得。也许我们的心里认为这个学生的本事，还超过了这个地位，但口头上不能这样吹；也许我们认为这个学生当科员的本事都不够，也不能说得他太难堪了，否则害他没有前途、没有饭吃，只有说不知道。所以孔子说"不知道"这句话时，是带着笑容说的，就是不作肯定答复，当然语意中隐含了子路还没有达到仁的境界的意思。

为什么会有这样的看法？因为孟武伯的这个问题，得不到结果，没有听到肯定的答复。所以下面又有"又问"的一层转折，由此便可自得证明。因此孟武伯又向孔子追问子路的成就究竟到了什么程度？孔子就具体介绍自己的学生，他说子路如在千乘之国——在春秋战国时候，是一个大国——"可使治其赋也"，可以让他当统帅。"赋"在古代，包括了军事和赋税的征调，乃财、政、经联合为一的制度。所以赋有时可以代表三军统帅中，后勤补给的联勤总务。所谓千乘之国，上古是车战时代，四匹马拖一辆车叫一乘，车上是兵员、战备、武器，千乘之国是最大的国家。他说子路是大将之才，前后方都可由他统领。至于学问修养是否已到仁的境界，这一点，在孔子的标准上来说，是很难通过的。

孟武伯又问冉求这个人怎样？在《八佾》篇中曾提到过冉求，是在鲁国的权门季孙家当家臣的，等于说他有行政的长才，所以孔子答复孟武伯说冉求是最好的行政首长。以现在的官制来说，当一个相当于省主席的行政首长是没有问题的，而且足以胜任愉快。"千室之邑"的千室，不能和现在比，像台北市有百多万人口，但是古代的"千室之邑"已经了不起，是很大的地方。"百乘之家"是古代宗法社会制度中的大家族，等于一个大的地方政治单位。冉求可以当这样的地方官，至于学问上也还没有达到仁的境界。

孟武伯又问到一个人说："赤也何如？"赤是孔子的学生，姓公西，字子华，小孔子四十二岁。孔子说，你问到公西华，他穿起礼服，仪态非常好，学问也过得去，有外国的首长、大使来，他是最好的外交官。"束带立于朝"，我国古代衣服都捆腰带，所谓锦袍玉带，就是说衣冠楚楚、风度翩翩。现在外国的礼服也捆了腰带。虽然在外交应对上是上乘之选，但是谈到学问、修养，也还是没有达到仁的境界。

我们从这一节，看到孔子对于"仁"的要求，严格到这个程度，几乎没有一个学生可以达到这个标准。学问真正能够达到"仁"的标准，只有一个颜回，但是不幸短命死矣。后来才传道给曾参，前面讲过："参乎，吾道一以贯之。"那已是孔子晚年了。历史的记载，孔子三千弟子，贤者有七十二人，但是见诸《论语》及《史记》所留下来的资料，出名的、有了不起成就的，一二十人而已。而且，这一二十个人，还是靠孔子宣扬出来的，都是孔子介绍学生，著书立说的也是孔子。我们怎么知道颜回？颜回没有一篇文章留下来，也没有一首诗留下来，我们怎么知道他的学问到了什么程度？都是他的老师说他如何好、如何了不起。武才方面，子路可以当元帅，但他没有像后来的孙子，还写了一部兵法。子贡也是如此，这些学生们多半是孔子宣扬出来的。

由此可见人才之难，古今历史上一个大问题，总有"才难"之感！真正的人才实在难得。同时我们可以了解一个有趣的问题：第一等人往往可以不写文章，不讲学；学问越好越不响。试看历史上有好几个真正了不起的人都如此。耶稣根本没有念大学，但现在研究耶稣讲的话，拿几百个博士学位也不止，但他没有写过一句话，都是他的门徒写的；释迦牟尼也没有写过一个字，所有的经典，都是弟子记载的；老子自己写了五千字；孔子最可怜，都是自己写，还是他反过来捧学生，学生无法捧他。所以我们当学生，最好找个像孔子一样的老师，不但有学问听，自己又省力气，他来捧捧我们蛮好的。且看孔子这些学生，都是他捧出来的。虽然这是笑话，但事实是从他嘴里讲出来，我们才知道。所以从另一角度来看历史，真正的人才的确是不易得的。

其次，我们可以看到，孔子的弟子里各种人才都有。军事的子路、外交的公西华、行政的冉求，至于子贡这一类，器也！有如庙堂上的瑚琏，精致高雅；乃至江湖上一诺千金、面孔难看的，各种各样，无奇不有，无所不包，所以他真是叫作"有教无类"。

【本经】

子谓子贡曰："女与回也孰愈？"对曰："赐也何敢望回！回也闻一以知十，赐也闻一以知二。"子曰："弗如也，吾与女弗如也。"

【译文】

孔子对子贡说："你和颜回两个相比，谁更好一些呢？"子贡回答说："我怎么敢和颜回相比呢？颜回他听到一件事就可以推知十件事；我呢，知道一件事，只能推知两件事。"孔子说："是不如他呀！我和你都不如他呀！"

【别裁大义】

吾爱吾师

子贡、子路是孔子喜爱的两个学生。我们可以看到，子路有时拳头一挥，是最冲的；子贡是什么话都讲的。他们对老师特别一点，孔子对他们俩也特别一点。所以有一天孔子就问子贡："女与回也孰愈？"孔子最欣赏的是颜回，这次他对子贡说，你讲老实话，你自己与颜回比比看，哪一个好？哪一个了不起？对曰："赐也何敢望回？"子贡说，老师，谢了！我实在没法跟他比。"回也闻一知十"，颜回嘛，老师讲出一分，他懂十分。从子贡的答复，可见学问之难，所谓启发式教育也真不容易，告诉了他这个角，另三个角都懂了；告诉他那边有烟了，他便知道是起火了，如此才是英才。有的则是反应迟钝地还反问道："那边有烟吗？"等到都烧光了，他还不知所以然呢！这就是智愚的差别了。子贡回答说，老师告诉颜回一分，其他九分他都知道了，不需要老师再教了。至于我——"赐也闻一以知二"，老师讲了一步，我顶多知道两步，第三步就不知道了。这是老实话，可见子贡很坦然、很诚恳。再看孔子的态度："子曰：弗如也，吾与女弗如也。"这多谦虚呀！他说："是的，你不如他，不但你不如他，我和你一样都不如他。"孔子那么欣赏颜回，这也不是过分，有一种人的头脑，特别聪明，品德又好，才具又高。后来的孟子认为天下有三件乐事，第一是父母俱存，兄弟没有什么事故，尽到了孝道和友爱；第二是胸襟光明磊落，没有对不起人，没有对不起天地鬼神的事；第三是得天下英才而教育之。这点孔子就得到了。不过有时得天下笨才而教育之，实在是一大苦事也。孔子对于颜回，他认为是得英才而教育之，是快乐的。由孔子对子贡说的这段话，可见孔子的教育和他的为人，是如此地谦虚，能够把握机会启发人，一点都不呆板。

【本经】

宰予昼寝。子曰："朽木不可雕也，粪土之墙不可圬也。于予与何诛！"

【注释】

圬（wū）：同"杇"，抹墙用的泥刀、抹子，涂墙的工具叫作杇。这里指用泥刀粉刷墙壁。

诛：要求、诛求。

【译文】

宰予白天睡觉。孔子说："一根内部已经腐坏了的木头，即使外表雕得再好看，也是没有用的；一堵内部已经松了的泥巴墙，即使外表粉刷得再漂亮，也是没有用的。宰予的身体不好，底子太弱了，对宰予这样的人又何必过于诛求呢！"

【别裁大义】

手倦抛书午梦长

宰予是孔子的学生，四科高弟之一。孔子说的言语、文学、德性、政治这四种才学分类，宰予等于是孔门那个"学府"里的后起"语文系"的系主任呢！言语嘛，宰予的长处就是"利口"。"宰予昼寝"，据古人的解释，是白天里睡觉——大概睡午觉，或睡懒觉，被孔子看到了，就骂他："朽木不可雕也。"这个烂木头无法雕凿。"粪土之墙不可圬也"，这个烂墙去粉刷也粉刷不好。"于予与何诛！"该死！该死！

因此中国过去守老规矩的读书人，不敢睡午觉，都是受这一段话的影响。我们知道，历史上清朝中兴名臣曾国藩，也是有名的理学家，他就不敢睡午觉，尽管忙成那个样子，还是不敢睡午觉，怕孔子会发牢骚——"粪土之墙不可圬也。"所以曾国藩改成睡晚觉。早上起得早，公事又多又忙实在受不了，没有办法，只有在吃晚饭以前，睡一下，然后夜里精神又好。这个昼寝的教训，在古人是这么严重的事。

后来到了民国初年，洋学堂是学的西方文化，新的规矩一定要睡午觉，尤其那个时候，德日式的训练风气来了，早起有朝气，补充的休息时间便靠午睡，否则不合乎卫生。那么"宰予昼寝"的问题怎么办呢？有人便提出如康有为、梁启超他们的意见，说这个不是"昼"寝，是"画"寝的错误。因为宰予没有事，常常在寝室里头"画"壁画。除非幼稚园的学生，可能偷偷地在墙上乱画，宰予又不是小孩子，为什么要在墙上乱涂。读书不多真难，后来才知道受了康有为他们的骗。这个"画寝"的问题，最先提出的是梁武帝，后来宋代也有个人照此讲过，说宰予并不是白天睡觉被骂，而是他在寝室的墙上乱画，所以孔子骂他。康有为他们的说法，并非创见。

然而，据我们的了解，古人对孔子这两句话，似乎都曲解了。这两句话的真正意思是说，这根木头的内部本来就已经腐坏了，你再去在他外面雕刻，即使雕得外表很好看，也是没有用的；"粪土之墙"，经蚂蚁、土狗等爬松了的泥巴墙，它的本身便是不牢固的、会倒的，这种里面不牢的墙，外表粉刷得再漂亮也是没有用的。等于房子烂了，你把它整理起来，像用现代的三夹板、甘蔗板、壁纸一敷，走进去看看很漂亮，但架子松散，这是不对的、靠不住的。

这两个问题解决了，就懂得他是说宰予的身体不好。只好让他多休息一会，你们对他不要有太过的要求。"朽木不可雕也，粪土之墙不可圬也"，不是说他坏，而是他的底子太弱了。但是人很奇怪，身体弱的人头脑都好，试看《孟子·尽心章》里："人之有德慧术知者，恒存乎疢（chèn）疾。"一个有病的人，因为经常在病苦中，身体没有其他的活动，所以会多思想、会搞学问。体力好的人，运动得锦标的，要他写两篇，他很吃力。这两件事，不可得兼；体能好、智慧又高，文武俱全的人太少了。学问、德业好的人多半体弱多病，这是事实。所以孔子说："于予与何诛？"对于宰予不必过分诛求了。"诛"者求也，在此不可当杀人的"杀"字用。"诛"也是要求的"求"，这里"于予"的"予"就是宰予。换句话说，你们对于宰予，何必要求太过呢？就让他睡个觉吧！

【本经】

　　子曰："始吾于人也，听其言而信其行；今吾于人也，听其言而观其行。于予与改是。"

【译文】

　　孔子说："从前我对于人，是听了他说的话便相信了他的行为；现在我对于人，听了他讲的话还要观察他的行为。这个改变，是宰予给我的启发。"

【别裁大义】

　　孔子说，从前我听了一个人的话，就相信他的行为。现在我年纪大了、人生经验多了，听了一个人说的话，还要观察观察他的行为。这个改变，是宰予给我的启发。

　　古人根据这些话解释说，孔子对宰予恨极了。事实不是这样的。我们从生活和教学的经验中体会，便可知孔子这样的话，是说他从前看到一个人，有思想、有才具，便相信这个人将来一定有成就——"听其言而信其行"。后来他发现并非如此，一个人即使有才具、有学问，但没有良好的体能、没有充沛精力，也免谈事业。一个人做事业，必须要有强健的体力、饱满的精神。所以孔子说，我看了宰予，对人生看法有了改变，天下事实在并不简单。有人有思想、有能力、有才具，他却一辈子做不好事业，因为他的精力不足、精神不够。所以曾国藩的相法便说："功名看器宇，事业看精神。"有道理！古人把孔子描写得太古板、太迂腐了，其实孔子非常通人情。

【本经】

　　子曰："吾未见刚者。"或对曰："申枨。"子曰："枨也欲，焉得刚？"

【译文】

　　孔子感叹说："我没有看到过真正刚的人。"有人回答说："申枨是这样的人。"孔子说："申枨的欲望太重，哪里能谈得上刚呢？"

【别裁大义】

人到无求品自高

　　孔子有一天在感叹，他说我始终没有看见过一个够得上刚强的人。要注意这个"刚"字，脾气大不算刚，那是脾气大。刚的人是方正，并不一定脾气大，普通讲这个人很别扭，高帽子戴不上，骂他也不改变，这差不多有点像刚，但还要看他的品德、智慧、修养。前面我曾经提到有一个人讲过，他说上等人有本领没脾气，中等人有本领有脾气，下等人没本领脾气大。孔子这里的刚是指有本领没脾气的上等人而言。

　　孔子讲了这句话，有一个人说，有嘛！申枨，他不是很刚吗？"子曰：枨也欲，焉得刚？"他说申枨这个人有欲望，怎么说是刚呢！一个人有欲望是刚强不起来的，碰到你爱好的，就非投降不可。人要到"无欲"则刚，譬如说，这个人真好！真了不起！就是一点毛病，爱钱。既然他爱钱，你拿钱给他，他的了不起就变成起不了。你说这个人品德样样都好，就是有一个毛病爱读书，遇到懂得手段的人就利用他了，什么都不和他谈，专谈书，他就中计了。历史上有些人，"天子不能臣，诸侯不能友。"请他出来做官，他不干；任何权势拉拢他，理都不理。但是中国政治上有一个传统的手法，只要在人上者，肯"礼贤下士"，管你什么人，都要吃瘪、投降。有人认为你是天下第一人，你不出来，奈天下苍生何？这时候你想想，觉得还不错，不妨出来试一试。功名富贵什么都可以不要，就怕"礼贤下士"。只要以礼下人，任何英雄都不免来入彀中。不过要有道德作背景，如果没有道德的基础，仅是这样乱用，礼也是一把刀，有时要把自己杀掉的，这要特别注意！

所以真正刚强的人是没有欲望的——无欲则刚。"有求皆苦，无欲则刚。"如果你说什么都不求，只想成圣人、成佛、成仙，也蛮苦的呀！所以有求就苦，人到无求品自高，要到一切无欲才真能刚正，才可以做顶天立地的人。

孔子说申枨还有欲望，怎能算得刚？因此，引出了另一个人的话。

【本经】

子贡曰："我不欲人之加诸我也，吾亦欲无加诸人。"子曰："赐也，非尔所及也！"

【译文】

子贡说："我不想让别人强加于我的事，我也不想以此强加于别人。"孔子说："赐啊，这不是你所能做得到的呀！"

【别裁大义】

推己及人难又难

这是子贡很得意地讲自己学问修养的心得。他说，我不喜欢人家加到我身上的那些事，我也不想有同样的情形加到别人身上。譬如有人骂我，我会觉得不高兴，因此我也不骂任何人。换句话说，别人给我的痛苦、烦恼，我不喜欢，因此我也不愿加给任何一个人痛苦、烦恼。你说一个人够做到这样的修养，多了不起！他向孔子报告了自己这个做学问的可贵心得。"子曰：赐也，非尔所及也。"孔子听了便说：子贡呀！这是你做不到的呀！再下一句虽然没有写出来，但隐约中包含有孔子自谦的意味，等于说，就算我为师的也不能完全做到，任何人都做不到的。为什么呢？世界上任何一个人，只要是活着，一定烦恼了别人，这是必然的道理。人活在世界上是互助的，我们的幸福享受，一定有赖于人，甚至妨碍了别人。不过，如能常生警觉，想到妨碍了别人时，尽量少妨碍一点，已经是最好的道德了。所以说，绝对无私，绝对无欲，是做不到的。

老子也认为绝对无私是不可能的，做到"清心寡欲""少私寡欲"，已经很了不起。少私就公了，绝对无私行不通；绝对无欲做不到，少欲就是了不起。所以替自己想时也能替别人想，就是很了不起的公德。当我想到需要拿扇子的时候，也问问他："你要不要？"就了不起。假如说当我拿扇子的时候，我买扇子送给天下所有需要扇子的人，是做不到的，不但没有这个财力，而且也缺乏这种能力。况且世界上有些人，你给他扇子，他拿了丢掉，为什么？他有病还吹不得风呢！由此可知做人之难，道德修养之难。

有人说，我们后世的人景仰孔子，知道他了不起，那都是子贡的功劳。为什么？孔子晚年的生活，很可能都是靠子贡维持的。乃至扬名天下，子贡也大有功。当时国际之间，不论外交策划，工商界的声望，战略政略的顾问，子贡样样都行。而且子贡对孔子的认识非常够，孔子死后，他的三千弟子，七十二贤人，大多都服心丧三年——就是对老师像对父母一样，内心服孝三年。只有子贡庐墓三年——守孔子的坟墓守了三年。中国人讲究看风水的"堪舆"学中，相传孔子在曲阜的坟墓也是子贡勘定的。起先孔子死后，同学们先看中了一个坟地，便是后来葬汉高祖的地方，但是子贡认为这个地方用来葬我们的夫子，是不够的，因为那只能算是一个帝王之地，我们夫子是千古圣人，这个地方是不够格的。因此子贡决定葬在曲阜，这是风水家的相传，事出有因，查无实据。

【本经】

　　子贡曰："夫子之文章，可得而闻也。夫子之言性与天道，不可得而闻也。"

【译文】

　　子贡说："老师所讲的学问文章，我们还可以经常听得到。可是老师关于人性本源与天道方面的道理，由于我们的程度还不够，我们就很难听得到了。"

【别裁大义】

孔门文武事功的二子

　　以子贡的学问与成就，终于说出孔子的伟大来。他说，我们跟了夫子这么多年，所晓得的，只是他的文章。说到"文章"一词，我们要注意，在这里并不是写稿子的那种文章；古人的所谓文章，包括美好的言语、思想、行为、举动、待人、处世等表之于外的都叫作文章；事理成了一个章法，蕴含艺术的气氛，就叫文章。后来变成狭义的文章，写成某些形式的文字才叫文章。子贡在此说，老师的学问文章，我们都常听到；可是老师有关于人性的本源，与形而上生命的来源的本体论，以及宇宙最初是怎样开始的？究竟谁造的？是唯物的或唯心的？这个天道——哲学的问题，因我们的程度还不够，老师也就没有跟我们提。所以我们后世只有研究《易经》，才看出孔子谈形而上道的哲学和科学问题，"四书"中关于形而上道的阐述非常少。因此，后世研究孔子的学说，如果有人提出孔子对于形而上的观念是如何如何的，多半是他的孔子如此认定，难为笃论。譬如我们写了一篇文章，内容上说孔子认为如何，如何；多方引证一番，那只能说是我们的孔子，并非孔子的我。这是什么道理呢？根据子贡的话："夫子之言性与天道，不可得而闻也。"可见他因这班弟子的程度还不够，所以很少跟他们提到。

本篇到此，话题一转，这里说子路的好处了。

【本经】

子路有闻，未之能行，唯恐有闻。

【译文】

子路这个人，如果他所听见的道理没有做到的话，就惟恐又听到新的道理。

【别裁大义】

子路尽管那么粗暴、那么冲动，但子路的品德特别好，武功也好，孔子的确喜欢他。他是后来在卫国出大乱的时候战死的。卫国发生变乱时，他刚从外面回来，原来他可以躲开这场祸乱的，但他没有逃避，他听到消息认为"见危受命"，更应该前去，不能逃避。他进去以后，正在战乱，他参加作战而死亡，临死时一身都是创伤，但他认为儒者之死，应该整其衣冠。所以临命终时，他抱着重伤，戴上帽子，整理好衣服，端端正正，然后才断气。一个人一身创伤，还如此从容，知道大限已至，整理衣冠，扣好扣子，死得端正，这种精神修养，太不容易，他能如此，决非偶然。所以这里说子路最怕听见孔子讲话，为什么？因为他怕听了做不到，有愧于为学。道理明白了，行为要配合得上，此即所谓"履践"的功夫。他因为怕做不到事理合一之境，等于是自欺，所以他最怕老师的教诲。

【本经】

子贡问曰:"孔文子何以谓之'文'也?"子曰:"敏而好学,不耻下问,是以谓之'文'也。"

【译文】

子贡问道:"孔文子这个人,凭什么称他'文'呢?"孔子回答说:"孔文子聪敏而好学,又能谦虚地向地位低下的人请教,所以用'文'字给作他的谥号。"

【别裁大义】

盖棺成定论

这节开始讲到孔子对于当时及其前后时代人物的评论。这个人物的评论,包括了如何做学问与整体的文化精神。现在这里先介绍一个人。他就是孔文子,姓孔名圉(yǔ),是卫国的大夫。文子的"文"的来源,是中国古代的谥法,从周朝开始,一直流传下来的,民国以来,因为几十年都在战乱之中,国家多故,我们文化中的这一点还没有恢复。

什么是谥法?简单一句话,就是一个人死后的定论。这是一件很慎重的事,只有中国历史文化才有的,连皇帝都逃不过谥法的褒贬。我们要明白,这一点便是中国文化春秋大义的精神所在,同时更应该使下一代记取这种深义的特点。中国古代做皇帝、做官的最怕这个谥法,怕他死后留下万世的骂名,甚至连累子孙抬不起头。因此他们为国家做事情,要想争取的是万世之名,不愿死后替子孙留下臭名,更不愿在历史上留个骂名。这个就叫谥法——也就是死后的一字之定评。皇帝死了就由大臣集议,或史官作评语,像汉朝的文帝、武帝,称谓"文"、"武"，都是谥法给他们的"谥号"。"哀帝"就惨了，汉朝最后那个帝为"献"帝，也含有奉献给别人，送上去的悲哀。可见这个谥法很厉害。王阳明，是他本人的号，后来加谥为"文成"。曾国藩，后人称他曾文正公，"文正"两字是清朝给他的谥号。死后的评语够得上称为"文成"、"文正"的，上下五千年历史，纵横十万里国土，虽然有几亿的人口，其中却数不出几个人，最多一二十人而已。这是中国文化中谥法的谨严。所以中国人做官也好，做事也好，他的精神目标，是要对后代负责；不但对这一辈子要负责任，对后世仍旧要负责任。如宋代的名臣，也是理学家的赵抃（qiá），他一度放到四川作"省主席"——比拟现代的官位来说。他自己骑一头跛脚骡子，带了一个老仆人、一琴、一鹤去上任，到了省城里，全城的文武官员，出城来接"新主席"，却看不到人，谁知道那个坐在茶馆里面，一琴、一鹤相随的糟老头子就是新上任的"主席"。当然他不止是当"主席"，也当过谏议大夫，是很有名的名臣——历史上成为名臣不容易。有所谓大臣、名臣、具臣、忠臣、功臣、奸臣、佞臣等。所谓忠臣、奸臣，看小说都知道，不必细说了。要够得上成为一个名臣，很不容易，够得上一个大臣，更难。大臣不一定在历史上很出名，可是他一定有安定天下后世的功业。我们不希望看到奸臣，也不希望看到忠臣，这话怎么说呢？我们晓得文天祥是忠臣，岳飞也是忠臣，但是我们不希望国家遭遇到他们当时那样的时代。我们希望看到的是名臣、大臣，像赵抃就是名臣、大臣。他最后退下来，回到家里，写了一首诗："腰佩黄金已退藏，个中消息也寻常。世人欲识高斋老，只是柯村赵四郎。"不要看错了，说他腰里都是黄金美钞所以退休了。这个黄金不是黄金美钞，看京剧就知道，所谓"斗大黄金印，年高白玉堂"，古代方面大员的印信，实际上是一颗铜的大印，叫作"黄金印"，有如现在中央部会的印，铸印局用铜铸的，也可叫黄金印。"腰佩黄金已退藏"，是说退还了那颗黄金印。"个中消息也寻常"，一生风云人物，其实很平常。"世人欲识高斋老"，他下来以后所住的地方叫高斋，他说你们以为住在高斋的这个老头子有什么了不起，而想认识认识他是何等样的人吗？"只是柯村赵四郎"，其实还是当年住在柯村的赵老四啊！他是那么平淡，那么平凡。所以一个最了不起的人，是最平凡的人。真做到平凡，才是真了不起。而赵抃最后的谥号是两个字"清献"，历史上的赵清献公，就是赵抃，他一生都奉献给国家，而一生清正，到达这个程度是很难的。其他的名臣很多，在这里一时也说不完。

总之，中国过去的历史文化，非常重视这个谥法。我们不要忘记了，谥法就是中国文化的精神，这些东西仍然要恢复起来才对。试看西方的文化，西方的精神，不管文人、英雄，死了就死了。像法国人，一提到就只有拿破仑。拿破仑又有什么了不起，崛起只有二十来年，五十多岁就死了，而且是个失败的英雄，比楚霸王还差劲，什么拿破仑的！在中国历史上这种英雄多得很，只因为历史上多是同情失败的英雄，所以"徒使竖子成名耳"。现在的西方文化更搞不清楚，"死后是非谁管得，生前拼命自宣传"。可是我们中国人要懂中国文化谥法的道理和精神。

同时我们也要知道，像日本明治维新的几个重要人物之一——伊藤博文的名言："计利应计天下利，求名当求万世名。"这是吸收中国文化的东西，日本人自称东方文化，其实都是道地的中国文化。我们这一代青年，那种短见，那种义利之不分，实在"匪夷所思"。现代青年对现代知识贫乏，什么都没有，一谈就是考什么学校，为了待遇多少，为了求生活。现在搞成这个样子，真是文化精神的衰退，实在值得我们多加注意。这是谈到谥法引出来的题外感想。

现在回到原文。卫国的大夫孔圉，死后谥作"文"。子贡问孔子"何以谓之文也"，一个人一生做人做事，要怎么样才够得上称作"文"？"子曰：敏而好学，不耻下问，是以谓之文也。"一个人聪明——聪明的人不大好学的，而且聪明的人往往以为自己的学问够了，尤其是我们现代人，容易犯这个毛病，好像自己什么都懂；现代人还易犯一个更大的毛病，地位越高了，好像自己的学问也随之而更高深了，这是很成问题的。要敏而好学，越聪明越好学，为自己，为事业都好，这才是了不起的人物。第二点更难了："不耻下问。"什么叫下问？比我不如的人，也要虚心向他请教求证。人要有自知之明，那样行就是行，即使行了，以能问于不能，作为参考，这才叫能够集思广益。孔子说一个人能够敏而好学，再加上不耻下问的谦德，才符合"文"这个字的内涵。曾国藩的了不起，就是幕府中的人才多，他的智囊团组织大，第一流的人才都参加，大家的智慧变成他的智慧。诸葛亮的了不起，也是幕府人才非常多。所以要"敏而好学，不耻下问"才叫做"文"。

【本经】

　子谓子产，有君子之道四焉：其行己也恭，其事上也敬，其养民也惠，其使民也义。

【译文】

　孔子评论子产，说他有四种行为合于君子之道：他的操行修养恭谨谦逊，他对待君上尽心恭敬，他惠及于民励精图治，他领导百姓合于道义。

【别裁大义】

名臣的典范

　孔子又评价一个人，是当时春秋时代、比孔子稍稍早一点、郑国有名的首相、对郑国有了不起的贡献的，名叫子产。

　子产是历史上有名的好宰相，好政治家，孔子非常佩服他，说他特别有四点君子之道，不是普通的常情、德业、修养等等可比。因此孔子对他的四个长处，在历史价值上加以评论。他说子产自己严肃得很，管理自己非常恭谨，不马虎，这是很难得的。一个人对自己最易放松，往往认为错失总是他人的，很少对自己的错失反省，而子产做得到"行己也恭"，实在难得。同时又"事上也敬"，子产做首相，对于主上非常恭敬。恭是自己内心的肃诚，敬是对人对事态度上的严谨。换言之：对上接受命令时，不只是服从，有好的意见时要提出力争。执行命令，要尽心，不只是敷衍了事。最怕的既不能令，又不受命；你要他提意见办法，他表示没有异议，你教他执行，他又呆在那里。而子产对上对下都能敬于其事。"其养民也惠",他能促使经济繁荣,对于社会百姓,大家能得其所养,安定生活,对于社会有贡献,有恩惠给人民,因此老百姓感恩于他,他有命令下达时,各个服从。但是"其使民也义",他又非常合理、合时、合法,人家乐意听他用,的确是大政治家的风范。所以郑国有子产才能兴起来,因为他有四点君子之道。这四点长处并不仅是政治家才应该具备,而我们不是政治家就用不着,没有这种事。如果我们拿这四点来做人处世,就是成功的一半,所谓君子之道,大有可望了。

【本经】

> 子曰:"晏平仲善与人交,久而敬之。"

【译文】

孔子说:"晏平仲善于交朋友,交情越久,他对人越恭敬有礼,别人对他也越敬重。"

【别裁大义】

晏平仲,齐国人,曾任宰相,年纪比孔子大一点,但与孔子同时。孔子到齐国所以不得志,就是晏子不让他去,齐国本来想请孔子去,晏子告诉齐王:"你能有这度量,可以请他来吗?"这个话齐王一听,心里有数了,就不敢请孔子去。但是孔子对于晏子很佩服。

他说这个人作朋友了不起,历史上有他的专门著作——《晏氏春秋》。晏子是大政治家,可说是孔子前辈,年龄虽然差不多,但比孔子出道早。《古文观止》上有一篇,辑自《史记·管晏列传》,提到晏子的车夫,一天回家时,太太要求离婚。车夫问什么原因,他的太太说,我今天在门缝中看到你驾车载晏子经过门口,晏子那么矮,做了宰相,名震诸侯,还是简朴无华,自居人下的样子。而你身高八尺，只是他的仆役，却显得意气扬扬、自足自满的样子。你竟是这样没有出息、不长进的人，所以我要离婚。晏子的车夫听了这番话，就马上改过，力学谦卑，第二天驾车都变了。晏子看见他突然一反常态，样子变了，觉得奇怪，问明了原因，晏子就培养他，从此立志读书，后来官拜大夫。从这个故事可知晏子有他了不起的地方，孔子尤其佩服他这个人对于交朋友的态度。他不大容易与人交朋友，如果交了一个朋友，就全始全终。我们都有朋友，但全始全终的很少，所以古人说："相识满天下，知心能几人？"到处点头都是朋友，但不相干。晏子对朋友能全始全终，"久而敬之"，交情越久，他对人越恭敬有礼，别人对他也越敬重；交朋友之道，最重要的就是这四个字——"久而敬之"。我们看到许多朋友之间会搞不好，都是因为久而不敬的关系；初交很客气，三杯酒下肚，什么都来了，最后成为冤家。

讲到这里，我们想到中国人的夫妇之道——"相敬如宾"。"宾"是客人，对于客人无论如何带几分客气，如果家人正在吵架，突然来了客人，一定暂行停战，先招待客人，也许脸上的怒意没有完全去掉，但对客人一定要客气有礼。夫妇之间，在最初谈恋爱时，电影院门口等了两小时，肚子里冒火，对方来了，还是笑脸迎上去，并且表示再等两小时也没关系。如果结了婚，再这样等两小时，不骂一顿才怪！因为是夫妇了嘛！所以夫妇之间，永远保持谈恋爱时的态度——相敬如宾，感情一定好。不但夫妇如此，朋友也如此。扩而大之，长官对于部下，部下对于长官，也是这个道理。

这个"敬"的作用是什么？好像公共汽车后面八个字的安全标记："保持距离，以策安全。"少碰为妙。

普通人交朋友，恰恰与晏平仲相反，时间久了，好朋友变成冤家，这对五伦中的友道，实在有亏。尤其是我们这一代青年，对任何人都不大相信，友道根本上已成了问题。必须急图匡正，以便维系"久而敬之"的交友原则。

【本经】

子曰："臧文仲居蔡，山节藻棁，何如其知也？"

【注释】

臧文仲：姓臧孙，名辰，鲁国大夫。

居蔡："居"，藏。"蔡"，大龟名。古人用乌龟壳进行占卜，认为乌龟壳越大就越灵验。

山节藻棁：雕刻成山形的斗拱和画有花草图案的短柱。即雕梁画栋，形容建筑很豪华。"节"，柱上的斗拱。刻山于节，称"山节"。"藻"，一种水草。"棁"（zhuō），房梁上的短柱。"藻棁"，在短柱上画水草。

知：同"智"，指智慧。

【译文】

孔子说："臧文仲收藏大龟，收藏大龟的房子梁上雕刻着山水，接棁的地方是海藻形的花纹，雕梁画栋，奢侈华丽。像他这样的人，怎么见得是有智慧呢？"

【别裁大义】

玩物丧志

我们首先要了解的，臧文仲是孔子父母之邦——鲁国的大夫，为臧孙氏，名辰。"居"字在这里，和"囤积居奇"这句成语中的那个"居"字的意义相同。"蔡"是大乌龟，就是在街上特产店中可买到的玳瑁。讲到乌龟和狗，在中国上古的文化中，都是很受重视的东西。广东、福建一带，直到现在还保存了不少唐代以前的文化。

为什么我们说广东人吃狗肉，也是来自上古的文化？我国自古以狗作祭品。自三代以来，差不多到商周时代，祭品中才取消狗，改用牛、猪、羊等作祭祀的牺牲。老子《道德经》有"天地不仁，以万物为刍狗"的话——一般人批评老子这句话为阴险、刻薄，看事情太透彻。因为他们解释这句话的意思是说，天地无所谓仁不仁，生了万物，又把万物当刍狗来玩弄。这是对老子思想的误解，或者故意曲解来作幽默用的。老子"刍狗"的本意，就是草做的狗。狗在古代本来是作祭祀用的牺牲，在祭祖宗、祭天地等典礼中，如现在的冷猪头、牛、羊等。后来由于社会风气的演变，不再用真的狗，而用草扎一只狗形来代替。相当于后世在拜拜的时候，用面做的猪头来代替真的猪头一样。刍狗做好以后，在还没有用来祭祀之前，大家对它都很重视，碰都不敢随便碰；等到举行祭祀以后，就把它丢到垃圾堆里去了。

儒家常说天地有仁心，滋生了万物；老子则说天地无所谓仁，也无所谓不仁。天地生了万物，并没有想取回什么报酬。人帮助了人，都往往附带了条件，希望有所回报。于是老子说人要效法天地。天地生了万物，他没有居功；天地给万物以生命，他没有自认为荣耀；天地做了好事，使万物生生不息。凡是能做的，做了就做了，没有条件。所以真正要成为圣人，就要效法天地的这种精神，养成这样的胸襟。所以老子的"天地不仁，以万物为刍狗"的真正意思是：天地看万物和那个丢掉的草狗一样，并没有对人特别好，对其他的万物特别差。人之所以对万物差，是因为人的主观，人的自私的观念，这是老子的本意。

总之，这是说明上古把狗肉看得很重要，同时也把乌龟看得很重要。刚才说过了，研究古代文化，比较接近的，要从广东、福建两省的文字、语言、风俗、习惯着手。本省同胞的祖先，都是来自闽粤的，他们祭祀时用米做的乌龟很多。而在大陆其他各省，对乌龟就很忌讳。实际上乌龟在唐代以前都是好的象征。认为它的寿命很长，又代表了厚道、富贵，所以本省现在还保留这个风气。

现在讲到"蔡"，就是大龟——玳瑁，是龟中特别好的一种。战国时代，对大龟看得很珍贵。司马迁在《史记》中写了《日者列传》《龟策列传》，就提到过乌龟。所谓"日者"在古代包括了天文学家、气象学家、占卜、算命等都在内。过去对于这些像科学，又像哲学，又像玄学的东西，都归 "太史公" 掌管。所以当时太史这个官，就是专管历史和这些事情的。司马迁的《史记》中，常有 "太史公曰"，因为他是历代世袭的太史，他是把父亲捧出来："我爸爸说的。" 后来司马迁承袭父职也做了太史公。他自己要骂人的时候，不好意思直骂，就说 "太史公曰" —— "我爸爸当年说的"，这是司马迁写文章调皮的地方。

司马迁在《日者》《龟策列传》中，写到卜卦用乌龟的事。司马迁因为世代研究这类东西，天文、气象、卜卦等都会，因此他在《龟策列传》中，对这件事写得很妙。他说乌龟如何如何灵，如何如何神。在春秋战国以前，遇到国家大事，连大臣们都不能决疑的时候，就用卜卦来决定。他还举出了许多例子，来证明乌龟如何灵验，但写到最后，妙了！他写道："江淮人家，常畜龟饮食之，以为能导引致气。" 最后这么一句，意思是说：据小子我遍游名山大川，读万卷书，行万里路，到了南方一看，江淮之人，长江以南，湖南、广东一带的人，他们还吃乌龟的肉呢！这篇文章到此就完了。你说他迷信不迷信？这可不知道了，也许这是他的历史哲学。上面说了乌龟很灵验，既然很灵验，又自己保不住，江淮的人还吃乌龟肉，就可见不灵验。假如不灵验，又何必去迷信？但一定说是迷信，上面又举了很多灵验的事实。由此我们知道古人写文章，不像现代的人写文章没有根。古人写文章不但有根有据，而且不轻易下结论，非常客观。

现在回到本文。如上面所说的，因为古人对于乌龟非常重视，鲁国的大夫臧文仲居蔡，把一个玳瑁藏起来。当年没有博物馆，臧文仲是一位大夫，在自己家里，修了一间房子，把这个玳瑁供起来。这间供玳瑁的房子，漂亮极了。"山节藻棁"，就是古代木质的建筑物，在梁柱上雕刻有山水。"藻" 是海藻形的花纹浮雕。"棁" 就是接榫的地方。为了供一只乌龟，特别在家里修一栋建筑物，又修得那么漂亮、华丽、奢侈。一般人都认为臧文仲很有智慧，很有学问。孔子就说："何如其知也？" ——这个 "知" 读 "智" ——像他做这样事情的人，为什么一般人说他很有智慧呢？孔子认为臧文仲做这件事，太不懂事，几乎是近于无知。他相信一个人到了某种地位时，在言行上，一举一动，一句话，都会影响到社会风气。以现代社会而言，如果一个有权位的人家，养一只小狗，给它盖栋小洋房，就未免太过分了。当一个社会艰难困苦的时候，这样做是不应该的，这不能算是智。

【本经】

子张问曰："令尹子文三仕为令尹，无喜色；三已之，无愠色。旧令尹之政，必以告新令尹。何如？"子曰："忠矣。"曰："仁矣乎？"曰："未知，焉得仁？"

【译文】

子张问道："楚国的令尹子文这个人，三次出任令尹，一点也没有高兴的样子；三次被罢免，他也没有怨恨的样子。他办移交的时候，一定要把他任内的事情清清楚楚地告诉新上任的令尹。您看这种人怎么样呢？"孔子说："他是一个为国家忠于职守的人。"

子张说："他的学问修养，有没有达到仁的境界呢？"孔子说："不知道。这怎么能算仁呢？"

【别裁大义】

进退揖让之间

这里又评价当时历史上另外一个人——令尹子文。

令尹子文是春秋战国时代楚国的名宰相。姓斗，名谷于菟。楚国是当时南方新兴的国家。研究春秋战国的历史文化就知道，北方大概偏重于传统守旧；到了南方，楚国是后起的国家，气象就不同，文化思想都有新兴开展的现象。同时也有很好的政治家。

令尹子文，令尹是官名，等于后世所谓的宰相、首相。子文是封号。他的道德、学问都很有修养，而他当时在国际间的声望，大致相当于近代日本明治维新的名相伊藤博文。"三仕为令尹，无喜色。"他三次上台做首相，并没有觉得了不起，一点也没有高兴过。"三已之，无愠色。"三次下台卸官，他也没有难过。人在上台与下台之间，尽管修养很好，而真能到淡泊的并不多。一旦谋得了好的位置，看看他那个神气，马上不同了。当然，"人逢喜事精神爽"，这也是人之常情，在所难免。如果上台了，还是本色，并没有因此而高兴，这的确是种难得的修养。下台时，朋友安慰他："这样好，可以休息休息。"他口中回答："是呀！我求之不得！"但这不一定是真心话。事实上一个普通人并不容易做到安于下台的程度。所以唐人的诗说："逢人都说休官好，林下何曾见一人！"这是描写当时在朝做官的这种情形，古今中外都是一样，不足为怪。不但中国，外国也是一样。"不喜不愠"，这是很重要的修养。此其一。

其次，上台终有下台时。爬山的朋友就知道，爬上去时固然很难，下山的时候更危险。因为向上爬很费力很痛苦，一定会小心。走下坡的时候，就满不在乎了，但往往在这时出毛病。我们可以从爬山体会人生。人"上台终有下台时"，而且老是站在台上，永远演上去就没意思了。和电影、电视界的人一接触就知道，再好的明星，演上十年，也就不再受欢迎了。大家看惯了的面孔，就会生厌，必须要换新人。所以有时下来，换个面孔，蛮好！同是一个人，到别的地方站站，蛮好！此中也颇有人生哲理。此其二。

所以做官，必须要学学令尹子文，三次上台，不喜，三次下台，不愠。我们看书时往往把这种地方很轻易带过了，如果自己切实一体会，才知道他真是了不起。上台，应该的，你交给我做，只要能够做的我尽力去做；下台，最好，我休息休息，给别人做，心里无动于衷。这还不怎么难，最难的是："旧令尹之政，必以告新令尹。"自己所做的事情，一定详细告诉后面接任的人该怎么办。普通交接，只说："这事我办了一半，明天你开始接下去。"就这样了事，令尹子文，则把事情的困难、机密，全部告诉来接印的新人。

这里是说令尹子文对国家的尽忠负责。对来接任的人，看成是工作的接班人。他这种态度，在表面上看起来容易，做起来很难。在外面做事的人，对这些要牢记，这是对国家尽忠，对自己尽职。在一个团体，就为团体尽忠，不为私事。所以子张问到令尹子文时，孔子便说："忠矣。"指出令尹子文是国家的忠臣，因为他把私人的利害得失丢开了，完全为国家尽忠。"曰：仁矣乎？"子张又问到像令尹子文这样的做法，他的学问修养，有没有达到"仁"的境界？"曰：未知，焉得仁？"孔子说，"仁"是什么他还不知道，他怎么能算得"仁"者？他只是忠臣，仁还不够。

【本经】

　　"崔子弑齐君，陈文子有马十乘，弃而违之。至于他邦，则曰：'犹吾大夫崔子也。'违之。之一邦，则又曰：'犹吾大夫崔子也。'违之。何如？"子曰："清矣。"曰："仁矣乎？"曰："未知，焉得仁？"

【注释】

　　崔子：齐国大夫崔杼（zhù），他曾杀死国君齐庄王。
　　弑（shì）：地位低的人杀地位高的人。
　　陈文子：名须无，齐国大夫。
　　弃：舍弃。
　　违：离开。

【译文】

　　子张又问："齐国大夫崔杼叛乱，杀了齐国国君。陈文子有十辆四匹马拉的车，都放弃并逃离了齐国。到了别的国家，一看便说：'这里的执政者和我们齐国的大夫崔子是一样的啊！'于是又离开了。到了另一个国家，又说：'这里的执政者跟我们齐国的大夫崔子是一样的啊！'于是又离开了。这个人怎么样？"孔子说："是个清高的人。"子张问："达到仁了吗？"孔子说："他对仁的观念都还不知道，怎么可能达到仁了呢？"

【别裁大义】

濯足沧浪哪得清

这是历史上有名的事情。齐国是鲁国的邻邦，当时有一大臣崔杼叛乱，杀掉了齐国君王庄公。孔子写《春秋》的微言大义，前面已经说过，他常用一两个字标明，衡论是非。这里的"弑"字，就是《春秋》大义的微言。凡是叛变的人杀了上面的都称为"弑"，所以在历史上看到弑，就知道是叛变杀了上面，在历史上永远留下叛变的罪名。这是中国历史哲学的精神，也是历史的道德观。无论怎样成功，如果做了不对的事，千秋万世都要负这个历史道德的罪名，弑就是弑，杀就是杀。对敌人打胜仗就是克，不是敌人就不能用克。这是一定的、刻板的，所以崔子叛变杀了齐君就是弑。

陈文子也是齐国的大夫，和崔子是同事，地位相当。古代的交通工具，一部车子为一乘，用四匹马驾驶。有马十乘，就是有十部马车，一共四十匹马。"弃而违之"，对崔子的叛变看不下去，把自己的偌大财产都丢掉不要，逃离了齐国。"之于他邦"，又流浪到别的国家。春秋战国时，每个国家都很乱，到别的国家一看，"则曰：犹吾大夫崔子也。"他说，这个国家的大臣们，也都是混蛋，和齐国的崔子一样，都不是好东西。"违之"，因此又走。周游列国，到处走。"之一邦"，又到了另外一个国家，"则又曰：犹吾大夫崔子。"又是感叹！整个世界都是一样，都在混乱，大臣都和崔子一样，没有好东西！"违之"，离开了。子张就问孔子，老师，像陈文子这个人，你看，了不起吧？"子曰：清矣。"孔子说，好！很清高。清高的人往往比较自私，只顾自己，不能算是忠臣。否则，为什么自己国家有难，弃而不救，到处乱走？这里看不惯，那里看不惯，难道国家太平了，就非要你来住吗？

绝大多数清廉之士，最高的成就只到这个地步。他们清，很清。他们批评什么事情，都很深刻，都很中肯，很有道理。但是让他一做，就很糟糕。高尚

之士谈天下事，谈得头头是道。不过，天下事如果交给他们办，恐怕只要几个
月就完蛋。国家天下事，是要从人生经验中得来。什么经验都没有，甚至连"一
呼百诺"的权势经验都没有尝过，那就免谈了。一定要富贵功名都经历过了，
还能保持平淡的本色，最了不起时是如此，起不了时还是如此；我还是我，这
才有资格谈国家天下事。不然去读读书好了。至于批评尽管批评，因为知识分
子批评都很刻骨，但本身最了不起的也只能做到清高。严格说来普通一般的清
高，也不过只是自私心的发展，不能做到"见危授命"，不能做到"见义勇为"。
所以古人的诗说："仗义每从屠狗辈，负心多是读书人。"这也是从人生经验中
体会得来，的确大半是如此。屠狗辈就是古时杀猪杀狗的贫贱从业者，他们有
时候很有侠义精神。历史上的荆轲、高渐离这些人都是屠狗辈。虽说是没有知
识的人，但有时候这些人讲义气，讲了一句话，真的去做了；而知识越高的人，
批评是批评，高调很会唱，真有困难时找他，不行。

　　所以孔子对于陈文子这种人的评论只给他一个"清"字。总之，"水至清
则无鱼，人至察则无徒。"这话很有道理。子张又问陈文子这个人，够不够得
上"仁"的程度？孔子就说，他对仁的观念都还没有，怎么可能达到"仁"
的修养？

　　上面列举出"忠"的榜样和"清"的榜样。

【本经】

　　季文子三思而后行。子闻之曰："再，斯可矣！"

【译文】

　　季文子做事过于小心了，每办一件事都要经过再三考虑后才行动。孔子听
到这事后，便说："做一件事固然需要小心谨慎，但是依据礼和义的原则，考虑
清楚就可以了。"

【别裁大义】

想得太过了

季文子姓季孙，名行父，谥 "文"，是鲁国的大夫。他做事情过分地小心，过分地仔细。"三思而后行"，一件事情，想了又想，想了又再想叫 "三思"。孔子听到他这种做事的态度，便说："再，斯可矣！"这句话有两种解释，从前老学究们的解释认为："做事情要特别小心，孩子们，想三次都不够，孔子说'再斯可矣！'还要再想一次哪！"这种解释是不对的。其实，孔子认为他想得太多。做人做事诚然要小心，但 "三思而后行"，的确考虑得太多了。学过逻辑就知道，学过《易经》的道理更懂得。世界上任何事情，是非、利害、善恶都是 "相对"的，没有 "绝对"的。但是要三思就讨厌了，相对总是矛盾的，三思就是矛盾的统一，统一了以后又是矛盾，如此永远搞不完了，也下不了结论的。所以一件事情到手的时候，考虑一下，再考虑一下，就可以了。如果第三次再考虑一下，很可能就犹豫不决，再也不会去做了。所以谨慎是要谨慎，过分谨慎就变成了小器。大家都有几十年的人生经验，过分小心的朋友，往往都犯了这个小器的毛病，小器的结果，问题就多了。所以孔子主张，何必三思而后行，再思就可以了。

【本经】

子曰："宁武子，邦有道则知，邦无道则愚。其知可及也，其愚不可及也。"

【译文】

孔子说："宁武子在国家政治清明的时候就能充分发挥自己的才能和智慧，

在国家政治混乱黑暗的时候却表现得愚钝和糊涂。宁武子的那种聪明才智，有的人还是可以做得到的，但是他处于乱世时代的那种愚钝的表现，别人就难以学到了。"

【别裁大义】

难得糊涂

宁武子是春秋时代卫国很有名的大夫，姓宁，名俞，"武"是他的谥号。经历卫国两代的变动，由卫文公到卫成公，两朝代完全不同，宁武子却安然地做卫国的两朝元老。"邦有道则知"，这个邦就是古时国家的别称，国家政治上了正轨，他的智慧、能力、才智发挥出来，了不起！可是后来到了卫成公的时候，政治、社会，一切都非常混乱，情况险恶，他还在朝，也参加了这个政治，可是他在"邦无道"的时候，却表现得愚蠢鲁钝，好像什么都很无知。但从历史上看出他并不笨，他对于当时的政权、社会，在无形之中，局外人看不见的情形下，在努力挽救。表面上好像他碌碌无能，没有什么表现，可是他对于国家、社会真的做了事。所以孔子给他下了一个断语："其知可及也，其愚不可及也。"他说宁武子那种聪明才智的表现，有的人还可做得到，但处于乱世那种愚笨的表现，就难以学到了。

人们到了社会历史发生变动的时候，尤其是古代帝王政权变乱时，在前一个君王手上，充分表现了政治才能的人，本来是很容易遭忌的。这是政治上千古以来不移的定例。何以如此？有点莫名其妙的，也许是人类心理的通病，能干了会有人妒忌的。为什么妒忌？只能说是人类天生的劣根性，我们必须以学问、道德来消磨它。这种妒忌心理，到了事业或利害相对的时候，就忌妒别人。所以学问之道，就要了解自己的心理，把这些罪恶的心理，消磨了、转化了，那才是真正"仁道"之"仁"。所以孔子说到宁武子，当初他的才能表现得那么高，应该遭人家的妒忌；但是到了变乱的时候，他表现得很碌碌无能，没人打击他，也没有人仇恨他，这一点修养是别人做不到的。人在得意时，聪明才智很容易露锋芒;"其知可及也",这点大家还可以做得到。但是朴实无华、老实平淡、碌碌无能的样子,"其愚不可及也",这就很难做到了。

这里我们就想到清朝名士郑板桥,说过几句很了不起的话:"聪明难,糊涂亦难,由聪明而转入糊涂更难。放一着,退一步,当下心安,非图后来福报也。"绝顶聪明的人,不是故意装糊涂,而是把自己聪明的锋芒收敛起来,而转进糊涂,这就更难了。下一句话说待人接物,遇事退一步,把利益权位都让给人家,心里很舒服,并不希望人家事后报答,只要当时心里舒服就好。这也是孔子说宁武子的"其知可及也,其愚不可及也"的另一引申。

【本经】

子在陈,曰:"归与!归与!吾党之小子狂简,斐然成章,不知所以裁之。"

【注释】

陈:国名。妫(guī)姓,舜的后代,周武王灭商后所封。

狂简:有大志,但才学稍疏。"狂",志向远大。"简",疏略,草率。

斐然:有文采的样子。

裁:裁断,裁正,自裁。此乃喻辞,谓如布帛,已织成章而未裁剪,则仍无确切之用。

【译文】

孔子在陈国,说:"回去吧!回去吧!我的这些学生志向远大很有豪气,但凡事看得太容易太简单,文章见解固然具备,可是对世事还是不懂得怎样裁断。"

【别裁大义】

不如归去

归与的"与"字是惊叹词，同"欤"。这一节等于孔子的一段传记。这是孔子周游列国，到晚年的时候，要想回来讲学的自白。这里谈到学问之道。我们要特别了解的是，孔子在这段时间周游列国，对于国家天下大事，了然于心。有很多拿到政权的机会，但是他不要，他认为国家天下所以安定，必须要以教育文化为基础，于是他决心回到自己的国家讲学去。此时他很感叹地说：回去吧！回去吧！

"吾党之小子狂简"——小子是年轻人。党是指古代的乡党，也就是鲁国这一些跟随他的学生们。"狂简"是两个典型。豪迈、慷慨，多半年轻人喜欢的个性和作风就是"狂"。轻易、草率，对国家天下事掉以轻心，就是"简"。我们知道宋代的名诗人陆放翁（在清末民初，有更多的文学家喜欢捧陆放翁，誉他为爱国诗人），他的一首名诗："早岁那知世事艰，中原北望气如山。楼船夜雪瓜州渡，铁马秋风大散关。塞上长城空自许，镜中衰鬓已先斑。出师一表真名世，千载谁堪伯仲间。"这是他当时的自述。他在少年时代，希望带兵打仗，把金人赶出去，那种幻想中的气魄，非常可爱可嘉；后面四句则说到年纪大了，头发白了，一无所成的感慨。现在引用他的诗"早岁那知世事艰"，说明年轻人虽然富有冲劲，但容易犯轻狂的毛病，太过冲动，这就是"狂简"的狂。第二种典型"简"，把天下事看得太容易了，自己想到就好像做得到一样，年轻人也容易犯这个毛病。"吾党之小子狂简"，是说跟自己的这般年轻人，蛮有豪气，看天下事太容易了。虽然文采不错，"斐然成章"地议论纷纷，毕竟还未成器。像现代许多年轻人搞的书刊著作，大谈国家天下事，头头是道，但文章是文章，天下事是天下事，这完全两回事。要做到事理合一，非有几十年亲身艰苦的经历，是不会了解的。所以孔子认为，必须要回国教育后一代，决心把精神放在教育上，培养国家的根本。"不知所以裁之"这句话，是说年轻人有够狂的豪气，凡事看得太容易、太简单。文章见解固然有，却不知道仲裁，不知道裁取。如何是该不该？怎样是能不能？都不考虑。学问之道，最难的是如何中肯仲裁。像做衣服的技师一样，要把一块布裁剪成一件合身而大方的衣服，这是一门不简单的学问。所以他一心要回到鲁国，献身于文教的千秋事业。

这一段，在时间上说，很可能是孔子晚年回国讲学的情况。为了整篇《论语》的行文，特地安排在这一篇。也很可能是孔子在陈蔡之间，遭遇困难以后，决心要回国讲学了，于是发出了这个"宣言"说明他回国讲学，对一些人或事，所采取的态度。

【本经】

子曰："伯夷、叔齐，不念旧恶，怨是用希。"

【注释】

伯夷、叔齐：商朝末年孤竹国国君的两个儿子。父亲死后，他们二人因互让君位而出逃。周武王起兵讨伐商纣王，他们曾拦车马而谏；周灭商后，他们耻食周粟，隐居在首阳山，采薇而食，饿死在首阳山。

【译文】

孔子说："伯夷、叔齐不记旧恶，能宽恕别人，因此和别人的仇怨也就没有了。"

【别裁大义】

孔子对于伯夷、叔齐、吴泰伯三个人是非常佩服的。关于吴泰伯，在下面还有专篇。中国历史上这三个人，都是薄帝王而不为的人，他们本该当君主的，可是他们都谦让了，自己不要。伯夷是老大，叔齐是老三。老大让位给老三，老三也不干，结果两人都逃掉了，只好由老二勉强担当政权。伯夷、叔齐这样让国，吴泰伯也是这样的人。孔子到处提到他们，非常尊敬他们、崇拜他们。在这里又提到伯夷、叔齐有不念旧恶的美德。过去有人对不起他的，过了就算了，不怀恨在心。这有什么好处呢？有！"怨是用希"，能够不怀恨别人，宽恕了别人，所以和别人之间的仇怨就没有了，而坏人渐渐也会被他们所感化。

为什么《论语》编到这里，把这句插进去呢？因为孔子在鲁国做过一任司寇，至少也有现在电视上《包青天》节目中，包公的那种政风。上了台就把少正卯杀掉了，雷厉风行的做法，不免在政治上有些恩恩怨怨。不过他走的是正路，所以大家也拿他没办法。既然要回国讲学，政治上的恩怨可以抛诸脑后了。过去有人对我不起的，不要放在心上，随他去。我们回去教学吧！

虽然如此，他又讲了一件事。

【本经】

子曰："孰谓微生高直？或乞醯焉，乞诸其邻而与之。"

【注释】

微生高：姓微生，名高。"微"通"尾"，或谓尾生高，鲁国人，当时人认为他为人直率。《庄子》《战国策》等先秦文献中曾记载他守信的故事，说他和一个女子相约在桥梁下见面，该女子没能按时赴约，他一直在原地等待，结果被上涨的河水淹死。

醯（xī）：醋。

【译文】

孔子说："谁说微生高这个人直呢？有人向他讨一点醋，他没直说家里没有，却向邻居家要来转给人家。"

【别裁大义】

微生高，姓微生，名高，是一个鲁国人，人家说微生高这个人很直爽、坦率，但是孔子认为大家的话说过分了，他并没有符合这种修养。"或乞醯焉"，有人向他要一杯醋浆。他没有，自己便到别一家去要一杯醋来，再转给这个要醋的朋友。孔子认为这样的行为固然很好，很讲义气，但不算是直道。直道的人，有就是有，没有就是没有，不必转这个弯。微生高转了这个弯，就不能算是直。

这一点值得我们研究了。我们要注意，孔子的思想——在下面还会讲到——是"以直报怨"，这也就是后世儒家思想的争论点。什么是"以直报怨"呢？你打我一记耳光，我不打你一拳，但吐你一口唾沫，不过分吧！总可以吧？因为你打我，我实在生气。至少，你骂了我，我可以不恨你，但我不理你，这总可以吧？这就是"以直报怨"的道理。孔子一直是这个主张。"以德报怨"是老子的思想，后世也把它代表了道家的思想。就是说，你对我不起，我不恨你，不报复你，反而对你好，乃至把你感化了。孔子"以直报怨"的思想，在中国文化中，和墨子思想以及侠义思想，有相同看法，都主张"直"。所以中国侠义的思想和墨子的思想，普遍流传于民间，所谓"睚眦必报"，所谓"路见不平，拔刀相助"就是由这种精神演变而来的。那么孔子这个思想对或不对呢？我们不管他圣人不圣人，"吾爱吾师，吾更爱真理"。先把圣人这头衔供到上面去，问题则要讨论。

拿中国传统的侠义思想或道家的思想来说，对于一个有困难、有急用而来借钱的朋友，正好自己没有钱，于是转向他人借来，给这位困难的朋友，这是义所当为的事。但孔子在这里却并不以为然，他认为这不是直道的行为。

就我们现在研究的方法，《论语》是整篇连贯的，不能一节一节拆开来看。而且二十篇《论语》，也可说是全部连贯的一篇大文章。那么在这一个基本观点上，来看这一句话的含义，正如前面所讲的，孔子晚年周游列国后，要回国讲学了。他发表"宣言"，首先提出来"不念旧恶"，过去的都过去了，所有恩恩怨怨，大家都不必去说他。现在应该回去，为自己国家、为天下人，打一点文化的基础，来教育后代。第二点他也说明，虽然过去不问，但好的还是好，坏的还是坏。并不因为既往不咎，坏的就一下子变好了。这里不过借用这个"直"字来作说明而已。如果一定要说这一点，是孔子解释直道行为的要点，那么，后世的儒家就发生问题了。汉、唐、宋、元、明、清以来，所有读书称儒家的人，都变成胸襟狭窄，结果就成为刚才所列举过古人的诗所说的"仗义每从屠狗辈，负心多是读书人"了。难道说读书人多半不管别人，不能具有这种侠义的精神？这是误解了孔子这句话的意思。连贯全篇的思想看起来，孔子是故意向当时鲁国一些因政治上恩怨而怕他回国的人，透露了一个消息——虽然对于你们，在我心里并不同意，但是各走各的路，你们不要害怕，我要回来了。

　　何以见得是这样的呢？下面孔子还有一句话。

【本经】

　　子曰："巧言、令色、足恭，左丘明耻之，丘亦耻之。匿怨而友其人，左丘明耻之，丘亦耻之。"

【注释】

　　左丘明：姓左丘，名明，鲁国人，相传是《左传》一书的作者。

【译文】

　　孔子说："一个人讲虚妄的好听话，脸上表现出讨人喜欢的面孔，看起来对人十足恭敬的样子。左丘明认为这是可耻的，我也认为这是可耻的。心里怀着对别人的怨恨，表面却装出与别人友好的样子，左丘明认为这样可耻，我也认为这样可耻。"

【别裁大义】

这个丘是孔子的名字。我们过去老式的念书，念到这里不称丘，不敢念，念了犯忌讳，要挨揍的。于是另外拿一个字来替代，而念成"某亦耻之"。现在时代的忌讳不同了，无所谓。这里孔子又说，一个人讲一些虚妄的、好听的话，脸上表现出好看的、讨人喜欢的面孔，看起来对人很恭敬的样子，但不是真心的。左丘明耻之，丘亦耻之。（左丘明就是写《春秋左传》的左丘明，古人认为左丘明是当时的闻人。古代所谓的闻人，就是名气非常大，可并不是官，也不是一个固定型的人，所以称闻人。后世对帮会领袖称作闻人，这个观念，古今是有出入的。）孔子这句话是说，左丘明讨厌这种说假话做假事的人，我也和左丘明一样，讨厌这种人。

"匿怨而友其人"，明明对人有仇怨，可是不把仇怨表示出来，暗暗放在心里，还去和所怨恨的人故意周旋，像这样的人，他的行径就太不对，用心也太奸险了。左丘明做人的态度不屑于这样，我也不屑于这样。

把孔子这两句话，和对微生高的话连在一起，再把上面"归与……归与……"连贯起来，是孔子归国办教育前的"宣言"。等于是对鲁国政治上这班怨恨他、怕他回来的人说，我对你们是不同意的，但没有仇恨，我要回来了。一连串贯通起来，便成了这个意思。

下面接着孔子回到鲁国了，我们把它连起来，就像是孔子的一段传记历史。

【本经】

　　颜渊、季路侍。子曰："盍各言尔志。"

　　子路曰："愿车马，衣轻裘，与朋友共，敝之而无憾。"

　　颜渊曰："愿无伐善，无施劳。"

　　子路曰："愿闻子之志！"

　　子曰："老者安之，朋友信之，少者怀之。"

【注释】

　　盍：何不。

　　伐：夸耀。

　　无施劳：自己认为劳苦的事情，不交给别人。就是说不要把自己的烦恼痛苦放在别人身上。

　　少者怀之：让少者得到关怀。

【译文】

　　颜渊和子路陪侍孔子。孔子说："你们何不说说各自的志向呢！"

　　子路说："我希望将来家里有了车马和好的衣物等都与朋友共同享用，用坏了也没有什么遗憾的。"

　　颜渊说："不夸耀自己的长处和成就；遇到劳苦的事情自己做，不麻烦别人。"

　　子路说："想听听老师的志向。"

　　孔子说："我希望所有的老年人，无论在物质还是在精神上都能得到安顿；朋友之间能相互信任，人与人之间没有怀疑和仇恨；下一代人都能得到关心和爱护，年轻人都能拥有美好的理想和宽广的胸怀。"

【别裁大义】

一乐也的对话

有一天，颜渊和子路站在孔子旁边闲谈，孔子就说："盍各言尔志。""盍"是一个虚字，中国古文里经常有"盍""夫"这类虚字，等于我们现在的"嗯"、"那么"。他说，你们年轻的一代，把你们的愿望、志向讲出来听听看。在这里，我们等于在看话剧，台词中表现了孔子学生的个性，也烘托出孔子的教育手法。

子路曰："愿车马，衣轻裘，与朋友共，敝之而无憾。"这完全代表了子路的个性。子路是很有侠气的一个人，胸襟很开阔。他说，我要发大财，家里有车马，冬天有好的皮袍、大衣穿，还有其他很多富贵豪华的享受。但不是为自己一个人，希望所有认识我的人，没有钱，问我要；没饭吃，我请客；没房子，我给他住。气魄大！唐代诗人杜甫也有两句名诗说："安得广厦千万间，大庇天下寒士俱欢颜。"就是子路这个志愿的翻版，这是杜甫文人的感叹。而子路的是侠义思想，气魄很大，凡是我的朋友，衣、食、住、行都给予上等的供应。"与朋友共"的道义思想，绝不是个人享受。"敝之而无憾"，用完了，拉倒！

颜渊却是另一面的人物，他的道德修养非常高，与季路完全两个典型。他说，我希望有最好的道德行为、最好的道德成就，对于社会虽有善行贡献，却不骄傲。"伐善"的伐，就是夸耀。"无伐善"，有了好的表现，可是并不宣传。"无施劳"，自己认为劳苦的事情，不交给别人。在上面也提到过，圣贤与英雄的分野：英雄能够征服天下，不能克服自己；圣贤不想征服天下，只想征服自己。所以圣贤比英雄还要难。换句话说，英雄可以施劳，把自己的理想，建筑在别人的烦恼、痛苦之上。圣贤则不想把自己的烦恼、痛苦放在别人的肩膀上，而想担起天下人的烦恼与痛苦。所以颜渊讲"无施劳"，就是说不要把自己的烦恼痛苦放在别人身上，这是颜渊的所谓"仁者之言"。

　　一文一武这两学生的理想志愿完全不同，都报告完了。孔子听了以后，还没说话，我们这位子路同学，可忍不住，发问了，老师！你先问我们，你的呢？也说说看。孔子说了："老者安之，朋友信之，少者怀之。"这就是《礼运篇》中大同思想的实现，这是最难做到的了。这三点一看就与众不同。孔子之所以为圣人，成为了不起的教育家、哲学家……总之什么家都被他"家"上了，了不起就是了不起。"老者安之"，社会上所有老年的人，无论在精神或物质方面，都有安顿。"朋友信之"，社会朋友之间，能够互相信任，人与人之间，没有仇恨，没有怀疑。"少者怀之"，年轻人永远有伟大的怀抱，使他的精神，永远有美好的理想、美丽的盼望。也可以说永远要爱护他们，永远关爱年轻的一代。我们仔细研究，如果这三点都能做到，真是了不起的人。这样的人，如果要为他加一个头衔，那就是圣人，或者神仙，或者如来。因为这三点，对上一代，自己这一代，以及下一代都有交代。此即所谓圣人境界，是很难做到的一件事。

　　讲到这里，这篇对于学问之道实际的讨论，引用孔子的话，作个结论。

【本经】

　　子曰："已矣乎！吾未见能见其过，而内自讼者也。"

【译文】

　　孔子说："算了吧！我从来没有看到过一个人，能做到随时检讨自己的过错，而且还能在内心自我审判裁定的。"

【别裁大义】

　　这就是学问之道的点题。主要的要与第一篇《学而》连起来。孔子这几句话，用白话文翻译过来是：算了吧！我从来没有看到过一个人，能随时检讨自己的过错，而且在检讨过错以后，还能在内心自我审判。怎样受审判呢？就是自己内在打天理与人欲之争的官司，就是如何善用理智平衡冲动的感情。这是学问的基本，也是中国文化儒家情操的中心；也是我们每一个人，随时会碰到，而无法避免的事。例如吸烟的人，戒烟非常难，看见了烟，理智告诉自己要戒，然而手下意识地会伸出去取烟。其实人生随时随地都是如此，每个人都有理智，都很清醒，有的事不愿做，但欲望一起，就压不下去，理智始终克服不了情欲。所以孔子儒家的学问重点，在于内讼和自省，自己在肚子里审察一番。孔子在这里就讲到，他从来没有看过一个人，可以随时自己反省、随时检讨自己、责备自己的。这是特别提出孔子讲做学问的重点所在。

【本经】

子曰："十室之邑，必有忠信如丘者焉，不如丘之好学也！"

【译文】

孔子说："即使在只有十户人家这样小的村子里，一定也会有忠实守信会像我这样的人，如果说有什么差别的话，那只不过是不如我这样好学罢了！"

【别裁大义】

根据孔子上面所说，以他活到六七十岁的年纪，周游世界各国，竟然没有看到过一个随时反省的人，顶多只有一个，是他的学生颜回。似乎抹煞了天下人，但是孔子并没有那么偏激的思想。十室之邑——等于我们说在三家村里。（古代的"邑"，等于现代的邻或里。汉唐以后，"邑"的观念又不同了，相当于现代的县。如果把汉唐以后的"邑"的观念，拿来看春秋战国时的"邑"，那就错了，这是研究学识上要小心的地方。）所以他接着补充说，就是在十户人家的三家村里，也一定有讲学问道德的人。对事的忠、对人的信，都像我一样，只是不像我一样肯努力去多方学习而已。孔子认为许多人有天才，但没有加上学识的培养，因此不能成就。就道德心理而言，问题也是一样。任何人都有道德的基本因素，只是因为没有学养，不知道把这种道德心理的基本因素培养出来。要使这种心理上善良的本质见之于行为，就必须加上学问的陶冶。

雍也第六

【本经】

子曰："雍也，可使南面。"

仲弓问子桑伯子。子曰："可也，简。"仲弓曰："居敬而行简，以临其民，不亦可乎？居简而行简，无乃大简乎？"子曰："雍之言然。"

【注释】

南面：古代以面向南为尊位，天子以及诸侯、卿大夫等以地方最高官的身份听政都是面向南面而坐。所以这里孔子是说可以让冉雍去从政做官治理国家。

【译文】

孔子说："冉雍这个人啊，其才能可以让他执掌政事。"

仲弓问起子桑伯子这个人怎么样。孔子说："此人还可以，处事简约。"

仲弓说："内心恭敬严肃而行事简约，用这种态度和方法处理老百姓和社会的事务，那当然可以！如果处事态度不认真做事马虎，又以简单的方法处事以图简单，那岂不就是过于简单了吗？"孔子说："冉雍的话有道理啊！"

【别裁大义】

闲置帝王才

这篇书，同上篇以公冶长的名字来作篇名一样的，也是以学生"雍"的名字来作篇名。《公冶长》代表修德之体，《雍也》代表进业之用。

　　雍是孔子学生中有名的一个，姓冉，名雍，字仲弓，比孔子年轻二十九岁。在孔门得意的高弟当中，他认为道德学问都行的是颜回；慷慨好义、军事第一的是子路；政治、外交、经济等第一是子贡；另一个他最得意的学生，就是冉雍。他认为"雍也，可使南面"。所谓南面，就是说他有南面而王、君临天下的大才。孔子周游列国的时候，每个国家都怕孔子，因为他的排场太大了。一来就带了那么多弟子，而且他的弟子中，各国的人都有，他的理想国中的各项人才也都有：冉雍可以作君王，宰相可由子贡出任，三军统帅子路可以站出来。这情形，诸侯列国有谁敢收容孔子？他在那里一待，谁都紧张。所以从整个历史来研究孔子，就可以知道，他之所以伟大，之所以成为圣人，实在是其来有自。他不是没有办法，而是非常有办法，只要他头一点说：你们干吧！问题就大了。以他的三千弟子，在春秋战国时，随便哪一个大国都吃不消，都可以被他拿下来。但是孔子不走这条路，为什么不走这条路？这种道德修养，就值得我们研究了。如果对当时的史料不清楚，好像孔子之成为圣人，是读书人被逼得穷到无可奈何，才做了圣人，那就完全错了，这点值得我们特别注意。

　　孔子提出来："雍也，可使南面。"这是说冉雍这个学生有帝王之才。古代帝王，依照传统文化观念，一定要坐北向南，一直到清朝被我们推翻以前，几千年来都是如此。古时南北正向的房子，老百姓是不准修的，尤其在清代，老百姓如建南北正向的房子，地方官一向上报，就要论罪灭九族的。老百姓向南的房子有没有？有的，但是大门一定向旁偏一偏，不许正向南方。只有州、县等官府的衙门，或者神庙可以坐北向南，其他不行。这是中国专制时代建筑方向的规矩。还有，北京的房子，在过去绝不能高过宫殿，否则就是犯罪。所以"南面"这两个字，在古文中往往就是称帝称王的代名词。

　　我们在这两篇书上看得出来另外的一个道理。第五篇《公冶长》，坐在牢里犯了法的人，孔子却把女儿嫁给他；第六篇则讲可以做帝王的是冉雍。而冉雍本来是最可怜的人。他的父亲很不好，出身于贫贱家庭，如以阶级观念来讲，他的父亲是所谓下等人，可是他的儿子却资质非凡。由这两件事例，可以看出孔子在中国上古时代，那种注重阶级的社会里面，他并不考虑到这些。他只问一个青年，他个人是不是人才，如果是一个人才，该如何就如何。所以后来他也一再鼓励冉雍。当然，冉雍下意识中也会有一种心理——自己的出身、自己的家庭如此，难免心理上有点自卑感。孔子就告诉他，不必要存有这种心理，一个人要靠自己站起来。所以这两篇书，第一个提到的人，都是在困苦艰难中，由孔子的培养，学问德业才能有所成。

说到冉雍，他有一天提出一个问题来问孔子，讨论到子桑伯子这个人，在《庄子》这部书中也曾经提到过此人，为人非常豁达。在秦汉以后的文化中用豁达这两个字，很有内涵。《史记》上写汉高祖，也有这种字句。达者指度量的宽大，讲得好听点是豁达；讲得难听点，就是"吊儿郎当"，一种满不在乎的态度。子桑伯子，就是一个这样的人。

豁达的人往往太简。关于这个"简"字，就值得研究了。我们须要特别了解：孔子经常提到的"简"，就和老子所提到的"俭"，观念是一样的。这两个字的定义，在古文中几乎完全是一样。只是两个字的表现不同而已。孔子说子桑伯子从简，一切都是简化，近乎豁达，批评得简单明了。那么冉雍就提到他的思想了。他说做一个领导人"居敬而行简"，如果对一件事——处事，对一个人——待人，都是敬重的心理，事情自然就可以简化。这样来处理老百姓的事情，和一般社会的事务，就对了。如果说内心的精神，没有尊重这件事情，没有重视行政组织，没有"敬业"的心理，只是满不在乎，以此来标榜简化，以简化的目的来实行简化，就变成一种权术、一种手段，就不是政治的道德，这样就未免过分简化。在我们历史文化上，做领导人的，要注意所谓以"上有好者，下必甚焉"上位的人，爱好一件事或一种动作，标榜一事或提倡某一点，下面的人就群起效矍，做得更热烈、更过火了。孔子听了冉雍的话，马上就说，你的话对，我一时说错了。由此也可看出孔子的民主态度及教学精神的诚敬之处。

【本经】

　　哀公问："弟子孰为好学？"孔子对曰："有颜回者好学，不迁怒，不贰过，不幸短命死矣！今也则亡，未闻好学者也。"

【译文】

　　鲁哀公问孔子："你的学生中谁是最好学的呢？"孔子回答说："有一个叫颜回的学生好学，他从不迁怒，也从不重犯同样的过错。可惜短命死了！现在没有这样的人了，没有听说谁是好学的了。"

【别裁大义】

　　鲁哀公问孔子，你的学生中，哪一个能真正续承你的学问？最好学的是谁？孔子说，只有颜回。他认为继承学问道统的是颜回，不一定有帝王之才，却有师道的风范；而冉雍则有君道之才。颜回足为人师的学问德业在哪里呢？"不迁怒，不贰过。"但是"不幸短命死矣"，可惜已经死了。"今也则亡"，现在就没有了。"未闻好学者也"，再也找不到第二个好学的人了。从这段话又证明了我们的一个观念——学问并不专指文学知识。

　　现在要讨论的是"不迁怒，不贰过"，这六个字我们一辈子都做不到。孔子也认为，除了颜回以外，三千弟子中，没有第二个人了。凡是人，都容易犯这六个字的毛病。"迁怒"，就是脾气会乱发，我们都有迁怒的经验。举例来说，我们最容易迁怒的是自己家人，在外面受了气回家，太太好心前来过问："今天回得那么晚？"于是对太太："你少讨厌吧！"这就是迁怒了。其实并不是骂太太，是在外面受了气，无处可发，向太太迁怒了，所以我们有时候对长官、对朋友也要原谅。很多人挨了长官的骂，仔细研究一下，这位长官上午有件事弄不好，正在烦恼的时候，你再去找他，自然挨他的骂，这是被迁怒了。处理事情也是这样，我们看到历史上，有些人做了历史的大罪人，就由于迁怒。有的因为对某一个人不满意，乃至把整个国家拿来赌气赌掉了。不迁怒真是太难的事。

当皇帝的能受气

我们讲两个故事：

第一次世界大战以前，德国的名宰相俾斯麦与国王威廉一世是对有名的搭挡。德国当时会强盛，不但是俾斯麦这个首相行，同时也因为有这个宽容大度的好皇帝。威廉一世回到后宫中，经常气得乱砸东西，摔茶杯，有时连一些珍贵的器皿都砸坏。皇后问他："你又受了俾斯麦那个老头子的气？"威廉一世说："对呀！"皇后说："你为什么老是要受他的气呢？"威廉一世说："你不懂。他是首相，一人之下，万人之上。下面那许多人的气，他都要受。他受了气哪里出？只好往我身上出啊！我当皇帝的又往哪里出呢？只好摔茶杯啦！"所以他能够成功，所以德国在那时候能够那么强盛。

另外一个故事。朱元璋的马皇后也是了不起的人物。朱元璋当了皇帝以后，有一天在后宫与皇后谈笑，两个人谈得高兴，朱元璋突然拍了一下大腿，高兴得跳起来说："想不到我朱元璋也会当皇帝！"手舞足蹈，又露出了他寒微时那种样子，这是非常失态的。当时还有两个太监站在旁边，他没有留意到。一会儿朱元璋出去了，马皇后立即对那两个太监说："皇帝马上要回来，你们一个装哑巴，一个装聋，否则你们两人都会没有命了，记住，听话！"果然，朱元璋在外面一想，不对劲，刚才的失态，将来给两个太监传了出去，那还了得。于是回到后宫，一问之下，两个太监，一个是哑巴，不会说话；一个是聋子，没有听见，这才了事。否则这两个头岂不掉下来了？所以马皇后也是历史上一个有名的好皇后。

这就讲到人生的修养与迁怒，一点事情不高兴，脾气发到别人身上，不能反省自讼。尤其是领导别人的，要特别注意。

第二点最难的，"不贰过"。所谓贰过，第一次犯了过错，第二次又犯。等于我们抽烟一样，这次抽了，下决心，下次再不要抽，可是到时候又抽起来了。再犯同样的过错，这就是"贰过"。孔子说只有颜回才能做到"不迁怒，不贰过"这六个字，人们真能做到如此，不是圣人，也算是个贤人了。

"迁怒"的意义发挥起来还很多，总之，我们做人做事，要尽量注意"不迁怒，不贰过"。那么，"虽不中，亦不远矣。"

事实上，我们所讲的"不迁怒，不贰过"，只是其中的一小点。如果认真地研究起来，这两句话是概括了全部历史哲学，也概括了人类的行为哲学。人若真能修养到"不迁怒，不贰过"，那真是太不容易了。所以孔子再三赞叹颜回，是有他的道理的。

譬如我们说"怨天尤人"，就是迁怒的一例。一个人到了困难的时候怨天，这是普通的事。说到"怨天"，如韩愈所说的，一个人"穷极则呼天，痛极则呼父母"，这是自然的现象。又如司马迁《史记》中对《离骚》的评论："夫天者，人之始也；父母者，人之本也。人穷则反本，故劳苦倦极，未尝不呼天也；疾痛惨澹，未尝不呼父母也。"这里所指的"穷"，并不只是没有钱了才叫作"穷"。一件事到了走投无路的地步，就叫作穷。此时往往情不自禁地会感叹："唉！天呀！"身上受了什么难以忍受的痛苦，往往就脱口而出："我的妈呀！"这是一种自然的反应。人到无可奈何的时候，心理上就逃避现实，认为这是上天给我的不幸。"尤人"，就是埋怨别人、诿过于人，反正是"我没有错"。古时平民文学中有一首诗说的"作天难作四月天，蚕要温和麦要寒。行人望晴农望雨，采桑娘子望阴天。"像这样，天作哪一种天才是好天呢？作天都难作，何况做人？所以一个人为朋友效力，受人埋怨，是难免的。尤其领导的人，受人物议，更是必然。所以老子说的"人法地，地法天，天法道，道法自然"这句话，也就是包含了要我们效法天地广大包容的气度。

至于"不贰过"这层修养，比起"不迁怒"的操守，那是更深一层的功夫了。

下面文章气势再转，更见《论语》编排之曲折而隐含条理之妙。

【本经】

　　子华使于齐，冉子为其母请粟。子曰："与之釜。"请益。曰："与之庾。"冉子与之粟五秉。子曰："赤之适齐也，乘肥马，衣轻裘。吾闻之也，'君子周急不继富'。"

【注释】

　　子华：姓公西，名赤，字子华，孔子的学生。

　　使于齐：出使齐国。

　　冉子：即冉求，字子有，通称冉有，孔子的学生，以政事见称，多才多艺，尤擅长理财。

　　粟（sù）：谷子，小米，泛指粮食。

　　请益：请求再增加。

　　釜（fǔ）：古代容量单位，一釜为六斗四升。

　　庾（yǔ）：古代容量单位，十六斗为一庾。

　　五秉（bǐng）：古代容量单位，一秉为十六斛，五秉合八十斛。斛（hú）是古代容量单位，一斛为十斗。总计八百斗。

　　君子周急不继富："周"，周济、救济。君子只去周济人的急难，而不去给人增添富厚。也可以说，君子去雪中送炭，而不去锦上添花。

【译文】

　　子华出使齐国，冉有替子华的母亲请求要些粮食。孔子说："给他一釜吧！"冉有请求多给一些。孔子说："那就再给他加一庾。"冉有却给了他五秉。孔子说："公西赤去齐国，乘着高头大马驾的车子，穿着又轻又暖的皮袍。我听说过，'君子周急不继富'。"

【别裁大义】

周富济贫

子华名公西赤，孔子弟子，少孔子四十二岁。有一次公西赤被派出去做大使，这时孔子大概在当政。冉求是公西赤的同学，他因为公西赤还有母亲在家，于是就代公西赤的母亲请求实物配给，也就是请拨一笔安家费。孔子说，好，给他一釜。"釜"是古代度量衡的单位，六斗四升为一釜。这是米谷的成数，数量不多，所以冉求为他"请益"。冉求为同学说话了，老师，一釜少了一点，给他增加一些吧！于是孔子说，好吧！加给他一庾。庾是古代容量的单位，十六斗。等于说孔子原来给他五万元，现在又增加了八万。大概当时冉求是在孔子那里当总务，"一朝权在手，便把令来行。"为了同学，不管孔子的意见，另外自己一批给了五秉。当时十六斛为一秉，现在来说，数字相当大，好像一下子给了三五十万了。事后，孔子知道了，但是并没有责怪冉求。这也是一种教育。当然现在做官就难了，以前做官，讲情、理、法，除了法律以外，还要合理、合情。不像现在的时代精神，以法治为主，专讲人事法规与人事管理，往往无法兼顾情理。冉求对于这件事情的处理，孔子如果专讲法令，那冉求是不对的，很可能要撤职查办。但是孔子没有追究，他始终站在教育的立场上说："赤之适齐也，乘肥马，衣轻裘。吾闻之也：君子周急不继富。"意思是对学生们说，你们要知道，公西赤这次出使到齐国去，神气得很，坐的是第一流的交通工具，穿的是第一流的行装。等于现在西装几十套，皮箱几十口。他有这许多置装费，额外津贴，尽可以拿出一部分来给他妈妈用。我们帮助别人，要在人家急难的时候帮助人家。公西赤已经有了办法，再给他那么多，不是成了锦上添花吗？这是不必要的。这也就是所讲"求人须求大丈夫，济人须济急时无"的道理。

不过我们经常会感觉到助人是件很难的事，这牵涉到社会心理问题。比如有一个朋友，又穷又病，于是替他找些朋友出钱治病。同样是这人的事情，去找了一位朋友三次，第四次以后，就要找别的朋友了。有时为了周人之急，我们可以要求别人："再来一次！"但别人的答复说："今天实在不行。"我们也许可以勉强地说："这一次算我要的！"这就等于硬上了。但是某人一死，朋友们又很热心地出钱出力帮忙买棺材了。有时候碰到这种情形，真使人有很大的感慨，也感觉很奇怪。当某人生前有急难的时候，替他奔走，找人帮忙还不大顺利。而他死了以后，大家又这样踊跃帮忙，同情他，可怜他穷病得死了。这种心理用在某人生前多好呢？把准备给他死后买棺材的钱，在他生前多出一点医药费好不好呢？这都要仔细思量。所以说，道德行为，又该怎样讲呢？研究下来，还是应该"济人须济急时无"比较重要。孔子说"君子周急不继富"，已经有了的人，就不必再给他了。

从公西赤的事件看起来，好像孔子当主管时，对于财政的管理是比较紧缩的。但是接着这一节书连下来，便讲到另一件类似的事情，证明孔子对于财务并非悭吝。

【本经】

原思为之宰，与之粟九百，辞。子曰："毋！以与尔邻里乡党乎！"

【注释】

宰：家宰，管家。

【译文】

原思在孔子家做总管，孔子给他禄米九百，原思推辞不肯要。孔子说："不要推辞！如果有多余的，就把它周济给你的邻里乡亲吧。"

【别裁大义】

原思名宪，字子思，孔子的学生。他在孔子过世以后，就辞官归隐江湖。

子贡后来相卫的时候，因为很佩服他，特别去看他，结果被他刮了胡子。子贡去时，排场很大；原宪故意装扮成一个乡巴佬，穿了破旧的衣服会见子贡。见面以后，子贡说："你生病了吧？"原宪说："我没生病。我没有钱，只是穷；学道而不成，才是病。像我这样子是穷，而不是病。可是你学了夫子之道，看你今天这个神气、派头……"虽然把子贡弄得下不了台，不过由此也可见原宪的侠义气概。孔子当政时，"原思为之宰"，这个"宰"是家宰，以今天的职务来说，相当于总务。孔子"与之粟九百"，这个九百的数字，到底有多少，无法考据，总之很多。"辞"，他不要那么多，希望减掉一点。但是孔子说，你不要推辞，你用不完可以周济那些贫穷的亲戚、朋友。

　　这一节是记载孔子出仕当政时，两个不同的态度。公西赤外放当大使，同学帮忙，要求多发一点安家费，孔子认为并不需要；而原宪经济状况较差，当他为孔子当总务的时候，孔子把他的待遇提得特别高。原宪不要，孔子却反而劝他收下。从这个故事，我们看到孔子作之君、作之亲、作之师的风范。除了是长官的身份之外，还身兼父母、师长之责，随时以生活中的事例来教育学生，这也就是后世儒家所该效法其教化精神的重点之处。

【本经】

　　子谓仲弓，曰："犁牛之子骍且角，虽欲勿用，山川其舍诸？"

【注释】

　　犁牛：耕牛。此种牛有杂毛，一般作耕地之用。古代祭祀用的牛不能以耕牛代替，系红毛长角，单独饲养的。

　　骍且角："骍"（xīng），红色。祭祀用的牛，毛色为红，角长得端正。

　　用：用于祭祀。

　　山川其舍诸："其"，意同"岂"，怎么能够。"诸"，"之乎"两字的合音。

此句意为山川神祇怎么会舍弃它呢?

【译文】

　　孔子谈到冉雍,说:"耕牛产下的牛犊,却长着全身红色的毛,而且头角也长得整齐端正,即使人们不想在祭祀大典上用它,山川之神怎么会舍弃它呢?"

【别裁大义】

天生我才必有用

　　由此又讲到对仲弓的直接教育。仲弓就是冉雍,本篇的主角,孔子最得意的学生之一。本篇第一句话,孔子就说他有当皇帝的才具——"可使南面"。前面我们曾经介绍过仲弓贫苦的出身,他父亲当时的声誉也并不高明,大概各方面都很不如意。但这做儿子的,却才德出众。因此孔子全力提拔这个学生,给予特别培养。

　　他劝冉雍心理上不必有下意识的自卑感。"犁牛"是一种杂毛牛的名称。现代畜牧中,荷兰来的杂毛牛算是好品种。但在古代这种杂色的牛,除了耕种,没有什么其他的用途。尤其在祭祖宗、祭天地等庄严隆重的典礼中,一定要选用色泽光亮纯净的牛为牺牲。但这条杂毛牛却生了一条赤黄发亮、头角峥嵘的俊美小牛。虽然杂毛牛的品种不好,但是只要这头小牛本身条件好,"虽欲勿用",即使在祭祀大典中,不想用它,"山川其舍诸",山川神灵也不会舍弃它的。山川在往古和春秋时代,有时代表神祇。在这里,孔子是说天地之神也在启示人们,不会把有用的才具,平白地投闲置散的。这也是告诉仲弓,你心里不要有自卑感,不要介意自己的家庭出身如何,只要自己真有学问,真有才具,真站得起来,别人想不用你,天地鬼神都不会答应的。

　　上面讲了冉雍的才,下面就提到颜回的德了。

【本经】

　子曰："回也，其心三月不违仁；其余，则日月至焉而已矣。"

【译文】

　孔子说："颜回呀，他的心能做到三个月不背离仁德的境界；而别人只是偶然能做到仁德而已。"

【别裁大义】

　这个仁字是讲内养的境界，是前面《里仁》篇所讲的仁之体。也就是孔子告诉曾参的"吾道一以贯之"的"仁"的境界。孔子说颜回能把仁的境界一直保持上三个月。至于其他同学们，只是偶然地"日月至焉"而已。或是一天有一次仁的境界，或是几天有一次，或者一个月有一次，现在我们姑且不谈这个"仁"的修养，先反过来体会一下自己的情绪：我想大家都有这种经验，心情好的时候，即使碰到问题，碰到困难的事，心情也是非常好，不会受到外境的干扰。但是好景不长，情绪坏时，芝麻绿豆点事都会惹得一肚子闷气。要说连续三个月不冒一点火气，这步修养已经难得了，更何况"三月不违仁"。由此，我们不难了解为什么孔子一再赞叹颜回这个得意门生了。

　讲了内在的修养以后，下面讲到外用。

【本经】

季康子问："仲由可使从政也与？"子曰："由也果，于从政乎何有？"曰："赐也，可使从政也与？"曰："赐也达，于从政乎何有？"曰："求也，可使从政也与？"曰："求也艺，于从政乎何有？"

【译文】

季康子问孔子："仲由这个人，可以派他从政吗？"孔子说："由的个性太果敢。至于从政，怎么行呢？"

季康子又问："子贡这个人，可以派他从政吗？"孔子说："子贡的个性太通达。至于从政，怎么行呢？"

季康子又问道："冉求这个人，可以派他从政吗？"孔子说："冉求是才子，多才多艺。至于从政，怎么行呢？"

【别裁大义】

各有千秋

季康子，鲁国的大夫、权臣。有一天向孔子打听他学生的才干。孔子一一作答。由此我们可看出这些学生们的性格，同时也可看出孔子认为从政所必备的学养。季康子首先问起有军事统帅之才的子路，是不是可以请他当政？孔子说子路的个性太果敢，对事情决断得太快，而且下了决心以后，绝不动摇。决断、果敢，可为统御三军之帅，而决胜于千里之外。如果要他从政，恐怕就不太合适，因为怕他过刚易折。

季康子接着问，请子贡出来好不好呢？孔子说，不行，不行。子贡太通达，把事情看得太清楚，功名富贵全不在他眼下。聪明通达的人，不一定对每件事都盯得那么牢。比如说桌子脏了，擦一下好不好？通达的人认为擦不擦都是一样，因为擦了又会脏，不擦也可以。如果有人说一定要擦，通达的人说擦也可以，擦了总比较干净，那擦就擦吧！总之，把事情看得通达，像这样的人，往往可以做大哲学家、大文学家。因为他有超然的胸襟，也有满不在乎的气概。但是如果从政，却不太妥当。也许会是非太明而故作糊涂。

说到这里，想起一个笑话。当然在正史上是没有这段记载的，只是一个笑话。传说孔子周游列国，被困在陈蔡之间。有一天学生出主意，说大家太饿了，前面有一大户人家，去借点米来。最初是子路自告奋勇前去敲门。出来一位老头子，问起是孔子的学生来借米，于是写个字叫他认。认出了，不必借，免费招待全体师生的食宿，如果认不出，一粒米都不借。子路一想，我们跟夫子专门学文学，还有什么问题。于是满口答应了这个条件。老头子就写"真"这么一个上"直"下"八"的字让子路认。子路看了后说："这是真字嘛。"老头子听了，把门一关说："你回去告诉你老师，不借。"子路纳闷地回来报告孔子，孔子听后对子路说："我叫你不要去，你偏要去。这个年头，饭都没得吃，你还'认真'干嘛？"子夏听了，便自告奋勇再去借米。到了那家，自我介绍是子路的同学，也是孔子的学生。那个老头子还是写先前那个字给子夏认。子夏心想，刚才子路吃了瘪，于是答一个反义字，对老头子说："这是'假'字嘛！"老头子听了把门一关说："你更不行。"子夏回来把经过一讲，孔子听了叹道："你这个人真糟糕，做人有时候也要'认真'的呀！"

这就是说两边都做得通，表面看来，就称为达者，谈到这里，同时又想到陶渊明的《归去来辞》和不为五斗米折腰的故事，也是"达"的一字范围。当时五斗米的数字很大，等于现在一万上下的月薪。可是陶渊明不干，回家去了。不过只有他才做得到。过去，我们中国人有句老话："不干，不干，回家去吃老米饭！"折腰就是行个礼，鞠个躬嘛！不是真把腰折断了，半斗米都干。试看陶渊明《归去来辞》，他门前可以栽五柳，起码要五十多地，拿到现在可以盖栋四层楼，还可以发笔财。我们现在在工业社会里做个小市民，房子是租来的，前面连一棵芭蕉都种不下，不要说五柳了。他说"携幼入室，有酒盈樽"，过去在大陆上的人家，自己酿得起酒的，起码是中产阶级的家庭了，他当然可以在家吃老米饭。"三径就荒，松菊犹存"，试看他的房子，空地有多大，好像是台北市的新公园一样，竟有三条大路都荒芜了。种竹卖笋也可卖他几千块钱一个月，他当然不为五斗米折腰。由此可见，陶渊明是有资格作个通达的达人。

所以孔子说子贡通达，但是达者不一定肯从政了。

季康子再请教冉求是否可以从政。孔子说，冉求是才子、文学家。诗、词、歌、赋、琴、棋、书、画，样样精通。名士气味颇大，也不能从政。

换句话说，如果把他们三个人凑合起来，不愧是大政治家的材料。为什么呢？具有刚毅果敢的精神，这是子路的长处；但还要有宽大的胸襟，也就是所谓任劳任怨的气度，这就要子贡的达。任怨尤其难，当一个计划、一个政策没有实施以前，如有人骂你混蛋时，只好低下头让他叫骂，等做出成果再说。当然，真做成混蛋就要命了。同时要见闻渊博，知识丰富，多才多艺。这"果、达、艺"三个简单的字，包括了那么多，由此可见政治家还须兼备艺术家、诗人的修养才行。

从另一面看，季康子问到这三位学生，孔子都不放行，也是因为季家当时在鲁国为权臣，气势嚣张跋扈，孔子不愿让自己学生去插上一脚。当然在学生这方面也不会愿意去。所以他故意推辞掉，虽然所讲的都是事实，但是如果说他们不能从政，却也不尽然。子贡后来相卫，每次主政，国际局势就摆平了。当时时代之乱，比现在有过之而无不及。子贡有这样的才具，而孔子为什么硬说他不行呢？实际上是孔子当时看这些学生都可以独当一面，无奈季康子这个老板不对路，所以连一个都不让他去。说句老实话，在学问上讲，一个从政的人，对于这三种人的才具都需要。第一性情要养得通达，胸襟不可那么狭隘，不要有一点事就想不开，一句话就放不开，否则成就就太有限了。其次要处事果决、刚毅，下了决心，又能坚定不移，才不会受环境的影响。第三要多艺，样样都知道。政治生涯很痛苦，生活枯燥无味，比科学家还痛苦。每天接触的，都是痛苦烦恼的事，都在是非中讨生活。这个对，那个不对，老张来说老杨，老杨又来说老李，几乎没有一件愉快的事。所以自己要有艺，胸襟有超然的修养。这是讲艺的价值，所以从政还要有文学的修养、艺术的情操。

【本经】

　　季氏使闵子骞为费宰。闵子骞曰："善为我辞焉！如有复我者，则吾必在汶上矣。"

【译文】

　　季氏派人叫闵子骞去做费邑的长官，闵子骞对来人说："请好言替我推辞了吧！倘若再来找我，那我就必定会到汶水的北边去了。"

【别裁大义】

爵禄不能移——闵子骞

　　季家找孔子第一流的学生从政，他们当然不会干。于是他私底下来拉一个人——闵子骞，孔子的学生，名损。这是一个有名的孝子，二十四孝中就有他。他比孔子少十五岁，年纪比别的同学大一点。季家请他去当"费"这个地方的行政首长。当时"宰"的官职，比之现代，讲小一点大约是县长、行政督察专员；讲大一点，就是请他当省主席了。闵子骞听到了，就告诉传话的人说，您好好替我辞掉它，我不会做的。而且，如果有第二个人再来对我说这件事，对不住，那时候我出国去了——已经过了齐、鲁两国交界的汶水了。也就是说如果一定再来逼我做这个官，我立刻就走，离开鲁国。

　　从这一节记载，我们知道：第一，闵子骞是有名的孝子，他的人品德行非常好。第二，当时他对官位、功名、富贵看得淡如浮云。人家要他做官，反而会把他逼走了。第三，当时鲁国上下的知识分子，对鲁国的权臣季家，没有一个满意的，不愿意做他的官，尤其是孔子这一些学生。但是有一个人在那里做事，那是冉有。有关季家的事，有时孔子就找冉有。

讲了这几段，老是讲这一类的事，未免太单调。到此文章有了起伏，又由绚烂归平淡，下面编进了另外几个人的事，虽平凡，而意义深远。

【本经】

伯牛有疾，子问之。自牖执其手曰："亡之，命矣夫！斯人也，而有斯疾也！斯人也，而有斯疾也！"

【注释】

伯牛：姓冉，名耕，字伯牛，鲁国人，孔子的学生。孔子认为他的"德行"较好。

牖（yǒu）：窗户。

亡之，命矣夫："亡"通"无"。"之"，代词，指命运、命数。"命"，命运，气数，定数。没有命运吗？

【译文】

伯牛病重。孔子前去看望，从窗口握着他的手，伤感地说："没有命数了，天命难道就这样了吗？这样的人，竟然得了这样的病！这样的人，竟然得了这样的病！"

【别裁大义】

伯牛是孔子的学生，姓冉，名耕。他有病，孔子亲自去看他，孔子待学生犹如自己的子女一样。孔子在南面的窗子外，伸手拉住他的手，感叹说，他快要死了，真是命运，这个人，为什么生这种病！这个人，为什么生这种病！重复了两句，无可奈何地走了。

这节很简单。但是伯牛究竟生的什么病？不知道。到了后世及近代，有人特别指出这一段。有一派人受西方文化的影响，说是肺病，会传染，孔子怕传染，所以不进去，在窗子外握到他的手问病。又有人讲不是肺病——十九世纪威胁人类的才是肺病；二十世纪威胁人类的是癌症；二十一世纪一定会是精神病。这话是真的，精神病将来会越来越严重，现在已经开始了。物质文明虽进步，给人类带来许多生活的方便，并没有为人类带来幸福，只是带给人类更多心灵上的痛苦。这种痛苦的结果，将来又导致心理变态、精神分裂而至于现在已开始增加的精神病。这是闲话，顺便带过。又有些学者说伯牛得的是麻风病，所以孔子不敢去碰他。那么学生想办法，让孔子握了他一只手，在外面感叹，啊！为什么得了这个病呢？这是什么病呢？不知道嘛！当然没有人讲这是花柳病，因为在明朝以前，中国医书上的记载，没有这种病。这是后来从外国进来，在古代中国医学称"广疮"，因为这种花柳病是广东进口来的，而广东是与外国接触最早的通商口岸，由此证明花柳病是外国来的。这几种病都不是，那么到底是什么病呢？不知道。找不出伯牛的病在什么地方，而孔子在伯牛临死之前，还来握握手，看他一下。看他一下这件平常的事，却慎重地把它记载下来，编在《论语》里。那么这篇书，对于这种问学生的病，重复了两句，有什么了不起呢？孔子如此做，则出于仁慈。可见平凡中有值得研究的地方。

伯牛的病，是个很大的疑案。我们暂时把它保留在这里，等到以后再来讨论。至少有一个字，我们可以在这里讨论，"亡之，命矣夫！"的"亡"，在古人的解释，认为孔子当时握着他的手，很悲伤地感叹，他得了绝症，这真是命！但是，古文中"亡"字往往与"无"字相通。拿白话文来解释，应该是孔子很伤感地说，命真不可信吗？真没有命运吗？意思也是说像这样好的人，怎么会这样短命？

本篇上文提到伯牛的病，下面就提到颜回的穷。

【本经】

　　子曰："贤哉回也！一箪食，一瓢饮，在陋巷。人不堪其忧，回也不改其乐。贤哉回也！"

【译文】

　　孔子说："颜回，多么贤德啊！一箪饭，一瓢水，住在简陋狭窄的巷子里。别人都忍受不了这种清苦贫困的生活，颜回还能自得其乐。颜回多么贤德呀！"

【别裁大义】

　　这几句话看起来非常简单，但是要自己身体力行，历练起来，就不简单了。孔子第一句话就赞叹颜回，然后说他的生活——"一箪食"，只有一个"便当"。古代的"便当"就是煮好的饭，放在竹子编的器皿里。"一瓢饮"，当时没有自来水，古代是挑水卖，他也买不起，只有一点点冷水。物质生活是如此艰苦，住在贫民窟里一条陋巷中，破了的违章建筑里。任何人处于这种环境，心里的忧愁、烦恼都是吃不消的。可是颜回仍然不改其乐，心里一样快乐。这实在很难，物质环境苦到这个程度，心境竟然恬淡依旧。我们看文章很容易，个人的修养要到达那个境界可真不简单。乃至于几天没饭吃，还是保持那种顶天立地的气概，不要说真的做到，假的做到，也还真不容易。颜回则做到了不受物质环境的影响，难怪孔子这么赞叹欣赏这个学生。三千弟子只有他做得到这个修养，而他不幸三十二岁就短命死了。近代人研究孔孟思想的，认为颜回是死在营养不良。虽然是一句笑话，但是大家对营养还是要注意到才对。

【本经】

冉求曰："非不说子之道，力不足也。"子曰："力不足者，中道而废。今女画。"

【译文】

冉求说："我并不是不喜欢老师您所讲的道，而是能力不足呀。"孔子说："如果能力不足的话，应该是在做的过程中，因为力量不足而停止。现在是你自己划定了界限，还没有开始，怎么就知道自己做不到呢？"

【别裁大义】

学问的鸿沟

这节文字，就是说冉求有一次对孔子说，老师！你不要骂我们，老是说我们不努力。我们对于你的学问非常景仰，只是我们做不到，力不能及。孔子说，你这话错了。做了一半，无法克成其功，这是力量不足的缘故。可是你根本还没有开始做，怎么知道无法做成呢？"今女画"，并不是说"你学画去了"，是说你冉求，自己把自己划在一个界限内。孔子的意思说，你不管做不做得成功，只要你肯立志，坚决地去做，做到什么程度算什么程度，这便是真正的努力。现在你自己划了一个界限，还没开步走就先认为自己过不去，这不是自甘堕落吗？

接着就讲到真正的作学问，孔子说要做到什么程度呢？

【本经】

子谓子夏曰："女为君子儒，无为小人儒。"

【注释】

儒：春秋时期，称具备了礼、乐、射、御、书、数六艺后求仕者为儒。儒生，学者，社会所需要的人。后来渐成为学派，将孔门称为儒家。

【译文】

孔子对子夏说："你要成为君子之儒，而不要成为小人之儒。"

【别裁大义】

先谈什么叫"儒"？这个中国字，根据《说文解字》的另一种解释："儒"是人类社会所需要的人，所以在"人"字旁边加一个需要的"需"字，便成了儒。我们再看"佛"——"弗人"，不是人，是超人。"仙"——"山人"，有如高山流水。"需人"则是人类需要他，社会当中不可缺少的人，这就是"儒者"。我们都称孔孟思想为儒家学说，但是究竟要什么样子才能叫"儒"呢？孔子在这里提出来分为两种：一种叫君子之儒，一种叫小人之儒。如果再进一步参考《礼记》中的《儒行篇》，便有很多儒者类型的标准。一个儒者应当有怎样的行为，他的作风以及人格的规范，在《儒行篇》中，说得很清楚，也包括孔子在这里所提两种儒者之一的君子之儒行。

我们现在来说，什么叫小人儒？书读得很好，文章写得很好，学理也讲得很好。但除了读书以外，把天下国家交给他，就出大问题，这就是所谓的书呆子，小人儒。所以处理国家天下大事，不但要才德学三者兼备，还要有真正的社会体验，如果毫无经验，只懂得书本上那一套，拿出来是行不通的；不知道天下事的现实情状就行不通。比如说，这两天美国总统到了中东，他在那里讲些什么，知不知道？如果说报纸上有新闻，报纸上登的，和原有的真话，不知相差多远。根据报纸你就可以评论天下事，这是书呆子之见。君子之儒有什么不同？就是人情练达，深通世故。如前面所讲的，子路的"果"，子贡的"达"和冉求的"艺"，都具备了，那就是"君子儒"。

【本经】

　　子游为武城宰。子曰："女得人焉尔乎？"曰："有澹台灭明者，行不由径。非公事，未尝至于偃之室也。"

【注释】

　　澹台灭明：姓澹台，名灭明，字子羽，武城人，为人公正，孔子的学生。

　　行不由径：径，小道。意为光明正大地做事情，豁达有豪气，不循常规，从来不走小道、走后门。

【译文】

　　子游做了武城地方的长官。孔子问："你在那里发现人才没有？"子游回答说："有一个叫澹台灭明的人，他做事有豪气不循常道，公正无私讲义气，如果不是为了公事，他从来不到我的住处来。"

【别裁大义】

知人之明

　　子游为孔子弟子，少孔子四十五岁，姓言名偃。他出去做官，在武城这个地方为首长。回来看老师，孔子问他在地方上得到人才没有？讲到这句话要注意，从历史可以看出，中国古代非常重视对后辈的培养。尤其在汉唐，对地方的人才，都经过慎重的选拔，并且视选才为重要工作之一。所以子游这个学生来看孔子，孔子的第一句话，就问他在地方上发掘到人才没有。因为任何一个地方，任何一个时代都要人才。所以孔子第一句话就问这个问题。子游说："有个澹台灭明。"澹台明灭字子羽，比孔子少三十九岁，相貌很难看。中国人常用孔子一句话，"以貌取人，失之子羽。"便是指此公的故事。在这以前他曾见过孔子，我们这位老夫子，这天不知道什么事情心情不好，看见这个年轻人怪难看的样子，并不太注意他，这位年轻人没有好久就走了。不过他还是愿意做孔子的学生，学问非常好，后来成为不得了的人物。历史上记载：在南方，他和他的弟子们名动诸侯。他到哪里，各国元首都欢迎他。而且他还带有点英豪侠气。子游在武城发现了他，又介绍给孔子。所以孔子后来感叹"人不可以貌相"，以外形去判定一个人才，往往会有失误。孔子自己承认错了。错了就错了，孔子非常勇于认错。

子游向孔子报告，发现了一个叫澹台灭明的人才。此人"行不由径"——这句话照古人的解释，是说走路绝不走小路。如比之现在的情况，不走小路，难道走大马路？不被汽车压死才怪——子游又说他从来没有到我房子讲过私话。对于汉代以来"行不由径"解释为"不走小路"的说法（朱注：径，路之小而捷者），我不同意。古时候"径者道也"，并没有说必是小路。那么什么叫"行不由径"呢？这个人有江湖豪气，"行不由径"是说他行事从表面看来，有时不依常规，不循常道，有点满不在乎的味道，有如子贡那个"达"字的道理一样。因为他"行不由径"，所以孔子对他也看走了眼。言偃在这里讲他"行不由径"，表面看来有违常规，但是他又发现澹台灭明还有一个很大的长处——很讲义气，绝对无私，不是为了公事，从来不到子游的房里来。因此，"行不由径"四字，当作此解。

这一篇上面都是讲学生的故事；下面是对当代一些人物的评论，说明待人处世的学问之道。

【本经】

　　子曰:"孟之反不伐,奔而殿,将入门,策其马曰:'非敢后也,马不进也!'"

【注释】

　　伐:夸耀。
　　奔:败走。
　　殿:殿后,在金军最后做掩护。

【译文】

　　孔子说:"孟之反不自我夸耀,打了败仗撤退时,他主动留在后面殿后。将要进入城门时,他才用鞭子抽打着他的马说:'不是我的胆子大敢于断后,实在是这匹马跑不快呀!'"

【别裁大义】

功成身退

　　孟之反,是鲁国的大夫。在鲁哀公十一年这个阶段,当时鲁国有难,作战的时候,孟之反为统帅之一。孔子学生冉有也参加战役为统帅。孟之反怎样的不伐呢?有功而不骄矜、不宣扬叫不伐。古代"伐"与"矜"这两个字常常会连在一起用。"矜"是自以为高明;"伐"则为有功、有才,而自我夸耀。"奔而殿",是说他在这次战役中打了败仗,撤退时他走在最后,拒敌掩护撤退。我们知道历史上记载,鲁国那一次是打了败仗。学军事的人就知道,打胜仗容易,打败仗难。军事中的作战计划是有两套的；这两套计划分门订立。假如当统帅的作打胜仗的计划，参谋长便应当另作打败仗的计划，然后两套计划配合起来运用。或者参谋长作打胜仗的计划，但统帅就不能再作打胜仗的计划，否则万一败了会很惨。战争不是胜就是败，但一个人又计划胜仗怎么打，又计划败仗怎么打，心理上也成问题。当然，有特殊的将才不在此限。中国历史上打败仗最有名的军事家应该算是诸葛亮，他六出祁山，每次撤退，一兵一卒都不会少，是古今以来，安全撤退成功的战略家。

在战场上打了败仗，哪一个敢走在最后面？就是平常走夜路，胆小的也先跑了，怕后面有鬼。打败仗比这还可怕。孟之反则不同。"奔而殿"，叫前方败下来的人先撤退，他自己一个人挡在后面。"殿"便是最后的意思。"将入门"这句，是说孟之反由前方撤退，快要进到自己的城门时，"策其马曰"，他才赶紧用鞭子抽在马屁股上，超到队伍的前面去。然后告诉大家说："非敢后也，马不进也。"他说，不是我胆子大，敢在你们背后挡住敌人，实在这匹马跑不动，真是要命啊！

孔子认为像孟之反修养到这种程度，真是了不起。这一节，我们有两点要了解。第一点，历史上每一场战争下来，争功争得很厉害，同事往往因此变成仇人、冤家。尤其在清朝时候，有些人夺取了功劳，还把过错推给别人，因此引起内部的不平。太平天国的失败，就是由诸将争功所致。第二点，由此可知鲁国当时国内的人事问题太复杂，但孟之反的修养非常高，怕引起同事之间的摩擦，不但不自己表功，而且还自谦以免除同事之间彼此的嫉妒。

《论语》所以要把这一段编入，乃是借孟之反的不居功，反映出春秋时代人事纷争之乱的可怕。实际上，人事纷争在任何时代都是一样的。很坦白地说，在一个地方做事，成绩表现好一点，就会引起各方面的嫉妒、排挤；成绩不好呢？又太窝囊。人实在不大好做。当时鲁国人事上也是这样情形，孟之反善于立身自处，所以孔子标榜他不矜不伐。同时以另一个观点来看，孟之反更了不起，不但自己不居功，而且免除了同事间无谓的妒忌，以免损及国家。古人说："能受天磨真铁汉，不遭人忌是庸才。"像李陵与苏武的故事便是如此。当时李陵孤军作战，友军各怀忌心不来相救，因此被逼到投降了。司马迁为这件事向汉武帝力争，他说李陵之投降是被逼的。友军嫉妒他，不支援他，他一人带了五千士兵，孤军深入绝域，最后拼得剩下十余个人，还在奋勇拒敌，这怎么能责怪他呢？结果汉武帝发了脾气，司马迁受了宫刑。后来苏武回来，就写信劝李陵回来，李陵回信说，叫我怎么回去呢？回去以后，那些专门根据人事法规办案的人，东挑剔，西挑剔，挑剔得没完没了。我将无法辩白，实在受不了。前方作战受苦，回来碰到那些自以为懂法的专家，鸡蛋里挑骨头，一个字错了就会有罪，这叫人怎么受得了？所谓"刀笔之吏，弄其文墨"便是此意。

汉高祖大将周勃，他功劳很大，到文帝时，出将入相，万人之上，一人之下。后来因事坐牢，而那个监狱的管理员，叫他坐就得坐，叫他站就得站。周勃不免感叹当年统兵数十万，一呼百诺，那种威风之神气。无奈进入监牢，受尽了窝囊，也只好叹息说："今日方知狱吏之尊！"

讲孟之反为什么要说到这些？这便是读书不要读死书，要把书读活了。读《论语》是要懂得如何做人做事，并不是为了应付考试。

【本经】

子曰："不有祝鮀之佞，而有宋朝之美，难乎免于今之世矣！"

【译文】

孔子说："在这样变乱的时代，假使一个人没有像祝鮀那样能言善辩的口才，虽然长得像公子朝那样俊美，在这个社会上，还是很难行得通的呀！"

【别裁大义】

圣人也有牢骚吗？

接下来，说到孔子对于时代的感叹。我们经常批评人家发牢骚，其实，这也是人情之常。虽然有时候在历史上看到发牢骚而获罪的事，但人人都有牢骚，发出来还好一点，不发出来更糟糕。孔子偶尔发发牢骚，也并不为过。

先说祝鮀，鮀是人名，字子鱼，有口才，是当时卫国的大夫。祝是当时的官名，管宗庙、国家祭祀的官，他的资料，在《左传》鲁定公四年"祝鮀长卫于祭"中有详细的记载。"宋朝"是宋国的公子，公子是世袭的官名，所谓"世家公子"，他的名字叫朝，长得很漂亮。孔子说，假使一个人没有像祝鮀那样能言善辩的好口才，虽然长得像宋公子朝那么帅，在这个社会上，还是吃不开、行不通的。所以时代变乱中的人物，不但人要帅，还要有口才。在现代社会上说来这还不够，还要有财。这是孔子对当时时代社会变乱中的感慨，我们也可以当他是牢骚吧！

我们要了解，孔子对当时的社会有些感叹，在孔子以前难道就都是好的？不！也是一样的。人与人之间，人与事之间，造成的种种烦恼，千古一律，不但中国，外国也一样的。所以我们不要以为古代蛮好，现代却差了。后代的人看我们现在，还认为比他们好。这是世道人心，千古以来一样的道理。所以我们念古书，并不是要退回去做古代的人，主要的是要懂得如何做今天的人。

上面看孔子发了一顿牢骚，他向现实低头了没有呢？他始终不低头。

【本经】

> 子曰："谁能出不由户？何莫由斯道也？"

【注释】

户：门。

斯道：这条路，这里以行走的路比喻仁义之路。

【译文】

孔子说："哪一个人能够不经过门户出去呢？出了门才可走上正路。为什么不走这条道呢？"

【别裁大义】

孔子虽然对时代那么感叹，但是他认为还是要走正道才对。一个君子不要对现实低头，最后的胜利、最后的成功还是归于正道的。他举例说"谁能出不由户"，大门里的门为户。他说哪一个要出外的人，能够不经过门户出去呢？出了门才走上正路，人一定要走上正路的，走邪门，行左道，终归曲折而难有结果。

这一段，也是说人一定要有做人的标准。尽管有许多人，不走正道而得意一时，最后还是有问题。不过许多人还是只顾目前，不顾自己的后果。虽然我们看到不少人作恶多端，却仍然安享天年，但是这笔账终归要有结算的。

【本经】

子曰："质胜文则野，文胜质则史。文质彬彬，然后君子。"

【注释】

质：本质，质朴，自然。

文：文彩，文化，原指线条交错的图形、花纹。

野：此处指粗鲁、鄙陋。

史：原指宗庙之祝史及在官府掌文书者。这里有华丽、浮夸、文饰繁多、虚伪等意思。

彬彬：指文与质的配合恰到好处。

【译文】

孔子说："如果只保持原始人的本质，而文化浅薄，则会流于落后和野蛮。如果随着社会文化的进步，文化掩饰了人的本质，就会落于浮夸不实。只有保持后天文化的熏陶与人性先天本有的那种敦厚质朴的气质兼备，才可称为君子。"

【别裁大义】

百无一用是书生

"质"是朴素的本质；"文"是人类自己加上去的许多经验、见解，累积起来的这些人文文化。但主要的还是人的本质。原始的人与文明的人，在本质上没有两样。饿了就要吃饭，冷了便要穿衣，不但人类本质如此，万物的本质也是一样。饮食男女，人兽并无不同。但本质必须加上文化的修养，才能离开野蛮的时代，走进文明社会的轨道。

所以孔子提出"质胜文则野"，完全顺着原始人的本质那样发展，文化浅薄，则流于落后、野蛮。"文胜质则史"，如果是文化进步的社会，文化知识掩饰了人的本质，好不好呢？孔子并没有认为这样就好，偏差了还是不对。文如胜过质，没有保持人的本质，"则史"。这个"史"，如果当作历史的史来看，就是太斯文、太酸了。我们要拿历史来对证：中外历史都是一样，一个国家太平了一百多年以后，国势一定渐渐衰弱，而艺术文化，却特别发达。艺术文化特别发达的时代，也就是人类社会趋向衰落的时候。如罗马鼎盛时期，建筑、艺术、歌舞等随之渐渐发展，到了巅峰时期，国运即转衰微了。所以孔子说："文质彬彬，然后君子。"这两样要均衡的发展。后天文化的熏陶与人性本有的敦厚、原始的朴素气质互相均衡了，那才是君子之人。

整个国家文化如此，我们个人也是如此。可是社会上有才具的人，能干的人，将来对社会有贡献的人，并不一定在学校里就是书读得很好的人。所以功课好的学生，并不一定将来到社会上做事会有伟大的成就。书读得好的，一定能救国吗？能救国、救世的人，不一定书读得好。假定一个人书读得好，学问好，才具好，品德也好那才叫作文质彬彬，"然后君子"，算是一个人才。所以家长们不要把子弟造就成书呆子，书呆子者，无用之代名词也。试看清代中叶以来，中西文化交流以后，有几个第一名的状元是对国家有贡献的？再查查看历史上有几个第一名状元对国家有重大贡献的？宋朝有一个文天祥，唐朝有一个武进士出身的郭子仪，只有一两个比较有名的而已。近几十年大学第一名毕业的有多少人？对社会贡献在哪里？对国家贡献在哪里？一个人知识虽高，但才具不一定相当；而才具又不一定与品德相当。才具、学识、品德三者兼备，这就是孔子所讲的"文质彬彬，然后君子"。不但学校教育要注意，家庭教育也要对此多加注意。

人性的基本问题

　　关于"文质彬彬"一节，再深入就要进入个人具体的修养，和人性本质问题。人性究竟是善还是恶？这是哲学上一大问题。中国哲学的基本，几千年来讨论这个问题，都无法下定论，西方哲学也讨论这个问题。我们根据孔孟思想，认为人性的本质，本来是善良的。最有名的《三字经》，第一句话就引用孔子"人之初，性本善"。不善都是后天学坏了的恶习气，所谓"性相近也，习相远也"。孟子也曾举例，说明人性基本是善的。他说，我们走在路上，看见一个小孩子掉下井里去，第一个念头，第一件事一定是救人，而不管这个孩子是谁，是仇人的孩子，或是自己的孩子，一定只要救人，所以说恻隐之心人皆有之。仁爱、慈悲的心各个都有。其次，人看到悲惨可怜的人，心里一定为他难过。由此可见人心是好的。

　　相反地，如荀子主张人性天生是恶的。举例来说，如果一个母亲生了双胞胎，当其中一个孩子要吃奶的时候，另一个孩子又哭、又闹，把奶抢过来自己吃，可见人性是恶的。荀子认为人之为善，是后天的教化慢慢塑造而成的。在孔子、孟子和荀子之外的另外一说，便是与孟子同时的告子，他认为人的本性，既不好也不坏。他说人性好比木头，以圆规一量可做成圆形，用矩一量又可做成方形。墨子也是这种主张：他说人性像白丝布一样，要把他染成黑的就是黑色，染成红的就是红色。人性无所谓善恶，善恶都是后来的染色。现在教育上"可塑性"的观念，便和此相近。于是，人性是善是恶，或不善不恶，哲学上几千年来都在争论。中国如此，外国也是如此。

但是这些学理到今天还没有给人类以公认的定论，至少在学术思想上是如此。所以我们常常提到人类的文化非常滑稽。中国人五千年文化历史，西方人也有几千年，同样的吹牛认为人类最伟大，最了不起——自吹是万物之灵。但在万物的心目中，如猪、牛、鸡、鸭来看人类，说不定认为人是万物中最可恶的东西，既狡诈又凶残，因为人类专门杀害它们，吃它们。可是我们万物之灵的人类，虽然有了几千年文化，但对几个基本问题，却仍然都没有肯定的答案。例如：我们的生命究竟从哪里来？人性究竟是善的或是恶的？人类自己认为哲学、宗教、科学等累积的文明，已经征服了太空，这也是吹牛。严格说来，人类今天的文明，只能说开始向太空进军，太空并没有被我们征服。虽然进到了太空，人类自己切身的问题，仍如几千年来一样，还是没有解决。科学上为什么要到太空去？主要目的还是要追求生命的来源。今日科学的物质文明虽然发达，但科学的基本精神还是在追究这种问题的根源。不过这个问题的答案没有追出来，却把这套探讨的技术，发展到物质文明上去了，因此便形成今天文化的趋势。

现在我们回来单单讨论人类本性的这个"质"究竟怎样？这个问题也很难讲。不过人类原始的本性的"质"是比较直爽的，我们看一个小孩子所表露的动作，纵然打破了东西，做错了事，他那个样子都蛮可爱的，因为他没有加上后天的颜色，还是人性的本质。假使人长大了，都还是这样，好不好呢？且看我们流传的一两个则哲学性的笑话，供给大家做研究性的参考。

还是老虎可爱

有一个老和尚，收养了一个很小的孤儿，才两三岁就带到山上，关着门不使他与外界任何人接触，也不教他任何事。到抚养成人了，有一次老和尚下山去，一个朋友来访，问这个小和尚，师父哪里去了？这个小和尚傻傻地说师父下山了。来客奇怪地问，你是他的徒弟，怎么什么事都不会？小和尚说，什么叫作"会"呢？客人就教他见了人，要怎么讲礼，要怎样讲话，师父回来时应该怎样对师父行礼。客人把这许多事都教给了小和尚，这小和尚已经是二十多岁的青年了，越学越会。客人没等他师父回来就先离开了，等到师父回来时，小和尚到山门外老远去迎接，行礼问好。师父看见，奇怪极了，问起这一套举动是哪里学来的。小和尚说出经过，这个师父气坏了，找到那位朋友大吵一顿。他说我二十多年来，不让他染污上任何是非善恶的东西，保留一副人性原本的清白。结果给你这一搞就搞坏了，我二十几年来的心血白费了。我们听了这个故事，其中所包括的内涵很多，不妨从各方面去理解。

第二个故事大家都知道的，一个老和尚也是这样收了一个小孩。到了二十几岁，要带他下山，但很为他担心。就告诉他，你没有到人世间看过，现在我带你去。在城市中很热闹，五花八门，不过什么都不必怕，只有一个东西——老虎，你要注意，那是会吃人的。小和尚问老虎是什么样子，老和尚就把女人的样子告诉他，说这就是老虎。老和尚带他走了一趟，回到山上以后问徒弟，到了闹市里最喜欢的是什么？小和尚认为一切都很好，没有什么特别可动心的。老和尚又问那什么东西最可爱呢？小和尚说，最可爱的还是老虎。

这两个故事都涉及了人性，所以讨论到《论语》上的这个质字，一定要说怎样才是人的本质，也是很难下定论的。

如果质胜文，缺乏文化的修养就不美。倘使文胜质便很可能成为书呆子。学识太好的人，也很可能会令人头大。谈学问头头是道，谈做人做事，样样都糟，而且主观特别的强。所以文与质两个重点要平衡。

【本经】

　　子曰："人之生也直，罔之生也幸而免。"

【注释】

　　罔（wǎng）：虚伪、空洞。指虚罔的人、不直的人。

【译文】

　　孔子说："人生来的天性是正直的，随着经验的增加，人就容易变得虚伪了。以虚伪的方式生活的人，其结果一定不会好。即使一时免于祸患那也是侥幸，终归是危险的。"

【别裁大义】

　　这是讲到质与文以后，孔子说，人生来的天性，原是直道而行，是率直的。说到这里就很妙了，人喜欢讲直，站在心理学的观点来看，一个尽管很坏的人，但也喜欢他的朋友很老实，不但老实人喜欢老实人，连坏人也喜欢老实人，从这里就可以体会到，人应该做哪一种人才对。人都喜欢别人直——诚实，即使他自己不诚实，至少对于老实人，肯上他当的，还是喜欢。从教育上看，任何一种教育，都是教孩子要诚实，不要撒谎，可是我们大人做到了没有？

　　根据孔子的话，人生来很坦诚，很率直。试看每一个小孩都很诚恳，假定在幼稚园发现了一个会用心机的孩子，那这个孩子大成问题，不是当时身心有问题，就是将来长大了会成为问题人物，但绝大部分的小孩都不会用心机。不过人慢慢长大了，经验慢慢多了，就"罔"了。

　　这个"罔"字做什么解释呢？平常用到迷惘的惘，在旁边多了一个竖心旁。罔字的意义，代表了虚伪、空洞。"罔之生也"，一个人虚虚假假地过一辈子。

虚伪的人不会有好结果的，纵然有时会有些好际遇也是侥幸意外免去了祸患，并非必然。必然是不好的结局。这两句话是说人天生是率直的，年龄越大，经验越多就越近乎罔。以虚伪的手段处世觉得蛮好的，但是结果一定不会好，纵然好也是"幸而免"。可是"幸而免"是万分之一的事，这种赌博性的行为，危险太大，是不划算的。

【本经】

　　子曰："知之者不如好之者，好之者不如乐之者。"

【译文】

　　孔子说："懂得了某种学问，不如形成习惯爱好去实践它；形成习惯爱好，不如能从中得到快乐，而乐此不疲。"

【别裁大义】

楼下黄金楼上人

　　说到这里，孔子又转了另一个道理，他认为要把学问做好，不是一件痛苦的事。

　　这在教育上是一个大问题，世界上谁不想做好人做好事？都想做。有很多人知道应该怎么做，道理都懂，可是做起来就不是那么回事了。许多人"看得破，忍不过"。比如说：算了吧！生活简单一点吧！这是看破了，但到时候却忍不过。看到不义之财，第一个念头是不要；多看一眼，眼睛就亮了；再看一眼，眼睛就发红了。

　　历史上有个故事，是说三国时的管宁与华歆，管宁是有名的高士，后来他一生不下楼。最初与他的同学华歆一起读书，两人一起挖地。管宁挖到一块黄金的时候，视黄金如泥土一样地丢开了，看都不去多看一眼。而华歆走去多看了一眼，才不再去管它。就这样管宁和华歆绝交了，或许有人会说管宁未免太不近人情。但古代历史记载简单，事实上他们两人同学，感情如此好，管宁已经观察华歆很久了，再加上这一件事情，他断定华歆是不安于淡泊的。果然后来华歆扶助曹丕篡汉，成了千古罪人，虽然文章非常好，但是他变成了反派的文人，也就是前面所说的小人之儒。所以管宁当华歆地位高了，他就永远不下楼，意思是你虽然有了政治的权力，但我就不踏在你的土地上，这就是华歆"看得破，忍不过"的道理。

还有"想得到，做不来"，有许多事情我们都想得到，但做起来的时候，就硬做不来。也就是说学问、道理虽然懂得，身体力行时，却做不到。所以知之者不如好之者。对做学问必须养成习惯，一日不可无它。第一篇《学而》中说，"学而时习之，不亦说乎"，那个"习"字就是要"好之"。"好之者不如乐之者"，爱好它，喜欢虽然喜欢，并不认为是生活中的一件乐趣，就很难坚持下去。以现在最流行的打太极拳来说，决没有打麻将那么受人欢迎。因为打麻将的人视此事一乐也，坐在那里快乐得很，而打太极拳，知道对身体有益，是知之者；天天打，是"好之者"；可是摸两下，觉得今天好累，明天再打，那就还不是"乐之者"。欲期学问的成就，进入"乐之"的境界，就太不简单了。我们对于部下或者子女的教育，就要注意这一点，看他乐于哪一面，就在哪方面培养他。就算爱打麻将，也可以培养他，当然不是培养他去打麻将，而是将他打麻将的心理转移到近似的正途发展。这才是师道的原则，不但对人如此，对自己修养学问也要如此。

【本经】

　　子曰："中人以上，可以语上也；中人以下，不可以语上也。"

【译文】

　　孔子说："禀赋资质在中等以上水平的人，可以跟他讲高深的学问；禀赋资质在中等以下水平的人，不可以跟他讲太高深的学问。"

【别裁大义】

　　这是说人的智慧不能平齐，姑且把它分作上、中、下三等的差别。中人以上的资质，可以告诉他高深的理论；至于中人以下的资质，在教育方面，教导方面，对他们就不要作过高的要求，不妨作低一点的要求。但中人以下的人，他们的成就，又不一定永远在中人以下，只要他努力，最后的成就，和中人以上的会是一样的。这在历史上可以举很多的事例来说明的。凡当过老师的，做过领导人的，都能体会孔子这一段话是绝对正确的。

我误聪明

　　上面的话，都是孔子从"质胜文则野，文胜质则史"的话一直讲下来的，是教育的道理，也是做领导人的原则。大凡做领导人，对部下先要认识。看他的能力若是中人以下，却把较高的任务交给他，那一定糟糕。教育的原理也是一样，对自己子女的教育更要注意，千万不要"儿女都是自己的好"，对自己的儿女也要看情形，"中人以上可以语上也，中人以下不可以语上也。"教育后代，只是希望他很努力、很平安地活下去，在社会上做一个好分子，这是最基本的要点，并不希望他有特殊的地方。像苏东坡，名气那么大，在文人学者中，他实在好运气。比苏东坡学问好的人，不是没有，可是苏东坡在宋朝，名闻国际，几个皇帝都爱他。当时日本、高丽派来的使臣都知道，甚至敌国的人都知道，当时金人所派来的使臣，第一个问起的就是苏东坡和他的作品，他的文章、诗词，中外传扬。后来他在政治舞台上受到重重打击，便写了一首感慨的诗说："人人都说聪明好，我被聪明误一生。但愿生儿愚且鲁，无灾无难到公卿。"我们从苏东坡这首诗上看到他无限的痛苦、烦恼，也看到人生。所以学问好，名气大，官做高了，没痛苦吗？痛苦更多，这是我们从他这首诗了解的第一点。第二点，从这首诗看苏东坡的观点就很可笑了，试看他前两句，不但他有这个感觉，大家也有这种感觉；第三句也蛮好的，第四句毛病又出在他太聪明了。世界上哪有这种事？！生个儿子又笨、又蠢，像猪一样，一生中又无灾无难，一直上去到高官厚禄，这个算盘打得太如意了。这是"聪明误我"，或是"我误聪明"呢？就人生哲学的观点来看，如果当苏东坡的老师，这一首诗前三句可打圈圈，末句不但打三个××，还要把苏东坡叫来面斥一顿："你又打如意算盘，太聪明了！怎么不误了自己呢？"

以上中间这一段，几节连起来，是讲人生做学问的道理，跟着说的就牵涉到政治的问题了。

【本经】

樊迟问知。子曰："务民之义，敬鬼神而远之，可谓知矣。"问仁。曰："仁者先难而后获，可谓仁矣。"

【注释】

知（zhì）：同"智"。

务民之义：专心致志地从事百姓认为合理的工作。"务"，专心从事、致力。

【译文】

樊迟问孔子怎样做才算是有智慧，孔子说："一个从政做领导的人，要一切致力于为百姓服务，依礼做好社会各项事务。对天地祖先要真诚恭敬，文化传统和信仰不可偏废，要了解远因近果，做到慎宗追远，就可以说是智了。"

樊迟又问怎样才是仁，孔子说："一个做领导的人，对任何问题不能轻视，对老百姓要有仁爱之心，凡事都要先从最坏处想、最难处想，得到中道的结果，做到有利于社会和百姓，这才能称得上是自己仁德的成就和收获。"

【别裁大义】

政治与宗教

这个"知"念"智"，为智仁勇的智，古代知、智相通。有一天，樊迟问孔子，什么叫真智慧，这个知包括了科学、哲学，但在这里却偏向于政治哲学。孔子答复得很妙："务民之义，敬鬼神而远之，可谓知矣。"务民是什么？是领导人，做一个从政领导的人便是务民，意思是他所领导的事务是为老百姓服务的。"敬鬼神而远之"，这句话我们中国人都知道是孔子的名言。孔子不相信宗教吗？他非常相信。他认为鬼神是有，但与人是两路。所谓"天道远，人道迩"，鬼神是天道的问题，离我们很远。我们现在活着都是人道——"人道迩"。政治、教育、经济、军事、社会都是人道的事，不要以鬼神为主，所以敬鬼神而远之，是敬而远之，不是不信。过去，尤其是现在，一谈到宗教，人们就说迷信，持这态度的人"懂不懂宗教"是一个问题，如说"不懂，是迷信何必去懂他"，这样便是大迷信。为什么呢？因为迷信自己嘛！对于一个东西，内容还不懂，就随便下定义，这不是迷信吗？迷信，就是迷糊不知道而相信，这才叫迷信，现在你对宗教不知道而下了这个定义，这是大迷信。孔子绝不迷信，"敬鬼神而远之"，这就是知。

这是个大问题，中国古代历史，西方古代历史，政治与宗教几乎没有分过家。我们历史上的秦始皇、汉高祖、唐、宋、元、明、清一路下来，几乎没有一个皇帝没有和宗教发生过关系，不管他是信仰或是反对。外国也一样。

二十一世纪，所有宗教的外衣都必须脱掉，所有宗教的大门都必须打开，而且各宗教要联合起来共同服务，追求人生、宇宙的真谛，二十一世纪的文明，才能够建设。为什么呢？假使不脱掉宗教的外衣，不打开宗教的大门，还是闭关自守，对所有宗教而言，便有八个字的定论——"关门主义，自杀政策"。宗教是谁在排斥？并不是宗教之间的斗争，而是自然发展的结果，是科学文明在捉弄宗教。世界人类文化，站在宗教的观点来看政治，好像每一个地区的政权，不过是由宗教制成的一个作品；相反地，站在政治立场来看宗教，任何宗教不过是政治上的一环而已。凡是纯粹的宗教徒，最好站在政治的立场来看宗教。西方的宗教不去管，在中国的历史上，任何一个时代，政治如果扯上了宗教问题，便非失败不可。我们中国历史上，秦汉以下，三国时的"黄巾军"张角、元朝的白莲教，近代如红灯照、义和团、太平天国等都是政治扯上宗教关系。凡政治扯上宗教关系来玩的，非失败不可。西方的十字军东征，这么大一个战争，为了宗教的观念而起的，成功了没有？失败了，此其一。第二，政治必须仰仗历史文化的经验，政治和历史文化是要久远的经验，不可随便乱来的。

这些事例就是说明"敬鬼神而远之"的意义，如果讲宗教史，佛教玄奘取经回国以后，便是唐太宗捧出来的。同时唐太宗也捧道教。唐代的真正国教是道教，上朝排列朝班时道教站在第一位，佛教站在第二位，但待遇上是平等的。至于儒教，不用说，也是照捧，对伊斯兰教也很崇敬，老的基督教——景教，也是唐太宗时候到中国来的，唐太宗还替他写一个碑文，准他在广州盖庙、建教堂。唐太宗那样大的政治气派，看每一个宗教都是好的，都"请上坐，泡好茶"。他自己信什么教，他没有表示。老老实实说，后来考据他是信佛教的。但在政治态度上，他绝对公平，过去尽管没有宪法，对宗教还是公平。所以孔子说为政的领导道理与鬼神之事的关系，不能完全做迷信看，它有时对工作、对政治非常有帮助。不过上面一个"敬"字很重要，应该非常恭敬。比如拿破仑，绝不迷信，他当皇帝以后，曾经把皇冠一脚踢开，认为这些皇帝的帽子算什么东西。但当他打到了伊斯兰教的国家，看到伊斯兰教的教堂，却跪下来，跟着别人一样礼拜，这就是"敬鬼神而远之"的道理，这也是最高度的智慧，不能叫迷信。信仰是个人的事，处大事时，则不能随意有所偏废。

为什么举这许多事例来说明"敬鬼神而远之"为"知"呢？要注意，孔子上面有一句话，"务民之义"，讲到一个国家领导人的智慧问题，并不是普通闲谈地，讨论鬼神这个哲学问题。

后来又问到"仁"这个问题。这里的仁不是讲仁的体，而是讲仁的用，做人处世的仁。孔子说，一个领导别人的人，极需要仁爱的心怀，对任何问题不要轻视，不轻视也就是儒家"敬其事"的思想。尤其领导人聪明的，往往容易轻视天下事，犯上苏东坡"我被聪明误一生"的毛病，所以任何事先从"难"的方面想，以后才能得到好的结果。先从难的方面、问题多的方面看，都研究完了，最后有一个结论，得到中道的成果，这就是仁的用。这样一来，便利了自己，也便利了别人，更便利了老百姓。

这几十年来，年轻的朋友，用西方文化的观念来处理事情——错了，不怕错，就怕不做；错了没有关系，再改。这一来，在政治上有好也有坏。有些人喜欢引用拿破仑的气魄，说他的字典里没有难字，这句话听了很过瘾，非常有气魄。但是大家想想，拿破仑并没有成功，他不会成功，如同中国的项羽一样。说到西方文化，美国除了科学以外，追根究底没有什么真东西可看；只有到欧洲去看；在欧洲只有到法国去看，到了法国只看到拿破仑的凯旋门。欧洲人都崇拜拿破仑，可是像拿破仑这样的人，在中国历史上多的是，可以拣出来一打以上，这有什么了不起？一个老成谋国的人，要注意这个"难"，先难而后获，这就是用仁之道。

【本经】

　　子曰："知者乐，水；仁者乐，山。知者动，仁者静。知者乐，仁者寿。"

【译文】

　　孔子说："智者的快乐，像水一样，悠然安详，活活泼泼；仁者的快乐，像山一样，崇高伟大而宁静。智者的乐是动性的，仁者的乐是静性的。真正的智者通达而乐观，真正的仁者宁静而长寿。"

【别裁大义】

不在山水之间

　　那么什么是真正的智慧？什么是真正的爱心？

　　一般的人说，"知者乐水"的意思是说聪明的人喜欢水，因为水性流动。"仁者乐山"是说仁慈的人喜欢山。如果这样解释，问题大了。套用庄子的口吻来说，"知者乐水"，那么鳗鱼、泥鳅、黄鱼、乌龟都喜欢水，它是聪明的吗？"仁者乐山"，那么猴子、老虎、狮子都是仁慈的吗？所以这种解释是不对的。

　　正确的解释是"知者乐，水"。知者的快乐，就像水一样，悠然安详，永远是活泼泼的。"仁者乐，山"，仁者之乐，像山一样，崇高、伟大、宁静。这是很自然的道理。

　　为什么呢？再看下文就知道，他说知者的乐是动性的，像水一样。仁者的乐是静性的，像山一样。这不是很明白吗？硬是断章取义，说"知者乐水"是喜欢水，"仁者乐山"是喜欢山，这是不对的。有些人的学问修养，活泼泼的，聪明人多半都活泼，所谓"杨柳岸，晓风残月"、"滚滚长江东逝水"就是这么个气魄，这么个气度。仁慈的人，多半是深厚的，宁静得和山一样。所以下面的结论"知者乐"，知者是乐的，人生观、兴趣是多方面的；"仁者寿"，宁静有涵养的人，比较不大容易发脾气，也不容易冲动，看事情冷静，先难而后获，这种人寿命也长一点。这是连起来的意思，千万不要跟着古人的解释：聪明的人一定喜欢水，仁慈的人一定喜欢山。那问题就很大了。

【本经】

　　子曰："齐一变，至于鲁；鲁一变，至于道。"子曰："觚不觚，觚哉！觚哉！"

【注释】

　　觚（gū）：古代盛酒的器具，有棱角。孔子那个时代的人将觚做成了圆形，仍称为觚。孔子名为叹觚，实是感叹世风大变。

【译文】

　　孔子说："像齐国那样，有着雄厚的经济基础，如果能够为后代的文化做出努力，对齐国文化再加以重整转变，就可以达到当年鲁国的文化；鲁国的文化，如果能够再发扬光大，就可以保持住传统文化的道统。看看！酒杯的样子都变了！什么都在变，时代已经变了。酒杯啊！酒杯！"

【别裁大义】

变了形的文化样品

下面两节，孔子感慨起当时的文化问题了。看起来是两节闲文，毫不相干的话。研究起来，必须要配合春秋战国的历史时代背景来看。

讲到春秋战国时代文化的演变，齐鲁两国，无论在东西周时期，都具有核心性的影响作用。后来的楚国、秦国，虽凭一股新兴文化的气势，左右战国时期，但始终是以国富兵强而具有影响时局的力量而已。若论文化的渊源，仍然不能离开齐鲁。鲁国乃周公之后，周朝武王统一天下，对老功臣，分封建国。周公的后代被封在鲁，保存了周代文化的精神。姜太公帮助了武王统一天下，他的后代封于齐，发展出后世道家学术的精神。换言之，姜太公一系遗留在中国的文化，可以说代表了传统道家的文化；鲁国的文化则代表了周公这个系统，也就是形成后世儒家的文化；楚的文化则为老、庄一系所形成的南方文化成分较多；墨子则代表宋国的文化，宋为殷商的后代，所以在墨子的学术思想中，保留有浓厚的夏商文化的色彩。讲中国文化史或哲学史，对这个观念应该清楚。

春秋时期，当时的文字语言并没有完全统一，交通也不便利，各国诸侯的政治措施也有了各自为政的趋向，只是大体上还保持大同小异而已。到了孟子的先后时期，鲁国保留的周代文化，也只剩一线命脉。那时候较为兴盛的，还是道家传统所流衍的燕齐文化。而且齐国比较强，是经济最发达的国家，现在山东靠海这一带地方，本来资源缺乏，因为姜太公封到了齐国，他便发展资源经济，开始制盐，不但使齐国成了产盐区，并且渔盐之利大增，后来又经管仲的一番开展，齐国的经济更发达，到了战国时期，他的国际地位，等于我们当年的上海、现在美国的纽约。所以当时孟子、荀子这些学者，都曾到齐国转一趟，好像现在的人们都要去美国混一下一样的。这是孔子以后的事。

在孔子当时，鲁国文化，还大有可观之处。孔子的思想中，认为要把中国传统文化保留起来，乃至于振兴起来，就要以齐国的文化为基础，再加上好的转变，就可以到达当年鲁国的情况；再把鲁国的文化，提高一点水准，就可以恢复中国传统文化的"道"。这是他的一个看法，一个感叹。

下面孔子又对觚发出一个感叹。觚依考据是一种四方有棱角的酒杯，到故宫博物院，应找得出这件东西。依古人的解释，"觚不觚！觚哉！觚哉！"这句话，是孔子在感叹说，这个时代什么都变了。你看嘛，这只酒杯本来是有棱角的，现在酒杯的棱角也磨平了！但是酒杯没有棱角有什么稀奇？孔子如果看到我们现在用的茶杯还是玻璃做的，圆圆的，他一定要感叹，玻璃杯啊！玻璃杯啊！我们如果连接上文看，就知道这句话的意义了。孔子说我们的文化已经衰落了，要保持自己的传统文化，是件非常吃力的工作。除非像齐国那样，有雄厚的经济基础，能为后代文化努力，再加重整一番，可至于鲁。鲁国的文化有这样相当基础，能够把他再发扬光大一点，可以保持传统文化之"道"。可是他讲到这里，正在拿着杯子喝酒，于是就近举例说，试看看，酒杯的样子都变了！什么都在变，时代已经变了；酒杯啊！酒杯啊！他是感叹连这样一个用具都跟着时代在演变了，人更是永远在演变，历史是拉不回来的。这是他假借酒杯对文化演变的感叹。

【本经】

宰我问曰："仁者，虽告之曰：'井有仁焉。'其从之也？"子曰："何为其然也？君子可逝也，不可陷也。可欺也，不可罔也。"

【译文】

宰我问道："对于一个有仁义修养的人，假使有人告诉他说：'井里有仁义。'难道为了仁义，就听信他的话往井里跳吗？"

孔子说："你怎么能这样想呢？成为一个有仁德修养的君子，一定是有智慧、有思想的，而且能够知晓应变。作为君子之人，宁可自己死掉了，也绝不会落入陷阱而受困于人；如果有人当面来欺骗可以，愿意接受这个欺骗，这是仁慈，如果自己糊涂不明，那是不可以的。"

【别裁大义】

君子可欺以其方

正当孔子感叹，旁边有个学生提出了问题。

宰我就是孔子说他 "朽木不可雕也" 的台柱学生。他有一天和孔子半抬杠，也可以说是在怀疑一个问题。他问孔子说，你天天教我们要学仁，做人做事要讲道德仁义。假使有一个人，去骗一个有仁义修养的人说，水井里有仁义。难道为了修养仁义，就听他的话往井里跳？宰我这个话问得没有错，并不调皮，很实在的。他的意思是，老师你天天教我们讲仁义道德，现在世界那么坏，坏人那么多，有人来骗我们井里有道德，道德又值几毛钱一斤？要不要跳下去呢？和我们现在问 "这个社会这样坏，仁义有什么用" 是一样的。

孔子听了以后，终于笑了。他说你怎么这样想呢？一个做学问成为君子的人，并不是一个笨蛋，必须要晓得应变。孔子力赞《周易》，而《周易》的道理，便有 "适变" "随时" 这两个要点。其意是说要懂得时代，适合于时代，但自己要站在中间，顺应这个变，有中心主张、中心思想。他在这里说一个君子之人 "可逝也"，可以放弃自己的终身，但 "不可陷也"，绝不受人家的包围、困扰，落入陷阱之中。比如说抛弃了一切，甚至抛弃了这个社会环境，抛弃了一生的功名富贵，绝不受困扰。如果说没办法，受了环境的困扰，陷进去了，在无可奈何下而拿了功名富贵，然后自说清高，那对不住，这是没有骨气，不是君子。有骨气的做法是自我牺牲，不受困扰。"可欺也，不可罔也"，当面来欺骗可以，愿意接受这个欺骗，这是仁慈。但如果糊涂、将就，自己根本不知道，这是不可以的。所以孔子是说，你问的哪有这个道理？归纳起来的意思，人一定要仁义道德。这是孔子所标榜的，也就是他的学问中心，要有中心思想，中心路线。如果这个中心思想行不通，只要认为对了，乃至于被时代遗弃了都可以，可是如果被现实所陷没了，那是不应该的。

所以孔子在下面再加以引申解释。

【本经】

子曰："君子博学于文，约之以礼，亦可以弗畔矣夫！"

【注释】

约：约束。

畔：同"叛"。

【译文】

孔子说："作为君子之人，要学习广泛的知识学问，做到博学多闻，一切以礼的精神来约束自己，这样也就可以不至于离经叛道了！"

【别裁大义】

孔子说博学于文，这个文不仅是文学，而是代表了一切学术文化。以现代名词来说，包括了文法、文理和一切知识。所以说要博学于文。博就是渊博，样样要懂，才能成为通才。但是渊博的人，常是样样都懂，门门不通。所以应该先求渊博，后要求专精。要渊博而专精，并且还要约束自己，做人处事在在合礼。孔门的思想要讲礼，我们再三提过，礼并不是教我们行礼，而是《礼记》所包涵的文化精神。孔子说如果做到这样，大体上人生的道路，可以走得出来，不会离谱太远了。"弗畔"，就是没有离经叛道的意思。

【本经】

子见南子，子路不说。夫子矢之曰："予所否者，天厌之！天厌之！"

【注释】

南子：卫灵公的夫人，把持着当时卫国的朝政。

说（yuè）：同"悦"，高兴。

矢：同"誓"，发誓。

厌：讨厌。

【译文】

孔子去见了南子，子路为此很不高兴。孔子发誓说："如果我认为是不可救药的人，不但人会讨厌他，就是天也会讨厌他！如果天都讨厌他，那么这种人便不要与他来往啦！"

【别裁大义】

冲冠一"路"为红颜

这段很妙。南子是古代的一个美女，是卫国的人。孔子在这个国家相当久，因为卫国本来有意留孔子，把国政交给他，学生中有很多人怀疑孔子想取得在卫国的君权。当时卫国的诸侯卫灵公，宠爱一个漂亮的妃子，就是南子。春秋战国的时候，女子把持政权的有好几位，不过直到现在还没有看到关于这个问题的专书。

中外历史上，与政治有关的女人太多，几乎任何一个政权都离不开女人。常在报纸上看到，英国的绯闻出来了，白宫的桃色新闻又出来了，全世界新闻界闹得那么凶。古今中外任何一个政权，几乎没有不和女性发生关系的。不过有些是好的女性，有些是坏的女性。和历史的整个型态都有关系，可惜的是古代重男轻女，历史的记载没有朝此方向发挥而已。明末清初文学家李笠翁说的，人生就是戏台，历史也不过是戏台，而且只有两个人唱戏，没有第三个人。哪两个人？"一个男人，一个女人。"

孔子当时到了卫国，南子这位宠妃正在把持政权，曾经找人告诉孔子，想见见孔子。这是古代，不比现代外交，到了一个国家，见元首夫人，并没有什么了不起，而且还是一种习惯上的礼貌。但在古代不然，尤其是南子这个人，名声并不好，她要见孔子，孔子并没有答应，后来有人告诉孔子，要在卫国有所作为，非要走南子这条路线，孔子当然没有走这条路。但是孔子有一天的确见了南子，照历史上记载，孔子见南子，南子对他恭敬万分。历史的记载，男女相见，中间挂一幅珠帘，南子穿了国家的大礼服，在帘子里面向孔子跪拜，非常尊敬孔子，这也是事实。

现在《论语》中记载，孔子见了南子。这一下，学生当中脾气最大的子路不高兴了，出来在态度上大概给孔子很难堪，逼得孔子赌了咒："你不要怀疑我啊！我假如做了对不起人的事，给天雷打死！给天雷打死！"古人对这节书，都作上面这样的解释。

如果这样解释是对的，试想想，我们民族文化所标榜的这位圣人，岂不太糟糕了？见南子就有不轨的行为吗？这是不可能的。南子虽然在社会上的名誉不太好，孔子也瞧不起她，到底她是这个国家国君的如夫人，她硬要见见，也理所当然。孔子特别讲礼，这又有什么失礼的？

孔子见了南子出来，子路这个学生就摆脸色给他看，孔子这个"校长"也干不下去，要辞职了，太受学生的威胁了，还要逼得孔子当面赌咒，"天啊！给雷打死！给雷打死！"哪有这样的解释？这完全是后人塑造孔子的错误，所以孔家店被打倒是难怪的，都是这些店员乱搞！把自己老板塑得那个怪像。就是现在，也还有人把孔子像塑得那么呆板。孔子哪里是这样的，孔子态度本来非常活泼轻松。

孔子见南子，是事实；子路不大高兴也是事实，孔子也的确矢之。"矢之"是很严重，等于赌咒，赌什么咒呢？问题在下面这句"予所否者"，孔子就告诉子路，你们的看法不对的。这里要千万注意，古人说："万事谁能知究竟？人生最怕是流言。"又说："众口铄金，积毁销骨。"这就是人言可畏。人情世故要通达，凡事问心无愧，旁人背后怎么说不要管他，只问自己。所以孔子是说，你们看法和我看法不一样，我所否定的，我认为不可救药的人，一定是罪大恶极。不但人讨厌他，就是天也讨厌他，那么这种人便不需要与他来往。

我们再看南子，是不是那种"天厌之"的人呢？南子在历史上不像夏姬，后来的夏姬是不得了的，坏得很。我们查卫国的历史，南子没有什么大不了的错，不过长得漂亮，卫灵公非常迷她，如此而已！政治上当时比较起来，卫国还算好的。而且孔子周游列国，流落他方的时候，还是在卫国住得最久，卫君在卫护他，南子也在卫护他，卫国的大臣，如蘧伯玉这班人也在卫护他。所以孔子说，你们不要听到人家胡说八道就相信了。"谣言止于智者"，有聪明有智慧的人，一听到就知道是真的或是假的。我所认为不对的，不像你们的看法，如果真有罪大恶极的人，天意都会厌弃他，何况人呢？你们对于南子，用不着这样不高兴。这节的意思，如此而已。我们绝不能照旧的解释，把孔子说成像孩子偷了嘴，怕大人打那样，哪有这种事，这是三家村学究们的见解。

接下来，孔子提到这件事了。所以我说《论语》是连成一起的，编得非常好。讲了南子这故事，马上就把孔子的一段话引进去了。

【本经】

　　子曰："中庸之为德也，其至矣乎！民鲜久矣！"

【译文】

　　孔子说："中庸的德用就是中和，可是现在很少有人能够真正懂得中和之道了！这种情况已经很久了！"

【别裁大义】

　　在孔子的孙子子思著《中庸》的时候，第三章中就引用了这一句话。孔子是讲了这一句话，孔子说中庸太难了，中庸是什么呢？讲孔子的中庸也是很难解说的，如仁字一样，有体有用，我现在不讲中庸的体，现在讲中庸的作用。有些学者写文章骂中国文化，他们也是中国人，现在中国人"骂"中国文化的太多了！真使人感慨万千，我们这个国家在五代那八九十年中，也是最乱的，是当时认为的外族侵略进来的时代，有许多中国人变成什么样子呢？很难看，也很坏，他们帮助外族侵略自己中国人，所以唐末司空图有一首感慨的诗："一自萧关起战尘，河湟隔断异乡春。汉儿尽作得胡儿语，却向城头骂汉人。"将来百把年以后，写我们现代的历史，可能有人也会这样写。现在骂中国文化的，不是外国人，而是我们自己中国人，自己对自己没有搞清楚。

　　现在也有很知名的学人写了文章，说中庸就是马马虎虎的意思。他曲解说，张三说对，李四说不对，而王五说对与不对没有关系，就中庸吧！这位学者竟如此解释中庸，他们这些人对于中庸是什么，自己都没有好好地研究。

　　我们现在说中庸，就是能够中和的中庸之作用。我们中国文化中《易经》的道理，是说天下的事物，天下的人物，随时随地在变，每秒钟都在变，没有不变的事。如何能适应这个变，如何能领导这个变，这是学问的中心。同时

《易经》告诉我们，变是对立的变，任何一件事都是相对立的，有正面必有反面，有好必有坏，你说对的，同时也就产生了不对的。一切都是相对的，在这个相对的中间，有一个中和的道理。所以 "中庸" 便提到中和的作用，孔子是说两方面有不同的意见，如果有最高的领导德业的人，使它能够中和，各保留其对的一面，各舍弃其不对的一面，那就对了，那才是 "中庸之为德也，其至矣乎"！孔子同时感叹说："民鲜久矣。" 一般的人，很少能够善于运用中和之道，大家走的多半都是偏锋。

把这节放在孔子见南子后面，正说明了我们刚才所说的道理。一般人对人事的批评，要多方面注意人情世故。将来在外面做事情，你的部下，你的朋友，甚至你的敌人，对你也是一样。当骂你坏的时候，什么都是坏的，没有好的；当捧你的时候，什么都是好的，没有坏的。但是不管捧与骂，都是有问题的。我们不要忘记了自己的本分，自己要很清楚自己，不要为这些毁誉所动摇，要问自己真正的作为。所以孔子在这里所讲的道理，说明了孔子见南子的真相。

下面等于为本篇作结论了。

【本经】

子贡曰："如有博施于民，而能济众，何如？可谓仁乎？" 子曰："何事于仁，必也圣乎！尧舜其犹病诸！夫仁者，己欲立而立人，己欲达而达人。能近取譬，可谓仁之方也已。"

【注释】

施：给与。

济：救助、救济。

病：忧愁。

诸："之乎" 的合音。

【译文】

子贡说："假若有人能广泛地给百姓施予好处和救济众人，怎么样呢？能称得上是仁了吗？"孔子说："你说的这件事，岂止是仁，简直是圣人了！尧、舜恐怕也做不到呢！所谓仁，就是要自己站起来，同时也要考虑到让别人也站起来；自己想要通达有前途，不要忘记了让别人也要有前途。能从自身再推及到别人和社会，这也就可以说是践行仁道的方法了。"

【别裁大义】

此事古难全

子贡问的问题，都是中肯扼要，而且碰到孔子中心思想的要点之处。他说假使一个人广泛地博施济众，要为整个人类谋福利事业，照现代话来说，团体、社会、政府做的公益事业就叫社会福利。中国古代有没有社会福利思想？假使有研究社会问题的，这个问题要注意，在中国历史文化里，好像找不出社会福利问题的记载，事实上有没有呢？有！社会思想早有了，社会福利思想也早有了，过去都偏重在个人做，以个人立场，做社会福利事情，这是中国人的道德修养，有钱做做好事，修桥铺路，再不然夏天在路上摆一些茶缸。很多人家都这样做的，这些都是社会福利。中国过去的社会当然是以农业经济为基础，由个人做社会工作，做社会福利，认为这是一种道德，所谓阴功积德。

现代的思想，社会的福利工作，已经由政府、由社团做。时代不同，工业时代与农业时代，是两个时代，思想也不一样。子贡讲的博施，就是讲社会福利。广博，无条件地把东西送给人家，救济大家，让大家都得到帮助。在孔子学生中，只有子贡敢讲这句话，因为他很有豪气，有时不大肯做书呆子，孔子也没有骂他，认为他很对，可是也没有鼓励他。他一边是讲仁义，一边不同意装穷。他要做生意，他的钱很多，所以他敢吹这个牛，假如我博施、济众，老师，怎么样？可以算得是你所标榜的仁慈吧？孔子对子贡这个问题的答复很妙，他说，你说的这件事，太伟大了，岂止是对仁来说，实在是永远做不到，做不尽的大事业，我也做不到，就是古代圣帝明王如尧舜一样当权的人，也做不到。问题是在于一个人想做好事，绝对大公，很难很难，是做不到的。所以中国的字，"公"是化"私"，这是儒家的思想。由道家演变而来的杨朱思想，"拔一毛以利天下而不为也"，绝对讲个人主义，我不拔你的毛，你也不要拔我的毛，一毛都不拔。墨子则讲"摩顶放踵以利天下"，尽量地为公。儒家认为都不对。儒家是讲保留适度的自私，慢慢扩充到为公。我们大家要注意，三民主义的思想，就是从儒家这个思想来的。儒家的推己及人，我有饭吃，才想到你需要饭吃，分点给你，我们两个有饭吃才分给他，我们三个有饭吃，再分点给大家吃。一步一步扩充。如全体都要一下子做到，不但我们做不到，尧舜也做不到。所以孔子说子贡的理想太高了，像柏拉图的理想国一样，陈义太高了。孔子告诉他，真正仁的人，是要自己站起来，但是要顾虑到别人的利益，使别人也站起来。

学问道德也是如此，我要做一个人，不要忘记了他也要做一个人，我想将来通达有前途，不要忘记了他也要有前途。如果做一个领导人，就要多爱部下，像待自己的子女兄弟一样替他们着想。我要利益，他们也要利益，我太累了，同样地他们也累了。从最浅近、最平凡的道理当中去了解他。做到了这种地步，就可以说找到了仁的方向，为仁找到一条可走的路了。

本篇讲到这里，结束了《雍也》一篇的连贯性，也等于对第一篇《学而》这些道理，作一个陪衬，拿事实来证明、讨论。孔门学问中仁的应用，是推己及人，想自己利益的时候，也替别人的利益着想；扩而充之，想到天下人的利益。仁的路就是这样开始走的。

现在第六篇《雍也》讲完了。这六篇连起来，等于是全部《论语》中孔子师生之间学问问答的纲要。

述而第七

子曰："述而不作，信而好古，窃比于我老彭。"

【注释】

述：叙述、记述、传述。

作：创作。

窃：私，私自，私底下。

老彭：人名。一说是指老子和彭祖两人；一说是指彭祖，彭祖，名彭篯（jiān），史载彭祖是上古五帝中颛顼的玄孙，他经历了尧舜、夏商诸朝，到殷商末纣王时，已七百六十七岁，相传他活了八百多岁；一说不知其确指何人。今从第一说。

【译文】

孔子说："对传统文化，只是阐述而不创作。对历史上古人留下来的那些宝贵思想和精神财富，有着坚定的信念和爱好。我私底下只不过是想向老子和彭祖看齐。"

【别裁大义】

一肩挑尽古今愁

我们研究孔子思想，知道孔子自己很谦虚，他说我述而不作。什么叫述？就是承先启后，继往开来，保留传统的文化，就所知道的，把它继续起来，流传下来，好比现在说的，散播种籽，没自己的创作，不加意见。孔子的删诗书、定礼乐、系易辞、著春秋等六经文化的整理，只是承续前人，并没有加以创作。但是他有个态度，信而好古，不是迷信，是真信，加以考证过的真信。譬如我们中国第一部历史文献《书经》，也叫做《尚书》，第一篇是从《尧典》开始，难道尧以前没有历史了？当然有，我们自己都晓得，讲祖宗文化从黄帝开始，黄帝到尧这个阶段，历史还有一千多年。中国文化五千年，是从黄帝开始数起，黄帝以前再推上去，如果照我们旧的说法，认为中国历史是有十二万年之久。以前历史是十二万年，哪知道后来就变了，变作五千年文化，再后来又变成只有三千年了，我们中国人的历史文化越来越短了！

孔子当时删诗书，为什么《尚书》将尧以前的删除呢？因为尧以前的文献不够，他不敢轻易断言，所以历史资料的文献，自尧这个阶段开始。他在这里说自己 "信而好古"，就是说明他做学问的态度，实在非常相信而喜欢传统的文化，希望把它保留下来。

有的人专门疑古，对古代的文化不相信，于是好犯上作乱，尤其抗战以前有些学人，他们跟着日本人说，尧舜不是人，是中国人自己编的，尧是香炉，古代的香炉，舜是烛台，禹也不是人，是爬虫，这是日本人故意侮辱我们的，我们的学者也都跟着这样说，后来我们的思想一度受到他们的影响。所以我们的文化到了今日这个地步，不是偶然的，是几十年来大家疑古，随便抛弃了传统，抛弃了前人的经验，轻视前人的学问的结果。所以信而好古，是保持历史人生的经验，孔子对此，持以非常慎重的态度，实在了不起。

可是他还谦虚地说"窃比于我老彭"。老彭是两个人。老，是老子；彭，是彭祖，名彭篯（jiān），在古代的史料上，一般人说他活了八百年，是否有这个人，姑且不问，反正在中国传统文化中，有一长命老人叫彭篯。孔子下面这句话的意思是说，我没有什么了不起，不过想向老子、彭篯看齐。这两个人都是讲传统文化，而且是持"述而不作，信而好古"的态度。总而言之，他等于是自我幽默说："我没有什么了不起，只是一个老古董而已。"

接着又说他做学问的态度和教学的精神，就是说明他自己人生的志趣。

【本经】

子曰："默而识之，学而不厌，诲人不倦，何有于我哉？"

【注释】

识（zhì）：通"志"。记住的意思。

诲：教诲。

【译文】

孔子说："我只不过随时随地留意，把所见所闻都默默地记下来，领会于心；持之以恒，努力求学问，从不厌烦；教诲别人也从不倦怠。除了这三点，我还有什么呢？"

【别裁大义】

"默而识之"，学问要靠知识来的，这里的"识"在古代文字中是与"誌、记、志"字通用，所以"默而识之"这句话就是说：做学问要宁静，不可心存外务，更不可力求表现，要默默然领会在心，这是最要紧的。

"学而不厌"，他自己说做学问的志趣永远不厌倦，这在文章上读起来很容易了解，乍看起来没有什么了不起，但深深体会一下，孔子的学问就在这里。虽然非常平凡，但要知道世界上最伟大的就是平凡，能安于平凡是很难的，这也是"人不知而不愠"的引申。以我自己的经验来证明，假如发狠学一样东西，肯下工夫去学习，最多努力一段时期，就不能继续不倦地去搞了。所以一生能够学而不厌，不是件简单的事情。像写毛笔字、打太极拳，开始很有兴趣，再继续下去，到快有进步的时候，对自己的毛笔字，越看越讨厌，简直不想看；打拳也打得自己不想打了，认为学不好。这正是一个关键，是个进步的开始，可是大多数人都在这种情况下厌倦地放弃了。因此，就觉得孔子这句话，的确了不起。

另一点便是"诲人不倦"的教学态度。也是看起来容易，做起来难。孟子说"得天下英才而教育之，一乐也"。但是如果"得天下笨才而教育之"，估计是"一苦也，"所以教育的事有时真使人厌倦不堪。尤其是现在青年的教育，从小底子打得太差了，几乎必须要重新打基础。所以一个真正的教育家，必须要有宗教家的精神，爱人爱世，须要有舍身饲虎、入海救人的牺牲精神才行，又像是亲自施用换心术，硬要把自己的东西装到他的脑子里去的那种心情。但有许多学者有了学问，却当成千古不传之秘，不肯教给别人。

孔子这三句话，表面上看是很容易的，做起来就非常难。后世为人师表者，可以将这几句话当作格言，在碰到厌倦的时候，提起孔子这几句话，在肚子里脸红一下，马上自己改正过来。孔子在接着这三句话之后便说："何有于我哉？"翻成白话，便是说，我没有什么学问，只不过到处留意，默默地学习中，我把它强记下来；求学问不厌倦；教人也不厌倦；但是除了这三点以外，我什么都不懂，什么都没有。就是这个意思。可是这三点都是真学问，我们大家都很难做到，所以这篇应该是第一篇《学而》的引申注解。

【本经】

　　子曰："德之不修，学之不讲，闻义不能徙，不善不能改，是吾忧也。"

【注释】

　　德之不修："之"，助词，帮助宾语提前，在这里不强调宾语的作用。此句应为"不修德"。下句"学之不讲"亦同。

　　闻义不能徙："义"，指义之所在应当做的事、道理。"徙（xǐ）"，迁移、变化，指靠近"义"、做到"义"。此句意为懂得了道理却不能改变自己以前的做法，按义行事。

【译文】

　　孔子说："不修养品德，不讲求真正的学问，听到了义之所在之事却不肯去力行，自己有缺点也没有勇气改正，这些就是我所忧虑的呀！"

【别裁大义】

梦中的忧乐

　　这是讲为学与为政的道理。孔子对于时代风气的衰变非常忧虑，所谓忧国忧民，他忧心的是什么呢？

　　就此四项的内涵，已足以陈述孔子当时忧天下、忧国家、忧民族、忧文化衰颓变乱的心情。孔子说，那个时代不得了，一般人不讲修养自己的品德，只讲现实；不讲求真正的学问。正像这个时代，教育尽管普及，可是人们都不喜欢读书，甚至连买书都不愿意。现在出的书都是小本，裤袋里可以放的，不是读书，是坐在公共汽车上摩擦，搞破就算了。不像前人读书，要反复背诵，慎思明辨。现在的背书，并不是以所背诵的书成为自己的学问，而是作临时应付考试之用，偶然也启发了许多似是而非的思想，知道了很多的知识，过去是读书，现在是看书，看过就行了，其实不深入。知识不一定就能成为学问。

最可怕的是，听到了义之所在，自己也知道这道理是对的，只是自己的劣根性改变不了，明明知道自己走的路线不对，又不肯改。为什么不能改？时代环境的风气，外在的压力，自己又下不了决心，所以只好因循下去。

孔子说了他担忧的四点："德之不修，学之不讲，闻义不能徙，不善不能改。"这也是每一个人和任何一个历史时代的通病，尤其碰到衰乱的世局，任何一个国家社会，都可能有这四种现象出现，由此可见他的心情，所以说孔子是淑世——救世主义者。一个民族，一个国家，不怕亡国，因为亡国可以复国，最怕是把自己文化的根挖断了，就会陷于万劫不复之境。这里所记孔子的感慨，也就是担忧人文文化迷失了的后果。我们再看古今中外的历史，一旦国家文化亡了，即使形态存在，但已动摇了根本，难以翻身，这是一定的。犹太人虽然亡了国，他立国的文化精神，始终建立在每一代犹太子民的心目中。文化看起来是空洞的，但它是一个国家民族的历史命脉，孔子在这里不谈国家政治而谈人文文化，实际上这正是民族历史的重点。国家天下，尽在其中。

接连前面两节，说明孔子自处处人与做学问的要点，下面就加上学生对孔子的描写。根据上面的话，我们看到孔子一天到晚忧世忧民，活得好苦。古人有说："百年三万六千日，不在愁中即病中。"一个人即使活到一百岁，不是忧愁就是病痛，这个人生未免太惨了，通常人的寿命是六七十岁，但计算一下：十五岁以前不懂事，不能算；最后的十五年，老朽不堪，眼看不见，耳听不见，也不能算；中间三四十年，一半在睡觉，又不能算。余下来的日子不过十五年左右，这十五年中，三餐吃饭、大小便又花去许多时间，真正不过活了几年而已。这几年如果真正快乐还好，倘使"不在愁中即病中"，那么在人生哲学上，这笔账算下来，人活着等于零，够悲惨的！如果家事、国事、天下事，事事关心，就简直活不下去。尤其像孔子，看得见的，忧国、忧家、忧天下；看不见的，还忧德之不修，学之不讲，闻义不能徙，不善不能改。他既要忧，还要管，如果这样算起来，孔子这一生痛苦得很，实在受不了。果真如此，所谓圣人者，只是一个多愁善感的人而已。慢着！我们且看下面说到他如何面对这种忧患一生的平日生活情况。

【本经】

　子之燕居，申申如也，夭夭如也。

【译文】

　孔子闲居在家里的时候，看上去爽朗舒展、轻松愉快的样子。

【别裁大义】

　这里燕居的"燕"与"晏"相通，在文学上也叫"平居"，就是在家的日常生活，这里说孔子平常在家的生活"申申如也"，很舒展，不是皱起眉头一天到晚在忧愁。他修养好得很，非常爽朗、舒展，"夭夭如也"，而且活泼愉快。所以尽管忧国忧民，他还是能保持爽朗的胸襟，活泼的心情，能够自己挺拔于尘俗之中，是多么的可爱。但是他乐的是人生的平淡，知足无忧，愁的不是为己，而是为天下苍生。因此下面又引出孔子的一种心忧。

【本经】

子曰："甚矣，吾衰也！久矣，吾不复梦见周公！"

【注释】

周公：姓姬，名旦，周文王的儿子，周武王的弟弟，成王的叔父，鲁国国君的始祖。传说西周的礼乐制度是由他制定的，他是孔子所崇拜的"圣人"之一。

【译文】

孔子说："现在的时代，乱成了这个样子，我真的是老了！我已经很久都没有再梦见周公了！"

【别裁大义】

大家都知道，在孔子以前，凡提到中国文化，必提到周公，因为自周朝建国以来的人文文化，都由周公一手整理而付诸实行。等于我们后世，一提到中国文化，便提到孔孟。孔子这句话，就是这种意思的感叹。如果解释为他晚上睡不安稳，经常做梦，那是精神有问题，就不会"申申如也，夭夭如也"，而是"苦苦如也"。精神好，身体健康当然不做梦，孔子的身体是健康的，所以这句话是形容和感叹之词，意思是说现在的时代，乱成这个样子，实在无法再挑起这副担子。当然这只是孔子的感慨而已，结果担子还是挑下来了。梦不见周公没关系，他到底很清醒地担负起了中国文化承先启后的担子。所以我们要注意孔子思想中究竟藏有些什么精神，在第四篇《里仁》中讲到他的全副精神，这里更清晰地提出来了。

【本经】

　　子曰："志于道，据于德，依于仁，游于艺。"

【注释】

　　游：游泳，这里有从容自得之意。尤指工作、学习和生活。
　　艺：指孔子教授学生的礼、乐、射、御、书、数六艺，都是日常所用。

【译文】

　　孔子说："一个人应该树立追求和探究真理的信念，要志于'道'；为人做事的行为，要根据于'德'；立身处世的身心修养，要依傍于'仁'；还要博学多闻，从容自得于'艺'。"

【别裁大义】

道德仁艺

　　假如有人问，孔子的学术思想真正要讲的是什么？可以大胆地引用这四句话作答，这就是他的中心，也可以说是孔子教育的真正的目的，立己立人，都是这四点。关于这四点的教育方法，也就是后面《泰伯》篇中孔子说的"兴于诗，立于礼，成于乐"。第一项所说的"志于道"，又学个什么道呢？一般人说孔子说的是人道，不讲天道，因为天道渺远，属于形而上的范围。究竟有没有神的存在？生命是怎样开始的？宇宙是如何形成的？这些都是属天道。"天道远"并不是说与我们的空间距离远。如照现代观念来说，更不合理了，目前到月球只不过几天的事，怎么说远？这个远字实际上是高远的意思，指距离人类的知识程度太远。"人道迩",人道比较浅近易懂。所以过于高远的暂时不要讲它,先把人们自己切身的问题解决了,再讲宇宙的问题,一般人说孔子只讲人道,这是后代的人为孔子下的定义,事实上孔子并没有这样说,当时,只有他的学生子贡说:"夫子之文章,可得而闻也。夫子之言性与天道,不可得而闻也。"——见《公冶长》篇。根据子贡这里的话,再看孔子在《易经》中所讲的学问,他绝对懂天道——宇宙的来源。所以子贡便说,他讲人道,我们听得懂,他讲宇宙的奥妙,因为我们的学问还不够,实在听不懂。

因此孔子在这里所讲 "志于道" 的 "道",我们不能硬性替它下一个范围,说他只讲人道,不讲天道。如果要研究孔子的思想,必须研究《易经》的《系传》,他许多的重要思想,都表现在《系传》中,有关形而上的学问,也在《系传》里。那么孔子在这里所说的道是什么?我们可以很老实地作答:"孔子自己没有下定义,所以我们很难替他下定义。"至于他在这里讲的 "志于道" 可以列举很多,证明他是懂得形而上道。由人生的普通行为——形而下开始,一直到最高的天地万物的玄妙之道,他全懂。不过一般学生们程度不够,他没有偏向这方面讲,如果专讲这方面,孔子就变成一个宗教的教主了。尽管后人称他为儒教教主,他自己在当时非常平实,不走教主的路线。

根据原文 "志于道",可以解释为形而上道,就是立志要高远,要希望达到的境界。这个 "道" 就包括了天道与人道,形而上、形而下的都有。这是教我们立志,最基本的,也是最高的目的。至于是否做得到,是另一回事。正如大家年轻时刚出社会做事,都立志取得功名富贵。就以赚钱为目的来说,起码也希望赚到几千万元。但立志尽管立志,事实上如今一个月只赚几千块。如果因立志几千万,只拿几千元,"不为也",不愿干回去好了! 这说明立的志能不能实现,是另外一回事。所以孔子说,做学问要把目标放得高远,这是第一个 "志于道" 的意思。

"据于德",立志虽要高远,但必须从人道起步。所谓天人合一的天道和人道是要从道德的行为开始。换句话来说,"志于道" 是搞哲学思想,"据于德"是为人处世的行为,古人解说德就是得,有成果即是德,所以很明显的,孔子告诉我们,思想是志于道,行为是依据德行。如果根据这里的四点来分析《论语》中所讲的道理，有许多都是"据于德"的说明。

"依于仁"，已经说过，仁有体有用。仁的体是内心的修养，所谓性命之学、心性之学，这是内在的。表现于外用的则是爱人爱物，譬如墨子思想的兼爱，西方文化的博爱。"依于仁"，是依傍于仁，也就是说道与德如何发挥，在于对人对物有没有爱心。有了这个爱心，爱人、爱物、爱社会、爱国家、爱世界，扩而充之爱全天下。这是仁的发挥。

"依于仁"然后才能"游于艺"。游是游泳的游，不是游戏的游，在这里我们要特加注意，游戏的游是"辶"旁，这里是水旁的游泳的游，"游于艺"的艺包括礼、乐、射、御、书、数六艺。孔子当年的教育以六艺为主。其中的"礼"，以现代而言，包括了哲学的、政治的、教育的、社会的所有文化。至于现代艺术的舞蹈、影剧、音乐、美术等等则属于乐。"射"，指军事、武功方面。过去是说拉弓射箭，等于现代的射击、击技、体育等。"御"，即驾车，以现代来说，当然也包括驾飞机、太空船。"书"，指文学方面及历史方面。"数"则指科学方面的。凡是人才的培养，生活的充实，都要依六艺修养，艺绝不是狭义的艺术。原来绘画是文艺，现在美术却与文艺分开，越分越细，但也越分越窄。有人说科学分得如此细，走向一种病态了。举例来说：有人鼻子不通去看医生，鼻科医生说也许受牙齿的影响，先到牙科检查，然后放射科、神经科、心电图各种查完，再回到原来的鼻科。这时鼻科医生对病人说，你找错医生了，我是专门治左鼻孔的，你是右鼻孔不通，要找那一边的医生。这是用医病来讽刺科学分类的过分。中国古代不这样细分，凡属六艺范围的都是艺。人生对于道、德、仁、艺这四种文化思想上修养的要点都要懂。这四个重点的前一半"志于道，据于德"包括了精神思想，加上"依于仁，游于艺"作为生活处世的准绳，是他全部的原则，同时告诉每个人，具备这些要点，才叫学问。如无高远思想就未免太俗气，太现实的人生只有令自己厌烦。没有相当的德行为根据，人生是无根的，最后不能成熟。如果没有仁的内在修养，在心理上就没得安顿的地方。没有"游于艺"，知识学问不渊博，人生就枯燥了。所以这四点统统要，后人对这四个重点都有所偏重，其实讲孔子思想，要从这里均衡发展。

【本经】

子曰: "自行束修以上, 吾未尝无诲焉! "

【注释】

自行: 自动, 主动。

自行束修: 这里是自行检点约束的意思。从汉朝开始, 对"束修"的解释是十条干肉, 也就是"学费"。"束", 就是用绳子捆拢来为一束。"修", 干肉或腊肉, 又叫脯。

【译文】

孔子说: "凡是那些能反省自己, 检束自己而又肯上进求学的人, 我从来没有不教的! "

【别裁大义】

孔子的学费问题

从汉朝开始, 对"束修"的解释都是学费, 好像孔子也在开补习班。他说, 凡是在这里缴了学费的, 我没有不教。当然缴了学费要教! 教育和买卖一样, 尤其当前教育完全是商业行为。这是讲到现代的教育制度, 完全西化了, 的确是商业行为。以前中国的教育制度, 师生之间, 如父子兄弟, 负一辈子的责任。现在这个责任没有了, 知识成了货品, 与我们原来的教育制度、教育精神不同。这一点是值得我们检讨的。

现在再来说束修这个字。古代不说学费说束修, 但束修又是什么呢? 束就是用绳子捆拢来为一束，修同脩，就是腊肉。古代到老师那里求教，学生当然要赞（zhì）敬。古代的赞从贝，贝即贝壳。我们的老祖宗汉民族，居住在中原地带，贝类很少，物以稀为贵，所以用贝当作货币流通。因此在古代凡是与财物有关的字，如宝、财，都从"贝"。有人说，古代朋友的"朋"字，就是两串贝壳的形象，就含了"有酒有肉皆兄弟，急难何曾见一人"的幽默了。

以前的人，拿了贝壳去见长辈，表示敬意，称为赞敬，这是一种礼貌。但古人把这一节解释为："孔子说，凡是付了束修的，我没有不教。"这种解释，不妥当。"自行束修以上"这句话的重点要放在"自行"两个字上。如果真的是向孔子缴一捆腊肉，何必说自行，不说自行，就说自缴也可以。

问题在自行两个字，自行束修是自行检点的意思，如果说束修是腊肉，孔子三千弟子，哪里吃得了这许多腊肉，放也没有这样大的地方来放，还有孔子的学生中如颜回，连一个好一点的便当都没有，哪里来的腊肉送给老师？而孔子不但教他，并且以他为最得意的学生。孔子这句话的思想是说，凡是那些能反省自己，检束自己而又肯上进向学的人，我从来没有不教的，我一定要教他。所谓自行束修，就是自行检点约束的意思。

【本经】

子曰："不愤不启，不悱不发。举一隅不以三隅反，则不复也。"

【注释】

愤：就是激愤的心情。对于不知道的事，非想知道不可，也是激愤心理的一种。

启：就是启发。

悱（fěi）：有话说不出来，内心有怀疑、不同意。多怀疑就自然会去研究。

发：研究，开发，发现。

隅（yú）：角、角落。

反：推及，类推。

复：返回。意思是回到智慧的本位。

【译文】

孔子说："在启发学生之前，先使他激愤，激发求知欲，然后再启发他；如果不让学生内心有怀疑，光靠服从和呆板地接受，那就不会有主动探究。比方说一张桌子四个角，如果讲了一个角，还不能类推其余三个角，那就是说还没有开启学生的智慧，也可以说没有启发到位。"

【别裁大义】

刺激和诱导的教育法

这里是说教育方法的原则。所谓"愤"，就是激愤的心情。对于不知道的事，非知道不可，也是激愤心理的一种。如有一件事，对学生说，你不行，而他听了这句话，就非行不可，这是刺激他，把他激愤起来。"启"就是发，在启发之前，先使他发愤，然后再进一步启发他。这种教育方式，有一个很好的例子：相传清代名将年羹尧，是汉军镶黄旗子弟，幼时非常顽劣，他父亲前后为他请了好几个老师，都被他打跑了。后来没有人敢去应聘教他，最后有一个老师是隐士——有说是顾亭林的兄弟，顾亭林虽然一生不做清朝的官，从事反清的地下活动，但为了同胞的福祉，还是叫别人出来做些事——自愿任教。年羹尧的父亲说明自己儿子的顽劣，老先生说没关系，唯一的条件是一个较大的花园，不要设门，而且围墙要加高。就这样开始教了，年羹尧最初想将这位老师打跑，不料老先生武功很高，打又打他不着，却什么也不教他，到了晚上，老先生运用他高强的轻功，一跃出了围墙，在外逍遥半天，又飘然跳了回来，年羹尧对这位老师一点办法都没有。老先生有时候吹笛子，吹笛是可以养气的，年羹尧听了要求学吹，于是利用吹笛来使他养气，这才开始慢慢教他。后来老先生因为有自己的私事，一定要离开，临走时说，很可惜，这孩子的品质还没有完全变过来。虽然如此，年羹尧已经够得上是文武双全了，所以后来成了平藏的名将。而他以后对自己孩子的老师，非常尊敬，同时选择老师也很严格，有一副对联："不敬师尊，天诛地灭；误人子弟，男盗女娼。"就是他写了贴在家里的。这个故事，可说明孔子所说教学的原则，必先刺激他的思想，使他发愤，非要有坚强的求知心，才能启发出他本有的智慧来。

第二就是引起他的怀疑，"悱"就是内心有怀疑、不同意。譬如说古人这样讲，就告诉他这值得考虑。孔子所谓"当仁不让于师"，韩昌黎所谓"师不必贤于弟子"，老师不一定完全是对的，不是光靠服从接受便行，如果呆板地接受，学问会越来越差的。多怀疑就自然会去研究，"发"就是研究。

"举一隅而不以三隅反，则不复也。"而且要多方面看。一桌四角，讲了一角，其余三角都会了解，那么他可以回来，"复也"就是回来。回到哪里？回到思想智慧的本位，就是回到自己智慧的本有境界。所以在教育方面，一定要激发他愤、悱的求知欲。我们看儿童的教育，有的孩子，对什么事情都不服气，而做家长的，总是希望孩子服气，尤其老一辈的人，往往把自己的经验看得非常重要，希望孩子接受。实际上要使孩子服气，接受上一代的经验，在教育方法上，必先使他能愤、能悱才行。

下面是讲一个人的领悟力，举一隅不以三隅反，则不复也。有些人读书学习很用功，但是领悟力不够，充其量，只能成为一个书呆子。譬如拿研究历史来说，最低限度，也是为了"前事不忘，后事之师也"。了解前代的事情，和现在的事情原则差不多，道理是一样，只是发生的时代不同，地区不同，现象两样而已。所以多读历史，能够举一反三，就可前知过去，后知未来。否则，白读死书，"则不复也"。学识又有什么意义呢？

【本经】

　　子食于有丧者之侧，未尝饱也。子于是日哭，则不歌。

【译文】

　　孔子在有丧事的人旁边吃饭，从来没有吃饱过。孔子如果在这一天吊丧哭泣过，这一天就绝不唱歌。

【别裁大义】

千古艰难唯一死

　　这是讲孔子对于养生送死的礼非常重视。他去了丧家，吃饭从来没有吃饱过；在这一天哭过了，心里头难过，绝对不唱歌的。这很简单，不但孔子，我们也一样。为什么这两句话放在这里呢？这句话看来很平常，但其意义是说明孔子对生死的大问题很重视。古今中外，宗教、哲学、科学都在追究这个问题：生命从哪里来？往哪里去了？死了以后还有没有？是否如过去所讲有再生之说，死了以后还会投胎？后来又加上来自印度、埃及的学说，认为人死了再投胎不一定做人，做什么决定于前生的道德善恶。所谓轮回、三世因果，这是佛家的思想。西方也是一样，基督教也有这样的思想，人死了以后，等到世界末日来临时，灵魂还会复活，接受上帝的审判。复活岂不是再生？这是一样的道理，不过不如东方说得详尽而已。这是古今中外一个大问题。所以孔子对于生死的事情，非常重视。这两句话，没有放在专门讲孔子的生活习惯和生活现实的《乡党》篇中，而放在这里，是为了连接引出下面的道理。

【本经】

　　子谓颜渊曰："用之则行，舍之则藏，唯我与尔有是夫！"

【译文】

　　孔子对颜渊道："当国家需要我时，就可以出来为国家做事；当国家不需要我时，就把自己隐藏起来，这只有我和你才能做到吧！"

【别裁大义】

　　孔子有一天对颜回说，时代、国家如果用得到我时，就出来为国家、天下做事；如时代、国家不需要我时，就退隐，自己藏起来。藏在哪里呢？譬如苏东坡的诗所说"万人如海一身藏"，非常好，尤其适合现在这个时代，古人是要隐藏到山林中去，现在用不着，只要住在公寓房子里，把门一锁，死了都没人知道。孔子还说，这样的情形，只有我和你颜回两人可以做到。因为颜回在孔门是道德修养最好的学生，至于其他的三千弟子，相形之下，就逊色多了。实际上也真的是很难，我们再体验一下，用之不一定能够行。假如说目前这个环境，把基辛格一流的人都拿下去，要你出来，行不行是个问题。时代不需要你的时候，你能不怨天，不尤人，默默无闻地活下去，这也做不到。一个人总有自己的牢骚，尤其知识分子们总认为："当今天下，舍我其谁？"假使让我出来，比诸葛亮还更高明。所以没有完全认识自己，隐退是很难的，因此孔子对自己得意的弟子颜回说："只有你我两个才做得到。"

　　把全篇首尾连贯起来，排成一个师生讲论的场面，由上面一节的说话，第一个不服气的又是子路，接下来他忍不住开腔了。

【本经】

子路曰:"子行三军,则谁与?"子曰:"暴虎冯河,死而无悔者,吾不与也。必也临事而惧,好谋而成者也。"

【注释】

暴虎冯河:见《诗经·小雅·小旻》。暴虎,徒手搏虎。冯河:冯(píng),同"凭",凭借,依靠。无船而徒步涉水过河。引申为有勇无谋的冒险行动。孔子意谓这样的人是鲁莽,死了都不知道后悔,这样的勇不值得称道。

【译文】

子路说:"老师!假使您统帅三军行军打仗,愿意和谁一起呢?"

孔子说:"徒手就敢与老虎搏斗,徒步就敢渡河,死了都不后悔,像这样有勇无谋的行为我是不赞同的。一定是遇事小心谨慎,善于谋划而能取得成功,这样的人才具备将才的基本修养。"

【别裁大义】

子路倒有自知之明,讲"用之则行,舍之则藏"这一套修养,自己是不行,所以他说:"老师!假使你打仗,你带哪一个?你总不能带颜回吧!他营养不良,体力都不够,你总得带我吧!"——文章中的三军,不是现代的海陆空军,当时还是车战,中军、左军、右军称为三军。——孔子听了子路的话笑了,他骂子路,像你这种脾气,要打仗绝不带你,赤手空拳敢和老虎搏斗,站在河边就想跳过去,跳不过也想跳,这样有勇无谋怎么行?而且一鼓作气,看起来蛮英勇,死了都不后悔,这种做法是冤枉去送死。子路这样的勇,不是大勇,孔子的学问中,勇、仁、智三个字是相连的,真正的大勇,一定有智有仁;真正的仁，一定有智有勇；真正的智，也一定有仁有勇，三者是不能分开的。孔子说，一个统帅的修养，一定要做到"临事而惧，好谋而成"。所谓临事而惧，并不是怕事，而是说任何一件事到手上，开始时就是怕会失败，所以要考虑周详，不自作聪明；到事情终于来了，则"好谋而成"，不怕了，必须用智慧，各方面都设想周到，促其成功，这才是统御人才的基本修养。

因此而引出孔子自己的表白，说明他对立身处世的态度。

【本经】

子曰："富而可求也，虽执鞭之士，吾亦为之。如不可求，从吾所好。"

【注释】

执鞭之士：拿着鞭子为大官开路或维持秩序的低等差役。据《周礼》载，有两种人执鞭，一是古代天子以及诸侯出入时，有人执鞭呼喝行人让道；一是市场的守门人，执鞭维持秩序。

【译文】

孔子说："天下之事有可为，也有不可为。真正的富贵是不能通过妄求得来的，假使真的可以这样求得的话，即使是做拿着鞭子维持秩序这样的低等差役，我也能做。如果不可以这样通过妄求得到，那我还是走自己该走的路，做自己喜欢的事吧。"

【别裁大义】

男儿到此是英雄

　　这是孔子有名的话。在《论语》上是 "富而可求也"，但在《史记·伯夷列传》上，司马迁引用孔子的话是 "富贵如可求也"，还多一个 "贵" 字。这也是一个问题，古书上这些小问题，读书时也要注意到。《论语》的记载比较对，应该没有 "贵" 字，因为《尚书·洪范篇》上讲五福：寿、富、康宁、好德、考终命，便没有 "贵" 字。我们中国人的人生哲学，富贵两字往往连起来讲，富了自然就贵，不富就不贵，富更重要，所以在这里富字应该已经包括了 "贵" 字而说的。孔子认为富是不可以去乱求的，是求不到的，假使真的求得来，就是替人拿马鞭，跟在后头跑，所谓拍马屁，乃至叫我干什么都干。假使求不到，那么对不住，什么都不来，"从吾所好。" 孔子好的是什么？就是下面说的道德仁义。真的富贵不可求吗？中国人的老话："小富由勤，大富由命。" 发小财、能节省、勤劳、肯去做，没有不富的；既懒惰，又不节省，永远富不了。大富大到什么程度很难说，但大富的确由命。我们从生活中体会，发财有时候也很容易；但当没钱时一块钱都难，所以中国人说一钱逼死英雄汉，古人的诗也说："美人买笑千金易，壮士穷途一饭难。" 在穷的时候，真的一碗饭的问题都难解决。但到了饱得吃不下去的时候，每餐饭都有三几处应酬，那又太容易。也就是说，小富由勤，大富由命，但命又是什么东西？这又谈到形而上去了，暂时把它摆着。

　　现在孔子所谓的求，不是 "努力去做" 的意思，而是 "想办法"，如果是违反原则去求来的，是不可以的。所以他的话中便有 "可求" 和 "不可求" 两个正反的道理，"可" 与 "不可" 是指人生道德价值而言。如富可以不择手段去求得来，这个富就很难看，很没有道理，所以孔子说这样的富假使可以去求的话，我早去求了。但是天下事有可为，也有不可为，有的应该做，也有的不应该做，这中间大有问题。如 "不可求"，我认为不可以做的，则富不富没有关系。因为富贵只是生活的形态，不是人生的目的，我还是从我所好，走我自己的路。

【本经】

　　子之所慎：齐、战、疾。

【注释】

　　齐：同"斋"。古人在举行国家大典或祭天地祖宗的时候，便要斋戒。所谓斋戒沐浴就是清心寡欲。古代的斋是内心的修养，着重气质的变化，在《礼记》中变化气质第一步工夫，就是要"斋心"，即心理的净化。

【译文】

　　孔子最谨慎的事情是：斋戒、战争和疾病。

【别裁大义】

　　孔子平常非常小心注意的事：齐、战、疾三件事情。古代齐斋同义，清心寡欲谓之斋，古人在举行国家大典或祭天地祖宗的时候，便要斋戒。所谓斋戒沐浴就是清心寡欲，并不像现在的人，称吃素为吃斋，这个错误在习惯上已用了一千多年，不必改它了。古代的斋是内心的修养，要着重气质的变化，在《礼记》中变化气质第一步工夫，就是要"斋心"，"毋不敬，俨若思。"现代的语汇，就是心理的净化，所以孔子对"斋"是最谨慎、最小心的。

　　其次是对战争，我们讲军事哲学思想史，经常也引用到孔子的话。他不是不懂军事，而是对军事哲学的理论很高明，只是平常不轻谈战争。

　　第三慎是对疾：是指卫生、保健的事，这是养生之道，他非常注意自己身体的健康。所以斋、战、疾是他特别小心的事。

　　孔子生活习惯的事，为什么记载在这里？前面说过，这一篇等于是第一篇《学而》的解释、发挥。

【本经】

　　子在齐闻《韶》，三月不知肉味。曰："不图为乐之至于斯也！"

【译文】

　　孔子在齐国听了舜时的《韶》乐，心境到了忘我的境界，很长一段时间，他吃饭的时候都不知道自己在吃饭。孔子感叹道："没想到音乐的美妙能达到这种境界！"

【别裁大义】

　　《韶》是古代一种音乐的名称，是三代以上的舜乐。孔子听了这个音乐，三月不知肉味。有人解释"三月不知肉味"说孔子在这一段时间吃素。当年五四运动，人们根据这句话，说孔子穷得连肉都吃不起。实际不是这个意思，真正的意思是孔子听了韶乐以后，心境之宁静，思想之专一，吃饭的时候都不知道自己在吃饭，欣赏《韶》乐到了忘我的境界。这也是描写古代的音乐好到如此程度。所以孔子感叹，上古时代音乐的境界，有我们所意想不到的高明。

　　讲了孔子内心的修养，和教育弟子以及他自己生活的情况，给我们一个榜样以后，下面就提出问题了。

【本经】

　　冉有曰:"夫子为卫君乎?"子贡曰:"诺,吾将问之。"入,曰:"伯夷、叔齐何人也?"曰:"古之贤人也。"曰:"怨乎?"曰:"求仁而得仁,又何怨?"出曰:"夫子不为也。"

【译文】

　　冉有问子贡说:"我们的老师真的想做卫国的国君吗?"子贡听了便说:"好! 我去问问老师。"

　　子贡进去问孔子:"老师,您看伯夷、叔齐是什么样的人?"孔子说:"那是了不起的,古代的贤人啊!"子贡说:"他们会怨悔吗?"孔子说:"他们不会有怨悔的。立定了人生的志向,追求仁,就得到了仁,还会有什么怨悔呢?"

　　子贡出来后,对冉有说:"老师不会做这种事的。"

【别裁大义】

南面王不易也

　　孔子周游列国时,各国都排斥孔子,生怕他有意夺取政权,唯有在卫国的时候,卫灵公、南子、一般大臣,都对孔子很好,尊敬他,照顾他。所以当时大家都怀疑他,甚至孔子自己的弟子,听了太多的谣言,也起怀疑,像冉有,有一天就说,我们老师真想做卫国的国君吗? 子贡听了便说,好! 我去问他。这时孔子受的谣言大概很大,所以子贡也不先下断语,只说"将"要去问老师。但是人与人之间的谈话,是一门很高的艺术,子贡问话的高明该学一学。他绝没有一进去就:"报告! 老师,你要不要当国君?"他受过愤启悱发的教育,真是一个大外交官，说话非常漂亮，绝不问正题。他问孔子，老师，你看伯夷、叔齐是什么样子的人？孔子说，那是了不起的，古代的贤人啊！子贡说，老师！他们两人，为了信守仁道的节操，不肯当国君，在首阳山饭都不吃，饿死了，你看他们到最后，会不会埋怨？后悔不后悔？孔子说他们不会埋怨的。立定了志向，为达到最高道德的目标，宁愿饿死，求仁得仁，有什么可埋怨的？子贡听到这里，不需要再问老师想不想当国君，马上就出来了。对冉有说，老弟你放心，我们的老师不会做这种闲事。子贡问了当国君的话没有？他没有问。但问到了正题没有？绝对问到了。这就是值得效法的谈话艺术。

讲到这里，下面就刚好把孔子自己的一段感叹接上去，作为解释，恰到好处。

【本经】

子曰："饭疏食饮水，曲肱而枕之，乐亦在其中矣！不义而富且贵，于我如浮云。"

【注释】

饭：吃。

疏食：粗粮。

曲肱（gōng）：弯曲胳膊。

【译文】

孔子说："只要有粗菜淡饭可以充饥，有水喝，弯着臂膊当作枕头睡觉，乐趣就在其中啊！用不符合道义的手段得到富贵是非常可耻的事，这样的富贵对我来说就如同浮云一样。"

【别裁大义】

　　这是孔子最有名的话，而且在文学境界上，写得最美。孔子说，只要有粗菜淡饭可以充饥，喝喝白开水，弯起膀子来当枕头，靠在上面酣睡一觉，人生的快乐无穷！舒服得很！就是说一个人要修养到家，先能够不受外界物质环境的诱惑，进一步摆脱了虚荣的惑乱，乃至于皇帝送上来给你当，先得看清楚应不应该当。有了这个修养，才可以看到孔子学问修养的境界。人生的大乐，自己有自己的乐趣，并不需要靠物质，不需要虚伪的荣耀。不合理的，非法的，不择手段地做到了又富又贵是非常可耻的事。孔子说，这种富贵，对他来说等于浮云一样。孔子把这种富与贵比作浮云，比得妙极了。并不是如后世认为像天上的云，看都不要看一下。唐诗宋词，作流水浮云的作品太多了。在孔子当时，很少用到。我们要注意到，天上的浮云是一下子又聚在一起，一下子又散了，连影子都没有。可是一般人看不清楚，只在得意时看到功名富贵如云一样集在一起，却没有想到接着就会散去。所以人生一切都是浮云，聚散不定，看通了这点，自然不受物质环境、虚荣的惑乱，可以建立自己的精神人格了。

　　在这里，又插进孔子的一段话。孔子这里几段话，在什么年龄说的，无法考证，不过弟子们编这部书，把他的观念连贯起来，编得非常妙，成一整体，所以下面就是说，孔子的目的在于学问。

【本经】

　　子曰："加我数年，五十以学《易》，可以无大过矣。"

【译文】

　　孔子说："假如让我多活几年，到五十岁的时候去学习《易》，便可以不犯什么大的过错了。"

【别裁大义】

　　根据这个话看起来，孔子总是在四十多岁，至多四十九岁说的。他说如果我能多活几年，五十岁以后学《易经》——《易经》是古代的文化——把《易经》搞通了，人生就没有大过了。"大过"也是《易经》六十四卦中一个卦名。从这个观点来看，人生自己晓得真要求学问，大概都在这个阶段。根据现代医学，人类智慧发展得最成熟的时候，是五十岁开始，到六十岁这个阶段，因此也证明蘧伯玉所说"吾年五十方知四十九之非"的话了。人多活一年，反省就多一年。人能知道过去的错处就是了不起，所以孔子说这几句话，应该是在这个时候。在这个阶段中，头脑最成熟，真有资格求学问。

　　下面就讲孔子的学问，除了《易经》以外，就是雅言，这是说孔子平常不乱说话的，他讲话都是很高雅的，有所根据的。难道孔子土话都不讲吗？吃饭一定说"饮食哉！饮食哉！"？不是这个意思，而是说孔子讲的话，都有学问的根据，根据什么呢？

【本经】

　　子所雅言，《诗》、《书》、执礼，皆雅言也。

【注释】

　　雅言：是说孔子讲的话，都有学问的根据，不是乱讲话的。

【译文】

　　孔子所讲的话都是有根据的，中国传统的文化《诗经》《书经》《礼记》中所阐述的思想精神，是上古文化的中心。

【别裁大义】

　　中国传统的文化,《诗经》《书经》《礼记》等都是雅言, 是上古文化的中心。也就是说他的思想言行, 都是有根据的, 足以承先启后、继往开来的。

【本经】

　　叶公问孔子于子路, 子路不对。子曰:"女奚不曰: 其为人也, 发愤忘食, 乐以忘忧, 不知老之将至。云尔!"

【译文】

　　叶公向子路打听孔子是怎样的人, 子路没有答复他。孔子对子路说:"你为什么不这样说: 他的为人啊, 为了求学问连吃饭都忘了; 当学问上有所获益时, 就会高兴得连忧愁都忘记了, 甚至连自己快要衰老了也不知道。这样说就可以了。"

【别裁大义】

　　"叶公好龙"是历史上有名的故事, 他喜欢龙, 在宫廷里到处画的雕的都是龙, 结果感动了真龙来现身, 却因此把他吓死了。所以当时子张就曾经说过, 他不是爱的真龙, 而是爱的像龙一样的东西。而后人把这个故事, 当作浮华不实的比喻。叶公有一天问子路, 孔子是一个什么样的人, 子路没有答复他。子路的不答复, 非常高明, 因为站在子路的立场, 他实在不便说什么。同时孔子这样伟大的人, 真的教人不知从何说起, 就是说了, 叶公也未必能了解孔子。但是, 叶公走了以后, 子路就进去报告老师, 孔子说你何不告诉他, 我是一个为了发奋求学问, 常常穷得没饭吃, 连自己肚子饿了, 都无所感觉, 而忘了人是必须吃饭的那种人; 当学问上有所获益, 就快乐得忘记了忧愁, 根本忽略了衰老的威胁。

孔子这种为学的精神，也是我们要效法的地方。孔子的人生修养，是永远年轻的，所以他的学问道德，能"苟日新，日日新，又日新"，永远是进步的，随时有新的境界。

【本经】

　子曰："我非生而知之者，好古，敏以求之者也。"

【译文】

　孔子说："我并不是生而知之的天才，而是热爱传统文化，并依靠勤敏努力而求得学问的人。"

【别裁大义】

进步与退步

这个文字很简单，我们一看就懂了。如果以现在的观念来说，就是孔子告诉学生或朋友们，我并不是生来的天才，而是爱好传统，靠勤敏求得的学问。生来便能自知的天才真有吗？那是一个问题。我们古史记载，如黄帝，如尧，都有生知的天才，不过后人并不相信。有一种天才是生而知之的。如唐代的白居易，生下来还是婴儿，抱在奶妈怀里，还不会说话的时候，就认识"无"字，屡次试验他，拿一本书叫他一指，都是指到"无"字。这种生而知之的事，照中国古代的看法，有很多人都很相信。因此袁枚说"书到今生读已迟"，这意思就是说，人的天分、智慧，大多是由前生带来的。这就牵涉到现代科学正在研究的天才问题。所谓天才儿童，究竟是由血统遗传来的？或者由另外一个未知的因素来的？或者是后天发展而来的？天才们往往特别爱好某些什么？如果没有注意这些问题，就不大会了解，如果去注意，就会发现很多资料。有人天生下来，就懂某一种东西，这是非常奇怪的。至于报纸上常报道的，某个孩子数学方面有惊人的表现，或某一方面有非凡的天赋，这还不算是真正的天才。另外确有生而知之的天才，如古书中说黄帝生而神灵。依现在的观念而言，都说是历史上捧人的假话。如果站在教育或心灵学的立场研究起来，的确有天才，世界上充满了这些人，不过现代一般人不大注意这种事。孔子在这里讲的，是走平实的路子。他说，我不是生来的天才。"好古，敏以求之者也"，这个敏字就是敏捷，包括了聪明与努力。好古是喜欢追求传统的东西。

讲到好古，在这里可以注意一下，中国人在近几十年以前的几千年当中，观念上都认为今不如古。在历史上许多时候，都引证古人的事例，充满了对古人的赞美。而近世纪的观念，引进了西方文化。从十六七世纪以后，西方文化有一大转变，认为古不如今，越到后来，越推翻了前代，今天很可能是错的，明天会更好，这就涉及哲学上的一个问题了。究竟人类文化是进步，还是退步的呢？照中国的、东方的看法是今不如古，人类历史文化是退化，没有进步。照目前西方文化的看法，是古不如今，古代永远是落伍的，新的永远是进步的。这两种相反的看法，便在哲学思想上形成了一个问题。

我们对此应先有一基本的认识。究竟什么叫进步？什么叫退步？须要先下一个定义。如果把中外古今的文化研究下来，就会得到一个结论。譬如说，现在整个时代，是科学文明的时代。十六世纪以后，西方科学文明刺激了工商业的发达、社会经济的繁荣。而工商业的发展与社会经济的繁荣，又回过来刺激了科学文明的进步，形成一种循环性的刺激与发展。到今天为止，科学文明的发展，给人类带来了许多生活上的便利，但是并没有给人类带来幸福，反而给人类精神上带来更多的痛苦与烦恼。

这样，将中西文化联合起来加以研究，站在物质文明进步的立场，或者自然科学的观点来讲，明天实在比今天好；站在精神文化的立场来说，今天是比昨天差。

其次，站在政治哲学的立场来讲，不谈现实，只谈理论。因为一切学问的最后，都是需要哲学来做总结论的。譬如说，帝王政治、民主政治、独裁政治、自由政治，所有各种政治思想和做法，在历史上，都曾经出现过，但是谁能够下一个结论，说究竟哪一种政治体制是最好的？这是无法下结论的。历史上都有过，都看过，都经验过这些政治制度，可是没有人能够肯定何者是绝对的好，何者是绝对的不好。药物也是一样，中药有中药的用法，西药有西药的用法。某种病用几种不同的药，相对地都可以治好，这也和政治哲学的道理一样。所以究竟是古代的好或现代的好，也很难讲。

因为讲到孔子的好古，我们今天就更警觉到文化衰落问题的严重。孔子说自己不是天生就知道的，只是他有一副好古的精神。我们今天讲复兴中华文化也好，保存中华文化也好，为后代着想也好，怎样好古呢？就是承受传统文化后，运用智慧，敏捷而勤奋地反省研究。再"敏以求之"，这才是认真的工作。孔子在这里这样说，表示他的成就，都从力学而来。这是他谦虚的话，也是他老实的话。任何天才，不加上力学是没有用的，有很多人很聪明，但聪明的人往往不大肯力学，做学问不踏实，不能"敏以求之"，因此学问都是虚的。所以孔子这句话很明白地告诉我们，做学问、做人、做事的基本原则，要"好古，敏以求之者也"，不求就不行。

这里就是说孔子智慧的成就、学问的成就、做人的成就，都很平实，不是天才，再说他平实到什么程度呢？

【本经】

子不语怪、力、乱、神。

【注释】

怪：怪异。

力：暴力、勇力。

乱：叛乱，悖乱，变乱，邪乱。

神：鬼神、神灵。

【译文】

　　孔子不喜欢谈论怪、力、乱、神这四类事情。

【别裁大义】

聪明人的玩具

　　这四样东西，是孔子所不喜欢多讲，很少讨论的事。因此在我们的观念里，孔子是很平淡的，很老实地做一个普通人。清朝乾隆时代有名的才子袁枚，著了一本《子不语》的笔记小说，专门讲神鬼等奇怪的事。因为孔子不讲而他要讲，所以书名《子不语》。其他如纪晓岚的《阅微草堂笔记》，康熙时代蒲松龄的《聊斋志异》，再加上王渔洋的《池北偶谈》，都是清初几个大名士、大才子的作品，充满怪、力、乱、神的故事。就如现在，大家喜欢讲鬼故事是一样的。现在研究灵魂学，在世界各地都很流行，这门科学绝不能轻视。假定有一天，科学证明了死后灵魂的去向，许多宗教将成问题，站不住脚了。另外，唯物思想将被完全打垮，连影子都没有。世界文化也将有一个大的变化。就是基于唯物思想，因而从事科学发明的许多科学理论，乃至爱因斯坦的相对论，以及其他许多哲学上的观点，都成了问题。

　　另一个观念：今天全世界是科学的时代，但我们站在政治哲学或人类哲学的立场，看这个时代的文化，则是充满了怪、力、乱、神。一个时代到了衰落的时候，社会上就会充满了这四种气氛。什么是怪呢？多得很，如美国人的裸奔，中学生一二十人围起来站着吸大麻烟等，全世界奇奇怪怪的事很多。报纸上刊登的许多奇闻，等于在提倡怪事。每登一次，就会引起效法者。像毁容案，以前几乎没有人知道这种残酷的手段，自从报纸登了一次以后，接连就发生了许多同样的案子。这是社会上"怪"的现象，遍地都是。"力"，西门町的太保打架，动不动刺一刀，电影上、电视上柔道、摔跤、相扑的比赛，肌肉打得越响越好。在我们中国学武术、讲武德的人看来，觉得好笑。"乱"，思想的纷乱，社会的变乱。"神"，加上神怪的事情。民间迷信的组织，新兴宗教各个派系的兴起。现在新兴的宗教性组织有四五十种，问题都很严重，有时令人怀疑那后面会有什么作用，这是社会工作者要注意的事。

一个社会充满了怪、力、乱、神，是个很严重的问题。我们自己反省，很难保证我们脑子里绝对没有怪、力、乱、神的思想。当我们遭受极大困难的时候，它就会出现的，至少会想到命运。世界上最迷信的是知识分子，假如故意对一个知识分子说他气色不好，他就马上请你替他看相了。就凭这样一点心理，于是发展出了怪、力、乱、神。他说他是科学家，但科学家更迷信。我说现代有一个大迷信，就是许多人迷信"科学万能"。这也是同样严重的问题。如果人的智慧到达了哲学的最高境界，怪、力、乱、神摸不进来了，才真是平实的人。孔子讲仁道，也就是这个道理。因此我们不能轻易放过怪、力、乱、神这四样东西。以这四个要点，来研究中国社会，可以看到充满了怪、力、乱、神的事迹。每一时代、每一皇帝、每一政治措施，都靠这四个字作背景。尤其中国历史上说及某某名人，后面都有一样神怪附会。譬如说曾国藩是蟒蛇变的，袁世凯是癞蛤蟆变的，清代末年，好好坏坏的几个大人物，被称为"西山十怪"，前生后世，都有一套说法。尽管当时文字上没有写出来，但口语相传，煞有介事。所以学问修养很难做到平实，不受怪、力、乱、神的影响。但在大学里哲学系上课，有七八十个学生，真是奇怪。从前真正学哲学的不过三五人，而且出路很坏。一般人眼中，哲学家是和神经病并联在一起的。毕业后去找工作，总是被拒于门外。同时一提到哲学，又和算命看相联想到一起。因为路边测字摊的招牌，都是"哲学看相"、"哲学算命"，倒不如在哲学研究中，教了他们看相的学识，将来在招牌上写道"某某哲学系毕业看相专家"，岂不有趣？中国人有句哲学上的名言："心思不定，看相算命。"凡是来看相的，你都批断他要破小财，保证百分之百灵验，准没错。可不是吗？他看相白花了几十块钱，这不就破了小财？这就是怪、力、乱、神可以兴风作浪的基本原因。真正的科学家，真正的哲学家懂得了真理，才能摒除怪、力、乱、神，而归于真实的平淡。我常说，怪、力、乱、神四者，是愚蠢人的作品，聪明人的玩具。对吧？

下面是连接上面，描写孔子和他做人、处世的道理。

【本经】

子曰："三人行，必有我师焉。择其善者而从之，其不善者而改之。"

【译文】

孔子说："三个人同行，他们中一定有值得我学习的地方。选择他们善的品德而学习，看到他们不善的地方就作为借鉴，改掉自己的缺点。"

【别裁大义】

谦虚和自信

前面我们批驳了古人对《学而》篇中"无友不如己者"的错误解释，到这里看得更清楚了。孔子说，三个人走在一起，其中一定有可以做我老师的。其实孔子这句话，还是打了折扣，应该说各个都是自己的老师。比我好的固然是我的老师，不如自己的也是我的老师。因为看到他笨、他坏，自己就会反省：不要这样笨，不要这样坏。所以他们都是我的老师，足以借鉴反省。

孔子这句话同时说明了研究学问，不光是在死的书本上下功夫，还要在社会上观察：别人对的要学习，不对的要反省。这句话听起来很平常，都懂得这个道理很对，应该这样做。可是照我们的经验，人都不肯这样做，人们多半有一种傲慢的心理。照孔子的态度，对比自己好的人要尊敬，向他看齐。可是发现一个比自己好的人时，由于这种傲慢心的作用，自己心里很难受。再过两秒钟，觉得自己还是比他好，于是越想自己越好，有如当年乡下人说的："天大，地大，我大。月亮下面看影子，越看自己越伟大。"人类天生就有这种劣根性。

所以孔子这几句话看起来很平淡，没有什么难处，仔细研究起来，若说在人群社会中，真发现了别人的长处，而自己能从内心、从根性里发出改善、学习的意念，是很不容易做到的。

人就永远如此平实吗？有时带点像傲慢的自信，也是应该的。

【本经】

子曰："天生德于予，桓魋其如予何？"

【注释】

桓魋（tuí）：宋国主管军事行政的司马向魋，是宋桓公的后代，所以又称桓魋。

【译文】

孔子说："上天赋予了我这样的品德，桓魋又能把我怎么样呢？"

【别裁大义】

桓魋是宋国的大夫，曾经想要谋杀孔子。学生们得到消息，告诉孔子怎样逃避，可是孔子满不在乎。事实上在那种政治社会环境中，也无法逃避。孔子就有一种自信，像宗教家一样坚定。他对学生们说，上天生下了我，把历史、文化的责任放在我身上，桓魋怎敢，又怎能伤害于我？结果当然证明了桓魋无法把孔子怎样。这是不是傲慢？不是的，是自信。我们要由这里了解，有时候对某些事要有绝对的信心。假如没有这种自信心就不行。学过中国武术的人就知道，学军事的更知道，如果丧失了自信，功夫再好，也会被打垮的。看《荆轲列传》，他的剑术并不高，有一次他去看一位剑术高手。荆轲举起剑来，那个人不动，只两眼盯着荆轲，结果荆轲还剑入鞘，回头就走。如果以现在的武侠小说来说，那个人的眼睛已经炼就了一种特有的刚毅之气。事实上是宁静、自信的精神把对方慑服了，这是以武术来说明自信心的重要。自信在很多地方，对很多事情，都是很重要的。

上面讲了这一大段孔子做人、处世、做学问的修养，下面便再转到他在教学方面的教育法。

【本经】

　子曰："二三子以我为隐乎？吾无隐乎尔。吾无行而不与二三子者，是丘也。"

【译文】

　孔子说："你们这些学生以为我有所隐瞒吗？我对你们是没有隐瞒的。我无时无处不在向你们表现学问的道理，这就是我孔丘平时的做人处世。"

【别裁大义】

　这等于说：诸位，你们以为我讲学问，还会保留秘密，不传给你们？我绝对没有丝毫隐瞒，所谓"知无不言，言无不尽"，你们做学问，为什么都不懂呢？做学问容易犯一个毛病，都怕老师会留一手。尤其中国古代学武功的人，老师很可能会留一手。留一手，以防徒弟打老师。可是这一留，留到最后就都没了。孔子说，我并没有保留，我的学问很简单，本身就是教材，表现在平时的做人、处世、言行间。学问就在这里面，告诉了你们，千万不要只在书本上死念书。换句话说，这一节书，显示了孔子的教育法是在日常生活行为上，处处表达无遗，不要有神秘感，不要有好奇心，他随时随地都在教学，学问就从生活经验得来。书本上是求知识，求前人的经验，和前人的见解与心得。但是要把这些知识、见解与心得用到自己身上，就要加以体验了。所以他说"吾无行而不与二三子者"，没有哪一次、哪一个地方不表现学问的道理。你们要在这方面去了解、去学习。

跟着下面又提出来孔子的教育宗旨。

【本经】

子以四教：文、行、忠、信。

【注释】

文：包括了一切知识、文学。

行：笃行修德。不单指普通的操行，也指一生事业的成果。

忠：从心，诚敬，尽心尽力。这里的深层意思是说，要尽心知性，找到"自己"，发现事物的中心本质，建立自己的中心思想，这样才能真正做到忠诚尽责。

信：诚也，从人，从言，诚信。这里的深层意思是说，有了智慧和信念才能真正做到自信、信他，也才能真正做到言而有信、诚信守义。

【译文】

孔子教育的宗旨是这四项：文、行、忠、信。

【别裁大义】

现在有些研究孔孟学说的人，跟着新时代走，他们说孔子是非常科学的，在当时孔子就有分科教育了。他对学生们分有文、行、忠、信四门类别，好像现在分科分系的教育法。这是说笑话了。

孔子教育的宗旨是这四项。第一"文"：包括了知识、文章——广义的文章。文是文采、字句和条理，章是连起来的一大篇文理。狭义的是指文字作品叫文章，这是后世观念。在春秋战国时候，文应该是广义的文章，包括了一切知识及文学。第二"行"：文章好，知识好，充其量变成文人。学者们要注意，古人早就有"文人多无行"的说法。所谓文人多半无行，就是说，知识多了，正理、歪理，条条有理，因此凡事满不在乎，便成了"名士风流大不拘"。还有，往往文章写得好的人，并没有什么实际的功业。看中国三千年来文学史，文学造诣高、诗辞歌赋都行的人，在事业上并没有什么了不起之处。以诗人来说，杜甫、李白等在其他方面，没什么大成就。在功业上有成就的人，不一定文学是好的。不过像唐代几个皇帝，文章诗词都非常好，尤其唐太宗诗作得非常好，不过他不肯作，书法也好。所以唐代文学好，是帝王们提倡的。宋朝的儒家，理学讲得好，推其原因，也是受宋太祖的影响。赵匡胤本身就内行，所以说转移社会风气在于一二人者，但不是你我一二人。这从历史上可以得到很多证明。但有功业的人，他的丰功伟业又往往盖住了文学上的才气。所以孔子四教中的"行"，也不是单指普通的操行，而是指一生事业的成果。然后讲到第三的"忠"：不是唐宋以后所讲的忠于某一个人的意思。孔子讲的"忠"，是对国家、社会、父母、朋友，任何一人、一事，答应了的话，就贯彻到底，永远不渝的诚心；对一事一物无不尽心者谓之"忠"。第四"信"：就是有信义。这是孔子教育的四个重点，不能够分开的。如果说他是分科了，那就是笑话。

　　今日的教育，实在是一个严重的问题，尤其是对于我们国家民族文化的前途，更是个大问题。中国这几十年来的问题，根本发生在教育上，而且很严重。甚至三千年来的历代兴衰，都与教育问题有关。古时候，我们虽然没有明文规定的教育宗旨，但读书人根本上要把品德修好，这是公认的目的。可是近几十年来，跟着西方文化转，尤其是现在美国标榜"教育就是生活"的教育方针，大家体会到的生活就是现实，不外物质。教育的目标也因而移转，完全忽略了心性的修养。搞到现在怎么样呢？我们的教育目的是什么？小学毕业以后考中学，考进了中学，小学所学的没用了，丢了；中学毕业考高中，考进了高中，初中学的没用了，又丢了；高中毕业考大学，高中所学的又没有用了，当然也丢了；等考取留学又丢了大学的；留学回来，参加公务员考试；当了公务员，还有升等考试。三年一大考，两年一小考。我们的教育就成了考试。其实，考过了又不算数。清代有人对考试的评语是："消磨一代英雄气，官样文章殿体书。"

这就是教育！怎么办呢？

现在我们讲到孔子教育的宗旨，就是文、行、忠、信。过去向德行的路上走，对于学生知识、学问的成就，还是第二步的要求。既然受过教育，至少第一步要打好品德的基础。几千年来，我们中国人的道德为什么如此敦厚呢？就是德行教育的结果。所以文、行、忠、信并不是四科，以现代观念勉强来解释，应该是他的教育中心。文包括了文学，乃至一切学问的完成。行，狭义的是行为、品德；广义的是事业的成果。忠、信，是内心的修养，是人格的造就。

【本经】

子曰："圣人，吾不得而见之矣！得见君子者，斯可矣。"子曰："善人，吾不得而见之矣！得见有恒者，斯可矣。亡而为有，虚而为盈，约而为泰，难乎有恒矣！"

【注释】

亡：通"无"。

有恒者："有恒"，有恒心坚持，持之以恒。这里是指能够持之以恒培养自己善良心念和具有一定操守保持人格精神不变的人。

约：这里指穷困。

泰：这里是奢侈的意思。

【译文】

孔子说："圣人，我是看不到了！如果能看到学习圣人之道的君子，就可以了。"孔子又说："善人，我是看不到了！如果能看到持之以恒的人，就可以了。没有却装作有，空虚却装作充实，本来贫乏却装作富足的样子。这样的人是很难做到有恒的。"

【别裁大义】

时衰鬼弄人

说到这里，引出孔子的话，对于当时风气的变动，孔子是大发感叹！

在孔子那个时候，是一个变乱的时代，在变乱的时代，各种怪现象都会出来。所以孔子的忧愁，就是深恐国家民族的文化命脉断绝。他说，古代的圣人过去了，我见不到了，但是学圣人之道的总有吧！如果能看到照圣人所教的道去学，虽然没有学完，但已经够得上称君子的，我就已经满足了。这是他无限感叹的话，可见那个时候，真正够得上称君子的人都已看不见了。紧接着，他又说，真正的善人，过去历史上有，现在没有了，至少我还没有见过。只要看到一个有恒心的人，做到"守死善道"；思想的中心确立了，随便社会怎样变更，甚至天塌下来都不管，一定走自己这个路子的，这样有恒心、有毅力的人，能够见到，也就好了。这是说能一生为历史文化牺牲下去的人，也没有了。下面相反的说当时社会的现象"亡而为有"，亡就是无的意思。他说现代社会上的人，充壳子的多，根本空空如也，什么都没有，架势可摆得大，乱充蛮有学问的样子。社会到了变乱时，这种现象有得是，有人有了钱，就附庸风雅，像是蛮有学问的样子。当然那些人碰不得的，他一开口就完了。"虚而为盈"，社会变乱中，有的人内在本来空虚得很，可是还引为自满，自认为对。我们从社会上可以看到，凡是过分傲慢的人，他的下意识中，一定有很重的自卑感，要原谅他的傲慢。"约而为泰"，约是俭约。在变乱的时候，有很多人本应节约的，但很少这样，都是要充面子，讲排场。没有米下锅了也不管，排场先摆出来再说。

有了这三种情形当中任何一类型的人，一定不会有恒心向学问道德努力的，因为他的心理上就已经不健全了。这是社会的病态，也是个人的病态。不但孔子那个时候是这样，我们现在这个时代也是这样。翻开古今中外的历史来看，凡是变乱的时代，都是这个样子。所以处在这样变乱的时代中，我们就要特别注意，加强自己的修养了。

这些是说孔子的教育与方法，同时说到他对于时代的忧心。下面又说到他对生活的态度。

【本经】

子钓而不纲，弋不射宿。

【注释】

纲：网的纲绳，这里作动词，指用纲绳大网来截水捕鱼。

弋（yì）：用箭射。

宿：栖息，这里指归巢歇宿的鸟儿。

【译文】

孔子钓鱼却不用大网截水捕鱼，孔子打猎却不射归巢的鸟。

【别裁大义】

或许说，这两句话应该放在专门记载孔子个人生活的第十篇《乡党》中。为什么却编在这里呢？自有它的道理。这两句话是说明孔子做人做事的态度。他钓鱼就是钓鱼，不用机械性的方法，不用大网去网。纲即是网。以现代的生产观念来说，这种态度又是落伍的了！如果说光是用钓竿去钓鱼，连企业公司都不要设立。这简直与经济政策完全相违背。但这个话不是讨论生产问题，是个人做人的原则。就是说他钓鱼也好，做什么也好，不喜欢用心机来整人。"弋不射宿"，打猎的时候，拉弓射箭，不射宿鸟，就是对还巢的鸟，栖息在那里的鸟，他是不射的。这一点也代表中国过去文化的一种精神，这种精神现在当然也还有所保留。我们从旧体小说就可看到了。中国人打斗很不喜欢用暗器，常用的暗器是所谓"镖"。万不得已要用镖时，必定同时大喝一声："看镖！"表示先打了招呼，通知了。这虽然是一个小动作，却也是民族性的特征，是我们民族的传统道德。

现在说起这些中国文化，从另一方面看，都是落伍的思想了。但以最新的观念来说，又不落伍了。现代的生物学家，尽量提倡爱，爱动物，全世界都组织保护动物会，保护野生动物会，提倡禁猎。我们过去认为，爱护动物是应有的道德，如所谓的"劝君莫打三春鸟，子在巢中望母归"，中国人都晓得，过去小孩读书，老师都教的，成为生活教育。春天，鸟刚孵出小鸟的时期，不要去打，否则母鸟被打死了，小鸟将在巢中饿死，非常悲惨。这种教育，看起来好像是一件小事，但是扩而充之，就是仁爱心。所以将孔子的这两点，放在这里，就是说爱心的扩充，是仁。

接着又发挥孔子做学问的要点。

【本经】

　　子曰："盖有不知而作之者，我无是也。多闻，择其善者而从之，多见而识之，知之次也。"

【译文】

　　孔子说："有些人，自己无知却冒充内行凭空创作，我不做这样的人。一个人要博学多闻、集思广益，把有益的东西都吸纳进来；同时，还要多在实践中见证，并把在实践中所得到的体会牢记于心。这样的知，就仅次于生而知之了。"

【别裁大义】

虚字文章实事知

"盖"字是虚文，古文中如"夫"，如《尚书》上的"曰若"等都是虚文。推行白话文之后，有些人说这些字讨厌，是毫不相干的字。其实很有关系。我们平日讲话，也经常会发出"唉……""这个……""嗯……"等的语头。要作文学研究，这些字对于行文的气势，是很有作用的。如果用得好，更能充分表达语意。

虚字在文学中的地位，有一个很好的近代例子：辛亥革命成功以后，清朝的皇帝退位，当时隆裕皇太后（宣统皇帝的妈妈）的退位文章，也是历史上一篇重要文献。据说是当时南通张状元张謇的手笔。文章中间本来没有"即由袁世凯以全权组织共和政府"这句话，是袁世凯唆使左右的人，设法加进去的。这篇文章，是清代三百多年的皇朝，最后下台一鞠躬的时候，对全国人说的话。如何说法呢？尤其这最后一篇文章中的最后一句话，该怎么个讲法呢？就是最后怎样下台，这篇文章怎样结束？这可真难。而它最后那句话是"岂不懿欤"四个字，是毫不相干的，完全是虚语，但在文章的气势上，意识形态上，非常重要。据说是某太史加了这四个字作结尾的。叶遐庵记载的辛亥宣布共和前，北京的几段轶闻中有一段说："逊位之诏，张金坡（锡銮）早令人拟一稿，同人嫌其冗长，交与余修正。余以为时尚早，密藏衣袋中。（时重要文件不敢置家中，多放在衣袋。有一次夜间收到解款数十万汇单，余亦置衣袋中，不敢告一人也。）至十二月二十日前后，方拟动笔，而南方已拟好一稿，电知北京，（此稿闻系张季直、赵竹君二公所拟）。遂由某君修改定稿。此稿末句'岂不懿欤'四字，闻系某太史手笔，余甚佩之。盖舍此四字，无可收煞也。"这是参与其事者的记载，是可靠的。也正如他所说，这四个无实质、不相干的虚字，在结束文章气势上，可是很有作用的，很重要的。为了使大家更能体会到这个虚字在文章中的作用，而且这也是历史上的重要文献之一，现在附录下来，供大家去欣赏，领会。

"朕钦奉隆裕太后懿旨：前因民军起事，各省响应，九夏沸腾，生灵涂炭。特命袁世凯遣员与民军代表讨论大局，议开国会，公决政体。两月以来，尚无确当办法。南北暌隔，彼此相持，商辍于途，士露于野，徒以国体一旦不决，故民生一日不安。今全国人民心理多倾向共和，南中各省既倡议于前，北方诸将亦主张于后，人心所向，天命可知，予亦何忍因一姓之尊荣，拂兆民之好恶。是用外观大势，内审舆情，特率皇帝，将统治权公之全国，定为共和立宪国体。近慰海内厌乱望治之心，远协古圣天下为公之义。袁世凯前经资政院选举为总理大臣，当兹新旧代谢之际，宣布南北统一之方，即由袁世凯以全权组织共和政府，与军民协商统一办法。总期人民安堵，海宇乂安^①，仍合汉满蒙回藏五族完全领土，为一大中华民国。予与皇帝得以退处宽闲，优游岁月，长受国民之优礼，亲见郅治之告成。岂不懿欤！钦此。"

由此可知，对文字有时候也要注意，尤其在外交上的文字，甚至写一封信，与正式外交有关，每个字都要留意。虽然文字是"雕虫小技"，但如同雕图章，雕了一辈子，不一定有几个能成为艺术品，文字也有如此之难。这是说到"盖"字而引伸出来的话。这个"盖"字有时可作"因为"讲，一件事先叙结果，再说原因时都先加一"盖"字。

这节话，孔子是说，有些人自己无知，一切不懂，却冒充内行去做了，他说他绝对不做这样的事。所以大家要学孔子，出去做事做领导者，不懂就是不懂。中国讲领导学，真正的领导者便是善于用人，而不一定自己懂得多。如汉高祖，他又懂哪一样？他的长处就是能够坦率承认自己什么都不懂。最怕的是自己认为什么都懂，这是最严重的错误。作为一个领导者，最好的办法，是自己即使懂了，宁可说不懂。诸葛亮本来什么事都懂的，他为了"集思广益"，仍然请教别人。以能问于不能，这是最聪明的办法。可是人有一个毛病，懂了以后一定喜欢表现出来。这种态度，做学者可以，真去做事，就不可以，是大忌讳，至少自己会很辛苦。上面太能干了，下面就无人才可用。下面有才干也发

---

① 乂安：太平、安定。

挥不出来，因为对部下骂了两次笨，第三次部下有了好的意见也不敢说出来，都唯唯诺诺，领导人就得自己辛苦了。这还算好，最讨厌的是"不知而作"，自己不知道，又硬充内行，那就更严重，千万不可犯这个错误。

不但如此，孔子还告诉我们："多闻，择其善者而从之。"这个"闻"字，包括了多读书、多听、多问。所谓学问，一边学要一边问，多请教人家，听人家的意见。听来的不一定对，还要有所选择。对好的见解，就要采纳。仅听还不够，要加上经验，所以要多见，还要亲眼看见。读历史的人，如果没有经过相当事实的体验，读历史也没有用，最多不过是个书呆子。譬如说，讲如何做领导人的理论很容易，但一定要在一个单位，甚至小单位做过当权领导人，才能体会得到。所以要多见，多亲自经验体会，而且还要用心记下来，"前事不忘，后事之师"，这样才有用。

这两句话合起来："多闻，择其善者而从之，多见而识之，知之次也。"这是求知识学问的第二等人才。第一等就有天才，反应灵敏，如历史上很有名的故事，张良为什么帮助汉高祖？他最初自己要出来反抗秦始皇，行刺不成，最后遇到刘邦。有人问张良，为什么愿意帮助刘邦？张良说，我所有的意见，别人都不懂，只有刘邦懂，所以愿意帮助他。刘邦也的确有领导的天才，像韩信有一次不出兵，派一个人来见刘邦，要求封韩信为假王——三齐王。刘邦一听气了，桌子一拍，正要大骂。张良、陈平在桌子下踢了他一脚。刘邦本已骂出口了："他妈的……"可是被二位轻轻一踢，立即改口风："他妈的！要封就封真王，还封什么假王？"于是封韩信为齐王。从这件事看，张良不用说话，轻轻踢他一脚就懂了。可是像我们，别说轻轻踢一脚，就是把屁股打烂了，还是不懂。历史上这类事多得很，有些人的确是聪明。所以孔子说第一等人是天才，既然不是天才，就要学问来弥补。自己不是天才，又不肯求学问，就是"不知而作"的，那就完了。不是天才，学问怎么来呢？多听人家的，多看、多经验、多跟人家学，这就是"知之次也"。

说到这里，下面又转到孔子的教育态度，也是叙述他做人的行谊。

【本经】

　　互乡难与言，童子见，门人惑。子曰："与其进也，不与其退也。唯何甚？人洁己以进，与其洁也，不保其往也！"

【注释】

　　与其进也：此句的意思是要赞许他的进步。"与"，赞许、赞成、肯定。

　　洁己：使自己清洁。指保持思想、心灵纯净，成为有德之人。

　　不保其往：不要抓住人家的过去不放。"保"，守、盯住，这里有抓住不放的意思。

【译文】

　　互乡那个地方的人很难与之交谈，但互乡的一个童子却受到了孔子的接见，弟子们都感到疑惑不解。孔子说："我是赞成他的进步，而不是赞成他的退步。何必做得这么过分呢？人家要洗掉污点以求进步，我们就应该赞成他弃旧从新，对人家的过去不应该抓住不放。"

【别裁大义】

　　互乡是一个地名。这个小地方在哪里，后世就很难考据了，只知道有这样一个地方。就是说这个地方的人很难讲话，没有办法和他们讲话。"难与言"，这个文字用得非常妙。是说这个地方的人地域观念太强吗？或者说统统都是混蛋吗？很难说是什么意思。总之，在当时这个地方的人，名声是不太好的。可是这个地方有个年轻的人来看孔子，孔子跟他谈话了。孔子的弟子们奇怪了，老师为什么会和这个地方的人谈话？大家莫名其妙。

孔子的行谊

讲到中国的民族性，有一部书，是顾亭林的名著《天下郡国利病书》。前面曾说过，明亡以后，顾亭林是始终不投降的。不过他高明，不投降当然清朝要嫉妒，可是他有本事，自己不投降，教学生到清朝做官，这样也可以由学生保护他不投降，可是他自己在地下做策反的工作。他也很有钱，到一个地方娶一个太太，生了孩子又走了。他娶许多太太生许多孩子，他有他的道理，因为反清复明是要灭族的，他这样做是为了要留一个根。他走遍天下，就写了这部书。每个地方他都去看了，尤其是各省的军事要地，都去看了。所以这部书后来成为研究中国地理和地方政治思想必读的书。第二部书是顾祖禹写的《读史方舆纪要》，也是研究政治地理、军事地理最重要的书，现在读来还有价值。这两部书合起来称为《二顾全书》。当年凡是留意国家天下事的，尤其是研究军事的人，都要读的。在这部书当中，对于每一省先有一个总评，而且对地方性、民族性写得很清楚，所以不妨找来研究。说到这里，就感到我们中国的确每个地方的民性各有不同之处。所以古代将领带兵，对于何处的兵适于冲锋，何处的兵适于后勤，何处的兵适于陆战，何处的兵适于水战，都大致要有个了解。所以清朝中兴的湘军、淮军各有不同优点。政治也是如此。但是要注意一点，尽管地方民俗各地不同，但万一有外力入侵的时候，一定团结一致，先把外来的侵略者驱逐了再说。地方性有如药材，某种药产在某一地方，别地产的就不行。像当归这种药，台湾也在培植生产，可是它的药效就差。当归最好的是甘陕出产的秦归，其次是四川出产的，差一点点。现在研究阿里山气候土质和甘陕一样，但种植出来的当归，药效始终还是有问题。所以由于地理的关系，各地出的植物不同，出的人物个性也不同。因之古代出去当地方首长的，对于这一县的县志、这一省的省志这类资料，都应该先知道，当然能够读一下《读史方舆纪要》更好，可以多一层了解。

地方性的观念，常深植人心。人往往因为地域观念的偏见，而影响了对个人的评价。经常会听到："哎呀！他是某地方人！"好像某一地方的人统统都是

罪大恶极似的，连孔子的学生都是这样。孔子接见了互乡一个年轻人，"门人
惑"，这三个字多严重？学生们都奇怪，怀疑老师怎么和这个地方的人讲话。到
底孔子与众不同，他告诉学生们说，肯求上进的人，我们一定要帮助他，不要
使人没有进步的机会，不能使人退步。"唯何甚"，孔子对学生说，你们太过分
了，怎么这样一种狭隘的胸襟和态度？孔子在骂学生，我们自己也要反省：有
时我们觉得某人不好，当他真的做了好事，我们仍不愿认为他好，人的心理往
往会有这种毛病。"人洁己以进，与其洁也，不保其往也！"孔子说，即使是一
个坏人，他能够自己反省过来，等于洗了一个澡一样，把自己弄得很干净，来
求进步。只要能够这样，不就好了吗？如果说昨天有一点错误，今天即使有了
好的表现，却仍不以为然，那世界上就没有一个人可以做朋友，也没有一个人
才可用了。所以这一段是说教育的态度，也是说自己度量的培养。

【本经】

　　子曰："仁乎远哉？我欲仁，斯仁至矣！"

【译文】

　　孔子说："仁德难道离我们很远吗？我们只要真正发心于仁道，仁德就会
到来。"

【别裁大义】

　　这等于解说《里仁》的话，谈仁的用。仁义并不是摸不着、看不到、很高
远的。只要在观念上引发仁慈心，去爱别人，有一点爱心存在，就是仁爱的道
理，就可达于仁道，不要去向外驰求。

【本经】

陈司败问："昭公知礼乎？"孔子曰："知礼。"孔子退，揖巫马期而进之，曰："吾闻君子不党，君子亦党乎？君取于吴，为同姓，谓之吴孟子。君而知礼，孰不知礼？"巫马期以告。子曰："丘也幸，苟有过，人必知之。"

【注释】

陈司败："陈"，陈国。"司败"，官名，即司寇，主管司法的官。

昭公：鲁昭公，继襄公为君，"昭"是谥号。

揖：作揖，行拱手礼。

巫马期：姓巫马，名施，字子期，孔子的学生。

进：靠近。

党：这里有偏袒、包庇的意思。

取：同 "娶"。

为同姓：鲁国和吴国的国君同姓姬。周礼规定：同姓不婚，昭公娶同姓女，是违礼的行为。

吴孟子：鲁昭公的夫人。春秋时代，国君夫人的称号通常是她出生的国名加上她的本姓。因她姓姬，所以应称作吴姬，但周朝的礼法是 "同姓不婚"，为掩盖真相，就改称吴孟子，而不称吴姬。

【译文】

陈司败问："鲁昭公知礼吗？"孔子说："知礼。"孔子出来后，陈司败向巫马期作了个揖，靠近他，说道："我听说，君子是没有偏私的，难道君子还包庇别人吗？鲁君从吴国娶了位夫人，是鲁君的同姓，称她为吴孟子。如果鲁君算是知礼，还有谁不知礼呢？"巫马期把这句话告诉了孔子。孔子说："我真是幸运啊。一旦有了过错，别人一定能发现。"

【别裁大义】

同姓不婚的优生学

陈是陈国，司败是官名，就是司寇。就好像现在的司法行政部长，但实际上比司法行政部长权力大，可以执行法律的。他问的问题是问到鲁昭公。这是外交上的事，我们要注意。很多到外国去的人，与外国的知识分子谈话，慢慢就谈到我们的政治问题。有许多问题是很不好答复的，孔子也遭遇了这种情形。鲁国是讲文化的礼义之邦。陈国的司败，就问到鲁昭公知礼不知礼。孔子站在国家的立场只有说："那当然知礼。"孔子讲了这话就走了。陈司败就对孔子的学生巫马期作揖行礼，在外交礼貌上，进一步靠近巫马期身边，低声说，据我所了解，真正了不起的君子，是没有偏私的，不对自己存私心的。你老师孔子，是一代圣人，了不起的君子，可是他也免不了私心。我刚才问他鲁昭公娶了吴国的一个女子作太太，取名吴孟子。吴国与鲁国都姬，依礼是不能通婚。鲁昭公这样做，是不是知礼？你老师说他知礼，假如鲁昭公是知礼，各个都知礼了，还有哪一个不知礼？你们老师还是有私心啊！

说到这里，我们研究，为什么中华民族发展得这么好，成为世界上优秀民族？这和我们古礼同姓不结婚的制度很有关系。以现代优生学的观点来看，这是古代了不起的好制度。同姓结婚，只要三代以后，人种就完了。往往有表兄妹结婚，生下来的孩子，脑子非常笨，乃至变成白痴，这是血统问题。讲礼制问题，更不可以。所以我们现代的风气，通常同姓结婚，要出了五服以外。

巫马期听了陈司败这样批评老师，回来就向孔子报告了。孔子说，我实在非常幸福，我只要有一点错误，别人就会指出来。这段话使我们有两个认识。

第一，一个人地位高了，很不幸，就是自己有了错误，也没有人会告诉你。这要自己居过高位，才会亲身体验出来。中国的哲学了不起，皇帝为什么称"孤家""寡人"？当了皇帝真成了寡人，想轻松一下，都没有人敢一起来说笑，真没意思。因此，我们研究历史心理，就知道地位越高心里越空虚，空虚到想发一个牢骚，想讲一句感叹话的对象都没有，相当可怜！不要以为功名富贵好，到了高位就是"寡人"，就是"孤家"。自己有过错，没人指示。所以孔子说自己很幸福，有了过错，便有人指出来了。

第二个认识是什么？孔子对于知礼不知礼，心里明白得很。但别人问到自己国家的国君时，他绝不会批评自己国君的不对。所以当然要说鲁昭公知礼，绝不能说不知礼。你们外国人讲他不对是你们的自由。而且既然你们外国人懂了，何必再问我？你问我，我当然要这样答的。所以这也是孔子的高明，同时也是外交上的礼貌。

跟着又说到孔子生活的情趣，也就是"游于艺"含义的发挥。

【本经】

子与人歌而善，必使反之，而后和之。

【注释】

反：重复、再来一遍。

和（hè）：跟着唱，依照别人诗词的格律或内容写作诗词。此意是依照歌的曲调和内容，再作一首歌词。

【译文】

孔子跟别人唱歌，如果听到别人的歌唱得好，他一定要请对方再唱一次。当他学会了，就会照着这首歌的曲调和内容，再作一首。

【别裁大义】

生活的艺术

孔子是很喜欢音乐的。音乐和诗歌，用现代话来说，即是艺术与文学的糅合。过去的知识分子，对艺术与文学这方面的修养非常重视。自汉唐以后，路线渐狭，由乐府而变成了诗词。人生如果没有一点文学修养的境界，是很痛苦的。尤其是从事社会工作、政治工作的人，精神上相当寂寞。后世的人，没有这种修养，多半走上宗教的路子。但纯粹的宗教，那种拘束也是令人不好受的。所以只有文学、艺术与音乐的境界比较适合。但音乐的领域，对于到了晚年的人，声乐和吹奏的乐器就不合用了，只有用手来演奏的乐器，像弹琴、鼓瑟才适合。因此，后来在中国演变而成的诗词，它有音乐的意境，而又不需要引吭高歌，可以低吟漫哦，浸沉于音乐的意境，陶醉于文学的天地。几千年来，垂暮的读书人，一天到晚忙不完，因为学养是永无止境的。像写毛笔字，这个毛笔字写下来，一辈子都毕不了业，一定要说谁写好了很难评断。而且有些人写好了，不一定能成为书法家，只能说他会写字。写得好，但对书法、写字的方法不一定懂。有些人的字写得并不好，可是拿起他的字一看，就知道学过书法的。诗词也是这个道理。所以几千年来的老人，写写毛笔字、作作诗、填填词，好像一辈子都忙不完。而且在他们的心理上，还有一个希望在支持他们这样做，他们还希望自己写的字、作的诗词永远流传下来。一个人尽管活到八十九十岁，但年龄终归有极限的，他们觉得自己写的字、作的诗词能流传下来，因而使自己的名声流传后世，是没有时间限制的，是永久性的。因此他们的人生，活得非常快乐，始终满怀着希望进取之心。

孔子深懂这个道理，因此非常注重诗与乐的教化，但他不是一个音乐家，也不善于唱歌，他订了《乐经》，但失传了。现在这一节书是描写孔子听到别人歌唱得好，他一定要求对方再唱一次。当他学会了，"而后和之"，和之就是照他的歌，依他的音乐曲调，另外再作一首，这便是和。说到和，我们常常会在诗题上看到"和某某先生诗"或"步某某先生韵"这类题目,"步"与"和"的差别:"和"就是照原来的曲调和内容再作一篇。我们听今天的歌,调子都还可以,但内容却不行。由此就看到了我们文化衰落的一面,那就是文学的修养太差,没有深度;现在报上的文章,也是如此,不像古文寿命长。过去的文章,读过后,文章的句子还留在脑子里,还不喜欢把句子中的字轻易更动。因为古文中的句子多方面都可以通,可以作多方面的看法,值得玩味、咀嚼。现在的白话文就没有这种境界,所以现在的诗歌内容,也和白话文的情形一样。而"步"又不同了,意思是前面有人在走,我们一步一步都跟前面的脚步走。就是只照他的声调,而内容并不一定要跟着原歌的内容意思,这就叫"步韵"。

以上是说孔子对乐教的重视,接下去是说他的自我评论。

【本经】

子曰:"文,莫吾犹人也。躬行君子,则吾未之有得。"

【注释】

莫:约摸,大概,差不多。

【译文】

孔子说:"如果谈文学和知识方面,也许我和一般知识分子差不多。至于讲我自己身体力行做到了君子这个标准没有,那么我自己反省,实在还没有什么心得。"

【别裁大义】

这是孔子的谦虚话,也是老实话。由这一句话,我们可以归纳出几个结论来:

第一是孔子在文学以及各方面的成就，真是达到了顶峰，但他自己始终没有认为自己了不起。不但是学问方面，古今中外，任何一方面真有成就的人，站在顶峰的人，总觉得自己很平凡。这是必然的现象，并不是有意装成的。硬是真的到了顶峰的时候，自然就觉得很平凡，而且还特别小心，觉得自己懂得太有限，不敢以此为足。从这节书可以看出来，孔子那么平实、谦下，而且不是故意装样的。

第二点可以看出儒家所谓的学问，就是指做人做事的道理。并不是头脑聪明，文学好或知识渊博，这些只是学问的枝叶，不能算是学问的本身。学问的表达在于文学，文学是学问的花朵。这里孔子就讲到学问的花叶和根本："文，莫吾犹人也。"他说如果谈文学的修养，"莫……"这里的"莫"字不是肯定词，翻译成现代白话，近乎"也许"的意思。就是说，如果谈文学，也许我和一般知识分子差不多。至于讲我自己身体力行做到了君子这个标准没有，那么我自己反省，实在还没有很大的心得。我们从此看到孔子的谦和，这种做学问的态度，非常平实，没有丝毫矫揉造作的迹象。

下面再引用孔子自己的话，说明做学问的道理。

【本经】

　　子曰："若圣与仁，则吾岂敢！抑为之不厌，诲人不倦，则可谓云尔已矣！"公西华曰："正唯弟子不能学也！"

【译文】

　　孔子说："如果说圣者与仁者的境界，这种修养我怎么敢当！不过虽不是圣人，也不是仁者，但是我一辈子都朝这条路上走，总是努力去做，而没有满足或厌烦过。我教人家，同样没有感觉到厌倦的时候，只要有人肯来学，我总是教他的。就是如此罢了！"公西华说："这正是我们学不到的地方啊！"

【别裁大义】

凡圣之分

中国文化，在三代以后，便建立了一个做人的最高标准，就是圣。和印度的佛、中国的仙、西方文化的神，差不多同一个观念。圣之次为贤，贤者也就是君子。再下来是仁者。过去老一辈的人写信给朋友，尊敬对方的人品时，往往称呼"某某吾兄仁者"或"某某仁者"，对平辈、晚辈、长辈都可以用，这是很尊敬的称呼。所以孔子说，圣者的境界与仁者的境界，这种修养我怎么敢当？实在没有达到，那高得很，我还差得远。不过虽不是圣人，不是仁者，我一辈子朝这条路上走，总是努力去做，而没有厌倦过。至于学问方面，我永远前进努力，没有满足或厌烦的时候；我教人家，同样没有感觉到厌倦的时候，只要有人肯来学，我总是教他的。只有这两点，我可以说是做到了。他的学生公西华听了说，老师！这正是我们做学生的，一辈子也无法学到的地方。

这节话在文字上是如此写，如果以逻辑的方法推论，孔子这样，就正是圣人与仁者在行为上的境界。"为之不厌，诲人不倦"，实在不容易做到。就是说自己求学，永远没有满足，没有厌倦，只求进步；不管今天，只有明天，今天成就不自以为是，再向前走；任何事业，都如此"为之不厌"。教人家，有人来请教，知无不言，言无不尽，不会说同一个问题有人问了三次，第四次还来问就觉得讨厌；不会有厌恶此人，乃至不愿再教而放弃他的心理，否则就不算有仁慈之心。不但学问是如此，就是做事、做领导人，都应该如此，做到"为之不厌，诲人不倦"。这两点表面看很容易，做起来很难，尤其当年纪大的时候更不易做到。而孔子讲这两句话的时候，年纪已经很大了，当时的人都已经称他圣人、仁者。但孔子一直到死的时候，始终还在向着救世救人的目标努力去做，这就是圣人的表征。

孔子曾提到过好多种圣人，在这里我们看孔子，乃是圣之时者。所谓时者，不是说孔子时髦，时髦是后世才出现的名词。这个"时"是说孔子随时跟着时代走，不落伍，随时在进步，随时晓得变，所以说他是圣之时者。他一生的努力，都朝这个方向，因之他这个做法，叫做"明知其不可为而为之"。在当时他知道这个时代是挽救不了的，可是他并不因此放弃他应该尽的责任。这就是我们无论对自己的人生目标，或对自己的事业，必须反省的地方。普通人都把一时的成就看成事业。但了不起的人，进入了圣贤境界的人，所努力的则是千秋、永恒的事业。孔子所努力的就是千秋事业。

下面便是这一篇结论的开始。

【本经】

子疾病，子路请祷。子曰："有诸？"子路对曰："有之。《诔》曰'祷尔于上下神祇。'"子曰："丘之祷久矣！"

【译文】

孔子病情加重，子路请求祈祷。孔子问道："有这回事吗？"子路说："有的。《诔》文上写道：'人应该去向天地神灵祷告。'"孔子说："我很久以来就在祈祷了。"

【别裁大义】

祈祷是求救的信号

有一次孔子生病，大概病得很严重，以现代情况来说，大概医生都束手无策了。于是学生们急了，尤其是性情急躁的子路更慌了，主张祈祷。这就牵涉到宗教，向神祇去求救。"子曰：有诸？"一个问号。孔子说，子路！有这回事吗？有可能吗？小说上写的诸葛亮六出祁山，师老无功，知道自己快死了，拜北斗星。(这是小说上写的,历史上实际没有这回事,如果真有这回事,诸葛亮就不叫诸葛亮,要改名诸葛暗了。但道家有此说法:北斗,统称北极星。北极星和南极星,掌管人的生死。后来民间传说的南极仙翁,他的形象成为庆贺长寿的象征。而道家的说法,南极仙翁是管寿的、管生的;北斗星君,是管死的;所以欲求不死,要用道家的方法拜北斗,是另有一套的,包括画符、念咒、点灯等。)结果还是死了。这是小说写的,不去管它。但这一节《论语》告诉了我们,孔子对于鬼神之事,形而上的东西,并不是反对。前文说过"子不语:怪、力、乱、神",鬼神有没有存在,他没有讨论。因为"中人以上可以语上也,中人以下不可以语上也"。谈到超现实世界,有没有另一世界存在,这是东西方文化五千年来,到现在为止,哲学、宗教还没有解决的问题。我们不能说这些不科学,科学并不是万能,现在科学正要找这个问题的答案而还没有找到。不要以为科学解决了问题,事实上问题还没有解决。像爱因斯坦这样一位伟大的人,可惜死得太快了一点。他想把生命升华,变成为四度空间(Four Dimensional Space 或称四次空间,或四个因次空间)。那时人就不是现在这个样子,而可以有神通,可以不靠机器而在空中飞行。他有这个理想,没完成就死了。他到快要死的时候,感觉宇宙的生命后面还有一个东西。什么东西呢?当然不是唯物思想的。他是搞物理的,科学家都是朝唯物方面的路子去探讨。结果他认为不是属于唯物方面的,而是另外的东西,可是不知道是什么。所以他没办法,只好去信上帝。因为这一个力量他没有研究出来,是个东西但不可知,还不如信上帝,精神先得到保障,先得到安慰。形而上是不是有个东西?生命是否在一个躯体里死了以后可以再生、再来?这都是人类没有解决的大问题。所以人类文化不要自吹了,站在哲学立场看人类文化是非常幼稚的,连自己的问题都没有解决。

　　人从幼年到少年,幻想最多。对一个茶杯可以看上几个小时;对一堆泥土、一块破瓦片会觉得很好玩,大感兴趣;堆城筑池,可以玩一整天。后来加上知识的教育,到了二十岁前后,又进入另一个阶段,做学问、做事业的理想基础,就在这个时候打的。看历史上的大政治家、英雄、文学家等,一切成功的人,基础都在这时候奠定的。如果在这个时候还没有打好基础而后来能够成功的,不是绝对没有,但例子太少。三十岁到四十岁,并没有什么创见,只是将十几到二十几岁之间的理想付诸实施，化成事实。历史上成功的人物，几乎三十几岁就成功了，尤其是领导或统治方面的人物，更少例外。汉高祖年纪是大一点，但也只四十几岁，没有超过五十岁就成功了。他统一天下只用了五六年的时间。其他的人做学问也都是如此。当然年老才成功的，不是没有，但少得很。到了五十六十不过空留回忆。所以遇到老年人，要准备一番心情去光听他讲过去，"我当年如何如何"，今天讲了，明天见到还是这样讲，可以讲几千几百次。但告诉他现在的事情，他会马上忘记。所以人的学问，一切的见解，都不超离年轻时的模型，尤其以科学为然。现在的科学家，超过三十五岁以后，就很少有科学上新的发现了。有新发现的都是年轻人。而学问思想到五六十岁成熟的时候，人就凋谢了。我前面也说过，人类古今中外的文化，都是二十几岁的文化。就是继往开来，永远是年轻的，永远是没有成熟的。

所以中西文化，宗教也好、哲学也好、科学也好，对最后的结论，都未曾获得。生命究竟从哪里来？生命的价值究竟在哪里？都没有结论。当然我们可以假定很多答案，但这些答案只是人为的、主观的，并不是哲学的正确答案。所以有无鬼神，我们不知道，这个问题暂时保留。

但是我们看孔子的态度，他对这个问题是明白的。当他病了，药物无效的时候，子路说，求神吧！去祷告一下吧！孔子听了问子路，真有这回事吗？孔子这话说得很妙。他当然懂得，不过他是问子路"有这回事吗"，而不是说"你相信吗"。子路经孔子一问，表示学问很有根据，于是搬出考古学，他说，有啊！《诔》曰："祷尔于上下神祇。"这"诔"是中国文化中的祭文，历代帝王的诔文就是。子路说，古代的诔文说了，人应该去祷告天地、上下各种神祇。孔子说，如果是这样，那我天天都在祷告，而且祷告了很久，还照样生病。这节文字，做进一步研究，就可以看出来，孔子的意思，所谓祷告是一种诚敬的心情，所谓天人合一，出于诚与敬的精神，做学问修养，随时随地都应该诚敬。《大学》所说"十目所视，十手所指"，诚敬修养要做到我们中国文化所说的"不亏暗室"。孔子就是说自己天天做到这样，等于与鬼神相通，就是这个道理，这是第一点。

第二，普通的人，到了急难的时候，就去求神、拜佛、向上帝祷告。所谓："垂老投僧，临时抱佛。"这就说人平日自以为很伟大，但一遇到大困难，或极度危险，就感觉到自己非常渺小无助，完全丧失自信心——"天呀！神呀！你要救我呀！" 倘使这时仍能保持一分自信心，就需要高度的修养。这里我们说到历史上一个人，大家都知道的朱舜水，明亡以后，他流亡到日本去，本想向日本求救兵企图复国的。船航行太平洋中，遇到大台风，全船的人都喊救命，只有朱舜水端坐船中不动。据说当时船上的人都看到海上有两盏红灯，对着船来。古代的迷信，说这是海神来接的讯号，全船的人都将会死亡，所有的船员都跪下了。朱舜水就问："真有这回事吗？有没有其他挽救的办法？"船员说除非是有道的人跪下来求，或者还有希望。朱舜水说，你们拿纸笔来，我烧一张符下去，大概就可以退掉。朱舜水是地道的儒家，哪里会画符搞道家的东西，这不奇怪吗？结果他在纸上写了一个"敬"字。烧了以后，台风停了，船也稳了，风平浪静就到了日本。你说朱舜水这一套有本事吧！简直比诸葛亮更厉害，能呼风唤雨，撒豆成兵，岂不应该带兵打仗，将明朝复国了？这件事绝对有，但若深入研究，那就成为另外一门学问了。现在的科学叫做精神学，又叫灵魂学。精神与灵魂的解析，人的精神力量与宇宙是否相通，这是另一个问题。

第三，中国民间的谚语："平时不烧香，急时抱佛脚。"一般人都是这样，像许多人交朋友，平时不去探访，有患难，或要借钱的时候才去，所以孔子对子路说，算了吧！如果这样，我天天都在祷告中。换言之，鬼神的事，和生命的道理，都不是这样简单的。

【本经】

子曰："奢则不孙，俭则固。与其不孙也，宁固。"

【注释】

奢：挥霍浪费钱财，过分追求享受。

孙：同"逊"。

【译文】

孔子说："奢侈张扬惯了的人，最容易犯不逊的毛病，不守规矩，桀骜不驯。俭朴保守的人，就会慎重踏实，根基比较稳定。做人与其奢侈张扬，还不如保守朴实点好。"

【别裁大义】

要愁哪得工夫

孔子说，人生的修养，"奢则不孙"。这个奢侈不止是说穿得好，打扮漂亮，家庭布置好，物质享受的奢侈，而是广义的奢侈，如喜欢吹牛，做事爱出风头，都属于奢侈。奢侈惯了、开放惯了的人，最容易犯不逊的毛病，一点都不守规矩，就是桀骜不驯。"俭则固"，这个俭也是广义的。不止是用钱的俭省，什么都比较保守、慎重、不马虎，脚步站得稳，根基比较稳定。以现代的话来说就是脚跟踏实一点。他说"与其不孙也，宁固"，做人与其开放得过分了，还不如保守一点好。保守一点虽然成功机会不多，但绝不会大失败；而开放的人成功机会多，失败机会也同样多。以人生的境界来说，还是主张俭而固的好。同时以个人而言奢与俭，还是传统的两句话："由俭入奢易，由奢入俭难。"所以物质文明发达了，有些人到落后地方要受不了，这就是"由奢入俭难"。

曾国藩用人注重乡气。历史上许多人，像吕蒙正，当了宰相，生活仍然很清苦。如最近电视上轰动的包青天，他一生的生活，也是清俭到极点，本身没有缺点被人攻击。那么多年，包公身为大臣——龙图阁直学士兼开封府尹，做了这么大的官，可是一生清俭。民间传说，更把他当作了神，讲儒家文化，包公成了一个标杆。如宋朝的赵清献，当时人称他"铁面御史"，对谁都不买账，做官清正，政简刑清，监牢里无犯人，也和包公一样。历史上有许多名臣都是俭，乃至许多大臣，有的临到死了，连棺材都买不起。不但一生没有贪污一文钱，连自己薪水积蓄都没有，后代子孙都无力为他买棺材，要由老朋友来凑钱，这就是俭的风范。

【本经】

子曰："君子坦荡荡，小人长戚戚。"

【译文】

孔子说："君子的心胸坦荡乐观，小人的心胸常是狭窄忧愁。"

【别裁大义】

光风霁月

《学而》篇中说"人不知而不愠，不亦君子乎"，一个人一生没有人了解，虽有学问而没有发展的机会，还是不怨天、不尤人，这种修养是很难的。所以君子要做到"坦荡荡"，胸襟永远是光风霁月；像春风吹拂，清爽舒适；像秋月挥洒，皎洁光华。内心要保持这样的境界，无论得意的时候或艰困的时候，都是很乐观的。但不是盲目的乐观，而是自然的胸襟开朗，对人也没有仇怨。像包公、赵清献都做到这样的境界，这是"君子坦荡荡"。至于小人呢？"小人长戚戚"，小人心里是永远有事情的，慢慢就变成狭心症了，借用生理的病名，来形容心理上的病态。小人永远是蹩住的，不是觉得某人对自己不起，就是觉得这个社会不对，再不然是某件事对自己不利。这是"长戚戚"的一种心理病。心里忧愁、烦闷、痛苦。所以这两句，可以作座右铭，贴在桌旁，随时注意自励，养成坦荡荡的胸襟。

跟着就说孔子个人的君子风范。

【本经】

子温而厉，威而不猛，恭而安。

【译文】

孔子待人温和而庄严，威仪而不凶猛，恭敬而安详。

【别裁大义】

这是弟子们记载孔子的学问修养，表达在外面的神态。第一是温和的。对任何人都亲切温和，但也很严肃，在温和中又使人不敢随便。第二是威而不猛。说到威，一般人的印象是摆起那种凶狠的架子，这样并不是威。真正的威是内心道德的修养，坦荡荡的修养到达了，就自然有威。尽管是煦和如春风，而在别人眼中，仍然是不可随便侵犯的。不猛是不凶暴。如舞台上的山大王，在锣鼓声中一下窜出来，一副凶暴的样子，那就是猛。第三是恭而安。孔子对任何事、任何人非常恭敬，也很安详，也就是既恭敬而又活泼不呆板。第三点也等于第一篇《学而》的注解。学问好的人，内心的修养表达在外面的，就是这样的情形，而以孔子来作为榜样，用白话翻译过来就是有庄严的温和，有自然的威仪而并不凶狠，永远是那样安详而恭敬的神态。

泰伯第八

【本经】

　　子曰："泰伯，其可谓至德也已矣。三以天下让，民无得而称焉。"

【译文】

　　孔子说："泰伯的道德修养可以说是达到了极其崇高的境界！他多次推让王位，人民都不知如何称扬他。"

【别裁大义】

薄帝王而不为

　　《泰伯》第八这一篇，等于是第二篇《为政》中个人学问修养的引申注解。第八篇的题目《泰伯》，也就是这一篇里所记载的，孔子经常标榜的圣人——吴泰伯。

　　泰伯是什么人呢？我们现在说中国文化，如果严格地说应该是周代文化。是周公把过去的中国文化，集其大成；而孔子是将周公集其大成的中国文化加以整理。所以中国文化，也就是尧、舜、禹、汤、文王、武王、周公、孔子所传承的文化总称。

　　周朝能统治天下长达八百年，真不简单，历史上写其祖德深厚——所谓祖德，不是迷信，而是说从他祖先开始，历代培养历史的根基。要培养历史的根基，是不容易的。我们再看秦始皇统一天下，他也是祖宗好几代培养下来的。

不过秦国走的路子，比不上周朝。周代一开始就走道德的路子；秦国的祖先一开始就以法治为基础。周以道德为基础，就是德治、礼治。在教育文化这一方面，秦的法治也培养了好几代，两三百年以后，才有秦始皇这个结果。周代的祖先，到周文王不是结果，到周武王统一天下才是结果。泰伯是个什么人呢？是周文王的大伯父，周武王的大伯公。周文王的祖父为太王。太王有三个儿子，大儿子为泰伯，次子名虞仲，第三子名季历。季历的长子就是周文王，名姬昌。太王当时看到殷商已经快完了，政治太糟糕了，有意革命。照中国古代的规矩，太王一定是传位给长子泰伯。太王就告诉泰伯好好努力，将来可以把殷商腐败的政治推翻。但是泰伯依照传统的观念，认为殷商的政治尽管败坏，而周终归是殷商的诸侯，不应该去推翻它。对于他父亲太王这个思想，在家族中因为孝道，不能不听父亲的话；为天下的公道，则碍，难听父亲的话；处于两难之间。泰伯于思想、见解、学问、道德，没有不好的地方，却难于接受太王的想法。

　　太王看到第三个儿子季历的长子——就是周文王，认为他将来会有办法，将来可以统一中国。所以太王认为，泰伯既然这样清高（他当然不能说大儿子不对，泰伯是对的，他也欣赏大儿子），只好将位子传给三子季历。古代宗法社会，有长兄在，传位给小儿子是不可以的。泰伯处在这种左右为难的状况中，知道了父亲的意思以后，于是自己逃掉了，不愿当帝王。所以后来太王传位给季历，季历死了传给周文王。一代一代都是道德的政治。后来周文王受冤枉坐牢，他并没有起来革命。到了武王的时候，才和姜太公起来革命，推翻殷商。这样几代下来，数百年间，周朝的德政已深入人心。我们古代就讲立德立功，后来佛教引用，称为功德，是功与德联合起来用。一个道德行为，使全国的人都受到恩惠——政治上的恩惠、公的恩惠、私的恩惠，加上对社会的功劳，合起来为功德。周朝就做到了这一步。

　　但是泰伯归隐了，逃到南方，就是后来的江苏南部。在古代，这些地方都是蛮荒之地，没有开发、没有文化。所以他一逃就逃到这最野蛮的地方。后来他的子孙落籍了，就是在南方的吴国。春秋战国时吴国，就是他的后代。最初是武王统一天下以后，才把泰伯这一支宗族清理出来，封为吴国。在周武王没有封他以前，泰伯连王侯都不当。以现代的话来说，为了正义，为了信仰，帝王可以不当，人格不能有损，真理的思想不能动摇，因此走掉。我们有时说"连皇帝都不想当"，那是吹牛，没有机会而已。给你当也当不好，除非在电影上、电视上，演戏当当还可以，真给你上去，不把你吓昏了，就被你弄坏了，那不行的。泰伯是真的有帝王可做而不为，这是非常不容易的。在孔子思想中最推崇这种人，并不把功名富贵放在第一位，而是把真理、道德放在第一位。穷死饿死，那是另外的问题，并不在乎。所以孔子最尊重的人是泰伯、伯夷、叔齐等人。这一篇开头就讲泰伯。

这是引用孔子平常讲的话，当作这一篇的第一节。孔子说，如果讲人生的道德——公德，政治的道德；私德，个人的道德——像泰伯这个人，随便公私两方面的道德、修养都到了最高点。他多次推让天下，最后还是逃掉。后世的老百姓，不晓得历史上这件事。这事后来流传下来，完全靠《左传》详细的记载。而他自己帝王都不要做，当然更不会要一个虚名，让老百姓去称道他了。所以孔子特别尊重他。这也就是中国后来所讲的道家思想。

一个人的道德修养，真要做到"君子坦荡荡"，必须修养到什么程度呢？要做到"弃天下如敝屣，薄帝王将相而不为"。把皇帝的位置丢掉像丢掉破鞋子一样：为了道德，为了自己终身的信仰，人格的建立，皇帝可以不当，出将入相富贵功名可以不要。孔子所标榜的人格的修养，到了这地步，那自然会真正"坦荡荡"。也是前面提到过的，人有所求则不刚。曾子也说："求于人者畏于人。"对人有所要求，就会怕人。如向人借钱，总是畏畏缩缩的。求是很痛苦的，所谓"人到无求品自高"。所以要做到"君子坦荡荡"，养成"弃天下如敝屣"，然后可以担当天下大任了。因为担当这个职务的时候，并不以个人当帝王将相为荣耀，硬是视为一个重任到了身上来，不能不尽心力。但隋炀帝另有一种狂妄的说法，他说："我本无心求富贵，谁知富贵迫人来。"能说这种狂妄的话，自有他的气魄。这是反派的。到他自己晓得快要失败了，被困江都的时刻，对着镜子，拍拍自己的后脑："好头颅，谁能砍之？"后来果然被部下杀掉了。这是反面的，不是道德的思想。但是我们引用他的话，当"谁知富贵迫人来"的时候，能不被富贵所迷惑的就是泰伯。

下面是孔子说明人生修养的境界。

【本经】

子曰："恭而无礼则劳,慎而无礼则葸,勇而无礼则乱,直而无礼则绞。君子笃于亲,则民兴于仁。故旧不遗,则民不偷。"

【注释】

劳:辛劳、辛苦。

葸(xǐ):拘谨、畏惧。

绞:说话尖刻,出口伤人。

笃:厚待、真诚。

故旧:有两个意义。一种解释是老朋友、老前辈;另外一个意义是传统。

不偷:不苟且,不懈怠。

【译文】

孔子说:"一个人,如果只是外表恭敬而没有礼的精神,就会辛苦而不安详;如果只是谨慎但不懂礼的精神,就会怯懦而无能;如果只是勇敢而没有礼的精神,就会冲动而出乱子;如果个性太直而不懂礼,就会说话尖刻伤人。一个为政的人,如果能以真挚的感情孝敬父母,友爱兄弟,并以这样的真情爱百姓、爱国家、爱天下,百姓就会兴仁义。祖先、父母的亲情不淡忘,人与人之间过去的感情不遗忘,传统不放弃,民众就会厚道而不刻薄偷巧了,社会风气也能变得淳朴安定。"

【别裁大义】

贵为天子而友布衣

这一节我们要深入研究，意义包括很多。大而言之，就是政治领导哲学；小而言之，是个人的人生修养道理。恭就是恭敬。有的人天生就是态度拘谨，对人对事很恭敬；有的人生来就昂头翘首，蛮不服气的样子。有的长官对这种人的印象很坏，其实大可不必，这种态度，是他的秉赋，他内心并不一定这样。所以我们判断一个人的好坏，不要随便被外在的态度左右，要尽量客观。孔子所说的恭而无礼，这个礼不是指礼貌，是指礼的精神、思想文化的内涵。所以不要认为态度上恭敬就是道德，如果有恭敬态度而没有礼的内涵则"劳"。换句话说，外在的礼貌固然重要，如果内在没有礼的精神，碰到人一味地礼貌，则很辛苦、很不安详。"慎而无礼则葸"，有些人做事很谨慎，非常小心。小心固然好，过分地小心就变成无能、窝囊，什么都不敢动手了。我们土话说"树叶掉下来怕打破头"，确有这种人。"勇而无礼则乱"，有些人有勇气、有冲劲，容易下决心，有事情就干了，这就是勇。如果内在没有好的修养，就容易出乱子，把事情搞坏。"直而无礼则绞"，有些人个性直率、坦白，对就是对，不对就是不对。当长官的或当长辈的，有时候遇到这种人，实在难受，常叫你下不了台。老实说这种阳性人，心地非常好，很坦诚。但是学问上要经过磨练、修养，否则就绞，绞得太过分了就断，误了事情。这四点：恭、慎、勇、直，都是人的美德，很好的四种个性。但必须要经过文化教育来中和它，不得中和就成为偏激了，这四点也成了大毛病，并不一定对。太恭敬了，变成劳。我们中国人说"礼多必诈"，像王莽就很多礼。太谨慎了变成窝囊。太勇敢了，容易决断，成为冲动，有时误了事情。太直了，有时不但不能成事，反而偾事。项羽的个性就是有太勇太直这两个反面的缺点。清代诗人王昙说他"误读兵书负项梁"，很有道理。所以教育文化，非常重要，自己要晓得中和。懂得了这四点，就是每一个人反省自己个性的标准。

孔子接着说："君子笃于亲，则民兴于仁。"我们中国人讲孝道，如果对于自己的父母、兄弟、姊妹、朋友都没有感情，亲情不笃，而要他爱天下、爱国家、爱社会，那是空洞的口号，是不可能的。说他真的有爱心，他连父母、兄弟、姊妹、朋友都没有爱过，怎会爱天下、国家、社会？或者说私事不爱而爱公众，事实上没有这回事。爱天下国家，就是爱父母兄弟的发挥。所以说笃于亲者，不怕人自私爱自己的父母兄弟。儒家讲爱是由近处逐渐向外扩充的，所以先笃于亲，然后民兴于仁。从亲亲之义出发，整个风气就是仁爱，人人都会相爱。

　　下面"故旧不遗，则民不偷"，故旧有两个意义。过去的解释是老朋友、老前辈。像古人说的"念旧"，老朋友的交情，始终惦念他，即所谓"滴水之恩，涌泉相报"。如韩信一饭难忘的故事，他倒霉的时候，饿得不得了，在溪边吃了一个洗衣服老太婆的饭，匆匆忙忙，没有问清姓名就走了。后来他封了王，想找这个老太婆报答，找不到，只好将千金放在水里。古人就有这个精神。汉光武当了皇帝以后，找老同学严光来叙旧；朱元璋当了皇帝以后，要找年轻时和他一起种田的老朋友田兴出来，找不到就下令全国找这个人。田兴却硬不肯出来做官，只是到处在做好事。后来有人报告，一个县里，有五只老虎出来吃人，厉害得很，而有一个人把那五只老虎都打死了。朱元璋接到这封公文，知道一定是他的老朋友田兴做的好事。于是找来翰林院的进士们，都是文学修养非常高的，以现在来说，都是研究院中的博士。朱元璋要他们赶快写信去把田兴找来。于是翰林先生们"之乎者也矣焉哉、孔子曰、孟子曰"的，咬文嚼字。朱元璋看了半天，皱皱眉、摇摇头，还是自己动手写。他写的是白话，内容大要说：皇帝是皇帝，朱元璋是朱元璋，你不要以为我做了皇帝就不要老朋友。你不来，就没有种。我们两兄弟还是好兄弟，我今天不是以皇帝身份找你来。我们两兄弟见面，皇帝是皇帝，朱元璋是朱元璋，有种的你过河来吧！和当年两个人放牛时，打架对骂的口吻一样。田兴看了这封信来了，来了但还是不做官，玩了一阵子走了。这就是说历史上的念旧。可是今天的社会，这种事就很少了。有的人环境好了，看到老朋友，要问贵姓了。古人说富贵不可骄人，只有贫贱可以骄人。穷人气大，我反正穷，不看你就不看你。这是故旧的第一个观念。

故旧的另外一个意义就是传统，故旧不遗就是传统观念不要放弃。如果你要推翻传统，最好先推翻你自己，因为你是父母生的，祖宗传统而来的。没有父母这个传统，就传不下来你这个统，万事总有个根源。所以孔子说"故旧不遗"，一个伟大的人物，一定有真感情，可以做英雄，可以做烈士，有真感情才肯牺牲，才付得出来，有这种血气，"则民不偷"。偷是偷巧。不偷巧，社会风气就稳了。

孔子这一段为什么放在《泰伯》下面？就是讲政治哲学的风气问题，儒家主张的道德政治，个人修养首先在道德的精神。道德的精神要坚定的思想和真实的感情，才能够发挥出来。

上面是孔子的教育思想，也是第二篇《为政》的发挥。接下去看这书上的文字，可见是孔子的门人所记载的。前面曾提过，在中国古代的习惯，直接的学生称弟子，再隔一代以后的学生称门人。到后来才慢慢混合称用，凡是学生辈，都称弟子，也可以称为门人。

【本经】

曾子有疾，召门弟子曰："启予足！启予手！《诗》云：'战战兢兢，如临深渊，如履薄冰。'而今而后，吾知免夫！小子！"

【注释】

启：开也。此意为抬起。

战战兢兢，如临深渊，如履薄冰：见《诗经·小雅·小旻》。"战战"，恐惧的样子。"兢兢"，谨慎戒备的样子。此句意为小心谨慎，就像是面临无底深渊，走在薄薄的冰面上。

小子：过去对弟子或年轻人的称呼，如"后生"。

【译文】

曾子病重，召集他的门人和弟子们到身边来，说道："帮我把脚摆放好！帮我把手摆放好！人一辈子做人处世，要想修养到临死内心都没有遗憾和亏欠，实在是不容易，需要下功夫。《诗经》上说：'小心谨慎呀！就好像站在深渊旁边，就好像踩在薄冰上面。'。学生们，到现在这个地步，我才敢说大话，我不会再犯错误了！"

【别裁大义】

无愧平生事大难

这一节最后的"小子"，现在是骂人的——你这个小子，过去的意思就是"年轻人"。等于现在说的，"你们这些年轻人"，这是他对学生的称呼。

这一节话，为什么加在《泰伯》篇里？这是颜回死后，传承孔子道统的曾子，对学问修养的经验谈。我们在第一篇里就读过曾子所提出的，每天以三件事反省自己的学养——为人谋而不忠乎？与朋友交而不信乎？传不习乎？现在他有病快要死的时候，"召门弟子"，这里门人与弟子连起来用，就是曾子把学生乃至他的徒孙们，叫到前面来，吩咐后事。他说："启予足，启予手。"根据这六个字，就知道曾子已经病得手脚都麻痹了。

说到这里，我们要晓得，通常一个人生机的消逝，往往从脚部开始。试看婴儿，躺在小床上玩，最早期是用两脚蹬着玩，手不大动，这时候生命力在脚部，脚就是根。到了幼儿时期，小孩子是坐不住的，两只脚总要跑，因为他生命的活力，在不断地生长。到中年以上，渐渐脚不想动，而动手、动脑筋。年纪再大一点，一坐下，"二郎腿"翘起来了。再到晚年，"二郎腿"都不翘，最好是身子一仰，靠在椅背上，两只脚架到写字台上去了，因为脚上没有力气了。所以中国以前看相的说，老年人到冬天而脚心还发热的，是长寿之相，其实是生理上两脚还有生命的活力。且看老人，脚活动不灵活，走路吃力，脚已近死亡。越老下面越僵化，生命力没有了，最后手也懒得动，只用脑筋。到了临死的时候，除了少数的例外，一般正常的情形，是脚先失去知觉。现在西方正在研究"死亡的科学"，死亡成为了一种专门学问。这也是受了东方古老文化的影响之一。

所以曾子说"启予足，启予手"，因为他的病严重到快要死了。连自己的手脚在哪里，都不知道，自己不能指挥了。只有叫学生们，替他把手脚摆好。他这时快要断气了，只有用头脑。等学生们替他把手脚放端正了，然后他引用《诗经·小雅·小旻》篇的句子："战战兢兢，如临深渊，如履薄冰。"意思是做人做一辈子，常常提心吊胆，尤其是注重道德修养的人更难。我们中国人有一句话"盖棺论定"，一个人好与坏，要在棺材盖下去的时候才可以作结论。不过我经常告诉朋友，据我的经验，世界上有许多事情，盖棺并不能论定。我就发现许多人，带着冤枉进到棺材里走了。绝对的好人，行善一生，到进棺材作结论的时候，人们对他的评论并不见得好。或者做某一件事，在盖棺的时候觉得他错了，将来也许又发现他并没有错，但已经太晚了。所以在我的看法，"盖棺论定"这句话有时候也值得怀疑，有时盖棺还不能论定。

所以曾子特别提出来，一辈子做人都"战战兢兢"。"战战"是发抖的样子，"兢兢"就是脚都不敢踩实的样子。"如临深渊"，好像站在悬崖边缘，脚下是万丈深潭，偶然一不小心，就是"一失足成千古恨"了。"如履薄冰"，初冬刚结薄冰，或早春要解冻时，走在河面上，要有功夫、有本事，一个疏忽，掉下去就没命。做人一辈子，要想修养到死都没有遗憾，如孟子所说"仰不愧于天，俯不怍于人"，实在是伟大功夫。人骗人是常事，最妙的是人还都喜欢骗自己。可是到了自己要死的时候，仍骗不过自己。要想做到对人内心没有亏欠，就"如临深渊，如履薄冰"了。

这三句话是曾子病到手脚都不能动了，然后告诉学生，人生是如此之困难，尤其是利害关头，能不能为忠臣，能不能为孝子，就在这么一念之间。如果怕自己吃亏，就掉下去了。"而今而后，吾知免夫"，他说我现在告诉你们，我手脚都失去知觉了，已经死了一半了，到这个地步，我才敢说大话，我不会再犯错了。这就证明，学问并不在文章写得好或知识渊博，而在做人处世的修养，孔门是最注意这一点的。

【本经】

　　曾子有疾，孟敬子问之。曾子言曰："鸟之将死，其鸣也哀；人之将死，其言也善。君子所贵乎道者三：动容貌，斯远暴慢矣；正颜色，斯近信矣；出辞气，斯远鄙倍矣。笾豆之事，则有司存。"

【注释】

　　问：探望、探视。

　　暴慢：粗暴、放肆。

　　出辞气：指注意说话的言辞和语气。

　　笾（biān）豆：古代祭祀和典礼中的用具。

【译文】

　　曾子病重，孟敬子去看望他。曾子对他说："鸟将死的时候，它的鸣叫声是非常悲凄的；人将死的时候，他说出的话是善意的。君子做人处世的学问有三个要点：经过学问的修养熏陶，涵养风度和气质，避免粗暴行为和傲慢心里；注重内心修养，端正对人态度，一言一行就会诚恳可信；说话谨慎恰当，符合实际，讲话就自然顺理成章，这样就可以避免粗鄙和错误了。我只能给你讲这些做人处事的修养，至于那些礼法上的细节问题，那自有主管的官员在负责。"

【别裁大义】

　　这里前后三节是紧密相连的。也就是曾子有病，快要死的时候，鲁国的一个大夫孟敬子来探望他，问了什么不知道。这个话怎么讲呢？曾子答复他说，我告诉你，鸟将死的时候，它叫的声音一定很悲哀；（这是自然界的现象，不但是鸟，所有的动物，将死的时候，叫的声音都很凄凉。）人类将死的时候，所讲的话，多半是好话。（要注意，不是完全。像以前有些土匪，被拉去枪毙，临死的时候，还要讲狠话，"二十年后又是一条好汉"并不是好话。）一个普通人，在快要死的时候，对人生的看法，往往比较冷静，吩咐的话也多半是善言。为什么曾子要把这两句话说在前面呢？这就可见曾子的教育态度。换言之就是他说，我快要死了，你平常不大听话，我现在最后的话是很诚恳地、很严肃地对你说，希望你要注意。所以曾子把这两句话说在前面，以加重语气。于是曾子告诉他"君子所贵乎道者三"，这个"道"是儒家的、孔门的人生之道。就是说人之学道——做学问、受教育有三个重点。曾子在这里所讲的三个重点，我们的确要注意。

第一点："动容貌，斯远暴慢矣。"就是人的仪态、风度，要从学问修养来慢慢改变自己，并不一定是天生的。前面说过的"色难"就是这个道理。暴是粗暴，慢是傲慢看不起人，人的这两种毛病，差不多是天生的。尤其是慢，人都有自我崇尚的心理，讲好听一点就是自尊心，但过分了就是傲慢。傲慢的结果就会觉得什么都是自己对。这些都是很难改过来的。经过学问修养的熏陶，粗暴傲慢的气息，自然化为谦和、安详的气质。

第二点："正颜色，斯近信矣。"颜色就是神情。前面所说的仪态，包括了一举手、一投足等站姿、坐姿，一切动作所表现的气质；"颜色"则是对人的态度。例如同样答复别人一句话，态度上要诚恳，至少面带笑容，不要摆出一副冷面孔。"正颜色，斯近信矣"，讲起来容易，做起来可不容易。社会上几乎都是讨债的面孔。要想做到一团和气，就必须内心修养得好，慢慢改变过来。

第三点："出辞气，斯远鄙倍矣。"所谓"出辞气"就是谈吐，善于言谈。"夫人不言，言必有中"，这是学问修养的自然流露，做到这一步，当然就"远鄙倍"了。

这是记载孟敬子问曾子，他问的什么问题不知道，可是曾子答复的话我们看到了。再从下文连起来看，可知孟敬子所问的，并不是前面曾子所讲的这三个问题。从文章中我们可以猜想得到，孟敬子这位鲁国的大夫，一定问他，对于处理国家大事，还有什么秘诀？而曾子不管那些，把问题撇开了，只教他做人做事的道理。因此下面一句话说"笾豆之事，则有司存"。所谓"笾豆"是古代的祭器，用竹制成。在这句话里代表了"执政"之事。古代政治上的朝圭、朝服都有不同的标记，尤其如执法施政的文物，对此更注重。像以前宪兵的臂章图案，有人以为是狮子，其实不是狮子，是狴（bì），古代执法的标志。相传古代有这种野兽，非常灵敏，能辨别好人坏人，遇见坏人一定用角去刺，对好人则不刺。这些都是古代的标志。曾子在这里是告诉孟敬子，我只能教给你做人处事的修养。至于你所问的政治司法上的事，不必来问我，自然有管理这些事的人在那里，你可以去问他们。后来汉文帝问丞相陈平天下钱谷出入方面的某些问题，陈平对以"有主者"；以及汉宣帝时的"丙吉问牛"都是同一道理。由此可知孟敬子所问的是笾豆一类的事，而曾子所答复他的，还是在教育他，要他注重做人，从内心基本的道德修养去做。学问好、德行高以后，不论从政或者做别的事，都能得心应手。这是一个基本问题，而不是技术问题，有关技术问题可以去问那些专家。

下一节是门人们记载曾子平常所教诲的。

【本经】

曾子曰："以能问于不能，以多问于寡，有若无，实若虚，犯而不校。昔者吾友，尝从事于斯矣。"

【注释】

校（jiào）：同"较"计较。

吾友：我的朋友，一般认为是指颜回。

【译文】

曾子说："自己才能高，却能向才能低的人请教；自己知识渊博，却能向知识不如自己的人请教；自己有丰富的知识学问，却像没有那么平凡；自己已经取得了一定的德业成就，却显得很谦虚宁静；别人冒犯了自己，自己也从来不计较。从前我的朋友颜回就有这样的修养。"

【别裁大义】

学问深时意气平

这是曾子提出他同学颜回的美德："以能问于不能。"凡是所谓天才、聪明有才具的人，容易犯一个错误——慢，就是很自满，不肯向人请教。而颜回虽然高人一等，却唯恐自己懂得不多，唯恐自己没有看清楚，还要向不如自己的人请教一番。这也是诸葛亮之所以成功的条件，他的名言"集思广益"，就是善于集中人家的学问思想，增加自己的知识见解，也对自己非常有益。这也就是以能问于不能的道理。

但是有才具的人，往往不肯向人请教，尤其是不肯向不如自己的人请教。儒家标榜虞舜"好察迩言"，所以能为圣人。虽然是浅近的话，但往往能给我们深远的启发。"以多问于寡"的多指知识渊博。颜回是孔子最得意的学生，知识非常渊博。"问于寡"，就是问于知识不如自己渊博的人。这是一种解释。另一种解释是说从政的人，多半是通才，什么都懂；而"寡"可以说是专家，他专门研究一点，而这一点并不是学问渊博的人所能够知道的。渊博的人知其大概，不能深入；专家则对某一点有深入研究。所以渊博的人，一定要向专家请教。"有若无"，他学问非常渊博，而在待人处世上却表现得很平常，好像什么都不懂似的。"实若虚"，内涵深厚，表面上看起来却很空洞，普普通通。"犯而不校"，不如他的人对不起他，从来不计较、不记恨。这五点看起来很容易，但是如果以自己待人处世的经验来体会，几乎每一句话我们都没有做到。曾子说，我的朋友颜回，对这五点都做到了。孔子所赞叹的颜回，他学问的火候优点，在此可见一斑了。

【本经】

曾子曰:"可以托六尺之孤,可以寄百里之命,临大节而不可夺也。君子人与? 君子人也。"

【注释】

六尺:古制六尺相当于现在四尺一寸四分,约一百三十八厘米,这样的身高一般是小孩,所以"六尺"一般指十五岁以下的未成年人,古人以七尺指成年。

孤:死去父亲的小孩叫孤。

托孤:受君主临终前的嘱托辅佐幼君。

寄百里之命:这里指可以把国家天下的前途和命运寄托给他。"寄",寄托,托付。"百里",指诸侯国,扩而充之也代表了天下。"命",指国家政令,也指国家和天下百姓的前途与命运。

临大节而不可夺:面对事关国家安危、百姓命运等大是大非问题时,自己做人的气节和处世的原则不动摇、不妥协。"大节",指事关国家安危、百姓命运等大是大非的关键时刻。"夺",强夺,强迫放弃。

【译文】

曾子说:"如果一个人的修养,能够达到可以把幼小的孩子托付给他;可以把国家天下的前途和命运寄托给他;面临事关国家安危、百姓命运等大是大非的问题时,自己做人的气节和原则不动摇、不妥协。这样的人可以称得上是君子了吧? 的确是真正的君子了!"

【别裁大义】

临大节而不可夺

　　人的学问修养做到在朋友之间，"可以托六尺之孤"，托妻寄子的，非常非常难，简直没有。历史上讲义气的人很多，而托孤的人很少。政治上有名的托孤，是刘备白帝城托孤给诸葛亮。刘备的儿子刘禅，谁都知道的阿斗，以前骂笨头笨脑没有出息的年轻人，就骂"阿斗"。刘备在临死前托孤给诸葛亮说："君才十倍于曹丕，嗣子可辅则辅之，不可辅则取而代之。"这就是刘备。诸葛亮是很亮，五十支光，刘备大概一百支光，比他更亮。他这句话可把诸葛亮吓住了，立即跪下来："臣鞠躬尽瘁，死而后已。"就是说，你放心吧！我把这条命卖给你了，不管你儿子可扶不可扶，我一定帮忙到底。于是"鞠躬尽瘁，死而后已"这八个字，等于他自己为自己算了命，就定案了，后来也就真的做到了。这是从历史上说大的托孤。照中国文化的大义，可以托六尺之孤的人，就"可以寄百里之命"。"百里"扩而充之也代表了天下。过去，唐以后所谓百里侯称县长；春秋战国时代的百里，在政治制度上相当于现在的一个省。古代称县长为父母官，就是说对于百姓而言，有如父母般的关怀、照顾。"可以寄百里之命"，就是可以真正成为一个好的地方首长，将地方老百姓的生命财产安全，都交给这种人负责保障了。这两点都很困难。

　　"临大节而不可夺也"，小事糊涂没关系，面临大节当头时，怎么都变动不了才行。历史上许多忠臣义士，临大节而不可夺，最有名的如文天祥、陆秀夫，可以说是儒家的光荣人物。但是研究文天祥的生平，上半生风流放诞，花花公子，他做太守的时候，歌姬如林，一天到晚喝酒听歌。可是当国家大难来临的时候，连与太太儿女们告别的时间都没有。尤其难得的是从容就义，所谓"慷慨捐身易，从容就义难"。而且他从容到什么程度呢？元朝的忽必烈，对他十分尊崇、十分重视，硬是空着宰相的位置等了他三年，只要他一点头，就可以在一人之下万人之上。忽必烈和他谈过好几次，口口声声尊称他文先生，推崇他，要请他出来，他就是不答应。这样坐了几年牢，最后一次和忽必烈谈话时，他对忽必烈说，你这样对我，推崇我，我非常感谢你，也可以说你是我一个知己，既然是知己，那你就要成全我。忽必烈见他在牢里三年，始终如此，知道实在没有办法了，于是答应他说，好吧！那就明天吧！文天祥听了这句话，马上就说，谢了！谢了！在他三年坐牢的时候，他的一个学生，恐怕他受不了而变节，备办了三牲祭品，并写了一篇祭文去生祭他。文天祥照样吃了祭品，看了那篇祭文，然后让人转告他的学生，要他们放心，他绝不会做对不起宋朝的事情。他的上半生，吃、喝、玩、乐，什么都来，可是"临大节而不可夺"。所以我们平时看到一些人好像吊儿郎当的，但是不要因此而轻视他们。看人要看大节。曾子说，这样的人是君子吧？的确是真正的君子了。

　　由此我们更可以看出孔孟思想所谓的学问，并不是读死书，不是之乎者也矣焉哉的文言文，同时也不是的呢吗呀吧的白话文。儒家教育的目的，就是要求这一节书上所提的这种人，这也就是儒家真正的学问所在。

　　这几节都是记载曾子所讲的孔门学问的精华，下面等于是两个小结论。

【本经】

　　曾子曰："士不可以不弘毅，任重而道远。仁以为己任，不亦重乎！死而后已，不亦远乎！"

【译文】

　　曾子说："作为一个知识分子，不可以不具备胸怀远大、坚毅果断的基本条件，因为一个知识分子，肩负着历史的重任，影响和引导国家与民族长远发展的道路。作为一个受过教育的知识分子，把仁作为自己的责任和使命，自立立人，爱国家，爱天下，救世救人，难道不是很重的吗？在人生的路途上一直到死，都担负着这个责任，这个路途难道不是很遥远的吗？"

【别裁大义】

怎样才算知识分子

我国上古文化，两三千年前的士，有点类似现在的兵役制度，这是上古的政治制度，也是社会制度：每十个青年中，推选一人出来为公家服务的，就是士。所以士是十字下面加一横。被选为士的人，要受政治教育，学习法令规章。士出来做官，执行任务做公务员，就叫出仕。所以古代的士，并不是普普通通一个读书的青年就可以叫士。士的教育都是政府主办，一个士要想知道法律政治，须向官方学习。平民教育是由孔子开始的，不过当时没有这个名称。曾子这里所讲的士，已经不是上古时代的士，而是读书人知识分子的通称。所以他是说一个读书人应该有读书人的风格。“不可以不弘毅”，“弘”就是弘大，胸襟大，气度大，眼光大。“毅”就是刚毅，有决断，要看得准、拿得稳，对事情处理有见解。有些人平时有见解，但请他当主管，却搞得一塌糊涂，因为他下不了决断；有人很容易下决心，但眼光不远，见解有限。所以把眼光、见解、果断、决心加起来才可谓之“弘毅”，而且中间还要有正气，立场公正。他说一个知识分子，要养成弘与毅是基本的条件。为什么要养成这两个基本条件呢？因为一个知识分子，为国家、为社会挑起了很重的责任。“任重而道远”，这个道是领导，也是指道路。责任担得重，前面人生的道路、历史的道路是遥远的、漫长的。社会国家许多事，要去挑起来，走这历史无穷的路。所以中国过去教育的目的，在养成人的弘毅，挑起国家社会的责任。我们现在的教育，受了西方文化的影响，于是“生活就是教育”，由此一变而成“现实就是教育”了。换言之，“知识就是钞票”，学一样东西，先问学了以后能赚多少钱。所以我国文化中古代的教育精神，和现在是两回事，两者处于矛盾状况。当然，这只是一个过渡时期。在我看来，是要变的，要回转过来的。不过在变、在回转过程夹缝中的我们这一代，几十年来实在很可怜。但是我们对未来还是要认识清楚，将来还是要走上这条路，这是教育的基本目的。

下面的话是引申，一个知识分子，为什么要对国家社会挑那么重的责任？为什么要为历史、为人生走那么远的路？因为一个受过教育的知识分子，"仁"就是他的责任。什么是仁？爱人、爱社会、爱国家、爱世界、爱天下。儒家的道统精神所在，亲亲、仁民、爱物，由个人的爱发展到爱别人、爱世界，乃至爱物、爱一切东西。西方文化的爱，往往流于狭义；仁则是广义的爱。所以知识分子，以救世救人作为自己的责任，这担子是挑得非常重的。那么，这个责任，在人生的路途上，历史的道路上，要挑到什么时候？有没有得退休呢？这是没有退休的时候，一直到死为止。所以这个路途是非常遥远的。当然，要挑起这样重的担子，走这样远的路，就必须要养成伟大的胸襟、恢宏的气魄和真正的决心、果敢的决断、深远的眼光，以及正确的见解等形成的"弘"、"毅"两个条件。

上面几节连起来，是用曾子所讲的学问修养，来说明孔门所传学问的道理、方法与目的。下面又是文章的另一波澜起伏。

现在我们看到这篇文章，孔门弟子的编排，要来个波澜起伏了。上面讲了一大篇高潮，用曾子的话来说明孔门学问。接着下面是一段平路了。老是高潮上去，像演戏，也演不下去的。下面是引用孔子的话。

【本经】

子曰："兴于诗，立于礼，成于乐。"

【注释】

兴于诗："兴"，起也，有"激发""振奋"的意思。修身当先学诗，诗是以真情实感直抒胸臆。诗可以兴、可以观、可以群、可以怨、可以言志。诗发乎情，而止于礼。

立于礼：礼者天地之序也。礼是天然秩序，是人事规范。懂得礼的精神，按礼行事，才能在社会上站稳脚跟，立身于社会。

成于乐：乐者天地之和也。乐必与天然之序相和，才能涵养性情，成就自性之德。孔子教育以礼乐为核心，乐的本质和内涵都离不开礼，所以礼乐连说，乐在更高的层面上把握了礼。人类社会的终极理想就在达到社会的和谐、大同的康乐目的。

【译文】

孔子说："人性的培养，首先要能兴发诗的情感，同时要立足于礼的精神，最终成就乐的康乐目的。"

【别裁大义】

这是孔门教育，关于做学问的内容。第一个是兴于诗，强调诗的教育之重要。兴于诗的兴念去声，读如兴趣的兴。所兴的是人的情感，人都有情感，如果压抑在内心，要变成病态心理，所以一定要发挥。情感最好的发挥，是透过艺术与文学，诗即其一。古代所谓的诗，就包括了文学、艺术、哲学、宗教等。古代诗与音乐是不可分的，而且诗也就是文学的艺术。所以孔子说人的基本修养，要会诗。凡从事严肃工作的人，这种生活上的调剂要靠诗，以艺术的修养作调剂。所以过去的官做得大，文集也留得多，诗也作得多，这绝不是他故意这么做，而是闲下来，有许多感情无法发挥，只好寄托在这上面。所以孔子说"兴于诗"。例如王安石的诗与政治生活，几乎成为两种完全不同的风格。

但学艺术、学文学久了的人，有一毛病，就是所谓"文人无行"。一般说来，认为真正纯粹的文人，品行都不大好，吊儿郎当，恃才傲物，看不起人。还有一个最大的毛病，千古以来，文人相轻，文章都是自己的好，看人家的文章看不上。以前有一个笑话，说有人作诗一首吹道："天下文章在三江，三江文章唯我乡，我乡文章数舍弟，舍弟跟我学文章。"说来转去，转了一个大弯，最后还是自己文章好。所以中和艺术的修养，就要"立于礼"。我们一般人将学者文人连起来，事实上学者是学者，学术专家是学者；文人是文章写得好，不一定是学者。有些人文章写得好，如果和他讨论某一学问思想，如谈经济学、心理学等，他就不懂了。一个文人，光是文章好，没有哲学修养，不懂科学，毛病就大了。所以光"兴于诗"还不行，要"立于礼"，立脚点要站在"礼"上，这个"礼"就是《礼记》的精神，包括了哲学的思想与科学的精神。"成于乐"，最后的完成在乐。古代孔子修订的《乐经》，没有传下来，失传了。《乐经》大致是发挥康乐的精神，也就是整个民生育乐的境界。

讲了孔子教育的方法、目标与内容以后，下面所说的一节，是另一个问题了。

【本经】

子曰："民可使由之，不可使知之。"

【注释】

民可使由之：对于民众来说，可以让他们知道应该怎么去做。"民"，民众。"由"，遵照、遵从。"之"，泛指政令、法规等社会制度和规范。此句意谓可以要求民众遵照社会规范行事。

【译文】

孔子说："对于民众来说，可以让他们知道应该怎么去做，不可以要求他们都能懂得其中的道理。"

【别裁大义】

"愚"民政策

"五四运动"的时候，他们打倒孔家店，这句话也是孔子的"罪状"之一。

照字面上讲，"民"就是一般人，老百姓。"可使由之"，叫他做就是了。等于军队下命令，目标正前方，距离若干，限几分钟到达，只下命令叫他去。"不可使知之"，不可以叫他知道理由，绝对的服从。到了民国，"五四运动"前后，有好几个人改这两句话。康有为、梁启超他们说，孔子绝对民主，古人对这两句书，圈点句读错了，应该是"民可使，由之"，老百姓各个知识都高了，可以公开选择投票，给他们政治自由。"不可使，知之"，老百姓还没有到达水准，"知之"，教育他，训练他，先使他知。改得好像是非常好。

但又有人不同意，说康、梁的句读也错了，应该是"民可，使由之"，看看这个社会、老百姓可以民主了，给他民主。"不可，使知之"，看看老百姓还不可以民主的时候，"使知之"，要教育他。但不管他们怎样圈点，反正都是好心帮我们孔夫子的忙，都是主张孔子是绝对民主，不要打倒孔家店，不必要乱批评。事实上对于一般人，有时候只可以要他去做，无法教他知道所以这么做的原因。有些人如果要他去做事，先把一切计划理由告诉他，他去做起来一定很糟糕。好像带部队，下命令，三百公尺，限五十秒跑到，跑得到有奖，跑不到处罚。结果跑到了，奖赏他就是了，他一定非常高兴。假如先告诉他理由，什么政治学，什么心理学，什么学什么学的，结果他跑到半路上研究起心理学、政治学来了，目标达不到了。据此回转来想，孔子的话绝对的对，并不是一般人所说的愚民政策。事实上有些人的头脑、程度、才具只能够听命于人，当然有些人是天生的领导人才。曾有两位同盟会的老先生讲，孙中山先生很会说笑话，有一次在上海，大家坐下来谈天，他问大家能够做些什么？大家说了后，回过来问他。中山先生说，我想了半天，除了当领导以外，一无所能。这个话听来蛮妙的，实际上是老实话。大家仔细一想，中山先生这句话绝对是对的，他就是天生的领袖人才，这是谁也无法否认的事实。相反的，有些人就是天生听命于人的，能成为非常好的干部。这种人如果去做领导人，下命令，一定做不好。碰到这样的人只有"民可使由之，不可使知之"。另外，懂是懂得多，可什么都做不成。所以"民可使由之，不可使知之"这也是一句名言，不必去另外圈点了。

【本经】

　　子曰:"好勇疾贫,乱也。人而不仁,疾之已甚,乱也。"

【注释】

　　疾:憎恨。

　　已甚:太过分。

【译文】

　　孔子说:"好勇猛易冲动又讨厌贫穷的生活,就容易滋生乱源。如果人们没有仁爱的心,对有过失的人,又没有同情和包容心,过于憎恨,就容易生祸乱。"

【别裁大义】

社会动乱之源

　　孔子说"好勇",指动不动爱打架,冲动。以国家而言,如过去有许多军阀好战,那是好勇。"疾贫",讨厌贫穷,受不了贫穷的苦。这两点就是社会动乱的根源。也可以连起来说,一个社会到了贫穷的时候,人就不要命,好勇了,是乱源。以社会的观点来看历史,一个时代好动乱,一定是在社会贫穷、经济衰落的时候,这就是所谓的"饥寒起盗心"。"人而不仁,疾之已甚,乱也",社会教育没落,道德衰微,所有的人,心中没有爱人的心,大家自私,对失败、失足的人没有同情心,不能包容,这是社会的大病态,时积日久,时代就乱了。如果研究社会、政治演变的历史,都逃不出孔子这两句话的范围。一个普通人,要叫他只顾精神的修养,不受物质上贫困的影响,发挥出坚强崇高的人格,这是做不到的。可以如此要求少数人，不能要求一般的人。所以一到了整个社会贫穷，再加上教育的堤防崩溃，动辄好勇，这样的社会，非变乱不可。到了"人而不仁"，以杀人、消灭别人为乐，这就是社会很深的病态了。有时以政治、宗教、社会、哲学的观点来看，好杀人的人，是一种心理变态。如研究军事思想史时，同时也要研究许多人性。在现代史料中，有许多人研究希特勒，认为他就有性心理变态，这些都是乱源。

【本经】

　子曰："如有周公之才之美，使骄且吝，其余不足观也已。"

【译文】

　孔子说："假使有人真的具备周公那样美好的才能，如果他骄傲看不起人，而且又悭吝得连同情和包容心都不肯付出，那么他的其他方面也就不值得一看了。"

【别裁大义】

知人于微

上面讲了许多孔门教育的大原则。这里提出来，孔子对于个人教育的观点。也是衔接上文之"疾之已甚"的注解。

已好几次提过才、德、学三者都周全具备的人并不多。以前政治上有个大秘密，历史上聪明的帝王，喜欢用贪而能者。即使明知其品德不大好而才高的，派出来做官，有时还睁只眼闭只眼，上面不大管，但这种人真能替国家社会做好事。有的人非常廉洁，品格非常好，学问也好，可是笨得要死，不能做事。那就派到翰林院去，地位高高的，可是搞了半天，在那里喝西北风。再举一个例子：宋太祖赵匡胤平定天下，当了皇帝以后，有一个年轻时的同学赵普，他自己说没有读过多少书，后来当了宰相，自称以半部《论语》治天下。他抽屉里放的也是《论语》，有政治问题解决不了，就翻翻《论语》，好像现在信宗教的人查经一样。

宋太祖喜欢晚上穿了便衣到大臣的家中走走，因为以前与赵普的家人都认识，所以尤其喜欢到他家中。有一以冬天下大雪的晚上，赵普夫妇俩以为这样冷的天气，大概皇帝不会来，不料后来有人敲门，皇帝还是来了。这一下可把赵普夫妇吓坏了，因为当时南方还没有平定，当天下午进贡送来一批东西，他还没有向上报，赶快跪下来接驾，奏明原因。宋太祖安慰他说没有关系，公事明天早上再说。他仍在客厅转来转去。突然看见贡品中有一个大瓶子，上面写好送赵普的，宋太祖大感稀奇，打开来看看，连赵普在内谁也没料到里面都是瓜子金。赵普夫妇吓死了，立刻又跪下来奏明实在还没有仔细看过，并不知道是黄金。宋太祖说："你身为一个宰相，别人不知道，以为天下事决定在你书生之手。外邦既要送你这么一点东西，算得了什么？你收了，照收不误！"不论宋太祖的动机是什么，都是了不起的。但另外一个人曹彬，原来与赵匡胤是同僚，也是好朋友，他是五代时周朝的外戚。赵匡胤常常约他去喝酒，他却坚持不肯，始终中立不倚，守住岗位。后来赵匡胤当了皇帝，认为他人品好，和赵普一样重用。有人在赵匡胤面前打这人的小报告都打不进去，这就是赵匡胤识人于微的地方。

这些故事，就是说才德俱全的人，就是国家的大臣，是社会上了不起的人物。现在孔子也是说才与德不能相配合的问题。中国文化经过周公整理集中起来，孔子不过继承他的道统。周公从事政治，做国家的首相，有名的"一沐三握发，一饭三吐哺"就是他的典故。洗一次头，三次握起头发来；吃一餐饭，三次把饭吐出来，去接见客人，处理公事。一国的首相，内政、外交都要他办，所有来见他的人，又从不拒绝，是如此的忙。不只是忙，他对于下面的人，所有的事务，如此尽心，如此好的态度，这就是周公的才能与美德。如果真具有周公的才能与美德，但骄傲看不起人，悭吝得连同情包容都不肯付出，又舍不得花钱，舍不得帮忙别人，勉励别人，舍不得给人家一纸奖状的话，那也免谈了,他做出来的成绩,一定没有什么可看的了。这也就是说,一个人有了才能而且很努力,还要修养弘毅的胸襟,深厚的美德,要不骄不吝。不骄傲就是谦虚,不悭吝就是同情、包容和气魄。

下面开始是第二篇的呼应,也就是为政之道的发挥,与学问修养达到外用的一个重点。

【本经】

子曰:"三年学,不至于谷,不易得也。"

【译文】

孔子感叹说:"假使求学三年的目的不在于求俸禄,而是为了求学问,这样的人实在是太难得了。"

【别裁大义】

求学的目的为什么

这是当时孔子的感叹。一般人跟他求学的目的,不是为了本身学问,而是为了职业。跟着他求学三年,所为的只是"谷",也就是"俸禄"。俸和禄是两回事,前面"子张学干禄"中也曾讲过,"俸",是薪俸,就是现在的薪水,以官位的高低,发给相当的代价,"禄",则等于现在的实物配给,不过制度不同。如前清,一个学生"十年窗下无人问",为什么要苦苦急于考取功名?中秀才是第一步最起码的功名,考中了就有禄,得到实物配给,可以维持生活。这是功名的方面,不问官位。假使有功名再去做官,"俸"与"禄"加起来,数字就相当可观了。孔子当时这个"谷"字就代表了功名和利禄。他说来我这里求学的学生，目的都在找职业，假使求学三年而目的不在找职业，为学问而学问的人，实在是太难得了。孔子距现在两千多年，可见古今中外，求学的目的，都为了待遇，讲好听一点，是为了前程。

提到教育问题，感慨很多，很多人说现在的教育成了问题。我说中国的教育，三千年来都是问题，也可以说世界上人类的教育问题，本来就存在。为什么呢？三千年来的观念都是重男轻女，为什么重男轻女？男孩将来长大可以光耀门楣，光宗耀祖，因此就望子成龙。而古代望子成龙最好的出路是读书，古人于是说："万般皆下品，唯有读书高。"这是我们几千年来的传统。过去之所以"万般皆下品，唯有读书高"，因为所有职业，以做官这个职业最好。"十年窗下无人问，一旦成名天下知"，读书可以做官，做官可以发财，一连串来的，几千年都是这个观念。如果严格讲学问的道理，有了这种观念的成分，就很不纯洁了。到现在，因为西方文化一来，教育制度变了，教育的精神、方法都在变，变了以后如何？看了几十年的情形，与以前并没有两样，不过换了一个名称。"生活即教育"，教育就是为了生活，这和我们所讲过去的观念，没有两样。

所以现在大专联考选科系，最好考上医科，将来当医生，不求人。因此教育的目的一直是为了生活，由生活的观念一变，就是为了赚钱。除此以外，说是自己真正为了学问而学问，为了求真理而求学问的，实在很少。并不是每个时代绝对没有这种人，而是太少，这种人往往能影响整个时代的，东西方都是如此。试看每个时代的动乱，真正的原动力是思想。而改变时代思想的人，往往当时默默无闻，乃至穷死、饿死，可是后来他的思想却影响了整个时代。例如，因满清入关而引发的民族观念，是受顾亭林、黄梨洲、王船山、李二曲几个人的思想所影响。一直发展下来，也就形成了现代的民族思想。在西方文化中，影响本世纪最大的马克思，还不是穷死饿死的。当时他也没想到自己的思想，竟会影响了整个世界。我们现在就可以看出思想问题的严重性了。像孔子也是一个例子，在生那么可怜，死后影响千秋万代，没有空间的范围，也没有时间的界限，这就是真正的学问。可是一个读书人开始念书时，说是立志为这种学问而学问的，那就太少了。孔子当年已有这个感叹，更何况现在？我们要了解思想的道理，就要从这个角度去体会、去研究。

下一节孔子接着讲学问的道理与个人的修养。

【本经】

子曰："笃信好学，守死善道。危邦不入，乱邦不居。天下有道则见，无道则隐。邦有道，贫且贱焉，耻也！邦无道，富且贵焉，耻也！"

【译文】

孔子说："忠诚于自己信念，勤奋学习，坚守正确的道路和思想原则，保持文化的根本精神不动摇。危乱的时候要保持清醒的头脑和出世的修养，有动乱危机的国家不进入，处于动乱之中的国家不停留。当天下有道时就发挥作用，当天下无道时就退隐。当社会渐渐上了轨道了，如果自己还是贫贱无为，那就是身为读书人的耻辱；如果社会还没有上轨道，自己却用各种手段谋求富贵，也是可耻的。"

【别裁大义】

入山唯恐不深的隐士

这个观念要配合《礼记》的《学记》和《儒行》两篇书来研究。《学记》就是讲学问的目的是什么，这是中国文化传统精神。《儒行》是说一个知识分子应该怎样训练自己，形成自己的人格。人有很多种型态，形成各种不同的"人格"，并不要求各个一律。可是哪一种个性，适合哪一种学问，要怎样培养自己，都有一个标准。

现在孔子所讲的这一节，也等于《礼记》中《学记》和《儒行》两篇所讲的个人问题。"笃信好学，守死善道"就是一个思想、一个信仰的问题。服从真理，要绝对笃信，还要好学。真理是不变的，不受时代环境的影响，不受区域环境的影响，也不受物质环境的影响。所谓"守死善道"就是守住这个信仰、这个主义，"善道"就是最好的道路，最好的思想原则。下面说到个人有了守死善道的抱负，就"危邦不入，乱邦不居"。这并不是滑头，而是保持文化的精神。危乱的时候，要有出世的修养，危险的地方不要去，因为这个地方的思想一定有问题，最好不去。动乱中的社会，不可以停留。"天下有道则见，无道则隐"，这两句话是中国人的隐士思想。说到这里，有个值得讨论的大问题。

中国的历史文化，素来认为儒家、道家是分途的，绝对不能合流。道家多半趋向于当隐士。说到隐士，问题就大得很。假使研究中国历史文化，就会感觉到一件事很古怪：学问越高，道德越高的人，多半是退隐了，不愿出名，乃至于最后隐姓埋名，连自己的真实姓名都不要了。我们都知道张良的老师是黄石公，而黄石公只是一个代号，究竟是谁？没有人知道。因为他连姓名都不要了，对名利更看得毫无道理。可是这一类隐士思想，在中国古代，自上古以来，一直存在。这是道家走的路子。孔孟以后的儒家，则绝对反对隐士思想，而讲究用世之道，所谓学以致用。学问那么好，对社会国家要有贡献，认为退下来做隐士是不对的，这是后世的儒家思想。而后世儒家这种思想的依据，多半是提出孔孟的思想来反对隐士。事实上最能影响历代政治的，是隐士的思想。如果以西洋文化的政治思想来说，中国的隐士思想有点像所谓"不同意"的主张，但并不是"不合作"，"不合作"又是另外一个观念。西方文化现在还保留这一思想形态，如民主社会的投票，不投同意票，也没有投反对票，可就是不同意的意思，先保持自己的立场，这还只是勉强的比喻，可是中国历代政治受隐士思想影响非常巨大。

历史上有名的故事，如汉高祖时代的商山四皓。所谓皓是头发都白了的老头子。从秦始皇时候就当隐士不出来的四个老头子，学问很好，名气很大，道德很高，可是不出来。到了汉高祖的时候，年纪很大，须发都白了，被尊为四老。汉高祖当了皇帝，请他们出来，他们认为汉高祖不会礼贤下士。因为汉高祖好谩骂，喜欢开口说粗话，他还没有得天下以前，对跟着他的那些知识分子，看见他们就讨厌，把人家的博士帽子拿来当便器。陆贾劝他要尊重读书人，他说："乃翁天下马上得之。"照现代的白话："老子的天下是打来的，你们啰嗦什么？"后来天下太平了，知识分子出来替他摆布了一下，他才尊重读书人。这也是陆贾告诉他"乃翁天下马上得之，不可马上治之"的善意结果。汉高祖是绝顶聪明的，他问该怎么办？陆贾告诉他要建立制度等。制度建立以后，第一次上朝，他坐在上面当皇帝，这个味道很好，这时才认为读书人有道理。于是礼请商山四皓出山，他们不答应。后来他要立太子传位时，宫廷中发生了一个大问题，汉高祖几乎要把吕后所生的孝惠帝——当时的太子——废掉，改立他所喜欢的戚姬所生的儿子——如意为太子。

　　吕后问计于张良。张良就告诉吕后，只要孝惠帝——当时的太子把商山四皓请来，汉高祖就不敢废太子了。吕后果然教孝惠帝以卑辞厚礼把商山四皓请来为上宾。汉高祖见到这情形，就告诉戚姬，太子党羽已成，连自己请不到的商山四皓都请来了，改立如意为太子的事就免谈了。这就看到政体问题、社会的思想问题，可见学说思想对政治影响之大，同时也说明了隐士的重要。

　　隐士们后来到魏晋被称为高士。有一本书名《高士传》。高士即高尚之士，学问很好，才干也高，也许出来可为治国的大才，可是一辈子绝不出来做事。当然，不出来也有好处，否则出来万一做不好，这一辈子英名也没有了。越不出来越高，有人一辈子做"高士"。到了宋朝则称"处士"。当然，有的处士是怕考试考不取，故意当处士不做官，不要功名富贵，因此名气越来越大。有时候皇帝特别起用，不经考试还可以做做官。当然真的处士还是有，宋代有这样一位处士名叫杨璞，宋真宗请他，他不出来，后来硬是下命令给地方官，用各种方法，软硬兼施逼他出来了。到了京师，真宗对他很客气。问他说，先生一路来，一定有很多人送行，其中有好的诗吧！他说只有我的老伴送了我一首诗。真宗说，夫人的诗一定很好，于是要他念出那首诗："更休落魄耽杯酒，且莫猖狂爱作诗。今日捉将官里去，这回断送老头皮。"真宗听了哈哈大笑，留他在京里玩了几天，就送他回去。他和同时的种放一样，都是真正的处士，硬不想出来。

　　另外像唐朝武则天时的卢藏用，因终南山地近京师，倡言隐居，结果被征召入朝为官，这又是处士的另一种手段了。所以后来成语所说的"终南捷径"

就是指这么回事。陆放翁曾有一首是批评也是称扬隐士的诗："志士栖山恨不深，人知已是负初心。不须更说严光辈，直自巢由错到今。"

后世儒家认为这些"不同意"主义的隐士、高士、处士们，很可恶，不应该。而认为有学问的人们应该对社会国家有所贡献，为什么一辈子做学问不肯出来？他们就说孔子是骂隐士的。在后面的《论语》中，我们可以看到，孔子碰到好几个当时的隐士，都挨了骂。那么孔子挨了骂后怎么讲呢？下论中就讲了很多。孔子说"鸟兽不可与同群"，后世的儒家就引用这句话，解释为孔子不同意这些人，骂他们是鸟兽。这个话解释错了。实际上孔子的思想，对隐士非常崇敬。所不同的是孔子的圣人胸怀，对于社会国家，是"明知其不可为而为之"，虽然知道挽救不了，可是他硬要挽救，做了多少算多少。孔子之所以为圣，就在这里。明知道这个人救不起来，我尽我的心力去救他，救得了多少算多少，这是孔子之圣。隐士们的道家思想，则救不起来就不救。这是中国思想的两大主流。道家对时代思想的潮流，视之如山洪的暴发，挡是挡不住的，一定要去挡就是傻子，必定被冲走。如要挽救的话，就估计山洪的力量到什么时候，什么地方衰微下去，先到那衰微处的下游，稍稍一引导，就引进了河川渠圳。儒家的思想则不然，对于时代的趋势，也视如山洪暴发，挡是挡不住，但是要跟着这股山洪旁边跑，在沿途看到洪流中的人，救一个算一个，一直到某一有利的形势，将洪水导入河川渠圳。这两种思想都对。孔子认为道家走隐士路线，站到下游去等待也没错。所以他讲"鸟兽不可与同群"，这句话仔细一研究，孔子是赞成的，并不是反对。鸟类是高飞的，要高飞的就高飞去吧！野兽是生活在山林里的，自然就在山林过他们的生活。而我是人，既不能高飞，也不想入山林，我就做点人世间的事情吧！

秀才未必知天下事

说了半天，就是解释"危邦不入，乱邦不居，天下有道则见，无道则隐"，可见孔子还是赞成隐士思想。他说如果真有救人救世的本事，而当前的机会不属于我的，你也没办法去救，那么先要保护自己，充实自己。所以"危邦不入，乱邦不居，天下有道则见，无道则隐"。但在下面"邦有道，贫且贱焉，耻也。邦无道，富且贵焉，耻也"，是进一步告诉我们，如果社会渐渐上了轨道，有才能的应该对国家社会有所贡献，倘仍无法贡献，还处在贫贱中，那就是身为知识分子读书人的耻辱。如果在一个动乱、不上轨道的社会中，安享富贵，或是用各种手段、各种方法、不正当的途径取来富贵，这也是不对的，是可耻的。

跟着这几句，便又说出真当"隐士"的客观态度。

【本经】

子曰："不在其位，不谋其政。"

【译文】

孔子说："不在那个位置上，不能真知道它的详情，就不要随便下断语，也不要随便批评。"

【别裁大义】

一个知识分子，如果不是身居官职，最好不要随便谈论批评政事。真当隐士的更须要有如此的胸襟。这几句话，我们要常注意。有些学者文人最喜欢谈政治，而且他们对现实的政治，几乎没有满意过的，尤其是学自然科学的学者，更喜欢谈政治。而且越外行的越喜欢谈内行话。不知大家的经验如何？

文人更喜欢谈战争，开口就是应该打。他们可不知道打仗的难处，自己又没有打过仗，也不知道怎么打。等于有人在街上看到别人打架，自己在旁边吆喝着大声喊打，可是叫他自己来，只要一扬拳头，他就先跑了。这就是历代文人的谈战争。知识分子喜欢谈军事、谈政治，大多数绝对外行。所以就可以引用孔子这句话对他们说："不在其位，不谋其政。"

我们知不知道基辛格此时此刻看的什么公文？说的什么话？我们所知道的

情报、资料，都是从报上看来的，并不是第一手资料，可靠性大有问题。就算是可靠的，在报纸上发表出来的，还是有限，不知道还有多少不能发表的，而且和此刻的现况，又相隔很遥远了。像这样如何可以去谈政治？而且政治绝对要靠经验，不是光凭理论的。你说某某不行，你自己来试试看，毫无经验的话，不到三个月就完了。所以孔子说的这句话非常有道理——"不在其位，不谋其政。"不在那个位置上，不能真知道它的内容。以很具体的事实来说，荣民总医院某手术室，此时在为某一病人的某一病开刀，你我能知道吗？即使自己亲人进手术室接受治疗，而我们被关在门外，他在里面危险到什么程度，我们不知道，只隔薄薄的一扇门就不知道。所以"谋其政"不是想象中的简单，要在那个位置上才能执其政、谋其政。

很不幸的，孔子的这句话常常被人用来作滑头话，作推托词。甚至，有些人看见别人用这句话作挡箭牌，都误认为是跟孔子学滑头。所以打倒孔家店的人，也把这句话列为"罪状"之一，把罪过弄到孔子身上了。事实上这句话是告诉我们，学以致用，真正的学问，要和做人做事配合。他也是告诫学生们，对一件事，有一点还不了解，还无法判断时，不要随便下断语，不要随便批评，因为真正了解内情，太不容易了。

【本经】

子曰："师挚之始，《关雎》之乱，洋洋乎，盈耳哉！"

【译文】

孔子说："鲁国文化从基础开始整理，《关雎》那优美的诗乐，又在耳边回荡了！"

【别裁大义】

文化复兴运动

这里讲到文化的重整，等于我们现在讲文化的复兴。孔子周游列国以后，回到鲁国，开始整理文化。因为时代的盛衰演变中，文化永远是走在最前面，周代王朝的衰乱已经很严重了，所以孔子急于从事文化的复兴来力挽狂澜。他先从礼乐入手，《诗经》也可以说是礼乐的一种。《关雎》为诗经的第一篇，"关雎之乱"的"乱"字，古代和现代的意义有所不同，千万注意。古代这个"乱"字含有"乱"的反面意义在内，就是"治"的意思——秦汉以上的书，会这样用，唐以后大多都不会这样用。比如"毒"字，在秦汉以前，有治疗、痊愈的意思，譬如有人砍了我们一刀，是伤害；而我们手上或脚上生了疮，医生锯下我们一条手臂或一条腿，就不算伤害，反要感谢他的治疗，就是这个道理。因为古代文字少的时候，就有许多字义是借用的。

"师挚之始"，师挚是当时管理鲁国文化的大乐师——不是乐队的大乐师，勉强说，相当于文化局长，但不只是一个做官的，他本身是个专才。孔子这里说，鲁国文化经过整理，新旧文化交流以后，非常悠美。可是跟着而来的，下面孔子又讲到文化思想，又提出他的感叹了。

【本经】

子曰："狂而不直，侗而不愿，悾悾而不信，吾不知之矣！"

【注释】

侗（tóng）：幼稚无知。

悾悾（kōng）：同"空"，诚恳的样子，这里指假装诚恳的样子。

不信：不相信别人，也不相信自己，没有中心思想和信念。

【译文】

孔子说："狂放却不直率，无知却不老实谨慎，看似诚恳却又空洞无信，我不知道这个社会将变成什么样子！"

【别裁大义】

孔子感叹当时的社会，一般人的思想与个人的修养，犯了三个大毛病。这三个大毛病，不止是孔子当时的社会如此，在我们看来，每个时代，每个社会都有，尤其现在看来，格外同意孔子的这三句话。许多人"狂而不直"，"狂"本来不是坏事，孔子也欣赏狂狷之士，虽然还不够标准，但是不可能要求每一个人都成为君子，都成为圣人。因此退而求其次，至少是狂、是狷，还有可取之处。"狂"就是豪迈慷慨，心地坦然，交朋友，不对就是不对，说了他，他并不恨你，这类的典型为狂。"狷"，毫不苟取，不义之财一点都不要，不合理的事情绝不做，很保守，个性独立而很有道德修养为狷。孔子认为假使没有君子之人，那么狂与狷这两种也不错。"狂而不直"，有许多人狂，豪迈得很。但是假狂的人很多，内心不正直，歪曲心肠，这是一个大毛病。

"侗而不愿"，看起来笨笨的，好像是很厚道的样子，但一个人貌似忠厚，而心里鬼主意蛮多，并不是真正的厚道。"悾悾而不信"，有许多人自己是空空洞洞的，却不相信人家，也不相信自己，只是空空洞洞，莫名其妙地做一辈子人。"吾不知之矣"，孔子说有这三种人，我不知道这个社会将变成什么样子。这三句话，也就是孔子当时看时代在变乱中，多半是这一类的人：狂而不能直，老实相而内心并不厚道；再加上非常浅薄，浅薄到没有内容，还不相信别人，也不相信自己，又不好好求学。因此孔子很感叹。事实上一个乱离的社会，这都是必然的现象。我们今天处于这个时代，看到一些人物，也有孔子同样的感叹："吾不知之矣！"这句话很幽默，意思是说实在不知道这部历史将变成什么样子。

【本经】

子曰："学如不及，犹恐失之。"

【译文】

孔子说："求学问好像永无止境一样，会随时感觉到不满足，即使有所成就了，还恐怕原有的学问修养会退失。"

【别裁大义】

这是以正面言论结束上面的话。孔子说真正为学问而学问，永远觉得自己还不充实，还要改进。这句话后来演变成曾国藩他们经常引用的："学如逆水行舟，不进则退。"学问有个很简单的原则，停留下来，就是在时代潮流中退下去了。所以不是进步，就是退步，没有停留在中间的。这个观念就是从孔子这句话来的。"学如不及"，求学问要随时感觉到不充实。以这样努力的精神，还怕原有的学问修养会退失。如果没有这样的心情，懂了一点就心满意足，结果就是退步。大家要特别注意。尤其中年以上的朋友，对这句话更需要反省。许多中年以上的朋友，学问事业成就了，往往自认为什么都对了。事实上如不再加努力，就要落伍被淘汰了。思想也好，学识也好，一切都要被时代所淘汰。假如有所成就，而始终好学不倦，这才叫作学问，才不会被淘汰。

【本经】

子曰："巍巍乎！舜、禹之有天下也，而不与焉。"

【注释】

巍巍：崇高、高大的样子。

舜禹：舜是传说中的圣君。禹是夏朝的第一个国君。古时代，尧禅位给舜，舜后来又禅位给禹。

不与：与，参与、参加。这里指不求取。

【译文】

孔子说："多么崇高伟大啊！舜、禹是凭着崇高的品德而拥有天下，而不是以为权利的可贵而求取天下的。"

【别裁大义】

三代之治

孔子说了孔门学问中个人的修养，以及做人做事的大原则以后，接着是评论中国历史哲学的一个标准。儒家在历史上特别推崇尧、舜、禹三代。

"巍巍乎"三个字，大家都知道是崇高、伟大的意思，用白话可以写到几十个字的句子，古人三个字就形容出来了，甚至可以只用一个"巍"字，就表达出来了。孔子说尧传位给舜、舜传位给禹，这三代是著名的"公天下"。这种帝王位置的传替叫做"禅让"，禹以后变为"家天下"，但并不是禹的本意，因为禹所传的人，没有找对，后来才又找到禹的儿子继承下来，这才变成家天下。

大家要研究"公天下"的道理，千万要注意前面提到的《伯夷列传》。这篇书很难读的，这篇书懂了，对于中国的历史哲学大概也就懂了。这样才能了解司马迁对于历史哲学和人生哲学的观点。

　　说到司马迁的文章，也可以说有一点坏道。何谓"坏道"？世界上骂人文章写得最好的，是司马迁；批评文章写得最好的，也是司马迁。好在字面上看不出来在骂人，也看不出来在批评人。他写了《史记》以后，在一封给朋友的回信《报任少卿书》中，就说写了这部《史记》"藏之名山，传之其人"。司马迁的文章写得很美。把整篇文章一读，觉得司马迁牢骚大了，都在骂人，牛也吹大了。他说周公汇集了中国文化，到孔子是五百年。孔子整理、发挥了中国文化以后，到他司马迁时，中间又是五百年。于是由他来写《史记》。他的意思就是说，这一千多年以来，除了周公、孔子和他司马迁以外，其他的人都没有思想。他认为自己写了《史记》，没有人看得懂，只好"藏之名山"，等到将来有人看得懂的时候，再"传之其人"。

　　他在《伯夷列传》中，对于"公天下"的历史哲学道理，认为不要以为古代"公天下"的"禅让"是那么简单的。他说尧年纪大了，要找一个继承人，找到了舜。舜是一个大孝子，尧才把他找来，并没有立即让舜当皇帝，而是要他从基层工作做起，各方面的事情都做，给他经历，训练他，一直经历了几十年，然后才把国家政权交给他。所以司马迁在《伯夷列传》上说"传天下若斯之难也"！这句话表面上看，只是普通的感慨，毫不相干的字眼。但透过这些字眼，才会知道思想的背景。他就是告诉我们，一个替国家做事的人，要有丰富的行政经验，加上道德才能，经过考察又考察，认为可以传位才把帝位交给他。这表示传天下并不简单，而是非常困难的。舜找禹更慎重了，当时禹的父亲鲧负责治水，没有办好，因治水失败而获罪被杀。舜再用他的儿子禹来治水，大禹治水是历史上有名的故事，胼手胝足，自己下去做工，九年在外治水，三过其门而不入。九年中在外工作，三次经过自己家门口，都没有时间回去，（也有人唱反调，写反面文章，说这是故意假装给人看，目的想当皇帝。事实上也可以说作此批评的，没有行政经验，一个真有责任心的人，实在会忙得没有时间回家。）然后也是做了几十年，舜才把帝位交给禹。这是《伯夷列传》讲到历史哲学，然后讲到人生，叙述伯夷、叔齐放着国君不当，当隐士去，两个人逃了。为什么从尧、舜、禹三代的禅让，说到伯夷、叔齐的不当皇帝？为什么有人皇帝不当，有人想当皇帝当不到？他没有点明，这篇文章很难懂吧！这就是人生观点，等于所谓"有人辞官归故里，有人漏夜赶科场"。所以这篇《伯夷列传》，上面是说传位之难，下面则说有人可当皇帝还推掉不想当，可是他没有说明，要读者自己去体会。现在我们不讲这篇文章，到此打住。

司马迁是非常推崇孔子的。在孔子的观念中，尧、舜、禹三代，统治天下，为全国的皇帝，"而不与焉"。心里没有觉得当皇帝可贵，而看得很平淡，真正做到只是服务，并不觉得权势可贵，因此这是真正的伟大，真正的崇高。

【本经】

　　子曰："大哉！尧之为君也，巍巍乎！唯天为大，唯尧则之。荡荡乎！民无能名焉。巍巍乎！其有成功也。焕乎！其有文章。"

【注释】

　　尧：中国古代传说中的圣君。

　　巍巍（wēi）：高大的样子。

　　则：法则、效法。

　　荡荡：广大的样子。

　　名：形容、称说、称赞。

　　焕：光辉。

　　文章：古文有文献、礼乐方面的学问和法度等意，这里指中华民族文化。"文"，有彩色交错、花纹、文饰等意，古时用青、红两色线绣称之为"文"。"章"，有文采、条理、章程、有花纹的纺织品、花纹等，古时用红、白两色线绣称之为"章"。实际上,"文章"二字古意为锦绣,后来转义喻文。

【译文】

孔子说:"尧真是一位伟大的君主! 天是最崇高伟大的了,是尧效法了天一样崇高伟大的胸怀。他的恩德就像海水一样波澜壮阔,浩瀚无边,人民是无法以言辞来形容赞美。他的功绩崇高伟大,永放光芒! 他为中华民族开启了文化的传统。"

【别裁大义】

尧以前的历史,因为没有文献,没有资料的记载,所以孔子讲历史,姑且把他切断,从尧开始。我们现在研究历史,尧以前为远古史,只好从甲骨文及古物的发掘来研究。孔子叙述历史,自尧开始。他说伟大的尧,他的道德成就有如天一样崇高伟大,天的伟大不是说天的空间大,这个天不是物理世界的天,上古"天"字是一个抽象的代名词。天的伟大在于天生万物于人,而自己既不表功,也不要求回报,更没有要求大家感谢,自然的,生就生了。道家的思想,教我们人类的胸襟,要效法天地,只有付出,没有收回。儒家也有这种思想,所以说尧与天一样伟大。

孔子说天的伟大,唯有尧效法。古文中的"则"字,观念上就是法则,单用这个字作动词,解释起来就是效法的意思。孔子说尧的政治胸襟、政治气度,是效法天一样的伟大,只有付出,布施于大众,不期望收回一点。"荡荡乎! 民无能名焉",像海水一样波澜壮阔,浩瀚无边,他的伟大是无法以言辞来形容的。"巍巍乎! 其有成功也。焕乎! 其有文章。"孔子说尧最伟大的成就,最伟大的光辉,是替中华民族开启了文化的传统。这一节是孔子评论上古历史哲学的观念,非常推崇这三代。

民主乎？专制乎？

从这一点研究孔子思想，以现代观念来说，孔子非常主张民主。为什么呢？我们知道《中庸》是他的孙子子思著的，《大学》是曾子著的。孔子的学问传给曾子，曾子著《大学》，我已经说过。现在再次提醒大家注意，许多人以为《大学》《中庸》就是孔子思想。在学术的立场，严格地说，这观念是不对的。只能说《大学》、《中庸》是承袭孔子的传统思想。

子思的《中庸》与《大学》的观念有差别，《大学》的观念与《论语》中的孔子思想又有差别，这是要注意的。

为什么谈到《中庸》？《中庸》是孔子的孙子子思著的。子思是跟着曾子学的，曾子是跟着孔子学的，前后三代。子思在《中庸》里说到孔子文化思想的根源，"祖述尧舜，宪章文武。"推崇的是尧舜，所以我们现在研究孔子，可以从他的孙子子思来取得旁征。近代有些人批评孔子是为后世帝王帮腔的，这是不对的，其实孔子处处在推崇尧、舜的"公天下"。而"公天下"以现在的观念而言，绝对是民主的，但是这个话也有问题。古今中外的政治无论帝王政治、民主政治、专制政治，各种各样的政治，都被人类在这个世界上玩过。究竟哪一个政治体制好？哪一个政治体制绝对的对？谁敢下这个结论？当然有人下，那就是书生——书呆子。在理论上乱下结论可以，在事实上无法下结论。现代西方文化的民主，都以美国式民主作代表，与法国式、德国式的又不同。其实，现在美国式的民主，是真正的专制，是资本家在专制，是假民主，真专制。但如果真懂了中国过去的帝王制度——先不必谈秦汉以前，就说秦汉以后的帝王，真正好的皇帝是很难当的，如唐太宗、宋太祖这些好的皇帝真难当，常常在御前开会时，遇到一些公正的宰相，把皇帝的命令挡回去，或是"留中不发"，还有些大臣"面折廷诤"，当面跟皇帝顶起来，因为他希望自己对历史有交代。我们在历史记载上常常看到这样的大臣或御史，明日准备上朝廷诤，先一夜在家里安排好后事，棺材都买好，告诉家人届时如不回来，就去收尸，宁可牺牲生命，也要对历史负责。皇帝碰到这样的大臣，也只好依他们的意见。所以说真正研究中国过去的专制政治，是假专制，真民主。

这里孔子更表达出这个道理来了。

【本经】

舜有臣五人，而天下治。武王曰："予有乱臣十人。"孔子曰："才难，不其然乎？唐虞之际，于斯为盛，有妇人焉，九人而已。三分天下有其二，以服事殷。周之德，其可谓至德也已矣！"

【注释】

舜有五人：传说中是禹、稷、契、皋（gāo）陶、伯益五人。

乱：治理。"乱臣"，即治乱之臣。

十人：指周公旦、召公奭（shì）、太公望、毕公、荣公、太颠、闳（hóng）夭、散宜生、南宫适、邑姜。

才难：人才难得。

唐虞：唐为尧的国号。虞为舜的国号。

斯：指周武王时期。

妇人：传说是指太姒（sì），文王的后妃，武王的母亲，能以德化天下；或以为武王之妻邑姜。

三分天下有其二：相传当时分九州，文王得六州，是三分之二。

【译文】

舜有五位贤臣而使天下大治。周武王说："我有能治理国家的大臣十人。"孔子说："人才难得，难道不是这样吗？唐尧和虞舜的时代以及武王的时候，人才最昌盛。然而武王的十个治国大臣中还有一个是妇女，所以说只是九位罢了。

周文王得了天下三分之二，仍然向商纣王称臣。周文王的道德，可以称得上是达到极其崇高的境界了。"

【别裁大义】

这是孔子就历史哲学，对人事的评论，这中间我们要特别注意。

前几段提到孔子对于三代的推崇、赞叹。这里提出来，舜为什么为中国文化奠定了良好的基础？因为他有优秀的干部。领袖固然重要，干部更重要。换言之，干部难得，领袖也难当。舜当时平定天下，留万古美名，靠他有禹、稷、契、皋陶、伯益五个好干部，天下就大治了。我们要特别注意，仅仅五个人就可以把天下治好。我们研究历史，可以发现无论古今中外，任何一代，真正平定天下的，不过是几个人而已。汉高祖靠手里的三杰——张良、萧何、陈平而已。韩信还只是战将，不算在内。当然汉高祖也能干，很懂得采纳意见。汉光武中兴所谓"云台二十八将"，还不是中心人物，真正中心人物也不过几个人。外国历史，意大利复兴三杰，也只三个人。每一个时代的治乱，最高思想的决策，只有几个人而已。所以人生难得是知己。个人事业也好，国家大事也好，连一两个知己好友都没有，就免谈了。如果两夫妇意见还不和就更困难了。所以孔子这个话是有深意的。《易经》上说："二人同心，其利断金。"两个人志同道合，心性完全一致，真正的同志，这股精神力量可以无坚不摧。周武王也说，他起来革命，打垮了纣王，平定天下，当时真正的好干部只有十个人，而这十个人当中，一个是好太太，男的只有九个。孔子说"才难"，真是人才难得。这里孔子对学生说，你们注意啊！人才是这样难得，从历史上舜与武王的事例看，可不就是吗？"唐虞之际"，尧、舜、禹三代以下一直到周朝，这千把年的历史，"于斯为盛"，到周朝开国的时候，是人才鼎盛的时期，也只有八九个人而已。周朝连续八百年的治权，文化优秀，一切文化建设鼎盛。但是也只有十个人把这个文化的根基打下来，而这十个人当中，还有一个女人，男人只有九人。但在周武王的前期，整个的天下，三分有其二，占了一半以上，还不轻易谈革命，仍然执诸侯之礼，这是真正的政治道德。

这个历史哲学，孔子讲的是"才难"。我们知道清代乾隆以后，嘉庆年间有个怪人龚定庵（龚自珍）。今天我们讲中国思想，近一百多年来，受他的影响很大，康有为、梁启超等，都受了他的影响。他才气非常高，文章也非常好，而且那个时候他留意了国防。外蒙古、满洲边疆，他都去了，而且他认为中国问题的发生，都是边疆问题。事实上边疆的确有漏洞，西北陆上有俄国，东面隔海有日本，所以他断定将来一定出大问题。他也狂得很，作了一篇文章，也讲"才难"。当时他说天下将要大乱，因为没有人才，他在文章中骂得很厉害，他说"朝无才相、巷无才偷、泽无才盗"。连有才的小人都没有了，所以他感叹这个时代人才完了，过不了多少年，天下要大乱了。果然不出半个世纪，洪秀全出来造反，紧接着，内忧外患接连而来，被他说中了。这就是说兴衰治乱之机，社会安宁的重心在人才。

前面一节我们提过，孔子的文化思想是"祖述尧舜，宪章文武"。所谓祖述的祖，就是自古相承的一贯传统，孔子是承继尧、舜、禹这个一贯的思想。宪章的内涵包括礼法、政治制度、社会礼仪、文化精神等。中国文化中的这些宪章精神都由文王、武王时代确立了牢固的基础。老实说，我们现在留下来的中国文化的真精神，都是周代文化的精神，也就是孔子所弘扬的儒家思想。前面从尧、舜而讲到周代，现在最后的结论讲到禹。

【本经】

子曰："禹，吾无间然矣！菲饮食，而致孝乎鬼神；恶衣服，而致美乎黻冕；卑宫室，而尽力乎沟洫。禹，吾无间然矣！"

【注释】

菲：菲薄，不丰厚。

致：致力、努力。

黻冕（fú miǎn）：祭祀时穿的礼服，戴的帽子。

卑：低矮。

洫（xù）：沟渠。

【译文】

孔子说："对于禹，我没有一点办法可以挑剔的了！他自己的饮食很差，却把祭品办得很丰盛；他自己穿的衣服很旧，却把祭服做得很华美；他居住的地方极其简陋，却竭尽全力兴办水利，修沟筑渠。对于禹，我真的没有一点办法可以挑剔的了！"

【别裁大义】

大禹和墨子

我们研究孔子全部的思想，他一直是推崇大禹的。"无间"就是没有办法可以挑剔，挑不出禹的缺点，"菲"是薄的意思，就是说禹自己的生活，非常清苦，自奉甚俭。关于"致孝乎鬼神"这一点，牵涉到中国文化里的一个大问题。这里的鬼神不是我们后世所讲的鬼神。夏禹以后，中国文化里的宗教气氛非常浓厚，孔子、孟子也不例外。春秋战国时候，诸子百家中，墨子对文化思想影响很大。他不但"尚贤""尚同"，且"尚鬼""尚天"。

说到这里，必须引申说明一下墨子的思想，因为他和这一节大禹的文化有连带关系。墨子在孔子之后，他的思想对当时的影响非常大。中华民族几千年来，固然受了孔、孟思想很大的熏陶，但在无形中影响很大的，还有墨子的思想。因为墨子的思想，经过演变，后来和中国的侠义精神合流，又另开一个局面。就以我们中国文字中的仁义两字来说，仁字在外文中有同义字。而侠义的义字，从墨子开始，特别强调，所谓"路见不平，拔刀相助"的精神，在外文中，还没有同义的字。为了朋友，守信重诺，可以把自己的生命付出。曾子所谓的"可以托六尺之孤，可以寄百里之命"的思想，就与墨子思想相同。我们中国文化精神，受墨子这种思想的影响很大，普及于社会各阶层。想研究中国思想史，更要特别注意墨子的思想。他思想中的"尚贤"，就是讲贤人政治。"尚同"与"兼爱"，就是提倡和平、博爱的精神。墨子一生就这样实行他的主义，"摩顶放踵以利天下"地专门为别人效劳，乃至国际间的纷争，由他出来，也就可以调停了。历史上记载，宋楚相争，他一个人去调解，劝两个国家不要打杖。楚国见他来了，知道辩不过他，于是请第一流的工程师公输班和他谈判。墨子问他，你认为可以征服宋国，有什么凭恃呢？公输班搬出最新式的武器，墨子一一封死他，告诉公输班，你所有的武器，我都有制服的方法，你如打别人，我就攻击你。最后公输班说，武器上我都不及你，但我最后一样武器，你就没有办法。墨子说，我知道你现在想把我杀死，但是我告诉你，这没有用。因为我的全部学问，在我的弟子中，已经有很多人都会了，你杀了我一个墨子，还有千千万万墨子出来，最后你还是要失败的。因此，这场国际战争没有打起来。墨子是不是这样做呢？是这样做的。他的弟子门人，在战国时代，无形中形成一股力量，在很多国家里，都有墨子的学生，他们的中坚领导分子称为"钜子"。所以中国特殊社会的组织，在那个时代就已经有了。

有一个当时在秦国的"钜子"，也就是墨家这个组织在秦国分支机构的负责人，在社会上很有声望和地位，他只有一个独子，犯了罪，依法一定要判死。但秦王一问，知道是位闻人的独生子，所以下令特赦。这位"钜子"就去看秦王，他除了致谢以外，表示国法可以特赦，但是"墨家"的家法不能容。后来这"钜子"还是把自己的独子处死，对秦王作国法的交代。可见墨子当时组织自己的学生是如此严密，而且为了社会上的公正，国法能赦，而墨家的家法却不能容，真正做到了法律之前，人人平等。由这段历史，就可见墨子的思想、组织、做法对后世影响的巨大。

《墨子》这本书是比较难读的，他的理论，非但"尚天"，崇拜天，而且也"尚鬼"。中国人所说的鬼，究竟是什么东西，很难界说。所以画家最好画的对象是鬼，谁也没有见过。所以怎么画都对，越难看就越对。殷商时"尚鬼"，宗教气氛最浓厚。如研究中国信奉什么宗教，没有一定，样样都信。尤其现在还新兴了"五教同源"，如红卍字会等类团体，把孔子、老子、释迦牟尼、耶稣、穆罕默德五位教主，都请在上面排排坐。中华民族是喜欢平等的，认为每个教主都好，所以五位一起供奉。殷商的时候就"尚鬼"，重视鬼神。墨子是宋人的后裔，宋就是殷商的后裔，所以墨子的思想，继承了宋国的传统。孔子本来也是宋的后代，但孔子的祖先一直住在鲁国，而鲁是周人文化的后裔。我们要注意，春秋战国时代，各国的文字没有统一，交通没有统一，各地方的思想不同，有如现在的世界形态，美国与法国，各有不同的文化。墨子的思想又尚天、又尚鬼。翻开《墨子》来看，他把鬼的权力说得很大，也就是过去中国民族思想的共同信仰。人如做了坏事，鬼都来找的。好的鬼则可以保护人。所以我们讲了几千年中国文化，民间所流传鬼会找坏人的观念，并非孔子思想，乃是墨子思想的传承。墨子这套思想的源流，是远溯自夏禹的文化，我们真正研究起上古史的中国文化来，便很费事了。

民国初年到"五四"运动期间，用西方人的方法来研究中国文化，再加上日本人的观念，把我们老祖宗的文化，贬得一塌糊涂，说什么尧是香炉、舜是烛台、禹是大爬虫，这是日本人诬蔑我们文化的鬼话。但过去我们有许多学者，居然相信这套鬼话，搬回来骂自己的文化，直到现在还在流传，我们现代的学术界就这样可怜！所以严格研究起来，中国历史还有许多资料，为外国人所不承认。外国人不承认有他的道理，如果他把中国文化推崇得太高了，又把他自己的民族文化摆到什么地方呢？可是我们中国的学者和留学生，跟着外国人抛弃自己的民族文化，乃至接受西方的观念，这是非常令人悲痛的事情。也就是先把自己的文化思想破坏了，才会走上这条路。仔细研究起来，这种现代文化的演变，是构成一个专论的重要课题，可以写成一本大书。

我们现在说到禹，以我们中国文化自己的讲法，在道家的观念里就多了。道家说禹的本事大得很，当时他画符念咒，役使鬼神，把黄河长江水利治好，把土地开发出来。究竟事实如何，便不得而知。这方面的传说太过虚玄，太过神话了，所以一般人难以相信。不过我们现在不管这两方面——禹是爬虫或是能役使鬼神的神人，有一点要认识：中华民族奠定了农业社会的基础，发展成就了后来几千年以农立国的民族精神，是禹开始的。所以尽管是推崇尧舜，在尧舜时代，政治好到什么样子，我们暂不去管他。但那时的地理环境，还在洪水时代，没有多少人口，这么大的国家泛滥了洪水，只是一些高山露出了山峰。到了禹治水以后，农业基础奠定了，文化才开始发展。所以孔子对禹是"吾无间然矣"，没有一点办法可以挑他的毛病。可见孔子对他的伟大是多么的推崇。他说禹自奉这样节俭，又非常崇敬鬼神。当然由孔子这句话，可知禹王当时对于神秘的学问是如何的重视。"恶衣服，而致美乎黻冕。"我们知道大禹治水的时候，没有穿上礼服，完全和普通人一样，穿得破破烂烂，一年到头都在外面跑。但是他对政治的制度，国家的礼服，制定得美仑美奂。换句话说，我们的祖先，由穴居巢处，发明了衣服以后，还没有规定什么格式，到了禹王才制定格式。"卑宫室，而尽力乎沟洫。"历史上记载，禹虽为皇帝，他住的宫殿，还只是一个茅草棚，所谓"茅次土阶"，上面盖的没有瓦，只是一些草；前面的台阶，当然没有水泥，连石块也没有，只是用泥巴堆起来，"而尽力乎沟洫"，尽心尽力办好水利。孔子对禹有这三个观点，所以他说禹对于中国文化有这样大的贡献，实在无话可讲，没有一点可以批评的。

子罕第九

【本经】

子罕言利、与命、与仁。

【注释】

罕：稀少。这里是说很少有人能真正理解孔子所讲的"利"、"命"和"仁"的"体"，及其深远意义。

【译文】

孔子平时很少讲"利"，很少讲"命"，也很少讲"仁"。

【别裁大义】

利害交关的生命意义

第九篇《子罕》，可以说是第五篇《公冶长》、第六篇《雍也》两篇内容的引申。多半是讲孔子的思想，与学问教育的观点，以及一般历史思想观念的阐扬。

这一句话，我们要特别注意。首先，由这一篇的记载，就知道孔子平常很少讲"利"。所谓"利"，现代的观念每每就只对钱财而言，而在这里的内容，同时也具有"利害关系"的意思，我们听了这句话好像有点不大服气，因为我们平常也似乎不大谈利害的关系。其实不然，仔细研究起来，尤其研究历史，几乎没有一个人不是随时随地打利害关系的主意。尤其春秋战国期间，人与人之间的来往，国与国之外交，随时随地都在利害的观点上。我们知道中国的法家，荀子、韩非子，尤其韩非子有一篇《说难》，就谈到说话之难。在春秋战国时候还没有考试，人要取得功名富贵、事业地位，多半要靠游说。所谓游说之士，并不是乱吹就行，必须要学问渊博，同时具备丰富的现代知识。去见各国的领导人，拿出个人的特别见解，指出当时的利害关系，所谓动之以利害，取得人主的信任，就可荣获功名地位。所以这句话中"利"字的含义，我们先要了解。对人"说之以利害"，几乎没有人不动心的，人生能做到对一切名利无动于衷，就是真正最高的学问。由这一篇书看，孔子讲不讲利害？"罕言利"，并不是绝对不讲，而是很少讲。如果我们想象到一个圣人，绝对不讲利害关系，那也是过分地"高推圣境"，是绝不可能的事。

其次，孔子讲不讲命？后世以算命看相的"命"为命，但是这里的命是广义的，包涵生命来源的意义而言。世界上所有的宗教，都在说生命的来源，尤其说生命是神所创造的，几乎每个宗教都有类似的说法。但由宗教发展到哲学、科学，一直到现在，究竟生命的来源怎样，还没有搞清楚。从这一点，可见人类文化，不论东方、西方，都还幼稚可笑，对人类本身的问题都还没有解决。宗教家解决不了而演变成哲学，哲学家解决不了而发展成科学，科学家分门别类地去追究，向太空、向物理、向医学追究，都想找到这个问题的答案。但是中国人不大追究生命来源这个问题，尤其孔子思想，在下论中就提到"未知生，焉知死"，所以对于"命"，孔子很少讲。因此，学校里念哲学的人、教哲学的人，并非真通哲学，只能说是替哲学家传播哲学知识。真正的哲学家，都不是学哲学出身的。曾有一个在日本学医的学生说，学了医以后，感到痛苦，反而对人生问题、社会问题发生许多怀疑，所以需要学哲学，否则脑子要崩溃。他这个意见很对，但从书本上学哲学很糟糕，结果只成为一个哲学书呆子，而不是哲学家。真正的哲学家大多不是学哲学出身的，像现在流行的存在主义，也是一个医生搞出来的。很多人懂得哲学而不是哲学家，譬如乡下没有读过书的人，往往就是大哲学家。去问一位乡下老太太，这样的大热天为什么还工作得那样辛苦？她说："命不好啊！"这是大哲学家，她辛苦了还是心安理得，没有烦恼痛苦。真有哲学知识的人，没有她痛快。所以有许多学哲学的，最后学疯了，究竟人生为了什么？越搞越不清楚，后来觉得人生没有道理，为了解决自己，弄到只好自杀，这就是不懂命。孔子在教育方面，知道哲学上生命来源的道理很难讲得清楚，所以很少讲。

最后，孔子很少说"仁"，这是一个大问题了。我们讲中国文化，动辄讲孔子，而且动辄讲孔子思想中心的仁道。现在我们根据《论语》，至少它的内容是孔子学生们直接的记载，这是不能不承认的。而这里说孔子很少说"仁"是什么。我们都知道孔子思想的中心是仁，但这里又说孔子很少讲仁；再说《论语》第四篇就是《里仁》，全篇都是有关仁的记载，这不是矛盾吗？所以我们讲《里仁》篇的时候，有一个重点，那里所讲的只是仁的作用、仁的性质，对于"仁"本身究竟是什么，《里仁》篇中并没有下定义。所以这里说孔子很少讲"利"，很少讲"命"，很少讲"仁"，这三种中心问题都很难讲。现在讲到这里，我们暂时保留，因为下论讲到时，大家可以从《论语》全书中，自己找出答案。

【本经】

达巷党人曰："大哉孔子！博学而无所成名。"子闻之，谓门弟子曰："吾何执？执御乎？执射乎？吾执御矣！"

【注释】

吾执御："御"，六艺之一，即驾车。我就做驾车的专家吧，驾车人是掌握着车行的方向等，此句寓意，我能专精于什么呢，就是起到引导文化的作用吧。

【译文】

在达巷这地方有一个人说："孔子真是伟大！有这样渊博的学问，而不是仅仅某一样的专家。"孔子听到了人家的这种评论，就很风趣地对他的弟子们说："这叫我做哪一方面的专家好呢？我是做驾车的专家好还是做军事射箭的专家好呢？我还是去驾车好了！"

【别裁大义】

历史文化先驱

达巷是一个地名。党人的党不是现代观念的党，古代所谓党，就是地方社会的观念。在达巷这地方有人说，伟大的孔子，有这样渊博的学问，他什么都懂，而不是仅仅某一样的专家。这里"无所成名"的成名是指专学之名，就是不固定为某一项学问的名家。

在这里所说"博学而无所成名"，就是说孔子样样懂，不止是哪一种学问的专家。孔子听到了人家的这种评论，就很风趣地对他的弟子们说，这叫我抓住哪一点，做哪一种专家好呢？我去当骑马驾车的专家好，还是当军事射箭的专家好？我还是学驾驶吧！从字面上看，这段文章，就这样解释完了。但是仔细想一想，大有道理，他这个"执御"的驾驶人，意思是要领导文化，做一个历史时代的先驱者。所以弟子们把他这句话记下来，是有深意的，并不是对不要紧的话都死记不忘。

【本经】

子曰："麻冕，礼也；今也纯，俭，吾从众。拜下，礼也；今拜乎上，泰也。虽违众，吾从下。"

【注释】

麻冕：麻布制成的礼帽。
俭：俭省。
泰：骄纵，傲慢。

【译文】

孔子说："古时侯，丧帽是用麻做的，这是传统的礼制；但现在的人，改用纯麻披孝了，为了节俭，我也同意节俭的做法。古代的人，行跪拜礼，是体现礼的精神；但现在的人，行上拜礼，这是骄泰不诚恳的表现；所以即使是违背了大多数人的做法，我还是要保持古礼，因为它内涵传统文化的精神，并非徒重外表而已。"

【别裁大义】

礼的变态

这是讲孔子的思想。他看到当时的时代感到悲哀。上古时候，长辈死了，丧帽是麻做的，很考究。孔子说这虽然是古礼，但现在的人，越来越简化了，用纯麻披孝就够了，比较节俭。孔子对丧礼也取节丧的意义，他也同意节俭、简化。中国本是礼义之邦，古代与人相见，跪下来拜，孔子说这是礼貌，"拜下，礼也。"但现在的人，没有行礼的诚恳，"拜乎上"，拱拱手就算了，很讨厌跪拜行礼的事，只求自己舒服一点而偷懒，就是不诚恳。对于这一点，孔子认为敬礼的精神，需要绝对的诚恳，这是不能改变的。所以即使是违背了时代，违背了大多数人的做法，但还是要保持我们古礼为上，因为它内涵传统文化的精神，并非徒重外表而已。

孔子当时所处时代的情势，可以说和我们今日所处的环境是相同的。人与人之间的礼貌，都流于形式，只重外表不重精神。甚至外表的形态上也成问题，譬如现在的敬礼，变成纯粹的招呼，就是打个招呼而已。不但内心没有诚意，连外面的形态姿势都是花样百出，像希特勒式地举一举手、傲慢式地翘翘下巴，欧美式的哈啰、嗨，统统出笼，洋洋大观。这个时代问题，每个人都有责任，尤其是家庭教育，更不可忽略。

【本经】

　　子绝四：毋意，毋必，毋固，毋我。

【注释】

　　绝：戒除，杜绝。

　　毋：通"无"。

　　毋意：做人处世不主观臆断。"意"通"臆"，主观的想法。

　　毋必：对人对事能适变，不要求必然绝对。"必"，必然、必定、绝对。

　　毋固：不执着于固定的成见。"固"，固执、固守、固定。

　　毋我：做到人我平等，而不唯我独尊。

【译文】

　　孔子戒除了四点毛病：不主观臆断，不必然绝对，不执着于固定的成见，不唯我独尊。

【别裁大义】

　　这句话很容易解释，很容易懂。可是这不止是文字的问题，要在这一生中行为修养上做到，实在很难。这里说孔子对于这四点，是绝对做到了。第一是"毋意"（这个"毋"与有无的"无"字通用，不过在《论语》上以及古书的否定词，多半用这个"毋"），这是说孔子做人处世，没有自己主观的意见，本来想这样做，假使旁人有更好的意见，他就接受了，并不坚持自己原来的意见。第二是"毋必"，他并不要求一件事必然要做到怎样的结果。这一点也是人生哲学的修养，天下事没有一个"必然"的，所谓我希望要做到怎样怎样，而事实往往未必。假使讲文学与哲学合流的境界，中国人有两句名言说："不如意事常八九，可与人言无二三。"人生的事情，十件事常常有八九件都是不如意。而碰到不如意的事情，还无法向人诉苦，对父母、兄弟姐妹、妻子、儿女都无法讲，这都是人生体验来的。又有两句说："十有九输天下事，百无一可意中人。"这也代表个人，十件事九件都失意，一百个人当中，还找不到一个是真正的知己。这就说明了孔子深通人生的道理，事实上"毋必"，说必然要做到怎样，世界上几乎没有这种事，所以中国文化的第一部书——《易经》，提出了八卦，阐发变易的道理。天下事随时随地，每一分钟、每一秒钟都在变，宇宙物理在变、万物在变、人也在变；自己的思想在变、感情在变、身心都在变，没有不变的事物。我们想求一个不变、固定的世界，绝不可能。孔子深通这个道理，所以他"毋必"，就是能适变、能应变。第三是"毋固"，不固执自己的成见。"毋我"，专替人着想，专为事着想。这就是孔子学问修养的伟大处。

这里发挥起来，便要与别家的思想作一比较。如一般人认为高深莫测，甚至有恐惧感的佛家思想中有名的《金刚经》。（所谓"经"，也便是"四书五经"的"经"的意思。）这部书中也有四个类似上面所说的观念，所谓："无我相，无人相，无众生相，无寿者相。"在佛学中所谓"相"，就是形象或现象。我们人与人之间相处，往往感觉到很痛苦、烦恼，总是被现象困住了。人生在世界上一定有我，无法做到"无我"。有我就有你、有他。有你、我、他，就有烦恼。结果忘记了你也是人，我也是人，大家都是一样的。"大家一样"就是佛学所说的"平等相"。而孔子的四绝观念，也就是平等相。

我们常在哲学上看到做人做事要做到无我的境界。可能吗？先就事实来说，不可能。譬如有人说："我告诉你，我绝对客观。"这句话对不对？不对。这已经非常主观，因为"我很客观了"，这就是"我"的主观。哪里是客观？等于说"中"，天下有没有一个"中"？因为"中"是对两边而言，才构成了"中"这个观念。其实对比出的这个"中"，对另一点来说又是偏了，没有绝对的中。又用方位来说，你站在一个房间，说自己是在中，前后左右是东南西北，可是站在北方看你是站在南方，在南方看你是站在北方，没有中间的。所以说绝对"无我"，在观念上有这个名称，真要做到无我，几乎没有这样的人。但不是绝对没有，一旦真的做到无我的话，就会非常快乐。我们所有的痛苦，都因为自己

"有我"而来的。如果我们手里拿了一件东西，别人需要时，一定舍不得给人，因为别人需要它时，也正是自己需要它的时候。假如能在这个时候，放弃了而给别人，就是最快乐的境界。"菩萨"是印度梵文的名称"菩提萨埵"，音译成中文，简称"菩萨"，所含的意义就是"觉悟有情"。自己对于人生哲理觉悟了，可是对于这世界，对于一切的事物非常多情，而尽量施以助力。所以中国人说"不俗即仙骨，多情乃佛心"，这就是菩萨的境界，等于中国人说的圣贤，名称不同，发音不同而已。

但在事实上，平常一般做人做事，没有办法真无我。每个人同样画画，画出来各有不同。你写文章如在文章里"无我"，就没有你的意境了，就不要写了。同样一件事情做起来就有"我"的精神。要将全副的我，摆到无我的境界里，才可以达到真的"无我相"。孔子的这四点，大概可用佛家的这观念来相互衬托一下。实际上这四点是全部孔门学问的中坚，所以孔子教我们学问修养，就要效法他做到这四点，"毋意、毋必、毋固、毋我。"

接下来以一个事实，来讲孔子为什么做到"毋意、毋必、毋固、毋我"的道理。

【本经】

子畏于匡。曰："文王既没，文不在兹乎？天之将丧斯文也，后死者，不得与于斯文也。天之未丧斯文也，匡人其如予何？"

【注释】

子畏于匡："畏"，指危险的围困。"匡"，地名，在今河南省长垣县西南十五里的匡城。孔子离开卫国去陈国时，经过匡地。匡地的群众曾经遭受过鲁国阳虎的掠夺和残杀，孔子的相貌和阳虎相似，因而匡地的百姓误认孔子为阳虎，于是把孔子围困了五天。

后死者：孔子自称。

与：参与，给予，引申为知道、了解、掌握、担负等意。

如予何：即"奈我何"，把我怎么样。

【译文】

孔子在匡这个地方遭遇了围困，他说："自文王死了以后，中国文化衰落到现在，难道中国文化的命运真要断了吗？如果上天有意一定要把这个文化断绝，就不该要我担负起这个责任来。假如上天并无意断绝中国文化的根本，那么匡人又能把我怎么样呢！"

【别裁大义】

这是孔子一生中遭遇的几件大事之一。匡是一个地名，在宋国。当时有一个坏人叫阳虎，据说阳虎貌如孔子，他的相貌长得和孔子一样，宋人都要杀掉他。孔子带了一大堆学生，经过那里，大家以为他就是阳虎，把他包围起来，要杀他。这是有名的"子畏于匡"事件。古代的文字简单，只用一个"畏"字。实际上这个字代表很严重、很可怕、很危险的一件事故。当然孔子的学生们感到很严重，也可以说吓死了。可是孔子说，没有事，你们放心好了。他非常相信命，不过这个命不是普通算命的命。他说自文王死后，五百年来，中国文化衰落到现在，难道中国文化的命运真要断了？不要流传吗？如果上天有意一定要把我们中国文化的根基断绝，那么就应该是我一辈子都不会接触到文化，可是事实上我要担负起这个责任来。假如说上天并无意断绝中国文化的根本，而要让它流传下去，那么今日就还要留着一点。如是这样，老实说，我今天对于中国文化，是全心全力贡献在这件事上；也只有我对于中国文化，能够接受、能够发挥。像这样，那么你们放心，我死不了，匡人也不会把我杀死。

我们看到孔子在一个这样危险的情况下，始终不以宗教精神，来个祷告，求神保佑。再说，这个时候，他如果谈军事精神，把学生马上一组织，变成战斗的力量，也很容易。但是他不来这一套，所以他始终是"子罕言利、与命、与仁"。他始终建立一个人文之道，处一切人、事，要自己增加自信。这一段说明他做人处世，处困难当中的精神。他这一次困难，如果不是身历其境的人，不容易体会。等于现在和年轻人讲抗战时期的情形，讲死了他们也体会不出那种味道。没有跑过警报，没有躲过炸弹，没有逃过难，那种味道年轻人始终不知道的。孔子当时的处境是万分危险，但他始终不动声色、不在乎。他反而慰勉学生，放心！死不了的。中国文化的责任落在我们的肩膀上，上天有意断绝中国文化，那是我们该死。假使上天无意断绝中国文化，那我们不会死的。这是孔子处患难中的精神。

【本经】

太宰问于子贡曰："夫子圣者与？何其多能也？"子贡曰："固天纵之将圣，又多能也。"子闻之，曰："太宰知我乎？吾少也贱，故多能鄙事。君子多乎哉？不多也！"

【注释】

大宰：大，同"太"。官名掌管王、诸侯内外事务的最高官员，辅佐君主治理国家。这里的太宰不知是指哪一个国家的太宰。

固：本来，诚然。

纵：使，让。

鄙：贫贱，低下。

【译文】

有位太宰问子贡说："孔夫子真的是圣人吗？为什么学问这么渊博呢？"子贡说："当然，是上天让他成为圣人，又让他拥有这么渊博的学问。"孔子听了这话，便说道："你们以为太宰真的了解我吗？我自小从艰难困苦中站起来，贫贱中什么事情都经历过。作为君子，谁又能称得上学问渊博呢？不够啊！"

【别裁大义】

良冶之门多钝铁

太宰是春秋时代的职官名称。有位太宰问子贡说，孔夫子这位老师，真是圣人，他为什么知识这样渊博，样样都会？子贡当然捧自己的老师，他说，那当然！天生的圣人，（等于现代说"他是当圣人的天才"）而且学问又渊博。后来有人把他们的这段谈话报告孔子，孔子听了这个话就说，你们以为太宰真的了解我吗？不然，因为我是孤儿出身，从小从艰难困苦中站起来的，贫贱中什么事情都做过，人世间一切人情世故都通达了，所以对于人世间乃至下等的事都懂。君子对自己要求很高，始终怕自己人生经验不充足，谁够得上称学问渊博呢？这种都是恭维的话，不能听信的，天下的知识是求不完的。《庄子》也有一段话说："吾生也有涯，而知也无涯，以有涯随无涯，殆矣。"生命是有限的，知识是无限的。以有限的生命去求无限的知识，太危险了。这个道理是很对，但对年轻的学生，这下半截话，我们就打住不讲了。否则，他们正好引《庄子》这句话为不读书的理由。

孔子这里讲的"吾少也贱，故多能鄙事"这一点要特别注意，由此我们回过来看东西两方面的文化，人类的历史中凡是成大功、立大业、做大事的人，都是从艰苦中站起来的。而自艰苦中站出来的人，才懂得世故人情。所以对一个人的成就来说，有时候年轻时多吃一点苦头，多受一点屈折艰难，是件好事。真正要成大功、立大业、做大事的人，一定要有丰富的人生经验。今日的年轻人看都没有看到过。逃难、饿饭、国破家亡的痛苦，更没有经历过；也许说在电影上看过，但那是坐在冷气里的沙发上看的。学问是要体验来的。所以孔子的这句话，要特别注意。

【本经】

　　牢曰："子云：'吾不试，故艺。'"

【译文】

　　琴牢说："孔子说：'我是为自己做学问，而不是试图以学问作为求取功名富贵的工具，所以才能达到学问高深的艺术境界。'"

【别裁大义】

古之学者为己

　　牢是孔子的学生琴子开。他说，孔子说"吾不试，故艺。"这句话很妙了，如以现代观念来说笑话，孔子没有参加联考——考试，所以学问渊博了。好像反过来说，一参加考试，就完了。有没有这个道理？当然没有。也有人解释说，孔子是说，因为我不轻于尝试，所以就多才多艺了。这是怎么说法呢？他们说，在大庭广众之中，或在宴会里就看得到，凡是喜欢说话的人，总容易被人家看穿；而坐在那里，一问三不知，不表示意见的人，谁也不知他的学问多高深，实际上也许一点学问都没有。这个道理，宋太祖赵匡胤曾经运用过。当时江南还没有平定下来，江南来的使臣是文学家，有名的才子，南唐的徐铉，奉命出使到宋朝来。赵匡胤就考虑，在宋朝有哪一个大臣的学问可以压倒徐铉？经过一番讨论，决定不下来，结果宋太祖在自己卫队中，选了一个相貌堂堂的卫士，穿了外交礼服，去对付徐铉。徐铉到了宋朝，一一表演，上自天文，下至地理、哲学、科学、文学都搬出来。而这位冒充外交官的卫士，唯唯是应，什么都不谈。三天以后，徐铉就认为宋朝的确有人才，以这位负责接待的先生来说，深藏不露，不知道有多大的学问。所以"吾不试，故艺"也可以从这第二个笑话去理解。还有第三个笑话，是拿童二树的不考试来解释。童二树这个人，是清代的画家，梅花画得很好，也是有名的理学家、学问家，但没有参加过考试而没有功名。古代考试都很麻烦，为了防止"夹带"要搜身。童二树在进考场时，门口的警卫要搜查他。他说国家开科取士，目的是要甄选天下的人才，现在我来应试，却先把我当小偷看待，我的人格就首先丧失了，那我何必参加考试？他就这样提着考篮走了。从此不参加考试，在家里读书做学问。做学问自己用得着，然后就成大名。这是第三点解释。这些都是拿《论语》当笑话讲的解释。

那么我们来寻求这句话的真正含义，上面孔子刚刚讲过"吾少也贱，故多能鄙事"，而下面由他的弟子琴牢说出，孔子说："吾不试，故艺。"这样连起来看，这句话的意思是，孔子的求学问，是为自己学问而学问，并不是为了要尝试什么，并不是拿学问来做工具求取功名。秦汉以后的儒家多用孔、孟思想做敲门砖，求取功名，这不是孔子的精神。孔子因为是为自己做学问，不以学问做功名富贵的尝试工具，所以他的学问，到达最高的艺术境界。我们现在读书，进学校是为了将来求职业、为了前途，所以书读得没有艺术境界。

下面说到孔子真正学问的修养境界。

【本经】

子曰："吾有知乎哉？无知也。有鄙夫问于我，空空如也，我叩其两端而竭焉。"

【注释】

空空如也：本性空空，而有大用。学问充实了以后，真的自己空空洞洞的没有什么，这是有学问的真正境界。

叩：叩问，询问。

两端：两头，指正反、始终、上下方面。

竭：穷尽，尽力追究。

【译文】

孔子说："你们以为我真正有学问吗？我什么都不懂。如果有一个没有学问的人来问我问题，我空空的，实在没有东西可以回答他。我只会反问他提出问题的动机，就他相对思想观念的正反两面进行透彻的研究，并替他整理做个结论再给他而已。"

【别裁大义】

这是孔子的真正修养，尤其是反映前面所讲的"毋意，毋必，毋固，毋我"的道理。孔子说，你们以为我真正有学问吗？我老实告诉你们，我一点学问都没有，我什么都不懂。有不曾受教育的人来问我，我实在没有东西，就他的程度所问的，我便就我所知的答复。如果他本身很鄙俗，来问我一个问题，我的确答不出。那我怎么办？因为没有主观，没有成见，就"叩其两端而竭焉"，反问他提出问题的动机，就他相对思想观念的正反两面研究透了，给他一个结论。所以我没什么学问，不是我给他答复，是他自己的意见提出来问我时，我替他整理做个结论而已。教育本来就是这样，真正的学问修养也是这样。知识最高处就是"无知"，就是始终宁静，没有主观，先没有一个东西存在，这是最高的学问境界。不但孔子如此，世界上很多大宗教家、教主、哲学家，都是如此。希腊第一位哲学家苏格拉底，也和孔子一样，出身贫苦，什么都懂，行为做人也很相似于孔子，他说："你们把我看成有学问，真笑话！我什么都不懂。"这是真话。释迦牟尼也讲过这样的话。他十九岁放弃了王位而出家修道，到了三十二岁开始传教，八十一岁才死。四十九年之间，他最后给自己下结论说："我这四十九年中，没有讲过一个字，没有说过一句话。"真理是言语文字表达不出来的。我们可以退一步说，孔子所讲的"无知"，是俗语说的"半罐水响叮当，满罐水不响"。学问充实了以后，自己硬是觉得不懂，真的自己感觉到没有东西嘛！空空洞洞的没有什么，这是有学问的真正境界。如果有个人表现出自己很有学问，不必考虑，这一定是"半罐水"。从学武的人就很容易看到，那些没练到家的人，就喜欢比划，他是筋骨发胀，并不是故意的。而练到家的人，站在那里好像风都会把他吹倒，打他两个耳光，他会躲开，绝不动手。学问也是一样，一个人显得满腹经纶的样子，就是"有限公司"了。所以孔子这一点，就是学问修养成就的真正境界。

下面是孔子晚年的感叹。

【本经】

子曰："凤鸟不至，河不出图，吾已矣夫！"

【注释】

凤鸟：传说中的一种象征吉祥的神鸟，凤鸟出现便预示天下太平。

河图："河"，指黄河。"图"，指八卦图。传说伏羲时代，黄河中有龙马背负八卦图出现，预示"圣王"将要出世。

【译文】

孔子说："凤凰没有飞来，黄河没有龙马背负八卦图出现，我这辈子恐怕是看不到希望了吧！"

【别裁大义】

这是感叹时代，孔子认为自己一点希望都没有。他的希望不是对他个人，而是对于时代，感叹时代的无法挽救。我们中国文化中，有几样东西很奇怪的，就是龙、凤、麒麟。中国文化是龙的文化。黄帝的时候，就对龙的观念非常重视，而且一直流传到现在，中国文化的标志就是龙。讲到这里是一个大的问题了。西方人据《圣经》，认为龙是恶魔，所以有一派教会，不准家里有龙的画及模型。而且更认为第一次"黄祸"是元朝；还有第二次"黄祸"，就是东方这个"魔鬼"要来了。这是西方文化的秘密。过去英国人已经做了一百多年的试验，促使中国的孤儿与外国的孤儿结婚，结果第一代生下来，眼睛变黑了；再生一代，头发也变黑了；到了第三代皮肤也变黄了。随便怎样配都是这样。所以西方人看到中国人的东西，他们内心上都在防备。我们身为中国人，对这件事，不能不知道。所以西方政治方面的人物，知识分子，尽管对中国文化敬佩，但他们内心还是处处防着我们。西方人有了这种思想，所以认为"龙"是可怕的，国内某一教派的人也有这种错误的观念。

另外，西方文化有一派认为中国的龙就是恐龙，这也错了。但中国文化中的龙到底有没有？连我们自己都搞不清楚。在中国的历史上，始终没有一个人看到整个的一条龙，"神龙见首不见尾"，看了龙头，看不见尾，看到身子，看不到头尾。所以把恐龙当作中国的龙，是一个大笑话。但究竟有没有这个生物，不去管它，这只是代表中国文化的精神。到底是代表什么呢？八个字，就是《易经》的文化所表示的："变化无常，隐现莫测。"所以我们对中国文化，要有"子畏于匡"的那种信心，永远打不倒的，永远站起来的。为什么要用龙来代表？因为中国人所讲的龙，是空中能飞、陆上能走、水里能游的动物，说大可以塞满宇宙，说小可以细如发丝，这就是我们的龙。中国文化就像这个龙。至于凤，同龙一样，在画上画得和野鸡相似。但始终没人看到过，只是传说上，要世界真正太平，圣哲的皇帝出来了，凤鸟才出来一下。所以孔子用凤来感叹这个时代，所谓"凤鸟不至"，这句话的含义，等于现在的说法——"这时代不是我们的了！"而"河不出图"这句话的意思呢？中国古代文化的来源是《易经》八卦，而八卦的来源，据说是黄河中出现了一条龙，龙变成了一匹马，这马的背上背了一个图案出来，这就是《河图》。另有《洛书》，是大禹治水的时候，对于天文地理工程的计算没有办法，后来在洛水里有一只白色的乌龟背了一个图案出来。大禹看了以后，发明了数学最高原理，因此而计算出工程的结构，治好了水患。于是《河图》《洛书》就成为了中国文化科学与哲学的先导。

孔子的感叹就是说像"凤鸟至"、"河出图"这样两个了不起的时代，再不会出现了。换言之，他虽想挽救这个变乱的时代而达到太平，但自己想想年纪大，也办不到了。这段表示孔子文化修养的高超，做事做人，挽救历史时代是那么热忱，那么有心，可是他觉得时间不属于他，大有力不从心的感慨。

下面再叙述孔子的行谊。

【本经】

子见齐衰者，冕衣裳者，与瞽者。见之，虽少必作，过之必趋。

【注释】

齐衰（zī cuī）：古代用麻布做的丧服。齐衰者，穿丧服的人。

冕衣裳者：是指衣冠整齐的执政的人。"冕"，古代天子、诸侯、大夫、卿所戴的礼帽。"衣"，上装。"裳"，下装，相当于现在的裙。先秦时男子上穿衣，下着裙。

瞽（gǔ）：盲人。

少：年轻。

作：人起身，产生，兴起。《小雅》"作而作诗"，笺云："上作起也，下作为也。"。此处是态度诚敬严肃起来。

趋：快步走。古代以疾行表敬意。

【译文】

孔子看见穿丧服的人、穿戴着礼服礼帽的人以及盲人，即使是年轻人，孔子遇见这些人，态度都会变得肃敬起来，如果要经过他们前面，一定要快步示敬。

【别裁大义】

行为心理学

　　这几件事，从文学上看起来很平常，许多人都可以做到。孔子又有什么特别之处呢？我们深入研究，就觉得不同。这节所记载的，是孔子做人态度的诚敬。尤其对这三种人，他是特别严肃的。"齐衰者"，穿着丧服的人。"冕衣裳"，"冕"是头上戴的帽子，古代代表执政的人，所谓贵人，掌政权的。古代中国的衣服是上下装，"衣"是上装，"裳"是下装，像裙子一样，男女都是穿裙子一样的下装，后世才演变为裤子。我们所看到的古代衣冠，如孔子的塑像，长袍只到膝下，再下还有一截露出来的就是裳。"冕衣裳"就是官方的礼服，代表贵官执政的人。"瞽者"是瞎子。孔子看到这三种人，"虽少必作"。这个"少"字就是年轻。过去讲儒家思想的人，说这个"少"是印错了，应该是"坐"，孔子虽然坐在那里，也必定要站起来。这本朱熹注的四书上也有这样的解释，说孔子如果看见这三种人，即使坐在那里，也要很严肃地站起来。其实并不需要改这个字，少就是少，意思是说孔子看见这三种人，不问他年龄的大小，他必"作"。"作"就是变了脸色，也就是态度严肃起来。看"齐衰"的人，是一种同情；看到执政的人，等于我们现在看到国旗，必定要致敬；对于瞎子，是怜悯。孔子对于这些人都是非常肃敬，不问他们多大年纪，"过之必趋"，如果要经过他们前面，一定要很快地走过去。

　　字面是这样解释的，深一层看它的意义，为什么孔子看到这三种人神态都会变，而且还特别记载下来，指出这是孔子了不起的地方呢？仔细研究，与心理的观念、个人的道德修养有关。现代有一门新的学问，所谓"行为科学"，或者叫做"行为心理学"，如果以这一种新的科学观点，来分析一个人的个性，和他做人做事的思想才具都有关系。由此研究，就可以看出一个道理来了。

　　平时我们在街上看到出殡的行列，不伦不类，没有礼仪，乱七八糟，以致一般人对丧仪都无诚敬之心，所以一般人对死者也没有什么同情之感，有时候还觉得很讨厌。这并不是对死者不怜悯，也不是对丧家遭遇的变故不同情，实际上是社会风气把礼仪弄坏了。以前常看见人家门前贴了"当大事""制中""严制""慈制"等白纸条，现在恐怕有许多人对这些字条都看不懂了。中国的礼仪，重视人生哲理，素来认为生死是一件大事，从出生到死亡，在人生过程中，实在是一件大事。所以家中有人死了，便称"当大事"。"制中"就是表示在服行丧事当中。平日称父为"严"，称母为"慈"。"严制"就是服父亲的丧制，"慈制"就是服母亲的丧制。过去的教育里，我们对这种家庭，非常诚敬，到了他们的门口，都不敢喧哗。这个态度有两种意义：首先是中国传统文化，对这方面素来诚敬；其次是表示自己的同情心，同情这个家庭发生了变故。

还有，过去人读书，就受这样的教育，即使自己的地位很高，官做得很大，回到家乡，如果经过祖坟或祠堂的时候，在相距一百步以外的地方，骑马的要下马，坐轿的要下轿，然后走路步行经过，乘船的要在船上站起来。直到离开了一百步以外，才能再骑马或上轿，绝不可以骑马坐轿经过祖坟或祠堂的。否则要被人骂，被人看不起。从小在家里，看见父母长辈从自己的面前经过，都一定要站起来，两手还要拱一拱，心里有一种敬畏之心。只是几十年来，学制改了，改成了所谓的洋学堂，把这些礼仪都废了。所以现在我们的国民礼仪，变得很可笑，中国礼仪没有了，洋礼节也不懂。

这里就说到孔子对礼仪的重视。他看到有丧事的人，心里发生一种同情心，态度也随之肃然。至于对第二点冕衣裳，穿制服的人，执政的人为什么这样呢？因为执政者的制服代表了国家的体制，就等于我们现在看到国旗，自然肃敬。对于瞽者，就是对可怜的人，范围扩大包括了残疾的人，看到这种人，心里自然肃然起来。

表面上看，这是一个小动作，没有什么要紧，但是从这上面可以看出一个人学问的修养、做人的修养到达什么程度。拿行为科学来说，一个人看见别人遭遇痛苦的事情，而毫无同情心，甚至于像小孩子看到烧死老鼠一样，在旁拍手欢呼，试问这是一种什么心理？孔子看到不但肃然起立，且"过之必趋"，一定走快几步，不敢多看，这就显示他心理上的修养。

【本经】

颜渊喟然叹曰："仰之弥高，钻之弥坚，瞻之在前，忽焉在后。夫子循循然善诱人。博我以文，约我以礼。欲罢不能，既竭吾才，如有所立卓尔，虽欲从之，末由也已。"

【译文】

颜渊感叹说："老师的人格和学问，崇高伟大，越钻研越感到深厚，既感到高不可及又感到亲近平凡。老师循序渐进地诱导我进入学习的乐境，不但要学习渊博的知识，更要注重学习做人处世礼的精神，真感觉乐此不疲，无法停止。我已经发挥了自己全部能力跟着老师学，好像已经成功了，可以站立起来了，可是好像老师仍然还矗立在我面前高不可及。如果没有老师的启发和引导，即使是想跟着老师的精神那样做，也是没有途径可循的呀！"

【别裁大义】

不见顶相

这是颜回对孔子崇敬的评论。

颜回赞叹孔子"仰之弥高"，就是抬头一看，越看越高。后来印度传过来的佛教文化，对释迦牟尼也有类似的形容词。佛经上说释迦牟尼有三十二种特殊的相，与众不同，其中有一种相名为"不见顶相"。佛教徒们研究佛经很好玩的，起初研究，有些人奇怪，为什么看不见头顶，后来多读了书才明白。所谓"不见顶相"，就是"仰之弥高"的意思，太崇高了。有些佛教徒或研究佛学的人，把这句话当成真的了，说释迦牟尼没有天灵盖，殊不知这是崇高伟大、没有止境的意思。"钻之弥坚",是赞叹孔子人格与学问造就的深厚,越钻研越厚实。"瞻之在前,忽焉在后",如果这两句话照字面讲,孔子有隐身法了,以武侠小说来看,功夫很高,抓不住了。看见他在前面,追过去追不到,他突然又到了后面,好像太极拳、八卦拳,内功到了家似的。实际上四句话连起来,可用一句土话解释,就是"这个人摸不透"。他的学问到底有多深,人格到底有多么崇高,无法估计,所以用这四句话的文学境界来形容,益见孔子的伟大。这是颜回跟从孔子,对孔子所加赞叹的结论。对于一个哲学家,一个民族文化伟大的圣人,譬如西方人尊重耶稣,以后都变成宗教性的"神格化",替他穿上宗教的外衣,而犯了"高推圣境"的毛病,把圣人的境界推崇得太高了,好像摸不到顶,事实上是否这样呢?这点我们要注意。事实上最了不起的人最平凡。我们反过来,随便找一个乡下很土的种田人,一个老实人,对他研究研究看,就可从发现一个平凡的人,也就是一个伟人。所以说学问真正好的人,最后是最平凡的。如感觉到不凡,那是犯了"自命不凡"的毛病,有了这种心理,就可见这个人有限。真正了不起的人,看起来是最平凡的,所以在哲学的观点上,就有"大智若愚"的说法。如果真有学问的人,学问到了家,自己又变成很平凡、很普通,不"自命不凡",那就是颜回所讲孔子这四句话的境界。

见与师齐　减师半德

下面跟着说孔子教育人的态度:"夫子循循然善诱人。"注意"循循"这两个字,"循"是跟着走。不但是教育如此,做人处世也是如此,讲理论容易,做起来很难。在学校里教学生,就常会感到非常讨厌,有时候心里会想:"你还没有懂?真蠢!"当我们有了这个心理的时候,马上感觉自己到底不是孔子。颜回这里说孔子,对学生不会发这种脾气。"循循然善诱人",教育是诱导的,东方和西方都是一样。什么是诱导?这是好听的名词,说穿了只是"骗人"而已,善意的"骗"。好像小孩子玩火柴,这是多危险的事,你若说不准玩,他非玩不可,就要赶快拿另外一件玩具骗他,要诱导他,使他觉得别的玩具更好玩,把火柴丢了,来拿其他的玩具。这就是"循循善诱",就是这样"骗"人。

教育如此，推而广之，诸位出去做领导的人，从事政治，都要做到"循循然善诱人"。"循循然"就是循他的意志，循他的个性，循他的道理，把他带一个圈子，还是把他带上正路。人性就必须这样处理。所以从孔门思想的推演，到了孟子讲到人性，就主张堵不得的。你说"不可以！不行！"，他就非做不可。尤其是对一个小孩的教育，你说不准，他非反抗不可，至少在心理上反抗，表面上你是父母、是老师，听你的，但心里非常反感，从心理学来看，就只这一点反感，慢慢积累起来，到最后他对一切事物都有了反抗性的习惯了。越是受压制的孩子，反抗越大，所以要想办法，循循然善诱。当然有时候有例外，像军人带兵，老实说没有那么多理由，命令就是命令，教你如何就如何，没有理由，因为战场上必须这样，也就是孔子说的"民可使由之，不可使知之"。平常的教育则还是要"循循然善诱人"，像对年轻人有一件事就感觉得到，有些书越禁止，他越偷偷地看。所以循循善诱是一个原则。方法怎样运用，则和用兵一样，运用之妙，存乎一心。

孔子的教育是依受教者的思想、品格而施教，不勉强人，不压制人，不挡住人，把门打开给他看，诱导他进去。但用什么诱导他呢？用什么"骗"他呢？"博我以文，约我以礼"，所谓人文的学问，就是这两句话。什么是"博我以文"？就是知识要渊博。我时常感觉到，现在的教育，从五四运动白话文流行以后，有一大功劳，知识普及了，现在的青年知识渊博了，这就是"博我以文"。尤其现在加上传播事业发达，每个家庭有电视，在社会上有电影、报纸、刊物、广播，各种传播知识的工具，现在的青年，对于常识，比过去的人知道的更多。现在七八岁的孩子都知道太空了。可是知识越渊博，学问越没有了，缺乏了下面"约我以礼"的涵养。我们要了解，"博我以文"的"文"并不限于文字，而包括了一切知识，知识要渊博。但知识越渊博的人，思想越没有中心。所以中国政治，在过去领导上有一个秘密。当然，这在历史上不会写出来，任何一个皇帝成功了，都不会传给徒弟的。这秘密是什么呢？就是皇帝尽管任用知识多的人，渊博的人，而真守成的干部是找老实而学识不多的人，他稳得住。凡是知识越渊博的人越靠不住，因为他没有中心思想。对于这种人，给予的官位、头衔非常大，而真正行政的权力，并不交给他。知识多了的人，好的可以说成坏的，坏的可以说成好的。像现在的人好讲逻辑，把西方的一种思想方法，也当哲学来讲。例如说到法理学的话，如果我们抓到小偷，送官署是对的。但是打了他一下，他可以要求验伤，告你伤害。他说他做小偷是犯了法，但你打他是侵犯人权，至少在判决确定前，他还只是一名嫌疑犯，你打他，侵犯了人权，人权第一，你犯了伤害罪。讲法律逻辑，这是对的。但从另一面讲，善就是善，恶就是恶，坏人就该打，可以不跟他讲这一套。这就是说死守逻辑的坏处，也就是说仅仅是"博我以文"的流弊。以下面这句"约我以礼"来救这个流弊就对了。知识要渊博，思想要有原则，走一个专精的道路，做人处事要保持文化思想的中心精神。这是颜回第二点说到孔子教育的方法，也可以说是他的心得。

第三点他说自己受孔子教育，大有"欲罢不能"之感，他说有时候自己想想算了，不再研究了，可是却像谈恋爱一样，藕断丝连，总罢不下来。"既竭吾才，如有所立卓尔"，颜回说他自己，尽所有的才能、力量跟孔子学，然后感觉到很不错、很成功，好像自己建立了一个东西，自己觉得"卓尔"站起来了，可以不靠孔子，不依赖老师了，好像行了，结果冷静下来一反省，还是不行。

"虽欲从之，末由也已"，虽然跟着他的道路走，跟着他的精神那么做，但茫无头绪，不晓得怎么走，简直一点苗头都找不到。这是颜回口中所描写出来的孔子，就是这样一个人，讲他的做人，崇高、伟大、平实，而摸不透。第二点讲到孔子教育人家，是那么善于诱导，而且那么注重多方面的知识，知识渊博了以后，同时注意中心思想的建立。第三点说明自己努力的结果，不论怎么，老是跟不上孔子。

讲到这里，我们联想到禅宗百丈大师的几句话："见与师齐，减师半德，见过于师，方堪传授。"说够得上做一个禅宗大师的徒弟，要有一个条件——比老师还高明。他说如果学生的学问见解和老师一样，已经是矮了半截了。为什么？因为老师已经走了几十年了，这个学生还是在几十年以前的程度，在后面跟着老师走。教育的目的希望后一代比前一代好，要年轻一代的学问见解，超过了老师，才可以做徒弟。如孟子说的："得天下英才而教育之。"这种"见过于师"的青年就是英才，但是这种人才，始终很难得。

下面继续说孔子做人处世的态度。

【本经】

　　子疾病，子路使门人为臣。病间，曰："久矣哉，由之行诈也！无臣而为有臣，吾谁欺？欺天乎？且予与其死于臣之手也，无宁死于二三子之手乎！且予纵不得大葬，予死于道路乎？"

【注释】

　　疾病："疾"，病，名词。"病"，病情严重，形容词。意谓孔子得了重病。

　　臣：家臣。大夫家才有家臣。孔子虽然做过大夫，但当时已经退位，没有家臣，子路叫人充当家臣，是准备孔子死时按大夫级别举行丧礼。按照规定，孔子退位之后只能用士的礼节进行安葬，所以孔子批评子路的做法。

　　病间（jiàn）："间"，间隙。指病情稍有减轻。

　　宁：宁可。

　　大葬：指大夫的隆重葬礼。

【译文】

　　孔子得了重病，子路就把学生们组织起来做家臣，准备料理丧事。孔子病情好转时知道了这件事，感叹说："我病了这样久，在这段期间，仲由这种做法是欺骗呀！我本来没有家臣，却要装着有家臣，我欺骗谁呢？欺骗老天吗？我与其以君臣的关系死在家臣之手，还不如以师生的关系，死于你们学生之手更好些。况且，我即使不得大葬，我还能怕死在路上没人安葬吗？"

【别裁大义 】

大丈夫当如是乎?

这是说孔子的修养。由这一段话看出两点,第一点可见当时学生们,尤其子路、子贡这些人,对孔子的尊敬。以另一个观点来研究,孔子了不起的地方,除了他的学问、道德、修养以外,他当时有那么多门人弟子,而在那么少人口对比下,等于现在一个非常大的党组织。尤其在孔子那个时期,春秋战国的变乱已经那么久了,他又有三千弟子,都是各国的优秀分子,政治、经济、军事各方面人才都有。只要稍微动一动,任何一国的政权,他都可以取而代之,但孔子始终不干这种事情。为什么呢? 他认为这样,影响并不久,不是千秋万代的事业,要影响得悠久而博大,不在于权力,而在于文化与教育。在这节书里可以看到,这些弟子们对他,简直捧成一个大党魁。所以后来儒家称誉孔子为“素王”,这是真正的王。所谓“素王”,是没有土地、没有人民,只要人类历史文化存在,他的王位的权势就永远存在。称孔子为“素王”,等于佛教中称释迦牟尼为“空王”是同样的道理。不需要人民,不需要权力,而他的声望、权威和宇宙并存。第二点看到孔子本身,始终是一副救人救世的心肠,并没有把富贵、权位当一件事情。这里说,孔子有一段时间生病,子路就把同学组织起来,把孔子视同一个皇帝或社会组织的领袖,而叫同学们为臣,好像是层层节制的部属。这里的“臣”是阶级的观念,俨然显示出政府组织的味道。

后来孔子病好了一点,知道了这件事,就感叹:“久矣哉! ”他说我病了这样久,在这段期间“由之行诈也”。他就骂子路,你怎么光做些欺骗的事情,自己欺骗了良心,违背了道德。“无臣而为有臣”,我本来是个平民老百姓,又不是帝王,为什么把同学们组织成这样? 把我变成这样? “吾谁欺? 欺天乎? ”你骗人,这个罪过可是我背了,我本来是老百姓,你硬把我变成这样,这不是骗人吗? 骗自己,还是骗天呢?

看到这里，我们有个感想，这感想要从经验来。我们发现，有时候当一个领导人，往往会被部下捧坏了。根据过去的经验，我们自己并不想这样，下面的人会把我们捧成这样。尤其是年轻的朋友们要注意，假使将来有那样的地位，要留心被别人捧，到了那样地位，别人都说你的话说得对，都对你说 "是的"。这时你要考虑，不要给人捧坏了。历史上有很多人，到了某一阶段会昏了头，就是被下面捧坏的。

解脱生死

回头说到正题，孔子说 "吾谁欺？欺天乎"，用土话来说，就是 "你为什么替我摆这个臭架子？反而替我丢了人" 的意思。从这些地方，可以看出孔子的态度，子路对他恭敬，而他责备子路，当然没有像我们那样用土话痛快地骂子路一顿，他反而是 "引咎自责" 的态度，觉得自己没有把子路教育好，所以说 "吾谁欺？欺天乎"。

下面又申述理由："且予与其死于臣之手也，无宁死于二三子之手乎！" 他说我与其以君臣的关系，死在臣子的手边，还不如以师生的关系，死于你们学生的手边更好些。这个话假如没有到那个位置去体会，是不知道的。我们在历史上看到过，有些帝王死了好可怜，曾有好几个帝王死了以后，尸体发臭，生虫没人管，几个儿子，去争着当皇帝，真还不如一个老百姓。明朝的崇祯皇帝，最后亡国自尽的时候，拿起宝剑要杀公主，公主年纪小，跪下来问自己有什么罪，皇帝说你没有罪，错在做了皇帝的女儿。这便同南北朝时刘宋顺帝所说 "愿后身世世勿生帝王家" 是一个道理。所以一个人死得光明磊落、痛痛快快很难。

由这一段，看到孔子思想的通达，他意思说，为什么死还要摆这种排场。第三点，他告诉子路，你怕我死后不得大葬——就是国葬、公葬——得不到你们认为死后的光彩。我们经常看到 "生荣死哀" 四个字，生的时候享尽了荣华，死后的荣耀，就是大家都会哀痛。可是我们现在到殡仪馆吊丧，有许多人在那里已经没有哀痛之情了。

孔子在这里是说，我虽然不得大葬，没有生荣死哀，"予死于道路乎"，我也没有惨死，总是寿终正寝。我们常常看到讣文上有"寿终正寝"这四个字，但现代往往与事实不符，因为现在的人都是死在医院，有几个寿终正寝的？古代说寿终正寝，是指死在自己的房间里，断气以后，才抬到正门的大厅上，所以是寿终正寝。现在都死在医院，送到太平间，哪来的正寝？还有现在殡仪馆中，有许多太太挽丈夫、儿子挽父母的挽联，都不合理的。因为照古礼，自己是当事人，没有心情在文学境界上作诗作联，所以亲人是没有挽联的。若是自己不会写，由别人代写，更是莫名其妙。挽联要与死者有感情才挽得出来，与之毫无感情，怎么代写？有感情的自己写，很简单，白话的："你死了，我也快来了！"或："你先走一步，我会跟来的，你安心地去吧！"不很好吗？所以讲到中国文化，目前许多地方都是问题。可是我们在这里，看到孔子对于他自己的生死，却看得非常平淡。

　　下面这段文章，转了一个气势。

【本经】

　　子贡曰："有美玉于斯，韫椟而藏诸？求善贾而沽诸？"子曰："沽之哉！沽之哉！我待贾者也！"

【注释】

　　韫椟（yùn dú）：收藏物件的柜子。
　　善贾：识货的商人。
　　沽：卖出去。

【译文】

　　子贡说："假使有一块美玉在这里，是把它装在柜子里收藏起来呢，还是找一个识货的人卖一个好价钱呢？"孔子说："卖掉它吧！卖掉它吧！我在这里等待识货的人呢！"

【别裁大义】

卖不出去的无价宝

第二个"贾"字在这里念"姑五切，音古"，行商坐贾，是古代商贾两个字的分别意义。流动做生意的称为商，开店固定在一个地方做生意的称为贾。子贡有一天和老师幽默一番，他说有一块美玉在这里，老师！你说我是把它放到保险柜里藏起来好呢，还是找一个好价钱把它卖掉了好呢？孔子一听就懂了，他说：决定卖！决定卖！我在这里等人来买的，可是卖不出去，没有人要！这是他师生之间的幽默。也就是说孔子感觉到生不逢时，吾道不行，而借子贡的幽默表达出来。所以接下来就叙述孔子的另一个想法。

【本经】

子欲居九夷，或曰："陋，如之何？"子曰："君子居之，何陋之有？"

【译文】

孔子要到九夷去居住，有人说："那个地方太落后了，怎么住呢？"孔子说："作为君子，去任何地方，都会有自处的办法，落后又有什么关系呢？"

【别裁大义】

这是孔子平居时的一段闲话。九夷是东南方一带蛮夷之地，当时包括现在的广东、广西、湖南、江西、浙江、福建等南方省份的边区。这些地方还没开发，还是披发文身，非常落后的地区。孔子当时想另外开辟一个天地，保留中国文化。但有人说，那个地区太落后，没有文化，野蛮得很，怎么办？孔子说地区不怕落后，只要真有道德、真有学问的人，去任何地方，在任何时代，自己都有自处的办法，那有什么关系？读唐代刘禹锡的《陋室铭》，最后的一句话"孔子云：何陋之有？"就是从这里来的。他引用时，说出了"孔子云"，便不算千古文章一大抄，只能算是借用的。

【本经】

　　子曰："吾自卫反鲁，然后乐正，《雅》、《颂》各得其所。"

【译文】

　　孔子说："我自从卫国回到鲁国以后，文化的中心内容，经过整理和修正，《雅》、《颂》等文化又回归到了它的本位。"

【别裁大义】

　　研究孔子的生平，这里也是他重要的资料。这是孔子周游列国以后，到了晚年，他深感即使拿到了权力，也平定不了世界，要想对社会、历史有贡献，只能从事文化与教育。因此决定回到鲁国来，整理中国文化，由此产生了六经。他说，我自从由卫国回到鲁国整理文化以后，中国文化的中心，把它改正了。所以我们说"文化复兴"这个名词，在孔子这个时候，是一个阶段。（在此以前大乱了一个时期后，经过孔子的整理，一直流传了几千年。）文学的路子，与文化、文艺的路子配合，才走到正路上。

　　下面说孔子平常的生活。

【本经】

　　子曰:"出则事公卿,入则事父兄,丧事不敢不勉,不为酒困,何有于我哉?"

【译文】

　　孔子说:"我这个人非常平凡。出仕从政,就规规矩矩尽忠职守;回到家里,作为家庭里的一个成员,就要守住自己的本分,尽到自己的责任;朋友之间有困难,尤其是有丧事,则一定要尽力帮忙;平常做人,要保持清醒头脑,不能像喝酒一样处在迷醉之中。除了这几点以外,我又做到哪些了呢?"

【别裁大义】

不落醉梦中

　　孔子说自己是一个很平凡的人,在外面,参加政府会议的时候,与这些高级的国家大臣一起,参加会议,正式从事于国家的政务。回到家里则"事父兄",规规矩矩是一个家族里的成员,也是一个普通的老百姓,没有官架子。在父亲的立场就尽到父亲的责任;在弟弟的立场,对兄长、对家里的人就应该尽到做弟弟应尽的义务。这两句话,以现代的观念来说,当一个公务员,上班的时候,规规矩矩从事公家的事,尽我的责任,守我的本分。回到家里,做家庭中一个很好的成员,当父亲尽父亲的责任,当丈夫尽丈夫的责任,当妻子尽妻子的责任。

　　"丧事不敢不勉",对于生死大事,尽量地周到,朋友之中有人家里出了大事,有人死亡,就尽量地帮忙,对于朋友的红白帖子,喜事可以礼到人不到;对于丧事,礼到人也到,这是最后一次了,不去殡仪馆行个礼是讲不过去的。

对于丧家，要安慰问讯他们，有没有事需要自己帮忙，如果有，立刻就去。这是孔子说的丧事不敢不勉，就是在患难时需要朋友，否则人类交朋友有什么意义？光景好的时候才来往，那不是多余！光景好到处都是朋友。

第四点孔子"不为酒困"，喝酒没有喝醉过。孔子说"不为酒困"不只是喝不醉的意思。实际上人都在醉梦中，如果以哲学看人生，几乎没有一个人清醒过。爱情的醉，富贵功名的醉，没有哪样不醉。道家的吕纯阳有两句诗说："浮名浮利浓于酒，醉得人间死不醒。"吕纯阳以道家的眼光来看这个世界，大家都在醉中，临死都没有清醒过。现在《论语》上记载孔子"不为酒困"，当然，孔子的酒量很大的，在《乡党》篇中说孔子"唯酒无量，不及乱"，如果解释为酒量很大，怎么说"无量"呢？也许一点都不会喝。但也不对，否则又怎么说"不及乱"？所以研究起来，大概是酒量很大，从来没有喝醉过。不过也不能说不会喝醉，"不为酒困"应该是不迷醉于酒，没有酒瘾，而且始终保持清醒，不会在喝酒以后，有酒态醉意，更不装疯卖傻的。孔子说除了这几点以外，"何有于我哉"，意思说，我这个人非常平凡，出去做公务员就规规矩矩是个公务员，回到家里就规规矩矩是家里的一分子，朋友之间有困难，尤其是有丧事这类患难，则一定尽力帮忙，平常做人，不在迷醉中。除了这几点以外，一无长处，一点学问都没有。

【本经】

子在川上，曰："逝者如斯夫，不舍昼夜。"

【注释】

川：河流。

逝者："逝"，往，去。指时代历史、宇宙、人生等世间一切人事物。

斯：这，指这条河流。

夫：语气词，无义。

舍：舍弃、抛弃。

【译文】

孔子站在岸边，望着滚滚东流的河水，感慨道："世界上的一切事物都在不停地变化着，过去的一去不复返，现在的也正在成为过去。历史就像这涛涛的河水一样！它日夜不停地向前奔流。时代终归向前迈进，宇宙如此，人生亦是如此！"

【别裁大义】

水流花谢两无情

在这里讲，为了体会得更亲切一点，就借用碧潭这个地方吧！孔子去郊游，他站在碧潭吊桥上，看到下面的流水说："消逝的时光就像这下面的流水一样，白天晚上都在流。"这两句话的文学气息非常重，全部《论语》中，最富于哲学意味的，也就是这两句话。从这里，有几个要点可以了解。

第一，道家思想方面，老子也和孔子这个观念一样，经常用水代表人生哲学。中国有一句老话"人往高处走，水向低处流"，老子教我们效法水学下流，当然不是普通所指不高尚的下流，是指水的下流——大海。天下的水都向下流汇归成大海。所谓下流，就是谦下，站在最下面，"人之所弃，我则取之"，人要有容量，像大海一样包罗万象。老子又教我们"上善若水"，最高的品德像水一样。道家形容水很妙，水是绝对干净的，脏的东西到水里，都被水冲洗干净了。我们的心境，以及人品的修养，应该像水一样，冰清玉洁，不受一点尘埃。虽然容纳了许多废物、污垢，但仍然是水，水的性质没有变，而且永远自强不息。

第二，佛家也说过水，我们看到流水，永远只是一股流水而已。照佛学的分析，人的心理就和流水一样，如说"滚滚长江东逝水"，永远在流，真的吗？错了。等于看到电灯光，说它一直亮着，也错了。当我们看到一个浪头的时候，事实上这个浪头已经过去了，是接上来的另一个新浪头，当在看到这新的第二个浪头时，它又已经过去了。灯光也是一样，当我们刚一打开开关时，所发出的光波已经消失了。我们的思想、感觉、年龄、身体，当一个钟头乃至一分钟前坐在这里的我，与此刻坐在这里的我，已经不知道经过多少变化了。所以"今我非故我"，现在的我已经不是前一分钟的我了。都过去了，像流水一样，不断地向前去。所谓"江水东流去不回"，历史永远不会回头，时间永远不会回头。人生永远像浪头一样，一波又一波地过去了，要想拉回来是做不到的。

　　这些都是另一面的说法，也可以说是消极的人生，许多宗教家、哲学家，都从这一面看，花落了再不会开了。大家都看过的，《红楼梦》中林黛玉葬花。这位小姐病兮兮的，花落了还要去收回来，还要葬下去，情调非常美，文章也做得很好，葬花词名句"侬今葬花人笑痴，他年葬侬知是谁"更是脍炙人口。此之为林黛玉！怎么不生肺病？怎么不那么痴迷的死？你管他谁葬你，死了就死了。说到这里，龚定庵的诗就比林黛玉高明多了，他的诗说："落红不是无情物，化作春泥更护花。"以上这些都是从悲观的角度来看"逝者如斯夫，不舍昼夜"。

　　但孔子并没有以悲观的态度来说这句话，而很多的意义包括在内，极高明。从另一面，用积极的观点来看人生。人生如流水一样，不断地向前涌进。所以我们要了解，人生就像这股流水一样。孔子所以站在上流告诉学生们："注意呀！你们看这水，过去的都像这样，向前面去！向前面去！而且是昼夜不断地向前面去。"他这话的意义，就是我们经常看到的一句话："天行健，君子以自强不息。"这是《易经》乾卦的卦辞。乾代表了天，中国文化是用乾代表了天体，现在的名词就是宇宙。《周易》就是文王的思想，也就是孔子所效法的。文王解释宇宙，是永远在转，永远在动，没有一分一秒停止，假使一秒停止，不但地球完了，没有人类了，整个宇宙也垮了，所以宇宙是动态的。这就是中国的哲学了。现代有的学者评论中国文化是属于静态的，这是不对的。讲中国文化，第一部书就是《易经》，里面就告诉了你"天行健"，宇宙没有静态，永远是动的。中国文化并不主张静态的宇宙。人生也是这样，要不断求进步。静是缓慢的动态，没有真正绝对的静。譬如人坐在椅上好像很静，其实并不静，身上的血液正在分秒不停地循环，各个器官也都各司其职地工作着。"天行健"是永远强健地运行。"君子以自强不息"是教我们效法宇宙一样，即如孔子所说"逝者如斯"，要效法水不断前进，也就是《大学》这部书中引用汤之盘铭说的"苟日新，日日新，又日新"的道理。人生思想、观念，都要不断地进步。满足于今日的成就，即是落伍。

所以孔子的"逝者如斯夫，不舍昼夜"这句话，包括各方面很多意义，可以说孔子的哲学，尤其人生哲学的精华，都集中在这两句话中，它可以从消极的、积极的各方面看，看宇宙、看人生、看一切。我们自己多多去体验它，应该了解很多的东西。在这里所提供大家去研究的意见，还只是其中的一点点。实际上，根据这两句话，可以写很多很多的文章。历史是不能停留的，时代是向前迈进的，宇宙如此，人生也是如此。

【本经】

子曰："吾未见好德如好色者也。"

【注释】

色：此处包括女色、物欲、嗜好三重意义。

【译文】

孔子说："我还没有看到过一个人，好德能像好色一样的呢！"

【别裁大义】

女人未必皆祸水

这句话里面说的色，包括了女色、物欲、嗜好三重意义。但根据历代的看法，只是偏重在女色这一面，认为这是孔子对卫灵公的感叹。孔子周游列国时，对孔子比较重视的是卫国，但卫国的政权，当时具有较大影响力的，是大臣蘧伯玉，而左右卫君的是美丽妃子——卫灵公嬖好的南子，所以有这句感叹，而成了一句名言。事实上不止卫灵公，从人情世故上看，人都是好德不如好色。如果一定要以最高的道德要求，世界上很少有合乎标准的人。

像我们看到很有名的唐明皇与杨贵妃这段历史故事，唐明皇这个皇帝的确是不错，少年时代非常好，晚年时因嬖好杨贵妃，致使国家发生了变乱，成为知名的历史故事。在过去的历史，很多人都把这个罪过，推到杨贵妃身上去，这也是很难说的。说一个女子对于政治会有如此大的影响，也有可能。就是西方也有这种情形，所谓英雄征服了天下，女人征服了英雄。不过要看哪种女人，真能征服英雄的女人，并不容易。我们看到蜀亡国以后，蜀王妃子花蕊夫人被俘。宋太祖赵匡胤就问她，你们国家有十几万大军，为什么今天你会到我身边来。这位妃子做了一道诗答复他，大意是说我本在深宫中养尊处优的女子，对国家大事不了解，但这首诗的结论却骂尽了男人，她说："君王城上竖降旗，妾在深宫那得知。十四万人齐解甲，宁无一个是男儿。"这也是历史上，女人关系历史命运的一个故事。另外，大家都说唐明皇是误在杨贵妃手里，尤其是诗人们都如此说——中国的诗人多半对于历史大事，有谨严的批评——但也有另一面的看法，如袁枚的诗说："空忆长生殿上盟，江山情重美人轻。华清池水马嵬土，洗玉埋香总一人。"当安禄山造反，兵逼长安，唐明皇出走到长安南面马嵬坡的时候，发生兵变，部队不肯走了。大家提出了一个条件，要求把杨贵妃杀死。唐明皇没有办法，只好让贵妃自缢死。所以后人评论历史，认为唐明皇不一定是为了杨贵妃而误国的，这首诗就是这个意思。建温泉池给杨贵妃洗澡的，让杨贵妃自杀的，都是唐明皇做的，不要把历史的罪过，推到一个女人身上去。

　　同样，清代的龚定庵也提了一个反调，他的一首诗说："少年虽亦薄汤武，不薄秦皇与汉武。设想英雄垂暮日，温柔不住住何乡？"他说一个英雄到了晚年没事情做了，不让他住在温柔乡里，又要他干什么？龚定庵这个理论，和现代的心理学、弗洛伊德的性心理学有点类似。我们要特别注意，性心理学与马克思的理论，严重地影响了近一百年人类的思想。今日除了马克思的影响以外，弗洛伊德的性心理学对近百年来历史文化转变的影响更大。不过这一方面不像政治理论受重视——如果依据性心理学的看法，有过分的精力，就有杰出的事业。因此英雄、豪杰、才子，几乎各个行为不检，都是孔子所讲的"未见好德如好色者也"。

　　然而孔子所要求的真正圣人的境界，这是非常难的事，一般心理状况，凡是了不起的人，多半精力充沛，所以难免要走上女色这条路子。这是我们就这一点，对历史的看法。扩而充之，"好色"不但是指男女之间的事，凡是物质方面的贪欲，都可以用"色"字来代表。尤其是以佛学的立场看，那就更明显了。照儒家的思想，一个领导人，简直任何嗜好都不应该有。但是人很难做到完全没有嗜好。譬如有些人什么嗜好都没有，就是好读书，这也变成一个嗜好，于是左右的人都是读书人。南朝梁元帝读书读呆了，敌兵临境，还要文武诸臣戎服听他讲书。最后终于亡了国。他在投降时，放一把火，把收藏的十四万卷图书烧了，说："文武之道，今夜尽矣。"有人问他为什么烧了书，他说："读书万卷，犹有今日，故焚之。"可见读书也很害人，真能让人变成呆子。

　　从此我们了解，上面有一点偏好，下面就偏向了，这就是"物必聚于所好"的道理。我们要看古董，就必须到好古董的人家才看得到。有些人好石头，有些人好怪木，有一些人就是好钞票。某公说，有一个老朋友，每天入睡以前，要一张张点过他铁柜里的钞票以后才能睡着。所以孔子这句话，是一个最高的目标。同时提高我们的警觉，凡是做一个领导人，不但是好色，任何一种嗜好，都会给人乘虚而入的机会，因而影响到事业的失败。所以接着下面引用孔子的话。

【本经】

子曰:"譬如为山,未成一篑,止,吾止也。譬如平地,虽覆一篑,进,吾往也。"

【译文】

孔子说:"譬如堆一座土山,只差一筐土就堆成山了,然而停止了,没能成功,那是由于我自己停下的缘故。譬如用土平地,虽然刚倒下一筐土,但是要成功,还是要靠我自己不断努力,才能前进。"

【别裁大义】

一切的进德修业,都是如此。不但是学问的成功、道德的成功、事业的成功,原则都相同:不是进步,就要退步。没有进步,停留在原地,也是退步。尤其对于自己道德的要求,更难!我曾说过,英雄征服了天下,不能征服自己;圣人不想征服天下,而能够征服自己。事实上征服自己比征服天下更难。所谓道德的修养,就是征服自己。上面孔子的话,就是说这个道理。他说譬如我们去挑泥土来堆成一座山,要挑一百担泥土的,已经挑了九十九担,最后"未成一篑",少了一畚箕泥土。"止",停止了,因此便不能登峰造极到顶点。是谁使你停止的?我们一件事没有成功,往往推之于客观的环境、社会的因素,但是孔子在这里说那是不可能的,"吾止也",还是自己心理的疲劳与退缩,不是客观因素。他又说,譬如填平一块土地,倒一畚箕泥土上去,就看到更高一点,这个进步,也不是外来的因素,而是自己的成功,这里他所强调的,是指一切的作为,其成功或失败,都在于自己一个人,不要推之于外来的因素。外来因素之所以形成,也是自己本身的关系。

到这里为止,结束了孔子上面站在河川上所发的感叹。下面是孔子的教育经验，对于个人的评论。

【本经】

　　子曰："语之而不惰者，其回也与！"

【译文】

　　孔子说："依照我的教导去做，而毫不懈怠的，大概只有颜回吧！"

【别裁大义】

学而有成之难

　　孔子说在他的学生中，能依照他的教导去做，而不懒惰的，只有颜回这一个学生。这句话好像很普通，但如果在教学上或在领导位置上工作久了，就可以体会到这并不是一句简单的话，我们现在常常发现有些年轻人，吩咐他们去做一件事，譬如去照顾一位老年人，他有这个心，但没有这份热情，他会觉得是老师叫他去做的，而没有感觉到这件事情是他应该去做的，就只差了这么一点。讲理论时，他讲得和大家一样，知道应该爱人，应该尽心，但做起来是另外一回事。一些老年人很可怜，子女不在身边。可以发动年轻人对老年人服务，绝不接受招待，自己带便当去。青年们都说得头头是道，但要经得起往后的困难。有些老年人替他服务久了，他会觉得应该。第一次有感谢之意，第二天他觉得差不多，第三次也许你迟到了，他会骂人，那么年轻人还要准备行礼、道歉。由此可知做一件好事，也有如此的困难。所以理论与事实配合起来，要"语之而不惰"，讲到了就做到，而且非常勤快，又持之以恒地去做，实在是非常难的事。

　　所以孔子讲颜回的这句话，表面上看很普通，真正体会一下，这种修养实在是不容易的。

【本经】

　　子谓颜渊曰："惜乎！吾见其进也，未见其止也。"

【译文】

　　孔子谈到颜渊时，说："太可惜他短命死了！我只看见他不断地进步，从没见他停止过。"

【别裁大义】

　　这并不是对颜回本人说的话，是他对学生们说颜回的。颜回不是只活了三十二岁就死了吗？孔子说可惜得很，我只看到他的进步，没有看到他的成就。有进步应该有很大的成就，可惜短命死了，所以成就没有看出来。因此孔子有下面对人的感慨。

【本经】

　　子曰："苗而不秀者，有矣夫！秀而不实者，有矣夫！"

【注释】

　　秀：稻、麦等庄稼吐穗扬花叫秀。

【译文】

孔子说："人就像植物一样，有的芽苗长的非常好，却没有开花抽穗，这种情形有啊！有的开花抽穗了，却没能结出果实来，这种情形也有啊！"

【别裁大义】

所谓苗就是根苗。有些植物，种籽种下去，发出的芽非常好，应该前途无量，但结果却长不大，枝叶并不茂盛，这是"苗而不秀"。用来比喻人的话，就是小时了了，大时糊涂那些人。尤其在教育界更看得到，有些年轻人非常好，眼看他慢慢变，变到最后不成器。再更进一步是"秀而不实"，虽然花叶扶疏，但没有结果果实来。如果我们把这两句话，回转来看看自己的人生，大多可以说是"秀而不实"的。在这个非常时代里，年轻时，想如何如何；结果到了晚年，得了结论，晓得自己是"起不了"。而这个重点，就是孔子上面所讲的"止，吾止也。进，吾往也"。进退都只在乎自己，不关他人，尤其做学问更是如此。我们常看到有些年轻人文章写得好，有许多人寄以厚望，可结果却不见得，这就是"苗而不秀，秀而不实"。真正文章写得好，能称得上是一个文学家的，以整个人类文化历史看，古今中外不到两三百人。这仅就文章这一行而言，写了许多书的人，能流传的又有几本？这都是"秀而不实"。

所以文学也好，学问也好，无论哪方面，能够做到历史上有成就的，很不容易。这也就是孔子对人物的感叹。有许多人，聪明而进取，有前途，但最后并没有结论。许多人的事业、道德、学问，都在这两句话的范围中。

【本经】

　　子曰："后生可畏，焉知来者之不如今也？四十、五十而无闻焉，斯亦不足畏也已！"

【注释】

　　闻：知声，消息，声望，此谓表现出成绩、成就。"无闻"，没有成绩、成就。

　　畏：佩服，敬畏，这里有重视之意。"不足畏"，意谓没有太大的潜力了，没有什么可观的了。

【译文】

　　孔子说："要重视和用心培养下一代，千万不要轻视下一代年轻人。我们怎么能说，下一代不及我们这一代呢！不过一个人到了四十、五十还没有成就的话，那也就没有什么可观的了！"

【别裁大义】

勿轻后学

　　因此孔子又对学生们讲到对年轻人的观感。

　　这句"后生可畏"是孔子的名言，切不要轻视后一代的年轻人。从古至今，对年轻的后一代都非常重视。孔子说后来的年轻人可畏，并不是怕他，而是说值得用心培养，值得重视。"焉知来者之不如今也"，千万不要轻视后一代，不要以为未来的不如现在的。这一点我们不要冤枉孔子了，我们学术界经常都把孔子描写成非常古板、保守的。实际上孔子的思想最先进，他不轻视后一代，更不轻视后来的历史，认为未来的社会不比现在差。所以他说你何以知道将来就不及我们？以人来说也是如此。不过一个人到了四十岁、五十岁，还没有成就的话，那也就算了，再没有什么可观的了，这也是事实。

这一段也是孔子在鼓励青年们努力，我们过去有一句格言："少壮不努力，老大徒伤悲。"就是这个道理。

下面还是他对于学生们的鼓励。

【本经】

子曰："法语之言，能无从乎？改之为贵。巽与之言，能无说乎？绎之为贵。说而不绎，从而不改，吾末如之何也已矣！"

【注释】

法语：格言，名言，古代圣人所说的话。

巽与之言：顺从自己的话。"巽（xùn）"，恭敬，谦逊。"与"，赞许。

说：同"悦"。

绎（yì）：就是演绎，理出事物的头绪来，分析鉴别。

末：没有。

【译文】

孔子说："历代格言的告诫之词，能不信从它吗？如果能把它当成一面镜子，来反省自己，然后彻底改正毛病，这才是可贵的；恭敬顺耳的话，听了能不高兴吗？如果能反省，分析一下这些话，那才是可贵的。光喜欢好听的话，自己不加反省和分析；只是欣赏这些格言，而不依格言去改正自己的毛病。对于这种人，我实在没有办法了！"

【别裁大义】

这固然是他对学生的鼓励，也是我们一生做人做事值得效法的地方。"法语"，就是我们现在普通说的"格言"。古人的名言，古时也称"法言"，有颠扑不破的哲理。学中国文化最直捷的方法是先去读"三百千千"，就是《三字经》《百家姓》《千家诗》《千字文》四本书，努力一点，三个月的时间，对中国文化基本上就懂了。三字一句的《三字经》，把一部中国文化简要地介绍完了，历史、政治、文学、做人、做事等，都包括在内。尤其是《千字文》，一千个字，认识了这一千个字以后，对中国文化就有基本的概念。中国真正了不起的文人学者，认识了三千个中国字，就了不起了。假如你考我，要我坐下来默写三千个中国字来，我还要花好几天的时间，慢慢地去想。一般脑子里记下来一千多个字的，已经了不起了。有些还要翻翻字典，经常用的不过几百个字。所以《千字文》这本书，只有一千个字，把中国文化的哲学、政治、经济等等，都说进去了，而且没有一个字重复。这本书是梁武帝的时候，一个大臣名叫周兴嗣，据说他犯了错误，梁武帝就处罚他，要他一夜之间写一千个不同的字，而且要构成一篇文章，如果做不出来就问罪，做得出来就放了他。结果他以一日一夜的时间写成了《千字文》，头发都白了，即"天地玄黄，宇宙洪荒。日月盈昃，辰宿列张……"四个字一句的韵文，从宇宙天文，一直说下来，说到做人做事，所谓"寒来暑往，秋收冬藏"。不要以为千字文简单，现代人，能够马上把《千字文》讲得很好的，恐怕不多。至于格言，也有一本书《增广昔时贤文》，是一种民间的格言。过去读旧书的时候，等于一种课外的读本，个个都会念，包括做人做事的道理在内。当然里面也有一些要不得的话。但有很多好的东西，都被吸收进去了。

讲中国文化，除"四书五经"以外，不要轻视了这几本小书，更不要轻视那些传奇小说。真说中国文化的流传与影响，这几本小书和一些小说发生的力量很大。四书五经，除了为考功名以外，平常研究起来又麻烦，就很少人去研究。而这几部书，浅近明白，把中国文化的精华都表达出来了。这是说到"法语"而引出来格言的道理。

孔子说历代的格言，构成了"法语之言"，"能无从乎"，能够说不信从它吗？譬如我们看到了很好的名言，一定因欣赏而背诵下来，默记在心。"改之为贵"，仅仅欣赏也没有用，要把它当成一面镜子一样，照照自己，反省反省，发现自己的毛病，然后彻底改正，这样读书，才是学以致用。"巽与之言"就是顺从的话，顺着你的意思的话。有人编了一则笑话，说有一位侨领之流，年纪也大了，人家请他在一家豪华饭店吃饭，坐在首席。这位老先生经常放屁，联珠直响以后，他道歉说："对不住！"旁边有人说："没关系，不臭。"这位放屁的老先生说："真的吗？那就糟了，听人家说老年人放屁不臭，命就不长了。"此话一出，那位说"不臭"的朋友愣住了，其他的人也很尴尬，过了不到一分钟，又有人用鼻子嗅嗅说："唔，现在有一点点味道。"这也就是巽言的刻薄形容。

高帽压人低

假使做了领导人，自然有好听的话要来的。孔子说，顺耳的话，听了难道会不高兴吗？捧两句总比骂两句听来舒服，明知道那两句捧的话是假的，可是总舒服点。清代才子袁枚有个有名的故事，他二三十岁就名满天下，出来做县长，赴任之前，去向老师——乾隆时的名臣尹文端辞行请训，老师问他年纪轻轻去做县长，有些什么准备？他说什么都没有，就是准备了一百顶高帽子。老师说年轻人怎么搞这一套？袁枚说社会上人人都喜欢戴，有几人像老师这样不要戴的。老师听了也觉得他说的有理。当袁枚出来，同学们问他与老师谈得如何，他说已送出了一顶。这就是孔子说的"巽与之言，能无说乎"，好听的话谁不愿听？

所以我们要注意"绎之为贵"，绎就是演绎，要反省、研究、推敲、分析一下。"说而不绎"，光喜欢好听的话，自己不加反省、推敲。"从而不改"，对于好的格言，只是欣赏，而不依格言去改自己毛病。"吾末如之何也已矣"，孔子说对于这种人，我也实在拿他没有办法了。这也是说知识分子讲理论，告诉人家如何如何很容易，要做到就很难，如果做不到，也没有办法。孔子的学问是讲实际行谊的，能够做到，才是真的学问。

【本经】

　　子曰："主忠信，毋友不如己者，过则勿惮改。"

【译文】

　　孔子说："首要的是要认识并找到'自己'，看清事物的本质，有了真正的智慧，建立起自己人格的中心思想和信念，自信、信他，才能真正做到诚信。同时也要尊重每一个人的自尊心，不要认为你的朋友不如你，没有一个朋友是不如你的。求学的人看到了每一个人的长处，发现自己的缺点，就不要怕改过。"

【别裁大义】

　　这句话是重复的，前面说过，不再讲了。重心在"毋友不如己者"，千万不要依古人的解释，认为交朋友一定选比自己好的，那就错了。要尊敬每个人，认为所有的朋友，不可能不如自己的。

【本经】

　　子曰："三军可夺帅也，匹夫不可夺志也。"

【译文】

　　孔子说："三军的力量虽然大，但敌人却可以夺去他们的主帅；匹夫虽然没有势力，只要他的意志和精神坚守不失，谁都无法夺取。志不可夺，就没有什么力量能战胜他。"

【别裁大义】

意气凌云

这里是讲学问之道，除了知识以外，要注意气节的培养。气节是人格的中心。

这是说一个人中心思想的养成。这个问题，也是我们讨论过的，佛家、儒家都主张做人要做到无我，这无我是对个人道德修养而言。处理事情则要有我，要有正确的意志思想，用现代话说，便是主义的中心思想。"三军可夺帅也"，古代作战，如果把对方主帅抓住了，三军失去了领导人，就整个崩溃了。对人而言，"匹夫不可夺志也"，任何一个人真有气节，立定了志向，怎么样也不会动摇。我们看到抗战时，许多朋友，为国家牺牲，很多人值得钦佩的，他们可歌可泣、有气节的事太多了，无论受到怎样的折磨，始终志向不屈，气节不变，就是说个人的思想与意志，是很难征服的。第二次世界大战以前，西方人对于思想、文化侵略的严重，还不大了解。第二次世界大战以后，每一个国家对于这一点都懂了，在战略上先侵夺对方的意志，先把敌人的思想意志变更。在人类文化的战争史上来说，到这几十年来，他们才真正懂得运用这个道理。拿中国历史来说，我们中国自南北朝以迄清代，经过好几次的外族入侵，为什么中华民族始终站得住，外来的民族结果都被我们的文化所同化，就因为文化力量的伟大。全世界有的国家亡了就亡了，永远站不起来，唯有中国经过好几次的大亡国，但永远打不垮，永远站得起来，理由在什么地方？关键是在一个很简单的名词 "统一"，文化的统一，思想、文字的统一。现代的欧洲，和我们春秋战国的时候一样，交通不统一，经济不统一，言语也不统一。我们中国言语，到现在也还没有统一过，广东话、福建话，各省各地都有它的方言。但秦汉文化统一以后，不但是整个中国，即使整个亚洲，包括日本、东南亚各国，都是中国文字。最近东南亚曾经先后想改，不用中国字，结果没有办法，改不了。越南在变，变到现在还是没有办法；马来西亚也在变，有从那里回来的学生说，他们把"窗"字变成"窗",去掉中间的两点,但学生还是写"窗"字,老师就说那是以前的窗,现在新来的窗不必要中间的两点,新式的窗不用那两个螺丝钉了,可是学生说字典上窗还是有螺丝钉。据说这一类的趣事很多,所以统一的文化非常重要。因此文化不能亡,不能挖根。我们有些国人,自己去做文化挖根的工作,这是自取灭亡的事情。

因此下面孔子讲到个人"匹夫不可夺志也"的志节,表现于日常生活上的情形。

【本经】

子曰:"衣敝缊袍,与衣狐貉者立,而不耻者,其由也与! '不忮不求,何用不臧?'"子路终身诵之。子曰:"是道也,何足以臧?"

【注释】

衣敝缊袍:"衣",穿,用作动词。"敝",旧。"缊",乱丝绵。意谓子贡穿着破旧的棉袍。

狐貉(hé):指狐皮貉皮制的皮袍。

不忮不求,何用不臧:见《诗经·邶风·雄雉》"忮(zhì)",嫉妒,嫉害。"求",贪求。"臧(zāng)",善,好。此句的意思是,内心坦荡,不嫉妒不贪求,哪里还行不通?

【译文】

孔子说:"自己穿着破旧的棉袍,却能与穿着狐裘皮袍的富贵人站在一起,而且一点没有自卑感的,这大概也就只有子路能做得到吧!《诗经》上说'不忮不求,何用不臧?'"子路听了老师用《诗经》这两句话夸奖他,从此就经常念着这两句诗。孔子说:"这只不过是学问的过程罢了,仅仅做到这样,又怎么能算得上好呢？"

【别裁大义】

这是孔子描画出的子路。如果现在遇见子路这样的人，是很有味道的。有侠气，讲话直，有点像《三国演义》中的张飞、《水浒传》中的李逵，没什么心机，宋江想打一个鬼主意，就往往被李逵叫开了。孔子弟子中，子路就是这样一个可爱的人。当然，子路有学问，他并不像张飞、李逵的那样粗鲁，但个性豪迈，慷慨尚义。孔子说他，穿着破旧的袍子，与富贵中人穿了皮袍的——大陆北方冬季严寒，非穿皮袍不可，至少穿羊皮，高级的穿狐皮、貂皮、灰鼠，相当贵的——站在一起。"而不耻者"，他没有自卑感，丝毫不觉得不如别人，这种气魄不容易养成。一般人穿一件蹩脚的衣服，到一个豪华的场所，通常心理上立即会觉得自己扁了。这就要有真正学问的气度，即使穿一件破香港衫，到一个华丽的地方，和那些西装笔挺的人站在一起，内心中能真正的满不在乎，不觉得人家富贵自己穷，实在要有真正的修养。孔子说这种气度，这种修养，只有子路能做到。如孟子所说"说大人则藐之"，见到了不起的人，也看得很平凡，很普通。下面孔子引用《诗经·邶风·雄雉》中两句诗称赞子路"不忮不求，何用不臧"，也告诉我们为什么子路能够做到，凭四个字"不忮不求"。"不求"，大家都知道，你官大，我不想做官；你钱多，我并不以为钱是了不起的东西，我并没有觉得穷是悲哀，对你无所求嘛！

什么是"不忮"？以现代观念解释，就是心中很正常、坦荡，你地位高，有钱，但你是人，我也是人，并没有把功名富贵与贫贱之间分等，都一样看得很平淡。对人不企求、不寄希望，自己心里非常恬淡、平静。如此做人做事，"何用不臧"？哪里还行不通？有此心理，自然就气度高华。所以说培养气质，不是衣服装饰可以培养得出来的，要在内心上具有这种修养，风度、气质自然就出来了。子路听了老师用《诗经》这两句奖励他，就"终身诵之"。孔子又说他，我说你好，你就得意起来了。我讲你对，这不过是学问的过程，而学问永无止境，以此到处炫耀，你就已经不行了。因此又有了孔子下面的结论。

【本经】

　　子曰："岁寒，然后知松柏之后凋也。"

【注释】

　　凋：凋零。这里以松柏比喻君子。换句话说，在乱世时，小人容易变节，而君子的气节不改。

【译文】

　　孔子感叹说："只有到了寒冷的冬天，我们才知道松柏是不容易凋零的！"

【别裁大义】

　　天气冷了，所有的草木都凋零，只有松树与柏树永远是碧绿的，这是孔子的感叹。人生要在最后看结论，人要在艰难困苦中才看得到他的人格，平常看不出来。如文天祥就是一个例子，国家无事时，他是一个风流才子，谁看得出他后来竟是一个如此坚贞而正气凛然的人。所以古人说"疾风知劲草，板荡识忠臣"。大风来了，所有的草都倒下去，只有山顶上有一种草，可以做药用的，台湾也可看到，名叫"独活"，在海拔很高的地方，所有草都不生长，只有这种草生长，所以叫"独活"，就是劲草，大风都吹不倒。时代的大风浪来临时，人格还是挺然不动摇，不受物质环境影响，不因社会时代不同而变动。国家一乱，就看到了忠臣，也就是孔子说的"岁寒，然后知松柏之后凋也"。

【本经】

子曰："知者不惑，仁者不忧，勇者不惧。"

【译文】

孔子说："真正智慧的人，不会迷惑；真正仁德的人，没有忧虑；真正大勇的人，没有什么可畏惧的。"

【别裁大义】

三达德的重心

这里孔子说到人格修养的三个重点。

孔子告诉我们，一个人要达成完美的人格修养，重要的有三点，缺一不可。智慧，我们要注意，"知"在东方文化里并不是知识。书读得好，知识渊博，这是知识。智慧不是知识，也不是聪明。研究佛学，就看出来了。照梵文的音译，"般若"这两个字，中文来解释，相当于智慧。当时我们翻译佛学经典中的《金刚般若波罗蜜多经》，其中的 "波罗蜜多"、"般若" 都是梵文译音。"般若" 的解释是智慧，为什么不译成《金刚智慧波罗蜜多经》呢？因为中国过去翻译有 "五不翻"，外文有此意义而中文无此意义的不翻，为 "五不翻" 中的一种。现在对外国学生上课，就常有这种情形。譬如 "境界" 一词，外文里就没有这个字，勉强翻成 "现象"，但并不完全是境界的意义。"现象" 是科学上的名词，"境界" 是文学上的名词。譬如说有人常引宋代辛稼轩有名的词句："蓦然回首，那人却在灯火阑珊处。" 那就是境界，若隐若现。再说诗的境界，如张继的名诗："月落乌啼霜满天，江枫渔火对愁眠。姑苏城外寒山寺，夜半钟声到客船。"好境界！如改作"飞机轰轰对愁眠"那是噪音不是诗了。李后主词的名句"无言独上西楼，月如钩，寂寞梧桐深院锁清秋"，若是"月如团，红烧鸭子一大盘"，那就没有境界了。这是讲文学的境界。如把境界翻成现象，就只有"月如团，红烧鸭子一大盘"，才是现象。又如中国文字的"气"如何翻译？西方文字不同，氧气、氢气、瓦斯气，究竟用哪一种起来代表？中国字就不同了，一个"电"字，就有许多的妙用。在外文就不得了，现在外文有十几万字，真正常用的几千字而已。外文系的学生可不得了，新字一年年增加，照这种情形下去，七八十年以后，谁知道要增加到多少字，将来非毁弃不可。而中国只要一个"电"字就够了，发亮的是电灯，播音的是电唱机，可以烧饭的是电锅、电炉，还有电影、电视、电熨斗，只要两个一拼就成了，谁都懂。外文可不行，电灯是电灯的单字，电话是电话的单字，所以他们的物质越进步，文字越增加，增加到最后，人的脑子要爆炸的。所以现在中文翻外文，就是采音译的方法，然后加注解。我们过去的翻译，不像现在，尤其南北朝佛学进来的时候，政府组织几千个第一流的学者，在一起讨论，一个句子原文念过以后，然后负责中文的人，翻译出来，经过几千人讨论，往往为了一个字，几个月还不能解决。古人对翻译就是那么慎重，所以佛法能变成中国文化的一部分。现在的人学了三年英文，就中翻英、英翻中，谁知道他翻的什么东西？所以翻来覆去，我们的文化，就是这样给他们搞翻了。当时"般若"为什么不翻成"智"？因为中国人解释"智"往往与"聪明"混在一起，所谓"聪明"是头脑好，耳聪目明，反应很快就是聪明，是后天的；而智慧是先天的，不靠后天的反应，天分中本自具有的灵明，这就叫智慧。他们考虑梵文中这个字有五种意义，智慧不能完全代表出来，所以干脆不翻，音译过来成"般若"。这里孔子说的"知者不惑"的"知"，也等于佛学中智慧的"智"，而不是聪明。真正有智慧的人，什么事情一到手上，就清楚了，不会迷惑。"仁者不忧"，真正有仁心的人，不会受环境动摇，没有忧烦。"勇者不惧"，真正大勇的人，没有什么可怕的。但真正的仁和勇，都与大智慧并存的。

【本经】

子曰:"可与共学,未可与适道;可与适道,未可与立;可与立,未可与权。"

【注释】

适:往、赴。

权:秤的秤砣叫权,引申为衡量,衡量后的变通,通权达变。

【译文】

孔子说:"能够与他一道学习的人,未必能够与他同道;能够与他同道的人,未必能够与他共同立道;能够与他共同立道的人,也未必能够与他一道通权达变。"

【别裁大义】

圣人之道与才

这是做人做事最要注意的事。讲到这种人生的经验,孔子真是圣者,实在了不起。他说有些人可以同学,年轻做朋友蛮好,但没有办法和他同走一条道路,不一定能共事业。假如有一个事业,认为是好朋友,拉来一起做,往往后来朋友变成冤家,真不划算,如不共事业,还是好朋友,多圆满!朋友是难得,结果变成冤家,等于离婚一样,该多痛苦?所以汉光武找严子陵,而严子陵始终不干,始终和皇帝是好朋友,多舒服!如果他做了汉光武的官,最后历史的记载,两人有没有这光荣史迹,就不知道了。"可与适道,未可与立",有些人可以共赴事业，但是没有办法共同建立一个东西，无法创业。明太祖朱元璋，最初尊孔子，反对孟子，把圣庙里孟子的牌位丢掉，说孟子没什么了不起。后来观念转变，翻开孟子一看，读到孟子说"天将降大任于斯人也，必先苦其心志，劳其筋骨"那一段，他又立即认为孟子真是圣人，恢复了孟子在圣庙的牌位。这就是说明要人生的经验多了，才体会得出圣贤之言的可贵。"可与立，未可与权"，有些人可以共同创业，但不能给他权力，无法和他共同权变。这在历史上很多故事中可以看到，有些人学问、道德都不错，做别人的高级干部，一人之下万人之上也不错，但权力一集中到他手里，他自己会害了自己，就坏了。譬如现代史中的袁世凯，和曹操差不多，是乱世奸雄，治世未必能。如果一个人大权在手，又有道德学问的修养，把权力看得非常平淡，那就高明了。

赞元禅师与王安石

再说，由"可与共学"到"未可与权"这三句话，我们可以借用宋代蒋山赞元禅师对王安石说的话，作为更进一层的了解。王安石与赞元禅师交情犹如兄弟，一个出家当了和尚，一个做了宰相，王安石每个月都要写信给赞元，而赞元始终不打开来看。有一天王安石问他能不能学道，赞元禅师说："你只有一个条件可以学道。但有三个障碍永远去不了，只好再等一世，来生再说学道的事吧！"王安石听了很不痛快，要他说明。赞元便说，你"秉气刚大，世缘深"。你的气大，又热心于人世的功名事业，成功与失败，没有绝对的把握，你心里永远不会平静，哪里能够学道呢？并且你脾气大，又容易发怒。做学问，重理解，对学道来说，是"所知障"，你有这三个大毛病，怎么可以学道？不过，你不大重视名利，而且生活习惯很淡泊，很像一个苦行僧，只有这一点比较近道而已。所以说你可以先研究修道的理论，等来生再说吧！我们看了这一段对话，再研究一下王安石的一生与宋神宗时代历史上的成败得失，便可以了解孔子所说的这三句话的分量了。

【本经】

"唐棣之华，偏其反而。岂不尔思？室是远而！"子曰："未之思也，夫何远之有？"

【注释】

唐棣：即棠棣（dì），一种植物，

华：通"花"。

反：通"翻"。

【译文】

"看到唐棣开的花朵，就好像是反偏地长在一面的样子。这岂能不让人有感想呢？在家里，越是近的事物，就越容易疏忽看不清，倒像是真的很遥远一样！"孔子说："这就是没有用心观察思考，哪里有那么远呢？（越是身边的事情，越亲近，往往就越容易看不清楚）"

【别裁大义】

孔子所引用这四句古诗，用得很妙。"唐棣"是一种植物，像栗子一样，台湾也有栗子，五月间开白色的花。这诗上说到看见唐棣开的花朵，好像是反偏在一面的情形，因此引起一时的感想，了解任何一件事物，都有正反两面。有些事所以一时看不清楚，都是因为它太亲近，反而使自己受到蒙蔽，其实，道理就在你的面前，就像在你家里一样，只要多多深思，就可以知道是自家本有的。所谓"祸患常积于忽微，智勇多困于所溺"，便是此意。唐棣之花的四句诗，它包含有两个意思。第一是说前面有一朵花，真是好看，可惜偏向了一点。第二是映射偏差的过失，是由自己不注意去深思所致。做事业或做人，最容易出错的地方，就是不太注意最浅近之处和偏信最亲近的人。由人生的经验以至历史上的教训，我们便可知道，一个人的失败，整垮你的不是敌人，往往是你左右最亲信的人。也不是左右的人有意整垮你，而是他无意犯一个错误或太多的错误，结果却帮忙你拆垮了台。所以人最不容易看清楚的，是自己同室的人和最亲近的事。好像我们戴眼镜，可以看见外面的事，往往忘记了自己的眼镜，把镜片撞破了，也把眼睛伤害了。四句话连起来就是说，我们有爱好，就有偏私，有了偏私，往往就看事情不清楚，越亲近的事物越看不清楚。这要特别注意。

"子曰：未之思也，夫何远之有？"这是孔子的结论，他说实际上都是自己不肯用心去深思，才看不清楚。其实，最高远的道理，就是最平凡、最浅近的。我们往往把摆在面前的事情看得漫不经心，不屑去考虑，才种下失败的种子。

乡党第十

【本经】

　　孔子于乡党，恂恂如也，似不能言者。其在宗庙朝廷，便便言，唯谨尔。

【注释】

　　乡党：周以五百家为党，一万二千家为乡，合而称乡党，后以乡党泛指乡里、家乡。

　　恂恂（xún）：温和恭顺的样子。

　　便便（pián）：善辩，善于辞令。

【译文】

　　孔子在家乡显得温和恭顺，好像不善于讲话的样子。但他在宗庙里、朝廷上，却很善于言辞，只是说得比较谨慎而已。

【本经】

　　朝，与下大夫言，侃侃如也；与上大夫言，訚訚如也；君在，踧踖如也，与与如也。

【注释】

　　下大夫：大夫分上大夫（卿）和下大夫。

　　侃侃（kǎn）：温和而快乐的样子。

　　訚訚（yín）：形容论辩时和颜悦色，正直而又态度诚恳。

　　踧踖（cùjí）：恭敬而严谨。

　　与与：行步安详、威仪适中的样子。

【译文】

　　上朝的时候，（国君还没有到来）孔子同下大夫说话，总是温和而快乐的样子；同上大夫说话，则是和悦而正直的样子。国君临朝时，孔子表现出恭敬谨慎的样子，行步安详而又仪态适中。

【本经】

君召使摈，色勃如也，足躩如也。揖所与立，左右手，衣前后，襜如也。趋进，翼如也。宾退，必复命曰："宾不顾矣。"

【注释】

摈：同"傧"，指接待宾客。《周礼·秋官·小行人》："凡四方之使者，大客则摈。"当时列国诸侯，朝聘往来，宾主各有陪同人员为傧相。

色勃如：态度立即庄重起来。

躩（jué）：快步。

揖所与立，左右手：迎宾时，在宾主双方人员排列完成后，主客君主开始按照程序询问和回答来意的"传辞"过程。

衣前后：作揖时衣服随着身体的前躬后仰而前后摆动的样子。

襜（chān）如也：指衣服虽摆动却不乱的整齐样子。"襜"，整齐。

翼如也：端正恭敬的样子。"翼"，翅也，必如两翼之整齐、端正，敬谨，引申为仪容端正恭敬。

顾：回头。

【译文】

鲁国国君召见孔子，派他担任摈职去接待诸侯国的贵宾。孔子奉召时，神情立即庄重起来，脚步也加快了，不敢怠慢。在接待贵宾的仪式上，摈主有命相传，孔子转身向右接受传辞时，便向站在他右边的人拱手作礼，转身向左把辞传下去时，又向左边的人拱手作礼。拱手作揖时，衣服随之整齐飘动而不乱。疾步趋进时，就像鸟儿张开了翅膀那样整齐，仪容端庄恭敬。在送宾时，贵宾告退，不再回顾，送宾礼成，孔子必然要向君主回报说："客人已经走远不回头了。"

【本经】

　　入公门，鞠躬如也，如不容。立不中门，行不履阈。过位，色勃如也，足躩如也，其言似不足者。摄齐升堂，鞠躬如也，屏气似不息者。出，降一等，逞颜色，怡怡如也。没阶，趋进，翼如也。复其位，踧踖如也。

【注释】

　　鞠躬：形容谨慎而恭敬的样子。

　　不履阈（yù）：不踩门槛。"阈"，门槛，门限。

　　过位：古代礼节，大臣议论政事时要入朝经过君主的座位，那时态度必须恭敬严肃。

　　摄齐：提起衣服的下摆。"摄（shè）"，提起。"齐（zī）"，衣服的下摆。

　　降一等：从台阶上走下一级。

　　逞颜色：神态显得舒展。"逞（chěng）"，放松，舒展。"颜色"，脸色，神情。

　　怡怡（yí）：和顺的样子。

　　踧踖：恭敬而谨慎的样子。《广韵·一屋》曰："踧踖，行而谨敬。"

　　没阶：走完了台阶。

【译文】

　　孔子走进朝廷的宫门时，肃然起敬，其谨慎恭敬之状，好像无所容身。

　　入门时，站，不站在门的中间；走，不踩踏门限。

　　经过国君的座位时，即使国君不在，依然神情庄重，脚步加快，就好像没有什么话要讲的样子。

　　在升堂的时候，他提起长袍的下摆，拾阶而上，肃敬谨慎，其安定恭敬的神态好像没有呼吸似的。

从朝堂出来，走下台阶，神态舒展，显得和悦的样子。下完了台阶，快步趋进时，就像鸟儿张开了翅膀那样整齐，仪容端庄恭敬。回到自己原来的位置上，还是那样恭敬谨慎。

【本经】

执圭，鞠躬如也，如不胜。上如揖，下如授。勃如战色，足蹜蹜，如有循。享礼，有容色。私觌，愉愉如也。

【注释】

圭：一种上圆下方的玉器，举行典礼时，不同身份的人拿着不同的圭。出使邻国，大夫拿着圭作为代表君主的凭信。

勃如战色：神情敬畏庄严。"勃"，盛气，庄严。

蹜蹜（sù）：小步走路的样子。

如有循：好像沿着一条直线往前走一样。"循"，沿着。

享礼：指向对方贡献礼物的仪式。使者受到接见后，接着举行献礼仪式。"享"，献上。

私觌（dí）：以私人身份会见。"觌"，会见。

【译文】

孔子出使邻国，在行聘问礼时，双手执圭，恭敬谨慎至为庄重，象是举不起来的样子。在升堂授玉时，将代表本国国君凭信的圭奉上邻国君主，向上举时好像在作揖。下堂时，仍不敢忘礼，还像在授玉时那样谨慎庄敬。神情敬畏庄严，脚步紧凑，两脚前后有致，好像循着一条直线徐缓前行。

朝聘之后，即行献礼。在举行献礼仪式时，神态显得和颜悦色。

献礼后，以私人身份和外国君主会见时，便显得轻松愉快了。

【本经】

君子不以绀緅饰，红紫不以为亵服。当暑，袗绤绤，必表而出之。缁衣，羔裘；素衣，麑裘；黄衣，狐裘。亵裘长，短右袂。必有寝衣，长一身有半。狐貉之厚以居。去丧，无所不佩。非帷裳，必杀之。羔裘玄冠不以吊。吉月，必朝服而朝。

【注释】

君子不以绀（gàn）緅（zōu）饰：孔子不用深青透红或黑中透红颜色的布给平常穿的衣服镶上边作饰物。"君子"，这里指孔子。"绀"，深青透红的颜色。在古代，绀色相当于现在的雪青色，一种紫色，一般是斋戒时礼服的颜色。"緅"，青赤也。黑中带红的颜色。在当时，一般是丧祭时服装的颜色。

红紫不以为亵服：红色紫色是贵重的颜色，便服不宜用红紫色。"亵服"，平时在家里穿的便服。

袗（zhěn）绤（chī）绤（xì）：穿粗的或细的葛布单衣。"袗"，单衣，作动词，穿单衣。"绤"，细葛布。"绤"，粗葛布。

必表而出之：外出时一定要套上外衣。"表"，外衣，指穿上外衣。"出"，出门。

缁衣：黑色的衣服。

羔裘：羔皮衣。古代的羔裘都是黑羊皮，毛皮向外。

麑（ní）：小鹿，白色。

短右袂（mèi）：右袖短一点，是为了便于做事。"袂"，袖子。

寝衣：指睡觉时盖的小被子。

狐貉之厚以居：坐褥用狐貉的厚毛皮做成。"狐貉之厚"，厚毛的狐貉皮。

"居"，坐。

帷裳：上朝和祭祀时穿的礼服，用整幅布制作，不加以裁剪，上窄下宽，多余的布折叠缝成褶。

必杀之：一定要裁去多余的布。"杀"，裁。

羔裘玄冠：黑色羔羊皮袍和黑色礼帽。孔安国注："丧主素，吉主玄，吉凶异服。"

不以吊：不用于丧事。

吉月：月朔，指每月农历初一。

【译文】

孔子不用深青透红或黑中透红的布镶边，不用红色或紫色的布做平常在家穿的便服。

夏天，穿粗的或者细的葛布单衣，但一定是裹着衬衫，让它露在外面。

冬月穿黑色的罩衣配紫羔皮袍，白色的罩衣配白鹿皮袍，黄色的罩衣配黄色狐皮袍。（孔子作为鲁臣，依礼要根据不同的礼仪需要穿相应的礼服朝君。）

平时在家穿的皮袍，比一般的衣服长些，右边的袖子却要短一些。

睡觉要有小被子盖，它要有人身的一倍半长。

坐褥用狐貉的厚毛皮做成。

在服丧期间，不能佩带玉等饰物。服丧期满，除去丧服，则可以佩带上各种玉器等饰物。

如果不是上朝和祭祀时穿的礼服，一定要裁边。

不穿黑色的羔羊皮袍和戴着黑色的帽子去吊丧。

每月初一，一定要穿着朝服去朝拜国君。

【本经】

　　齐必有明衣，布。齐必变食，居必迁坐。

【注释】

　　齐：同"斋"，古人祭祀前一定要斋戒，即不饮酒，不吃荤，要沐浴，不与妻妾同房。

　　明衣：洁净的内衣，即斋前沐浴后穿的明洁之衣。

　　变食：改变平常的饮食，指不饮酒，不吃葱、蒜等有刺激味的东西。

【译文】

　　斋戒沐浴后，一定要穿洁净的内衣，这种衣是用葛布做成的。斋戒时，一定要改变平常的饮食，不饮酒，不吃荤（指有浓厚气味的蔬菜，如蒜、韭、葱等）。斋戒时，居住也一定要搬移住处，不能与妻妾住在一起，而搬到外室。

【本经】

　　食不厌精，脍不厌细。食饐而餲，鱼馁而肉败，不食。色恶不食，臭恶不食。失饪不食，不时不食。割不正不食。不得其酱不食。肉虽多，不使胜食气。惟酒无量，不及乱。沽酒市脯不食。不撤姜，食不多食。

【注释】

　　《论语·乡党》篇中的有关"食"的这段话，长期以来是被误解的，这主要是由于对"食"的定义理解的错误。这段话里的"食",不是指的"日常饮食",而是指的"食礼"。"食礼"是中国古代礼仪的重要组成部分,"食礼"也往往是国家、民间重大的礼仪活动(如祭祀、外交、接待宾客、婚礼)的一项重要内容。故而《礼记·礼运》篇中说:"夫礼之初,始诸饮食。"认为礼仪是从饮食的礼仪开始的。

食不厌精,脍(kuài)不厌细:这句里的"食",指的是食礼上用的主食,粮食类的食品。"厌",满足。"脍"是切开的肉,指的是食礼上用肉类食品。"食不厌精",就是食礼上用的粮食类食品要选用最好的,加工要越精细越好。"脍不厌细",就是食礼上用的肉类食品,加工要越细致越好。因为古代食礼,无论是祭祀仪式上的享用,还是招待宾客,或者乡间举行定期的聚餐,食用什么,是有一定的规定的。那么,怎么在祭祀活动中表示对祖先的尊重,在宴请中表示对宾客的敬重呢?就在食品加工的精细上体现出来。日常饮食是没有那么精细的,正因为这样,食礼上食品加工的精细,而且是不厌其精,那份诚意就表达出来了。

饐(yì):食物久放而腐败变味。

餲(ài):食物变质有馊臭味。

馁(něi):鱼腐烂变质了,这里指鱼不新鲜。

败:牛、羊、猪等肉腐烂变质了,这里指肉不新鲜。

不食:不献食。

不时,不食:不是时令的食物,不献食。这里体现人与自然和谐共处,按照自然法则取食,按时令献食。可以看到,可持续发展、节约型社会、回归自然等理念,是从农耕文明中自然产生的。

割不正:割,是宰割,即是杀的意思。没有按照礼规宰杀的牺牲,就是"割不正","割不正"就是不敬。所以"不食",不能献食。

不得其酱,不食:从这句开始,就是讲的"请食",是举办宴请的一些注意事项了。"酱"是调料,古时用餐,调料是很讲究的,不仅使肉食有味,而且有饮食卫生方面的考虑。所以,没有备齐宴席上肉食所适宜的酱,就"不食",不能举办宴请。

肉虽多，不使胜食气："食气"，即"食饩（xì）"，主食的意思。这里"胜"是"任"的意思。这句话的意思是："肉虽然多，但不要使它成为宴会的主食。"这也是出于对饮食卫生的考虑。

乱：酒醉。

脯（fǔ）：熟肉干。

不撤姜，食不多食："食不多食"的第一个"食"是"食礼"，第二个"食"是"吃"的意思，就是"在食礼上不要吃得过多"的意思。为什么特别要说明在宴席上"不撤姜"呢？因为古人把姜与蒜、葱、韭划为辛味、荤菜，而斋戒不能吃辛味、荤菜。但蒜、葱、韭有难闻的气味，姜没有难闻味，还能解肉的膻味，所以，特别提出宴席上不撤姜。

【译文】

献食用的粮食食品要选用最好的，加工要越精细越好。献食用的肉类食品，加工要越细致越好。

在祭祀上，食品变味了，鱼肉腐败变质了，不能献食。食物变色的，不能献食。食物变气味的，不能献食。烹饪失当的，未熟或过熟，不能献食。不是时令的食物，不能献食。没有按照礼规来宰杀牺牲，不能献食。

在宴会上，没有备齐适宜肉食品酱的，不能用于请宴。肉食品再多，也不能作为食礼的主食，必须以饭为主食。只有酒不限量，不作分配，但以不醉为度，不醉则不乱。市场上买来的酒和肉脯，不能用在正式的宴请上。宴会上不撤除姜这个荤菜。在食礼上不要吃得过多。

【本经】

祭于公，不宿肉。祭肉不出三日，出三日，不食之矣。食不语，寝不言。虽疏食菜羹，瓜祭，必齐如也。

【注释】

祭于公，不宿肉："公"是指公室，也就是诸侯。参加诸侯的祭祀，会分得一些生的祭肉（献祭牺牲的肉），这些祭肉要当天煮熟，不要留过夜才处理。这固然是有卫生的考虑在里面，但从"礼"上来说，祭肉代表诸侯的恩赐，"不宿肉"表示对这份恩赐的敬重，不能怠慢。

祭肉不出三日，出三日，不食之矣："祭肉"，就是祭祀用的肉。尤其指朋友间馈赠的祭肉。朋友间馈赠祭肉，也是最贵重的礼物，所以，"朋友之馈，虽车马，非祭肉，不拜。"祭肉比车马更贵重。但可能因为路途遥远等原因，祭肉要几天后才送到，肉有变质的可能。这样贵重的礼物，不食用，对不起朋友的一片情义，食用，则可能生病，怎么办？所以，礼节规定"祭肉不出三日。出三日，不食之矣"。如果超过三日，就只好敬而埋之了。

食不语，寝不言："语"，含有教导、告诫的意思。"食不语"，就是在宴请的场合，不要就严肃、重大的问题发表训示性意见。"寝不言"，就是指在寝室这样的私密空间里不要发表自己的主张。古人有请知己朋友同寝而眠的习俗，亲密朋友同寝而眠的习俗在春秋战国就开始了。但同寝而眠，只叙友情，不谈正事。

虽疏食菜羹，瓜祭，必齐如也："疏食菜羹"，粗粮菜汤。"瓜祭"，这是在因陋就简的请宴上，在吃饭前，把席上各种食品分出少许，祭祖。"齐"，通"斋"，"齐如"，就是像斋戒一样诚敬。

【译文】

　　参加国君的祭祀，分得的祭肉，不要放过夜才烧煮。家祭或朋友馈赠的祭肉，不要超过三天，超过三天就不食用了。宴会上不要高谈阔论，寝室里不要就重大问题发表主张。哪怕是粗粮菜汤，吃饭前，也要把它们取出一些来祭祖，就像斋戒一样诚敬。

【本经】

　　席不正，不坐。乡人饮酒，杖者出，斯出矣。乡人傩，朝服而立于阼阶。

【注释】

　　席不正，不坐：宴席的座次依礼有序，不该自己坐的席位不坐。"席"，古人用草或竹篾等编成的供坐卧铺垫的用具，此处指座次、席位。

　　乡人饮酒：是指同乡人饮酒礼。《仪礼·乡饮酒礼篇》和《礼记·乡饮酒义篇》皆讲乡人饮酒的礼节。在这种宴会中，必须尊敬老年人，年龄最长者，必坐上席。

　　杖者：是拄杖而行的老年人。《礼记》王制篇和内则篇皆说，六十杖于乡。因此，这里指的杖者是六十岁以上的老者。

　　乡人傩（nuó），朝服而立于阼（zuò）阶：每当乡人举行傩礼的时候，孔子总是穿着朝服，立于大堂东面的台阶上，迎客。这是指乡人驱逐疫鬼的宗教仪式。《周礼》"夏官"篇中也有明确记载："方相士，狂夫四人；掌蒙熊皮，黄金四目，玄衣朱裳，执戈扬盾，帅百隶而时傩，以索室驱疫；大丧，先柩，及墓，入圹，以戈击四隅，驱方量。"

【译文】

宴席的座次依礼有序，不该自己坐的席位不坐。

在乡人饮酒礼的聚会结束后，孔子一定要等长者都离席了，自己才随之离席。

在乡人举行驱逐疫鬼的傩礼时，孔子总是穿着朝服站在大堂东边的台阶上迎客。

【本经】

问人于他邦，再拜而送之。康子馈药，拜而受之。曰："丘未达，不敢尝。"

【注释】

问人于他帮：问候在他国的友人。"问"：聘问或问候。

再拜而送之：孔子在送受托者临行时，一定是向受托者行再拜礼送行。

馈：赠送。

丘未达，不敢尝："达"，有"通晓"、"了解"之意；也有"显贵"之意，旧指做大官在官场地位高、有名望。此句可以理解为两层意思，一层意思是："我对这药的性能还不了解，不敢尝。"另一层意思是："我无功受禄，不敢尝试（这些药物）。"

【译文】

孔子托人向其他诸侯国的朋友问候（或馈赠），一定向受托者行再拜礼送行。

季康子馈赠药物给孔子，孔子拜谢之后接受了，说道："我对这药的性能还不了解，不敢尝。"

【本经】

厩焚，子退朝，曰："伤人乎？"不问马。

【译文】

厩焚：马棚失火烧了。"厩（jiù）"，马舍，马棚。"焚"，失火焚烧。

【译文】

孔子家的马棚失火烧了。孔子从朝廷回来，问道："伤着人了吗？"却不问马怎么样了。

【本经】

君赐食，必正席先尝之。君赐腥，必熟而荐之。君赐生，必畜之。侍食于君，君祭，先饭。

【注释】

腥：生肉。

荐：献，进献祭品。

先饭：古时候君主吃饭前，要有人先尝一尝，君主才吃。孔子对国君十分尊重。他在与国君吃饭时，都主动尝一下，表明他对礼的尊重。

【译文】

国君赐给熟食，孔子一定摆正座席，先尝食少许，表示敬受国君的惠赐。国君赐给生肉，一定煮熟了，先进献给祖先，表示不忘本。国君赐给活物，一定要饲养起来。陪同国君一起吃饭，在国君举行饭前祭礼的时候，孔子一定要先为国君尝食。

【本经】

疾，君视之，东首，加朝服，拖绅。

【注释】

东首：头朝东。

绅：束在腰间的大带子。

【译文】

孔子病了，国君亲自来探视，他便头朝东而卧，把上朝时穿的拖着大带子的礼服盖在身上。

【本经】

君命召，不俟驾行矣。

【译文】

国君召见孔子，他不等车夫把车马驾好便先步行前去了。

【本经】

入太庙，每事问。

【译文】

孔子进入太庙，对每一件有关太庙祭礼的事都要向人请教。

【本经】

朋友死，无所归。曰："于我殡。"

【注释】

殡：停放灵柩和埋葬都可以叫殡，这里是泛指丧葬事务。

【译文】

孔子的朋友死了，没有亲人负责敛埋，孔子说："丧事由我来办吧。"

【本经】

　　朋友之馈，虽车马，非祭肉，不拜。

【译文】

　　朋友的馈赠，即使是车和马，只要不是祭祀用的肉，孔子在接受时，也不行拜谢礼。

【本经】

　　寝不尸，居不客。

【注释】

　　寝不尸："尸"，陈列，古时祭祀，以晚辈人穿先祖之衣，端坐如神，代表先祖受祭，是名为尸。"寝不尸"，是说孔子平时生活是轻松自然的，不是睡觉时还像神像那样庄肃。

　　居不客：不像做客或接待客人时那样严肃。

【译文】

　　孔子平时是轻松自然的，不是睡觉时还像神像那样庄重，不是平日在家也像做客或接待客人时那样严肃。

【本经】

　　见齐衰者，虽狎，必变。见冕者与瞽者，虽亵，必以貌。凶服者式之。式负版者。有盛馔，必变色而作。迅雷风烈，必变。

【注释】

　　齐（zī）衰（cuī）者：指穿丧服的人。

　　狎（xiá）：亲近的意思。

　　瞽者：盲人，指残疾人。

　　亵（xiè）：常见、熟悉。

　　凶服：丧服。

　　式：同"轼"，古代车辆前部的横木。这里作动词用。遇见地位高的人或穿丧服的人时，身子向前微俯，伏在横木上，以示尊敬或者同情。这在当时是一种礼节。

　　负版者：背负国家图籍的人。当时无纸，用木版来书写，故称"版"。

　　馔（zhuàn）：饮食。盛馔，盛大的宴席。

【译文】

　　孔子看到穿着丧服的人，就是平时关系很亲近的人，也一定改变态度，对他的不幸表示同情。看见穿戴礼服礼帽的人和盲人，即使是时常相见的熟人，也一定礼貌恭敬。

　　在乘车时遇见穿丧服的人，便低头俯伏在车前的横木上表示同情。遇见背负国家图籍的人，也同样俯身在车前的横木上表示敬意。

　　遇有丰盛的宴席，孔子一定会表达对主人的真诚谢意。

　　遇见迅雷大风，一定会产生对上天的敬畏之情。

【本经】

升车，必正立，执绥。车中，不内顾，不疾言，不亲指。

【注释】

升车：上车，登车。

绥：援引上下车时用的索带。

内顾：四面回顾。

疾言：大声说话。

不亲指：不用手随便指东西。

【译文】

孔子上车时，一定站立端正，拉住扶手的带子登车。

在车内，不向四面回顾，不高声急促地说话，不用手随便指东西。

【本经】

色斯举矣，翔而后集。曰："山梁雌雉，时哉！时哉！"子路共之，三嗅而作。

【注释】

色斯举矣，翔而后集：雉鸟伸展着美丽的羽翼在天空中翱翔，盘旋一阵后落到一处，这样的美丽画面。鸟群停在一处叫"集"。这两句是比喻人事上的出处进退应合时宜。

　　山梁雌雉（zhì）：栖息在山梁上的野鸡。"雌雉"，母野鸡，这里泛指野鸡。

　　时哉时哉：得其时呀！得其时呀！就是说这些雌雉能自由飞翔，如意而居，怡然自得，恰合其时。

　　共：通"拱"，拱手。

　　嗅：用鼻子辨别气味，这里是思忖之意。

【译文】

　　（孔子和弟子在山谷里行走）忽然看见一群雉鸟伸展着美丽的羽翼飞向天空，盘旋一阵后又落到一处。孔子看着这一幕情景对子路说："你看，山梁上那美丽的雌雉，得其时呀！得其时呀！"子路听了之后，拱拱手，品味思忖，若有所悟。

【别裁大义】

吉光片羽稍纵即逝

　　第十篇《乡党》的最后一段："色斯举矣，翔而后集。曰：'山梁雌雉，时哉时哉！'子路共之，三嗅而作。"朱熹——宋代的大理学家朱夫子，以及历代的学者，认为这段书的上下文中掉了文字。古代不像我们现代印刷发达，书籍是用刀刻在竹片上的所谓竹简，一片一片很容易弄掉。但是这种观点也有不能完全采信之处。

　　我们看原文："色斯举"就是说鸟在开始飞翔之前，拍展着羽翼，飞向青天，而后又翩然而逝。这是一幅自然美丽的生动画面，意境之美颇似最近流行的"天地一沙鸥"。现在看看原文：山梁——山岗上面，雌雉——雌的野鸡（山岗上的雌野鸡），时哉时哉——就在这个时候。那么子路在旁边听到了，"共之"——就是恭身一拱手说"哦！"的情状，又为什么"三嗅而作"呢？"三嗅"，所谓嗅，就是用鼻子吸气的意思。以前有人说笑话："子路共之，三嗅而作"，为什么？

是子路想吃野鸡肉，先用鼻子闻闻很香。又说：子路是练气功的，先吸三口气，"而作"，再打出去，于是野鸡被子路打倒了。这些都是笑话。那么这一段到底记载的是些什么东西？用我们的观点，就是和"吾道一以贯之"一样，也和禅宗"拈花微笑"的道理一样。这里并没有掉落了文字，上面是记载当时的情形，描写飞翔的景象。"色斯举"——大家也看过孔雀，看过野鸡。山中一大群野鸡出来，的确很漂亮。"色斯举矣"，野鸡要起飞之前，翅膀尾巴一展，像孔雀一样很美丽，然后起飞了，"翔"是飞翔一阵，然后又下来，停在什么地方呢？在山岗上面。孔子当场看到这个景象，野鸡羽毛很鲜艳，仔细一看，是只母野鸡，悠闲安然地站在山岗上。这时候子路也在旁边，孔子就告诉子路："时哉！时哉！"

这个"时哉！时哉！"在孔子一生思想中占很重要的地位，尤其研究《易经》及中国文化，关于"时"的问题，更要注意。人生一切，个人小事也好，国家大事也好，都要把握时机。还有"位"——环境。《易经》重点，就在这里。天下万事万物都在变，随时在变，没有不变的事，时间一分一秒在变，空间随时随地在变。所以孔子经常在《易经》中提到时空的变。尤其是刚步入社会的年轻人，不要怨恨，也不要牢骚，年轻人不怕没有前途，只问你能不能够站得起来；但要懂得把握时间和空间。如同赶公共汽车一样，这就是人生。等得久的人，不要埋怨，是自己到站太早了；有的刚刚赶到，汽车开出去了，于是气得不得了，大骂一阵，骂有什么用？干脆等下一班第一个上去，不就好了。从这一点小事，也可了解人生，怎样去安排自己，把握时间，孔子告诉子路"时哉！时哉！"也包含了这个道理。

野鸡站在山岗上面，显得很神气，假使它站在中央菜市场的鸡笼旁边，你说它的后果是什么？它站在那山岗上，就大有凤凰之象。正如晋代左思的诗："振衣千仞岗，濯足万里流。"一幅大自然的画面，上是千仞岗，下是长江浪，一人怡然自得地站在上面，真是神仙中人，了不起，这就是得时、得位。孔子指着那山岗上美丽的雌雉对子路说："时哉！时哉！"意思就是说，你看，那只雌雉正在这个时候飞起来，然后又降落在那么一个好地方，这一幕活动的画面，影射了人生处世之理。孔子周游列国，要想救这个时代，救这个世界，救这个历史文化，但却深感回天乏术。他借着这一幕景致对子路表达这个意思，而不从正面讲，好像释迦牟尼拈花微笑的手法。不用语言，就用目前这个事实指示给子路，你要懂得这个，要立足，要站稳，要站得好，早一点站到你的好位置。"时哉！时哉！"，要把握时机。子路这时候拱手："是！"三嗅是子路听懂以后，恍然领悟而生感叹的反应。

《乡党》的歇后语

现在讲这一篇书很难讲，要想讲得好，除非由人扮演出一个孔子，拍成电影。但能担任这角色的演员则很难，就像电影上的耶稣，很少出现他的正面，很难传神。有一个笑话，以前有一个老迂夫子，认为一个人只要做到《论语》里面一两句话，就终身受用无穷。当下就有一个年轻人说，我就做到了两句，老夫子马上改容相敬，立刻请教他做到了哪两句，年轻人说"食不厌精，脍不厌细"，我就完全照做了。这只是一个笑话。这些生活上的描写，都放在《乡党》篇中，这是说孔子的生活习惯，代表了他学问的精神，表示他的言行一致，这是《乡党》篇的第一个观念。而第二个观念，在以前看不出这篇的道理，现在我们看到年轻人，穿衣服不会穿，讲话不会讲，吃东西不会吃，走路也不会走，才知道《乡党》这一篇，把孔子的生活形态记下来，的确有道理。还有第三点，我们可以看到的，孔子是讲仁、讲孝、讲忠的，这也就反映出春秋战国时代，社会的人心太坏，不忠不孝、不仁不义的人太多了。同样的一个道理来看《乡党》，为什么把孔子的生活形态，记载得这么多？就是那个时代的青年和现在一样，生活的礼仪不知道，有学问的不一定处得合适，待人处世之间，什么立场应该什么态度，应该怎样说话，都不知道。就是现在，一般人以为美国人生活形态很随便，其实他们的上流社会、领导阶层，还是端端正正地打领带，服装整齐，还是非常讲礼。所以真正的学问，还是要自己用智慧去发掘。

总之，万事都从做人开始，一个人生，无论做什么事业——做官、经商、做学者、做平民，都是要做人。事业的升沉成败，各有变化不同。但无论如何，总要做人。《乡党》一篇，记载孔子如何做人。后世的人们，敬重他的成就便尊称他所谓"圣人"。人人都可成圣，只看自己如何做到圣地的成就。